U0118573

簡單到連高中生都看得懂的

買股攻略

HOICHOI PRODUCTIONS 著　　葉冰婷 譯

suncolor
三采文化

簡單到連高中生都看得懂的

買股攻略

CONTENTS

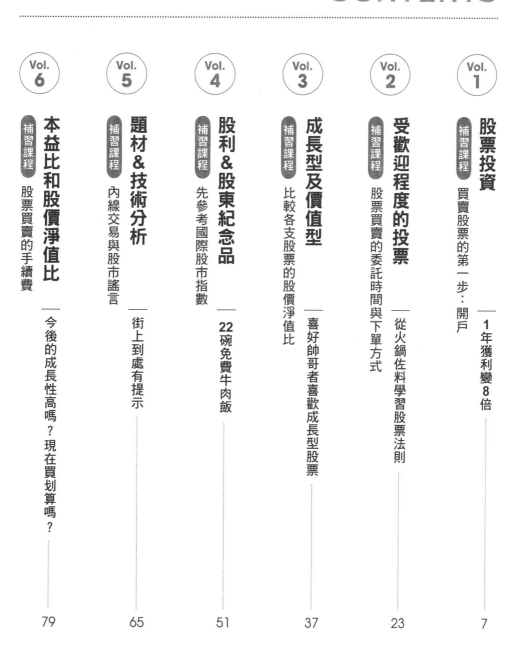

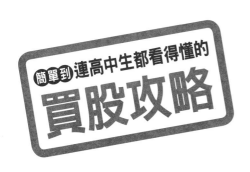

CONTENTS

簡單到連高中生都看得懂的
買股攻略

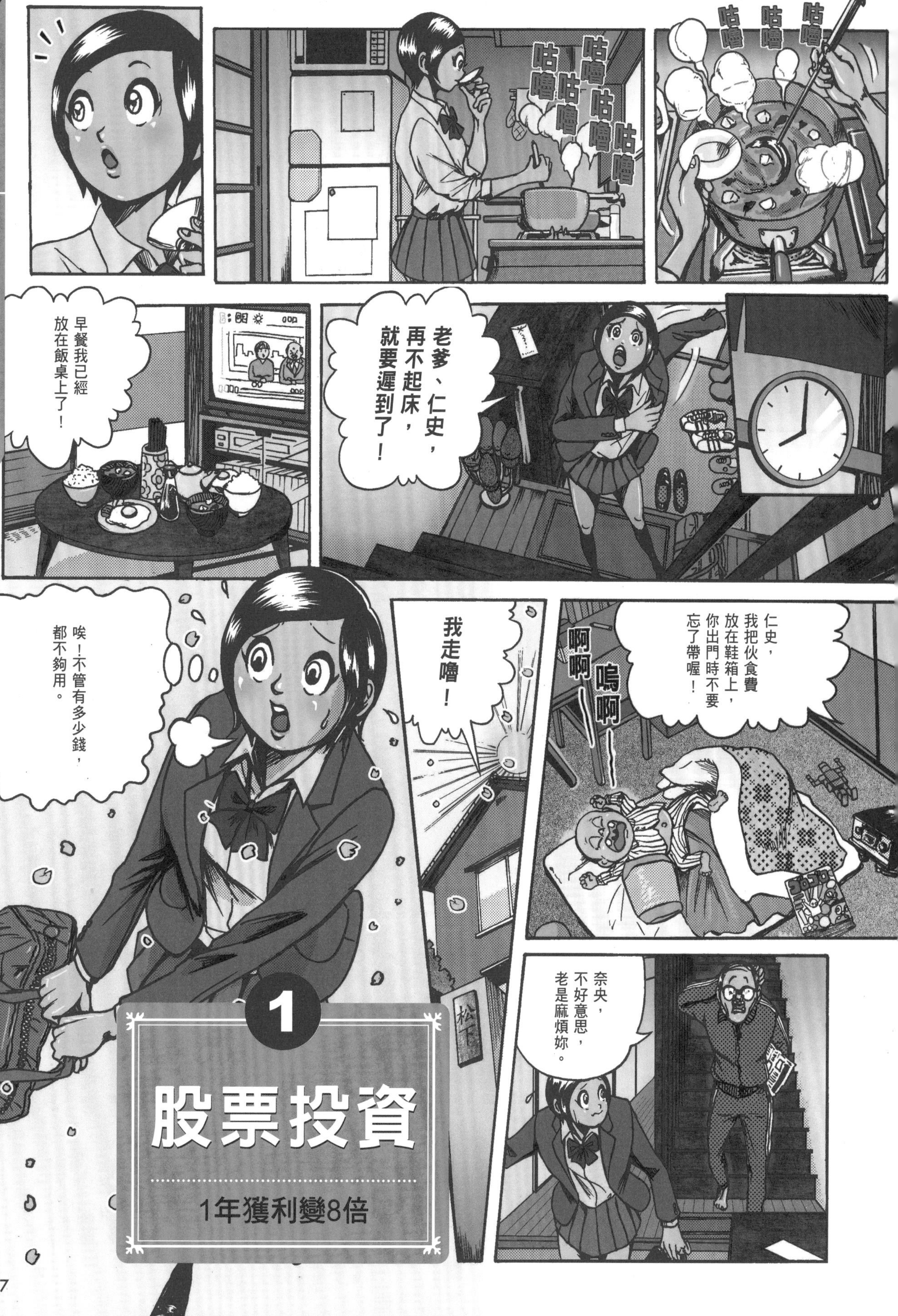
咕嚕 咕嚕 咕嚕
咕嚕 咕嚕 咕嚕 咕嚕
老爹、仁史，再不起床，就要遲到了！
早餐我已經放在飯桌上了！
仁史，我把伙食費放在鞋箱上，你出門時不要忘了帶喔！
嗚啊—
啊啊—
我走嚕！
唉！不管有多少錢，都不夠用。
奈央，不好意思，老是麻煩妳。
松下
1
股票投資
1年獲利變8倍

嗶嗶嗶嗶
嗶嗶嗶嗶
嗶嗶嗶嗶嗶嗶嗶嗶嗶嗶嗶嗶
喂，友希，時間不早了！
每星期分攤汽車旅館的錢，不管有多少錢，都不夠用。
呼呼呼
嗯—嗯
糟糕！
啪
跳
砰
快走啊！
咚
啊

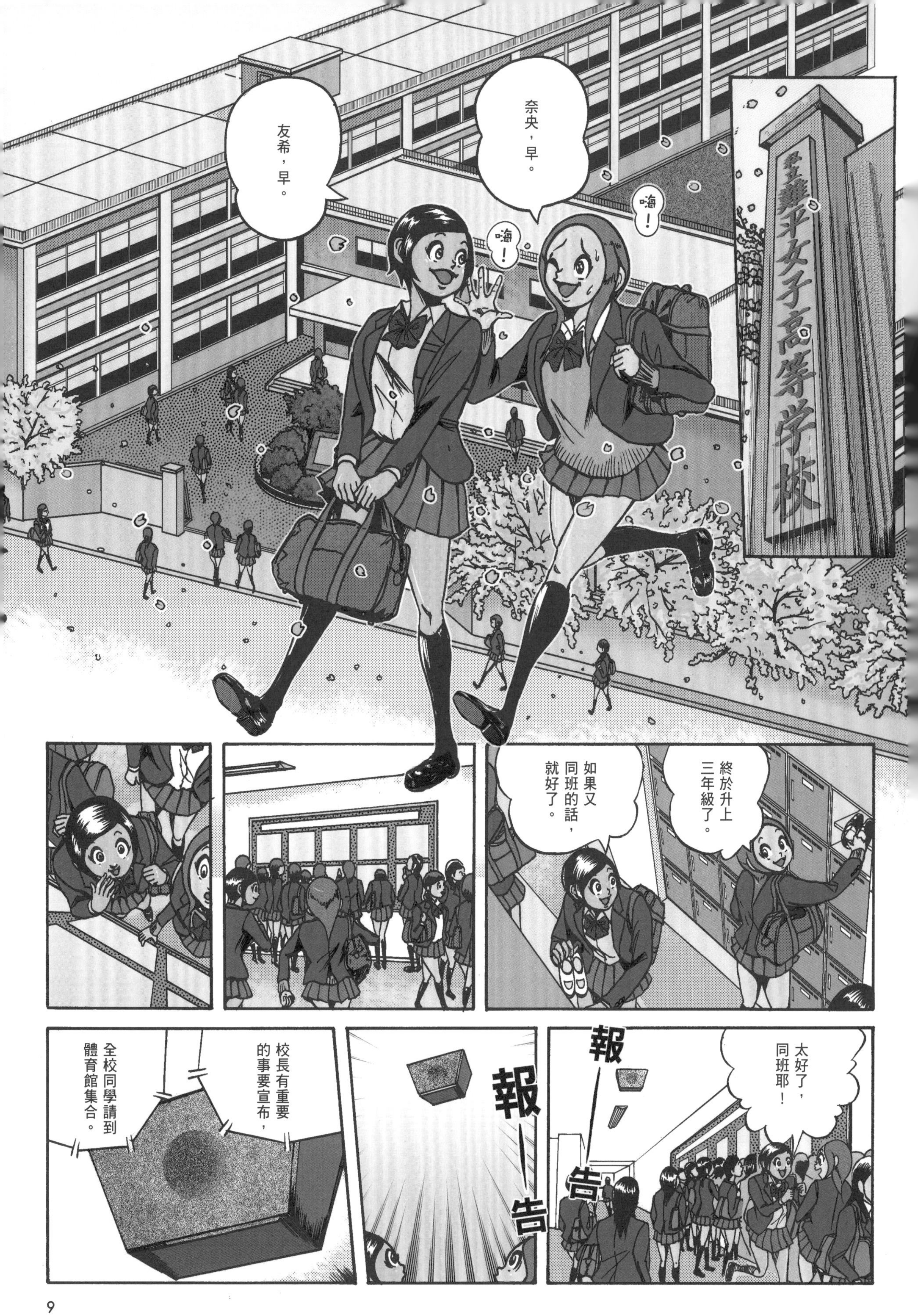
雛平女子高等学校
嗨！
奈央，早。
嗨！
友希，早。
終於升上三年級了。
如果又同班的話，就好了。
太好了，同班耶！
報—告
報—告
校長有重要的事要宣布，
全校同學請到體育館集合。

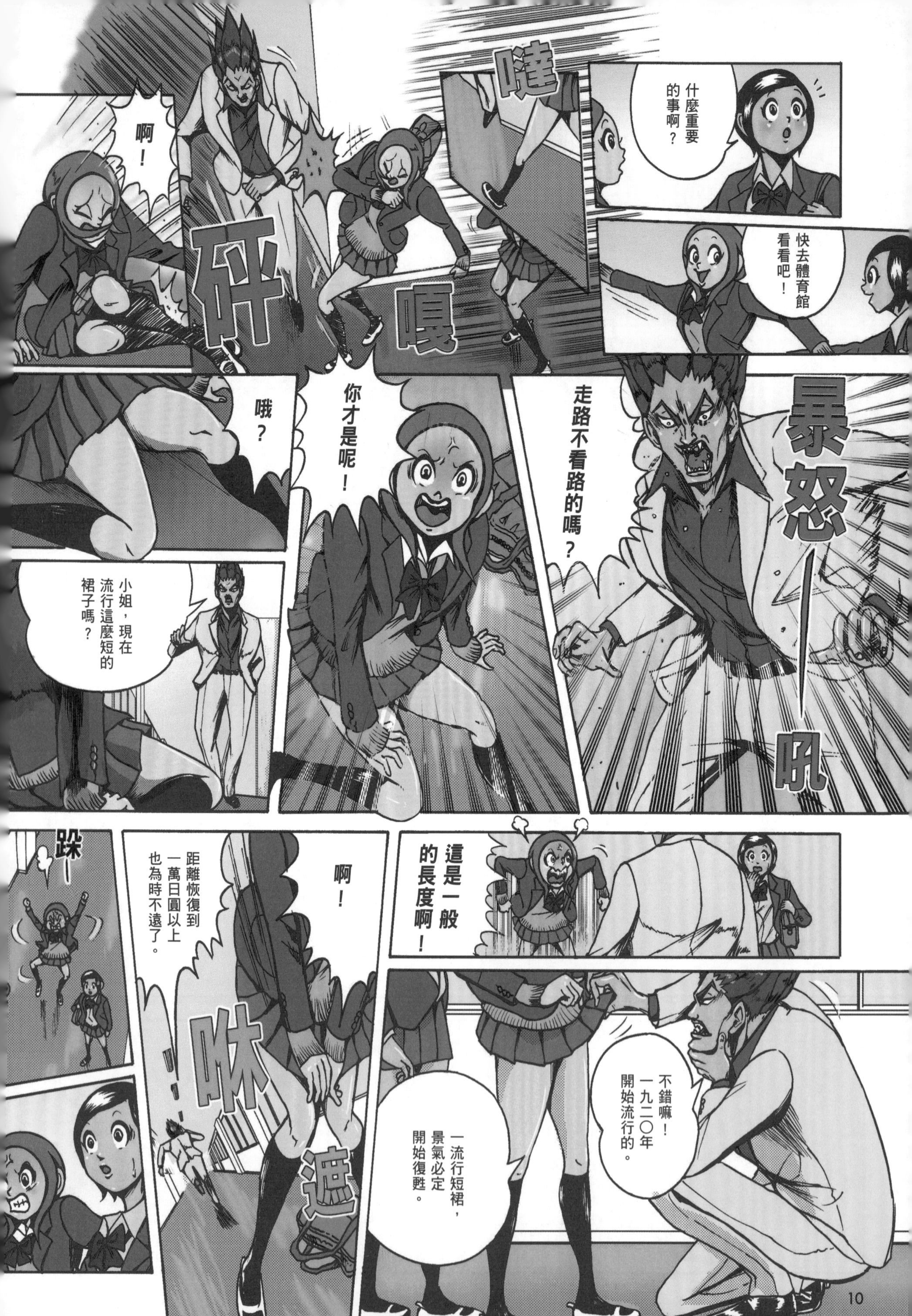
什麼重要的事啊？
快去體育館看看吧！
噠
嘎
砰
啊！
暴怒——
吼
走路不看路的嗎？
你才是呢！
哦？
小姐，現在流行這麼短的裙子嗎？
這是一般的長度啊！
啊！
距離恢復到一萬日圓以上也為時不遠了。
跺—
不錯嘛！一九二〇年開始流行的。
一流行短裙，景氣必定開始復甦。
咻
遮

奈央，怎麼了？
這個色狼，我好像在哪裡見過？
各位，有重要的事要宣布
我們難平女中在春節期間，
破產了。
咦？
完全不知耶！
由於景氣不好，加上少子化，所以以後不招募新生了。
唧唧喳喳
唧唧喳喳
唧唧喳喳
唧唧喳喳
唧唧喳喳
1年生
2年生
3年生
原來如此！的確，下個年級的學生真的比較少！
唧唧喳喳
唧唧喳喳
唧唧喳喳
學校要收掉了嗎？

四月起，本校就被馬神食品公司購併，將以馬神食品公司經營的私立女中之名，重新出發。
這是本校的新校長，馬神食品公司董事長，馬場先生……
咳
推
我叫作馬場！
喂喂喂喂
由於從這新學期將開始改頭換面，成為具吸引力的學校，所以師資陣容及課程內容也都將煥然一新。
唧唧喳喳
唧唧喳喳
課程內容將煥然一新？
數學、物理、化學、
古文、中文、地理、政治經濟、倫理道德、
這些科目，在現今社會都沒有用！
啪
啪
啪
啪
所以，從新學期開始，這些課都廢止。
踩
好耶！沒有數學、物理了。
從現在起，本校的課程，只教對人生有用的事。
拉

鏘鏘鏘鏘——
這就是新課表！
星期一 星期二 星期三 星期四 星期五
辯解 擱置 找碴 事前關說 賺錢
推卸責任 接待 辯解 推卸責任 趨勢
前關說 賺錢 辯解 攀關係
賺錢 攀關係 推卸責任 找碴 辯解
找碴 趨勢 擱置 攀關係 接待
辯解、推卸責任、找碴、擱置？
什麼——呀
這是什麼？
現在介紹教師陣容……
這位是擔任「辯解」、「推卸責任」課程的老師。
「辯解」、「推卸責任」，是社會上的必要技能嗎？
疑惑
不一定是非常必要的，
我不保證。
揮揮揮揮
我雖然表示，最好不要教導高中生這些課程，但因為校長說無論如何都要這麼做……
指
這位是擔任「趨勢」課程的麻田老師。
「趨勢」是什麼？
哇！辯解與推卸責任的最佳示範耶！
各位，有玩過賭馬、柏青哥或麻將的任何一種嗎？
沉默……
靜

例如，在賭馬時，你沒有這種感覺嗎？
噠噠噠
噠噠噠
今天一定是第三跑道獲勝的日子。
哇 哇 哇 哇 哇
或是在搓麻將時，你沒有這樣想過嗎？
呵呵……
今天為什麼老是自摸呢？
這些用準確率、統計都沒辦法說明。
這就是趨勢！
人生最重要的，就是掌握趨勢。
我要教大家「趨勢」。
晚
力
原來如此。
接下來這位，是擔任「賺錢」課程的利食老師。
我是負責教大家「賺錢」的，
利食千人力！
嘩嘩嘩嘩嘩嘩
嘩嘩嘩嘩嘩嘩
奈央，剛才那個色狼！
果然，以前好像在哪裡見過？
鏘鏘鏘鏘鏘鏘

「賺錢」課程，要學什麼呢？
你有存款嗎？
壓歲錢和打工賺的錢加起來，大概有二十萬日圓。
嘩嘩嘩
你呢？
也差不多這麼多。
高三學生有二十萬日圓存款，
嗯，這是平均值。
我和大家說說娜娜這位高三女生的故事吧！
那是距今六年前的往事。當時，身為高三生，正面臨聯考壓力的娜娜，在上學途中突然發現一家新的銀行。
這家銀行叫作「UFJ銀行」。
UFJ銀行
那時，奈央因打工而賺了二十萬日圓。
娜娜想：
從現在起因為要準備聯考，所以用不到這筆錢。
那麼，她做了什麼呢？
把二十萬日圓存到銀行嗎？
呼
咳咳咳
傻瓜，銀行活期存款的利息，就算是利息較高的銀行，也大概只有〇．一％左右。

＊日本從九〇年代起便採取極端的低利措施，甚至曾經維持數年的零利率政策。台灣近年的利率也偏低，以郵政儲金而言，利率也多在1%以下。（2010年1月）

存二十萬日圓，一年的利息只有二百日圓。
耶！一年只有二百日圓？
驚——嚇
所以，娜娜並不是把二十萬日圓存到銀行，
啪
噹噹
UFJ銀行
而是用二十萬日圓，買了UFJ銀行的股票。
一年後，娜娜考上了大學，可以恢復平時和朋友遊玩的生活，所以她賣掉股票。
UFJ銀行
賣出。
你們認為，那二十萬日圓變成多少錢？
三十萬日圓？
四十萬日圓？
啪
啪
不對、不對，沒那回事。
那筆錢變成一百六十萬日圓呢！
啊！
噴
一百六十萬日圓？
娜娜從二〇〇三年五月到第二年五月，持有一年的UFJ股票，金額從二十萬日圓倍增了八倍。
然而，一年增值八倍，在股市中並不稀奇。
在二〇〇五年十二月八日發生的「嘉克姆股票下單錯誤事件」
610,000日圓
1股
賣出
1日圓
610,000股
這事件是，瑞穗證券的營業員把「嘉克姆股票一股六十一萬日圓賣出」的單，誤輸入成「一日圓六十一萬股賣出」，因而造成四百億日圓以上的損失。

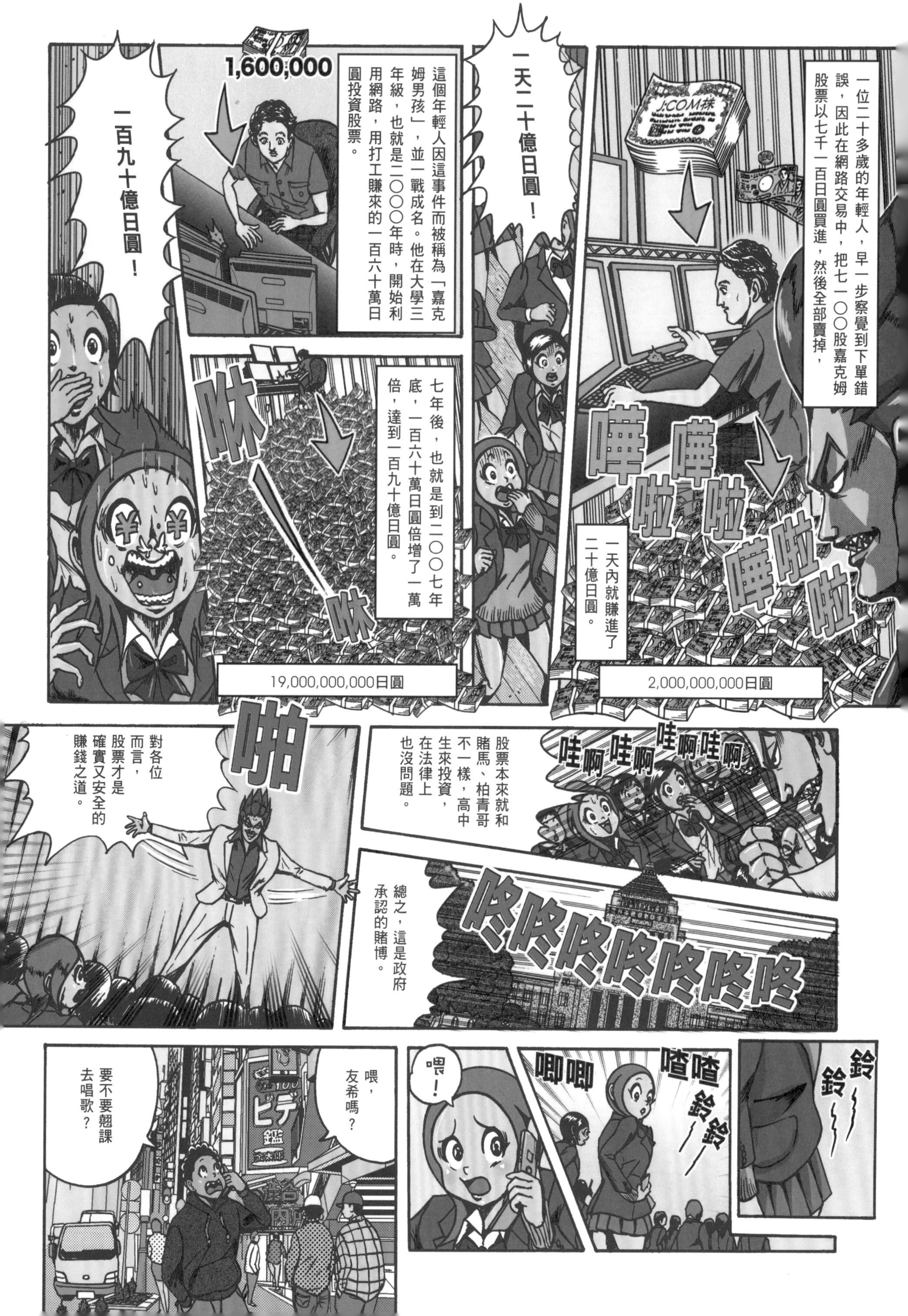
一位二十多歲的年輕人，早一步察覺到下單錯誤，因此在網路交易中，把七一〇〇股嘉克姆股票以七千一百日圓買進，然後全部賣掉，
J:COM株
嘩啦嘩啦
嘩啦啦
一天內就賺進了二十億日圓。
2,000,000,000日圓
一天二十億日圓！
1,600,000
這個年輕人因這事件而被稱為「嘉克姆男孩」，並一戰成名。他在大學三年級，也就是二〇〇〇年時，開始利用網路，用打工賺來的一百六十萬日圓投資股票。
七年後，也就是到二〇〇七年底，一百六十萬日圓倍增了一萬倍，達到一百九十億日圓。
咻咻
19,000,000,000日圓
一百九十億日圓！
哇啊哇啊哇啊哇啊
股票本來就和賭馬、柏青哥不一樣，高中生來投資，在法律上也沒問題。
總之，這是政府承認的賭博。
咚咚咚咚咚咚咚
啪
對各位而言，股票才是確實又安全的賺錢之道。
鈴鈴～
鈴鈴～
喳喳
唧唧
喂！
喂，友希嗎？
要不要翹課去唱歌？

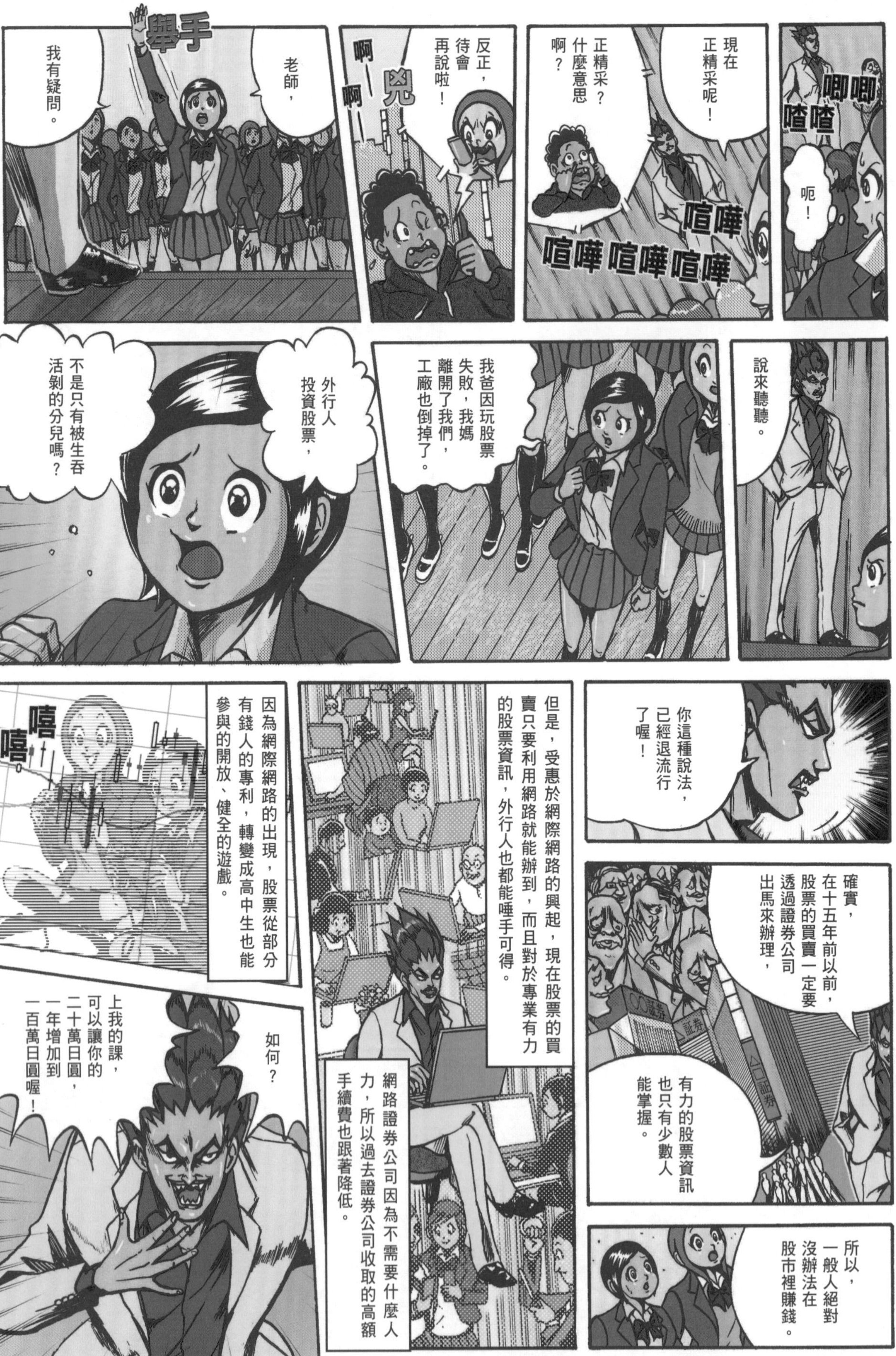
唧唧
喳喳
呃！
現在正精采呢！
正精采？什麼意思啊？
喧嘩
喧嘩 喧嘩 喧嘩
反正，待會再說啦！
啊—
兇
啊—
老師，
舉手
我有疑問。
說來聽聽。
我爸因玩股票失敗，我媽離開了我們，工廠也倒掉了。
外行人投資股票，
不是只有被生吞活剝的分兒嗎？
你這種說法，已經退流行了喔！
確實，在十五年前以前，股票的買賣一定要透過證券公司出馬來辦理，
有力的股票資訊也只有少數人能掌握。
所以，一般人絕對沒辦法在股市裡賺錢。
但是，受惠於網際網路的興起，現在股票的買賣只要利用網路就能辦到，而且對於事業有力的股票資訊，外行人也都唾手可得。
網路證券公司因為不需要什麼人力，所以過去證券公司收取的高額手續費也跟著降低。
因為網際網路的出現，股票從部分有錢人的專利，轉變成高中生也能參與的開放、健全的遊戲。
嘻嘻
如何？
上我的課，可以讓你的二十萬日圓，一年增加到一百萬日圓喔！

＊台灣的網路下單系統仍須先在實體證券公司開戶，方能使用。

一年內，二十萬日圓變一百萬日圓！
喧嘩
太厲害了！
喧嘩
喧嘩
呆掉
松下鐵工廠
老闆，這股票買進如何？
嗯～嗯
一年內，這幾十萬日圓就會增加到幾百萬日圓。
呵呵…
啊
現在就買吧！
對了，我想起來了。
這傢伙就是以前慫恿我爸買股票，並把我爸騙得一毛不剩的山村證券營業員！
耶，是嗎？
啊ー
吵鬧 吵鬧 吵鬧
這傢伙是個大騙子！
大家千萬不要去上這男人的課！
要選修什麼課，是學生的自由。
選自己想上的課就好。
不過，在此之前，何不和我一決勝負？

一決勝負？
喧嘩 喧嘩 喧嘩
喧嘩
喧嘩
喧嘩
喧嘩
各位，以全體學生的名義，在網路證券公司開個戶頭。
在這戶頭裡，每個人存入二十萬日圓。
利用這筆錢，買這家公司的股票。
黃牛電機
咚
然後，一個星期後再賣掉。
如果賺錢的話，賺的部分可以歸自己所有，
縱使賠了，也由學校負擔，大家沒有半點風險。
如果賺一成以上，就選修我的課。
喧嘩 喧嘩 喧嘩 喧嘩
如果沒賺呢？
牛電
簡單！
我辭職！
啊

＊日本有所謂的網路證券公司，而台灣只有證券公司的網路下單系統。

補習課程 ①

買賣股票的第一步：開戶

在補習課裡，第一堂課將會詳細傳授本篇沒有教到的股票交易細節，也就是股票交易的第一步：在網路證券公司開戶的方法。
要在網路證券公司開戶，沒有什麼困難的，需事先準備的東西有下列四項：
①電腦
②錢
③銀行帳戶
④證券公司的帳戶
第一項的電腦，當然是連上網路的必要條件。就連筆電也沒關係，但如果要搜集許多資訊的話，還是個人電腦比較方便。
①電腦
個人電腦沒有必要非得要自己的不可，網咖的電腦也無所謂。但是，郵件信箱一定要屬於自己的。
YAHOO!奇摩
*****@yahoo.com.tw
沒有自己的電腦，但想要有自己的郵件信箱，就先申請免費的網路郵件信箱。
接下來，第二項的「錢」，當然是指買股票的錢。
股票
不需要很多，像奈央、友希那樣先準備二十萬日圓就可以了。
第三項「銀行帳戶」，哪間銀行都無所謂，有自己經常使用的銀行帳戶就行了。
◎×證券指定帳戶
BANK
第四項是「證券公司的帳戶」，這是最重要的一點。
證券公司帳戶
所謂「登入網路證券公司」，換句話說，就是「在網路證券公司開戶」。
【主要的網路證券】
SBI證券
卡布克姆證券
大和證券
松井證券
蒙內克斯證券
樂天證券
（共有95家）
在一般的證券公司開戶時，一定要親自到店頭開戶。
我要開戶。
網路證券只要從自家上網，就能開戶了。
真簡單啊！
按！
試試看，選好公司後，就進到該公司的網頁看看。在此，一定有「開戶」的申請表。
○X証券 口座開設申込書ご請求フォーム
お名前・ご連絡先
お名前 姓 名 (全角)
生年月日 明治 大正 昭和 平成 年 月 日 (半角)
性別 男 女
電話番号(ご自宅) (半角)
携帯電話番号 (半角)
Eメールアドレス
確認用Eメールアドレス
郵便番号
住所

＊在台灣，以個人身分開戶時，需攜帶身分證、印章，到證券公司開戶。證券公司大多會有一至數家的合作銀行，所以也要在這些銀行的其中一間開戶，以後買賣股票的錢就會從這個銀行戶中扣除或匯入。

＊台灣目前的券商約有四十家，例如元大、日盛、富邦、寶來、凱基等。如果想要以網路進行下單，就一定要選擇有提供此服務的券商。在網頁上搜尋「券商進出排行」，也可獲得每日的券商排行資訊。

在這申請表上，填入住址、姓名。有些公司會要求你把網頁上的申請表列印下來，然後填寫完後郵寄出去。
POST
申請表寄達證券公司之後，幾天後，相關文件就會郵寄到你填寫的自家地址。
啊，寄來了！
為什麼要採取像郵寄這樣麻煩的方法？
用電子郵件不就好了嗎？
由於也會有大筆金額交易的時候，所以不管怎樣，都必須要確認本人的身分。
而寄來的文件上，必須再次填寫更加詳細的必要事項，並加蓋印鑑，以及附上駕照或健保卡的影本，然後再郵寄回去。
開戶申請書
姓名
住址
通訊處
職業
年收入
印鑑
申請人若真是高中生，還必須隨函附上父母親的同意書。
這份文件寄達證券公司之後，證券公司的電腦內便會有你的帳戶管理頁面，然後該公司會把你進入帳戶頁面的帳號和密碼，寄來給你。
「啊，寄來了！」
ID
密碼
之後，打開證券公司的網頁，鍵入帳號和密碼，就能進入你的專用帳戶管理頁面，用一指按鍵操作，就可以買賣自己想要的股票。整個過程就是這樣了。
ID！密碼
ID
密碼
簡單來說，千萬不要忘記，在買股票之前，要把第三項銀行帳戶裡的錢匯到第四項的證券公司的帳戶裡。
③銀行帳戶
④證券公司的帳戶
要從證券公司的帳戶裡，把錢匯回你的銀行帳戶時，只要按照網路上的指示，就能輕而易舉辦到。
如何？郵寄文件的往返大約需一星期左右，過程雖然麻煩，但之後就沒有什麼麻煩事了。
耶！
你現在也趕緊去辦手續，一切就從這裡開始。

＊在台灣，未成年人如果想要開戶買賣股票，同樣需要法定代理人的同意。
＊台灣從民國84年起，證交所就規定所有的股票交易都必須透過集中保管帳戶完成，所以股票交割不需要親自以股票進行買賣。

2 受歡迎程度的投票

從火鍋佐料學習股票法則

哇——啊
哇
呼
你真的要住這麼豪華的飯店，沒問題嗎？
啪
啪
但我想住一次這樣的飯店看看嘛！
啪啪啪啪
啪啪啪啪
錢沒問題嗎？
沒問題，會有額外的收入喔！

松下
爸。
嗯？
爸，你說過，以前曾被證券公司的營業員欺騙，在股票中大賠，對吧？
轉
這件事情不要再說了……
但那個營業員該不會是……
咕嚕—
叫作利食的吧？
噴
砰砰
你是不是在哪裡碰到利食？
啊，不是，我只是在路上看到他。
今後，如果看到他，一定要跟爸爸聯絡，我非殺死他不可！
揮揮
揮揮
揮揮
揮揮
揮揮
揮揮
揮揮
哇—
姐，
給我買雙運動鞋啦，鞋有破洞了。
運動鞋？
給我買啦！
如果能買利食的股票，就好了……

＊柑橘醋：一種佐料，用來煮肉能讓味道變得更清爽美味。

用柑橘醋賺一筆？怎麼賺啊？
來上課就知道了！
砰
我不打算上老師的課。
停住
這好像不太對吧！
上星期我和你們達成一項交易。
如果黃牛電機的股票在一星期內，如果沒有漲一成，我就辭職。
如果有漲一成的話，你們就要來上我的課。
我承擔風險，而且獲勝了。
所以，你沒有選擇要不要上課的自由。
而且你來上我的課，一定會賺錢。
你不是手頭不便嗎？
魄力
松下奈央。
啊，為何會知道我的名字？

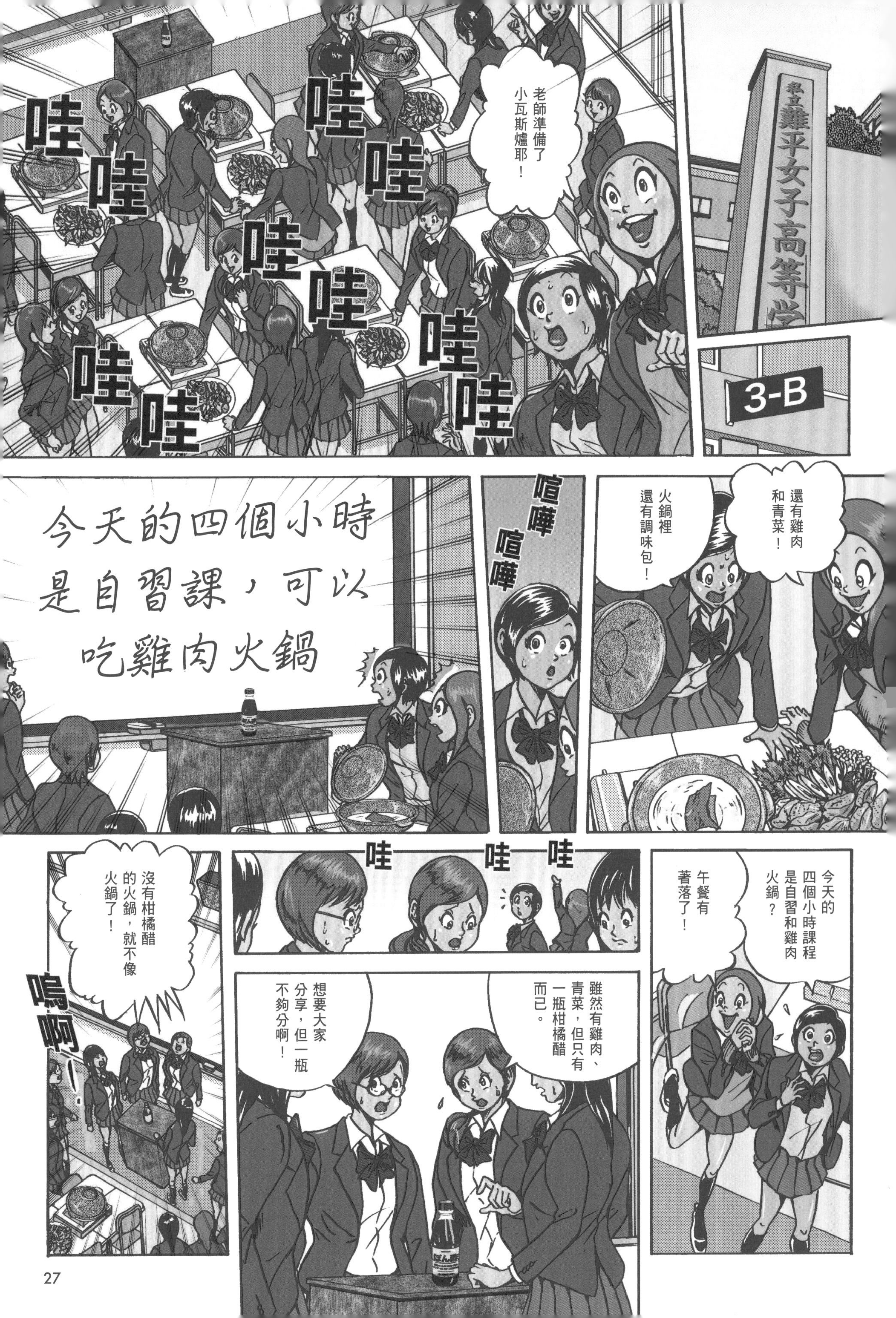
私立雛平女子高等学
3-B
老師準備了小瓦斯爐耶！
哇哇哇哇哇哇哇哇哇哇
還有雞肉和青菜！
火鍋裡還有調味包！
喧嘩喧嘩
今天的四個小時是自習課，可以吃雞肉火鍋
今天的四個小時課程是自習和雞肉火鍋？
午餐有著落了！
哇 哇 哇
雖然有雞肉、青菜，但只有一瓶柑橘醋而已。
想要大家分享，但一瓶不夠分啊！
沒有柑橘醋的火鍋，就不像火鍋了！
嗚啊——！

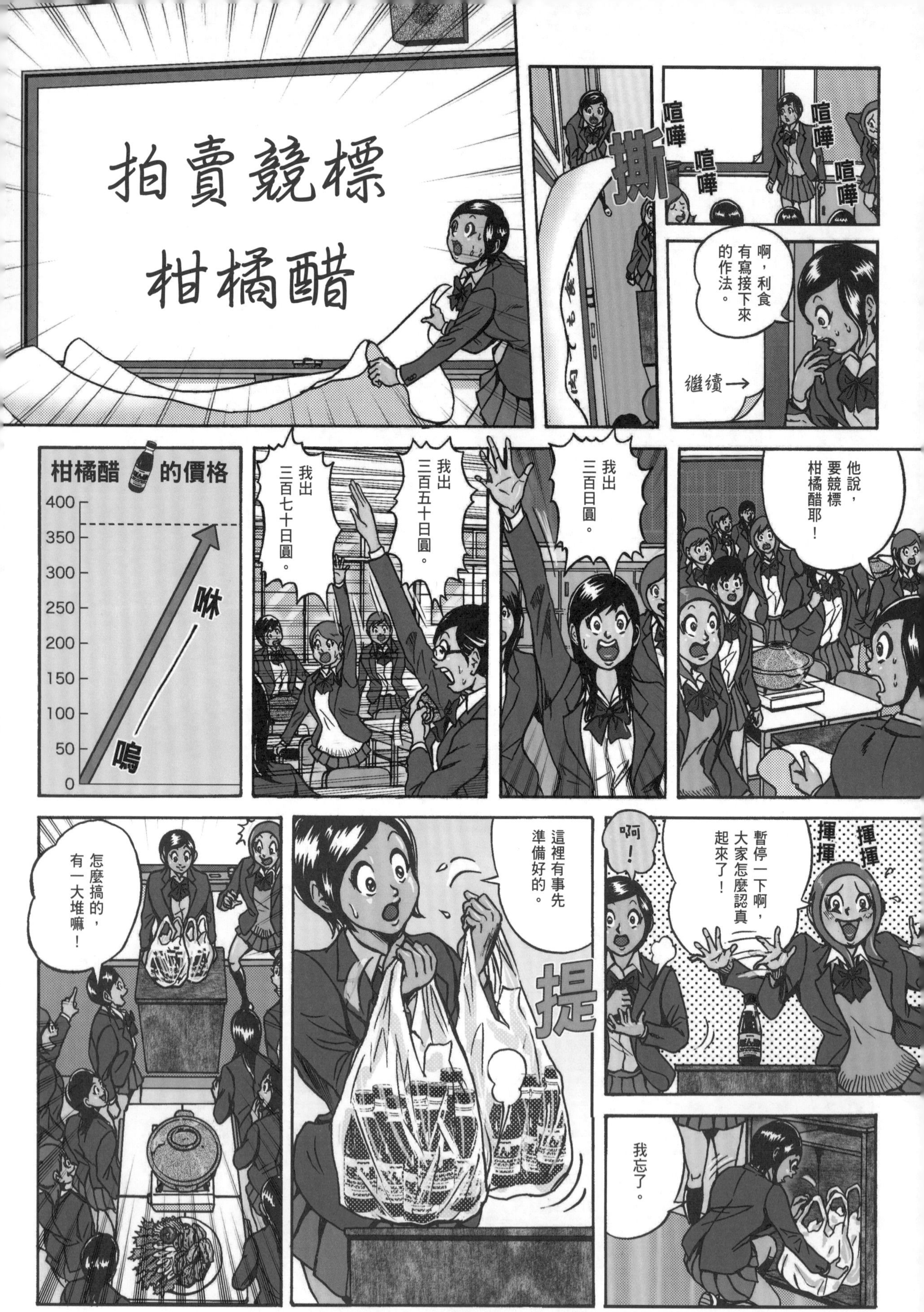
喧嘩
喧嘩
喧嘩
喧嘩
撕
啊，利食有寫接下來的作法。
繼續→
拍賣競標
柑橘醋
他說，要競標柑橘醋耶！
我出三百日圓。
我出三百五十日圓。
我出三百七十日圓。
柑橘醋的價格
400
350
300
250
200
150
100
50
0
咻
嗚
揮揮
揮揮
暫停一下啊，大家怎麼認真起來了！
啊！
我忘了。
這裡有事先準備好的。
提
怎麼搞的，有一大堆嘛！

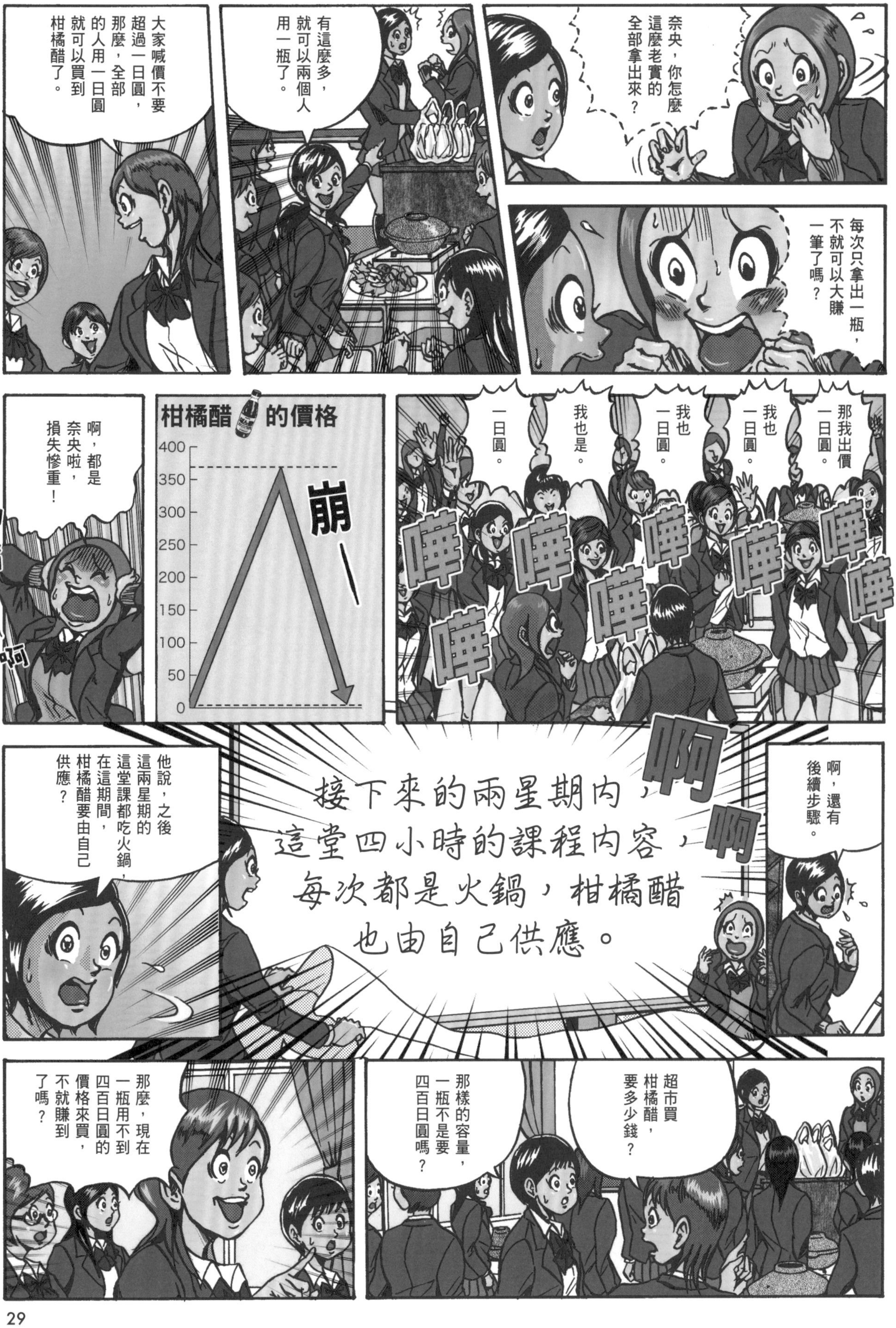
奈央，你怎麼這麼老實的全部拿出來？
有這麼多，就可以兩個人用一瓶了。
大家喊價不要超過一日圓，那麼，全部的人用一日圓就可以買到柑橘醋了。
每次只拿出一瓶，不就可以大賺一筆了嗎？
那我出價一日圓。
我也一日圓。
我也一日圓。
我也是。
一日圓。
嘩
嘩
嘩
嘩
嘩
嘩
嘩
嘩
柑橘醋的價格
400
350
300
250
200
150
100
50
0
崩—
啊，都是奈央啦，損失慘重！
懊惱
啊
啊，還有後續步驟。
啊
啊
接下來的兩星期內，這堂四小時的課程內容，每次都是火鍋，柑橘醋也由自己供應。
他說，之後這兩星期的這堂課都吃火鍋，在這期間，柑橘醋要由自己供應？
超市買柑橘醋，要多少錢？
那樣的容量，一瓶不是要四百日圓嗎？
那麼，現在一瓶用不到四百日圓的價格來買，不就賺到了嗎？

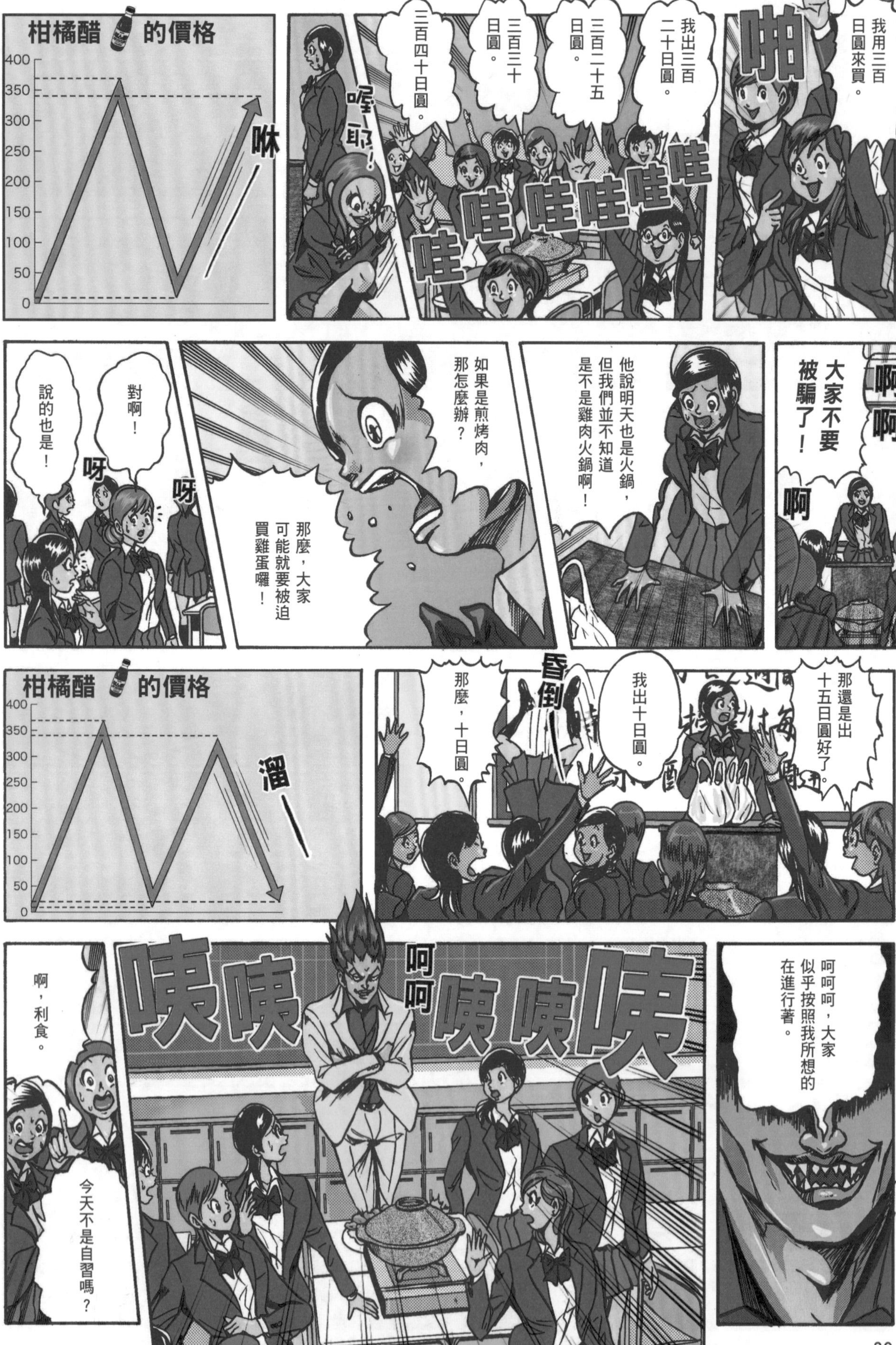

我用三百日圓來買。
啪
我出三百二十日圓。
三百二十五日圓。
三百三十日圓。
三百四十日圓。
哇哇哇哇哇哇
喔耶！
柑橘醋的價格
400
350
300
250
200
150
100
50
0
咻—
啊啊
大家不要被騙了！
啊
他說明天也是火鍋，但我們並不知道是不是雞肉火鍋啊！
如果是煎烤肉，那怎麼辦？
那麼，大家可能就要被迫買雞蛋囉！
對啊！
說的也是！
呀
呀
那還是出十五日圓好了。
我出十日圓。
那麼，十日圓。
昏倒
柑橘醋的價格
400
350
300
250
200
150
100
50
0
溜—
呵呵呵，大家似乎按照我所想的在進行著。
咦咦
呵呵
咦咦咦
啊，利食。
今天不是自習嗎？

大家的發言都被我偷聽到了，今天的上課內容是個很棒的股票課。
上課內容？
撕
好好聽著！
嘎
在股市中，賺錢的公司會把盈餘以「股息」的方式，配發給股東。
盈餘
股息
所以，賺錢的公司的股票，人人想要。
不過，股票的數量有限。
啊啊
啊啊
於是，就像在這教室裡，起初柑橘醋的價格上漲一樣，這公司的股價也會上揚。
320
330
340
350
360
370
380
但是如果大家都要賣股票，市場上可以買的股票數量會增加，那麼股價就會下跌。
這就像剛才奈央拿出許多瓶柑橘醋，結果柑橘醋的價格變成一日圓一樣。
啊
友希，你說過：不要一次全部拿出來，每次只拿一瓶，就可以賣貴一點，對吧？
耶！
股票如果也是一小部分出現在市場上的話，價格就不會暴跌，你很有概念。
我答對了！
舉例來說，假設有一家名為「徐氏製藥」的公司，打算研發花粉症的特效藥，
當然，還沒開始販售，
只要研發出特效藥並加以販售，一定大賺。此時如果買了徐氏製藥的股票，那麼等特效藥開始銷售，公司賺錢時，股價必定上漲。
好像會大賺。
大家都這麼想，就會想買徐氏製藥的股票，當然股價也就會上漲。不管它現在賺不賺錢，只要大家想到這家公司將來會賺錢，這家公司的股票就會上漲。

剛才大家以為明天如果也吃火鍋的話，現在就買柑橘醋比較划算。這麼一想，價格就上漲了。兩者的道理是一樣的。
不過，由於對徐氏製藥的新藥的效果存疑，大家一想到這公司可能不那麼賺錢，股價就下跌。
特效藥
沒效嗎？
哈啾～
哈啾～
這傢伙大喊：明天說不定是煎烤肉。然後，柑橘醋的價格再度下跌。
所以柑橘醋的價格變化完全符合股票的原則。
舉例來說，速食店門庭若市，這公司的股票可能上漲。你這麼想，別人也可能這麼想，於是股價便可能真的上漲。
嘩嘩嘩嘩
相反的，這家速食店門可羅雀，一定賠錢，大家如果也都這麼想，股價就會下跌。
安——靜
股票就像是人們對某事物「受歡迎程度」的一種投票。
縱使不懂艱澀的資訊，但如果能解讀人們的心態，就可以在股市上賺到錢。
啪啪啪啪啪啪啪啪啪啪啪啪
很好玩耶！
哼哼哼
老師，上星期你推薦我們買的「黃牛電機」，你知道它為什麼會漲嗎？
黃牛電機是一家做iPod耳機的公司。

在座有iPod的人請舉手。
想盡量以好的聲音來聽iPod的人請舉手。
嗯！很多人嘛！
因為大家都這麼想，所以，這家公司從去年起，收益就持續增加。
股價上漲的情況，就連你們也知道，不是嗎？
原來如此。
噹 噹 噹 噹
下課啦！
今天有回家作業哦！
轉
回去想想，哪支股票會上漲？
咚
咚
投票箱
投票箱
啪

選出看似最會漲的股票，把它的名稱寫下來，明天之前交過來。
一星期後，誰寫的股票漲最多，我就給他獎金十萬日圓。
好耶
耶耶
好耶
好耶
哇
DOUTOR
欸，7—11吧！
拜託，友希，你當真在想嗎？
當然啊！因為想得到十萬日圓獎金嘛！奈央，你不想要嗎？
利食害我爸破產，他是我們家的仇人。
松下鉄工所
我一定要讓他的課上不下去。
哼哼哼
發怒

補習課程 ②
股票買賣的委託時間與下單方式

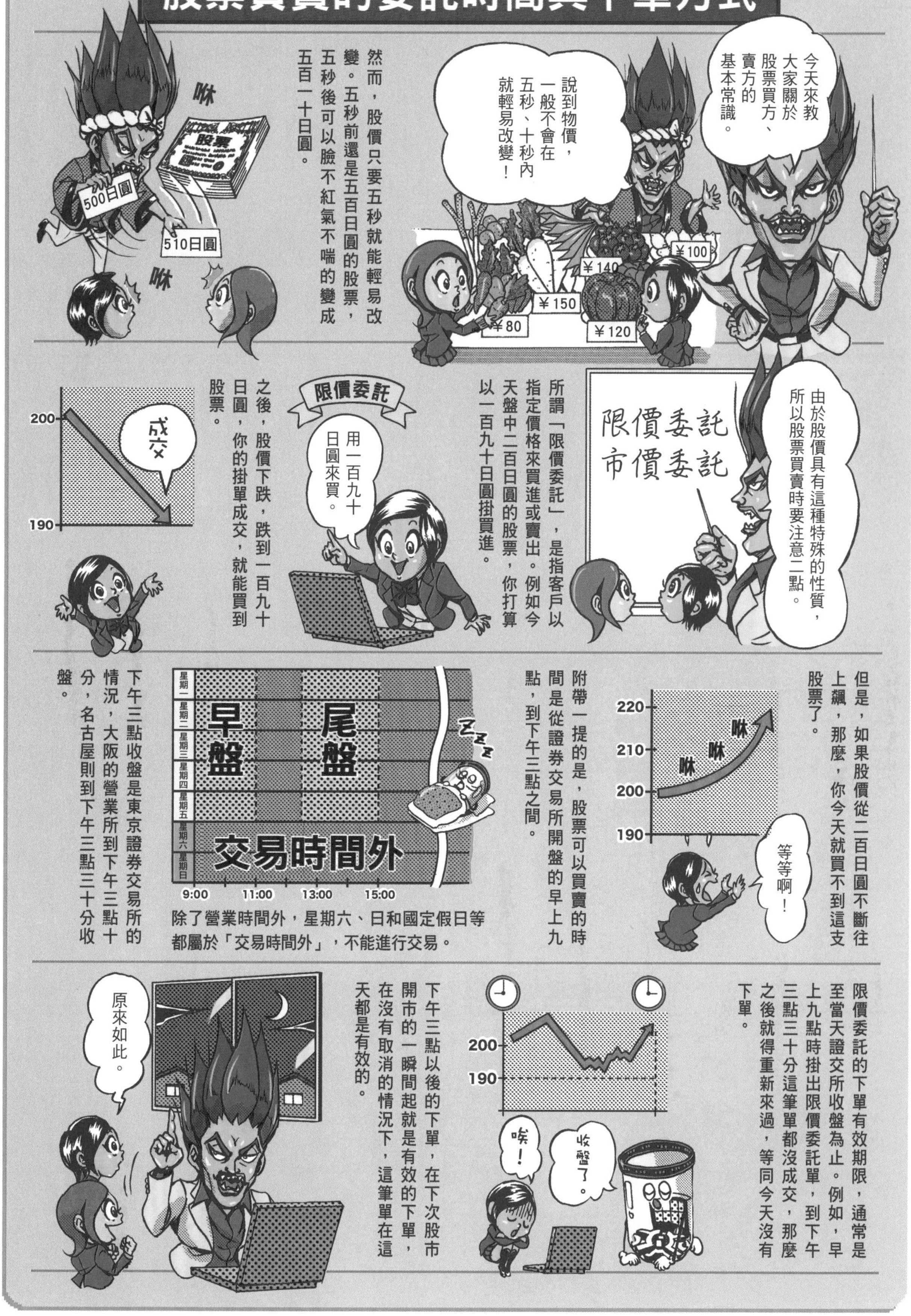
今天來教大家關於股票買方、賣方的基本常識。
說到物價，一般不會在五秒、十秒內就輕易改變！
¥100
¥140
¥150
¥80
¥120
然而，股價只要五秒就能輕易改變。五秒前還是五百日圓的股票，五秒後可以臉不紅氣不喘的變成五百一十日圓。
咻
股票
500日圓
510日圓
咻
由於股價具有這種特殊的性質，所以股票買賣時要注意二點。
限價委託
市價委託
所謂「限價委託」，是指客戶以指定價格來買進或賣出。例如今天盤中二百日圓的股票，你打算以一百九十日圓掛買進。
限價委託
用一百九十日圓來買。
之後，股價下跌，跌到一百九十日圓，你的掛單成交，就能買到股票。
200
190
成交
但是，如果股價從二百日圓不斷往上飆，那麼，你今天就買不到這支股票了。
220
210
200
190
咻
咻
咻
等等啊！
附帶一提的是，股票可以買賣的時間是從證券交易所開盤的早上九點，到下午三點之間。
星期一
星期二
星期三
星期四
星期五
星期六
星期日
早盤
尾盤
交易時間外
9:00
11:00
13:00
15:00
除了營業時間外，星期六、日和國定假日等都屬於「交易時間外」，不能進行交易。
下午三點收盤是東京證券交易所的情況，大阪的營業所到下午三點十分，名古屋則到下午三點三十分收盤。
限價委託的下單有效期限，通常是至當天證交所收盤為止。例如，早上九點時掛出限價委託單，到下午三點三十分這筆單都沒成交，那麼之後就得重新來過，等同今天沒有下單。
200
190
收盤了。
唉！
下午三點以後的下單，在下次股市開市的一瞬間起就是有效的下單，在沒有取消的情況下，這筆單在這天都是有效的。
原來如此。

＊台灣的交易時間是營業日的早上九點（即開盤時間）至下午一點三十分（即收盤時間）。
＊在台灣，投資人下單時同樣有限價委託與市價委託這兩種選擇，下單時需告訴營業員自己的開戶帳戶、股票名稱、買或賣、數量與價格。

而所謂的「市價委託」，是指價格不管多少都可以，因非得買到或賣出這個公司的股票而下單。

市價委託
不管多少錢都可以，就是要買。

這個情況下，不會有「到頭來買不到或賣不出去」的狀況，但相對的，用多少錢買或賣，則得跟隨「市價」。昨天收盤二百日圓的股票，下單時終於用二百二十日圓買進，或是總算用一百七十日圓賣出，這樣的情況屢見不鮮。

兩種下單方式必須因應狀況來應用。
230
220
210
200
190
180
170

還有一件重要的事，就是股票並不是都以一股為單位來進行買賣。
咦，是嗎？

股票本身就定好了可以買賣的最低單位（也就是單元股數）。

最低交易單位
單元股

基本上，一千日圓以下的低價股，買賣的最低單位是從一千股起（如日立、東芝等）。

日立
東芝
1,000日圓以下
從1000股起

一股為一千至一萬日圓的股票，最低單位是一百股起（如索尼、豐田、東京電力等）。

SONY
TOYOTA
東京電力
1,000～10,000日圓從100股起
Yahoo!
NTTドコモ
10000日圓以上從1股起

有的股票，像雅虎、NTT dokomo這樣一股一萬日圓以上的公司，可以從一股為單元來買賣。

股票以幾股為單位進行買賣，可以在證券公司的股價資訊看到，一查就可以知道。
股價五百日圓、單元股數一千股的股票，買下來最少要花五十萬日圓，對吧？
好貴哦！

事實上，在日本，一股的股價為一百日圓以下的公司還不少（二〇〇九年一月時有三百家）。想買這類公司的股票，只要十萬日圓就可以買到。

100日圓以下

另外還有一種制度是，證券公司召集十位欲購者，把本來以一千股為單位才可以賣出的股票，以一百股為單位賣出，稱為「迷你股」。像這樣，用不到十萬日圓就可以買到的股票，將近有二千檔。

迷你股
分散
100日圓
1000股起
分散

就如你們心裡所想的，買股票不用花很多錢就可以輕鬆買。
原來如此！

＊台灣所有股票皆以1000股為單位，稱為「1張」，低於1張的稱為「零股」，只能在盤後下單（13:40～14:30）進行撮合。

【前情提要】奈央就讀的學校，在課堂上傳授股票投資祕訣，擔任這堂課程的老師利食千人力，是十年前慫恿奈央的父親投資股票而導致破產的證券營業員。知道此事的奈央對此產生反彈。
我一定要讓這堂課上不下去。
今天備受矚目的股票是鮨茂器工。
鮨茂器工
這家公司是食品機械製造商，其出產的壽司機器正銷往海外。
咦——
雖然擁有大量資產，但因股價淨值比（PBR）小於一，股價可以說相對便宜。
啊
啊，討厭，討厭，不知不覺竟在看財經新聞。
搖頭
搖頭
我該去上學了。
起身
我走了！

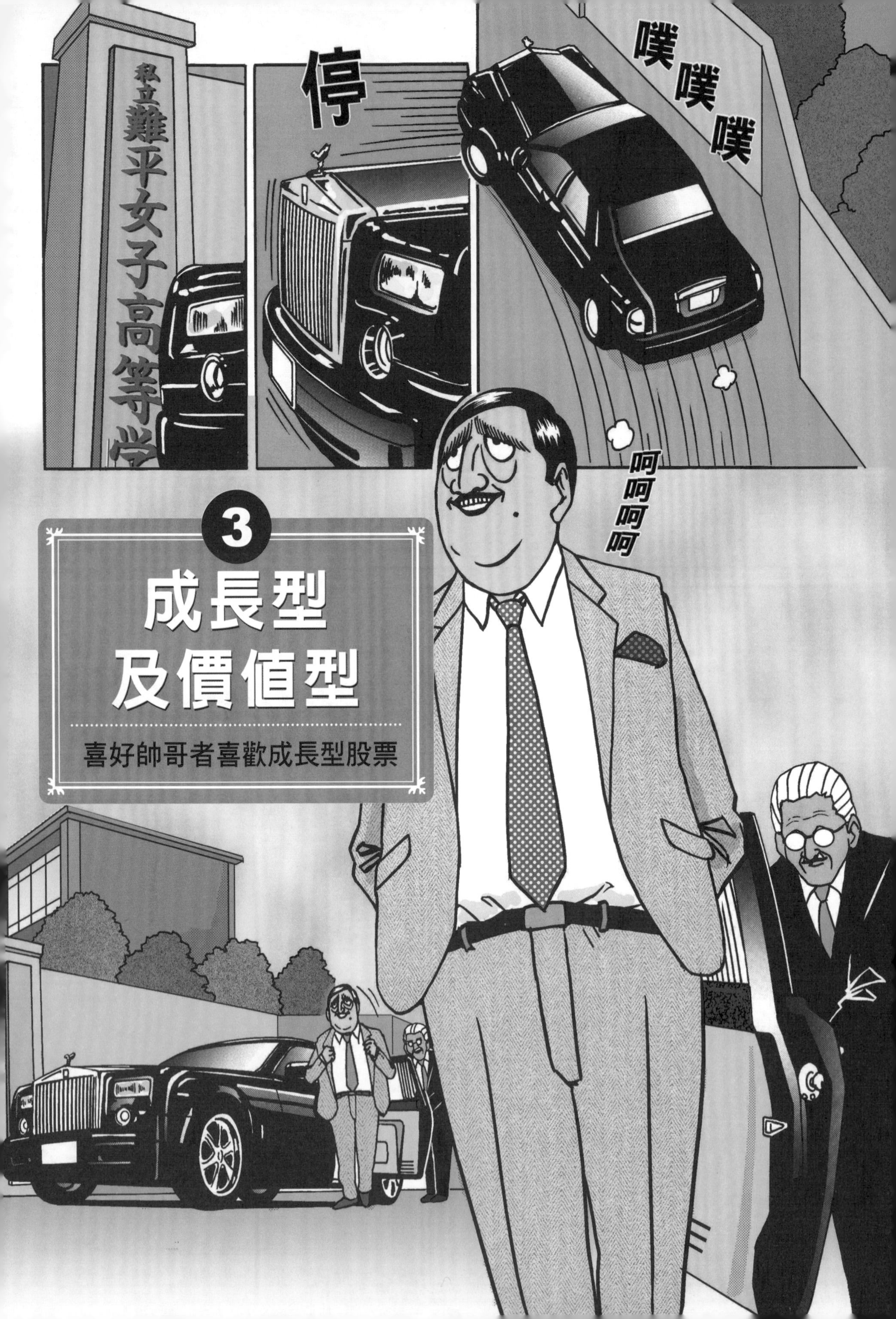

3 成長型及價值型

喜好帥哥者喜歡成長型股票

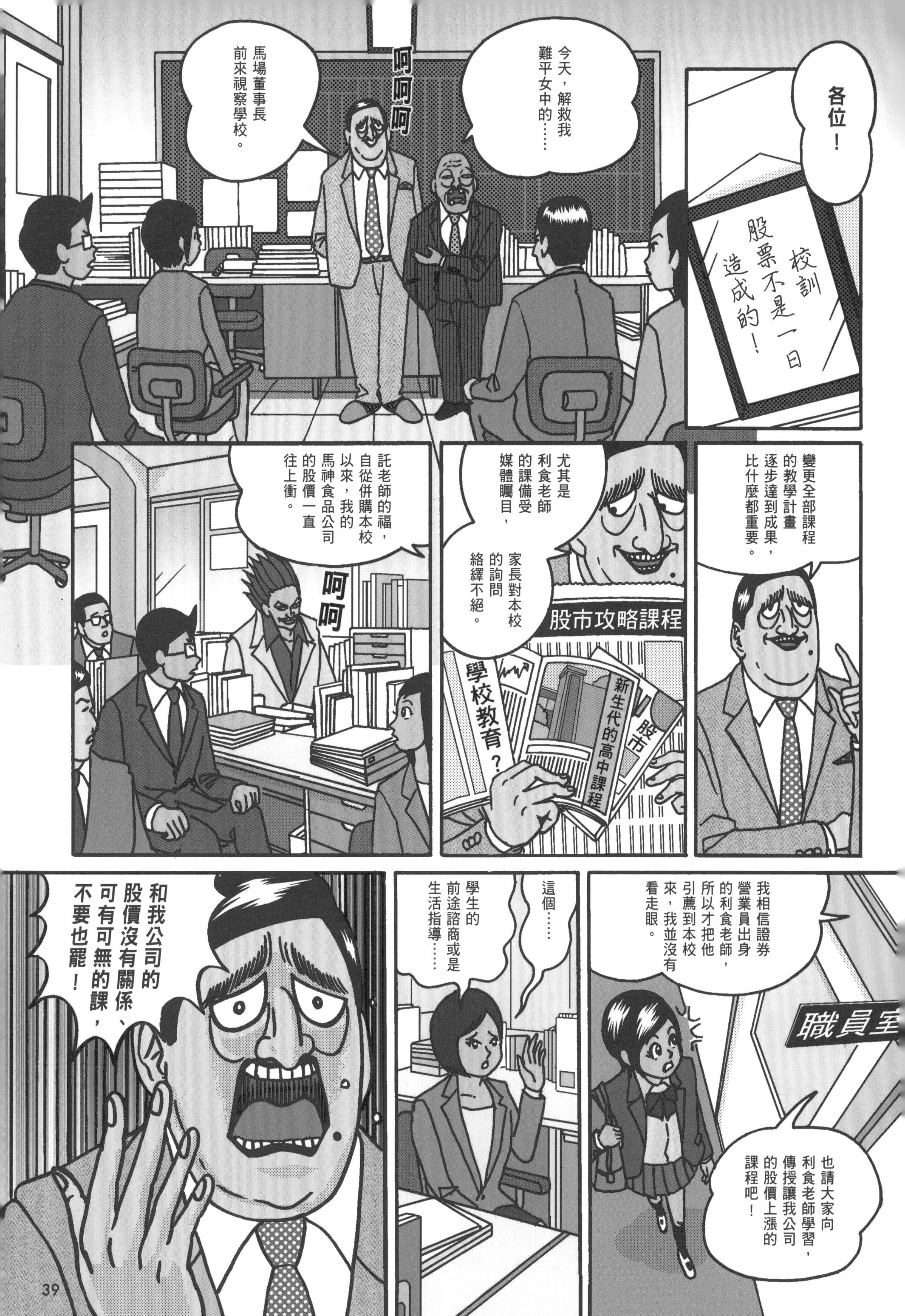
各位！
校訓
股票不是一日造成的！
今天，解救我難平女中的……
呵呵呵
馬場董事長前來視察學校。
變更全部課程的教學計畫逐步達到成果，比什麼都重要。
尤其是利食老師的課備受媒體矚目，
家長對本校的詢問絡繹不絕。
股市攻略課程
學校教育？
新生代的高中課程
股市
託老師的福，自從併購本校以來，我的馬神食品公司的股價一直往上衝。
呵呵
我相信證券營業員出身的利食老師，所以才把他引薦到本校來，我並沒有看走眼。
職員室
也請大家向利食老師學習，傳授讓我公司的股價上漲的課程吧！
這個……
學生的前途諮商或是生活指導……
和我公司的股價沒有關係、可有可無的課，不要也罷！

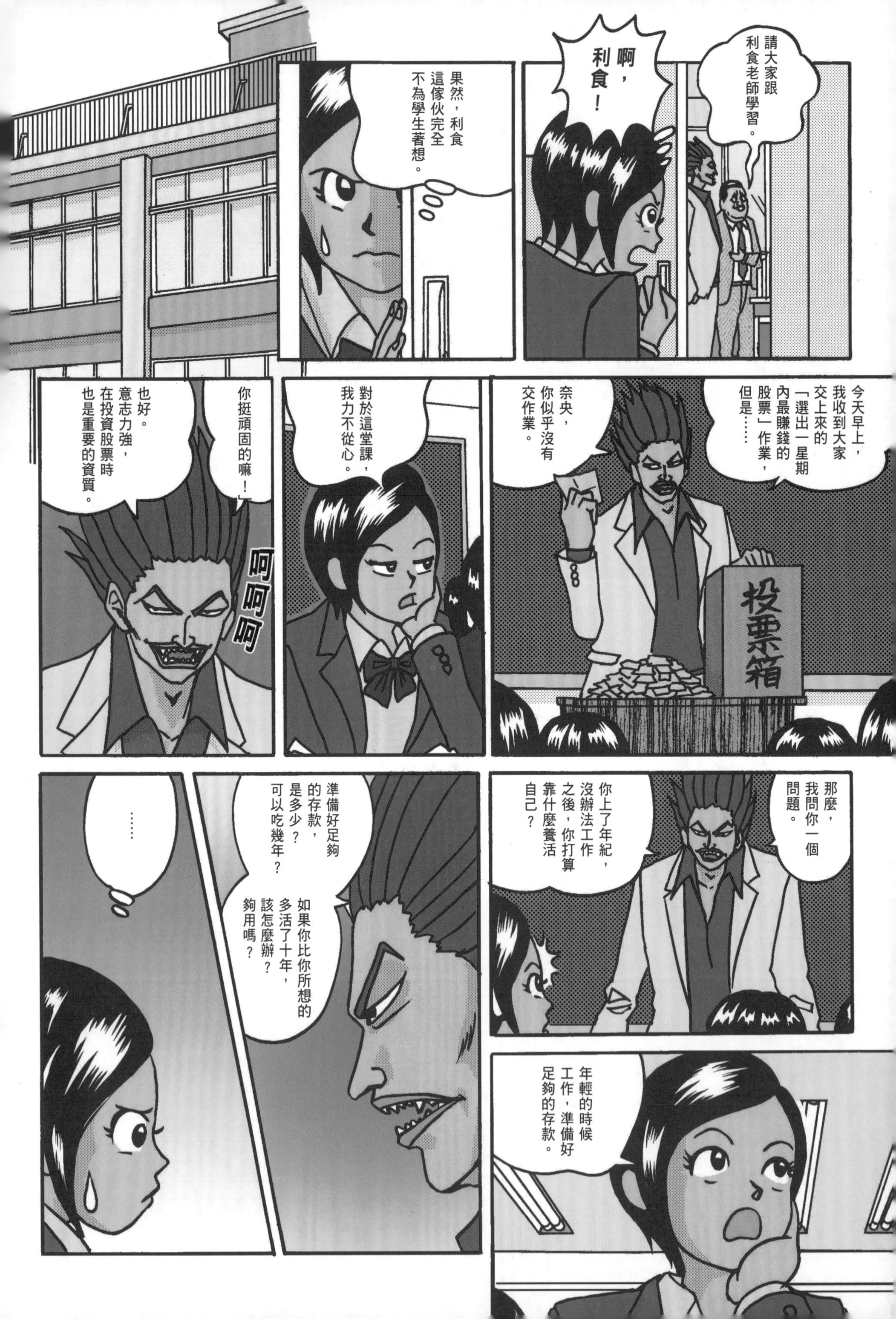
請大家跟利食老師學習。
啊，利食！
果然，利食這傢伙完全不為學生著想。
今天早上，我收到大家交上來的「選出一星期內最賺錢的股票」作業，但是……
投票箱
奈央，你似乎沒有交作業。
對於這堂課，我力不從心。
你挺頑固的嘛！
呵呵呵
也好。意志力強，在投資股票時也是重要的資質。
那麼，我問你一個問題。
你上了年紀，沒辦法工作之後，你打算靠什麼養活自己？
年輕的時候工作，準備好足夠的存款。
準備好足夠的存款是多少？可以吃幾年？
如果你比你所想的多活了十年，該怎麼辦？夠用嗎？
……

到目前為止，日本是以有工作能力的年輕人負擔無法工作的老年人的生活費，也就是「年金」。
年金
然而，日本的出生率年年降低，年輕人的人數越來越少。
到你們年紀大、無法工作的時候，年輕人的人數可能只有現在的一半，恐怕無法得到年輕人的扶養。
砰
哇！
在海外，取代年輕人扶養老年人的，是利用自己收入的一部分來買股票，以股價上漲而增加的收入，來作為老後的生活費。這種和日本不同形態的「年金制度」已然成形。
和大學聯考比起來，美國的一般成年人反而更努力學習何時該買哪家公司的股票好。為此，在小學的課程裡，一般都會教「股票」。
ABCD
這種現象，在其他的先進國家也是如此。
一星期中，研究「何時買什麼股票？」所花費的時間
17個小時
德國
20個小時
巴西
而你們呢？每週花幾小時去思考股票？
靜——默
不懂股票，還能表現出一副不在乎的樣子，世界上也只有你們會這樣。

你真的是為我們著想才這麼說的嗎？還是，只為了讓買了這所學校的馬神食品的股價上漲，才這麼說？
馬神？
這和我是否認真為你們設想，一點關係也沒有。
你今天偷聽了教職員會議內容嗎？
這是大人之間的約定，當初是你賭輸了，所以才來上我的課。
現在讓你來選，可望最賺錢的股票是哪一支？
……
鮨茂器工。
理由呢？
因為相對於資產，它的股價非常便宜。
呵呵呵，說的不錯。
友希，你為什麼選痘痘製藥？
因為周遭的人都在用他們家的沐浴乳，而且像玻尿酸之類的產品也銷售得很好。

現在出現兩個很好的例子。
喀喀喀喀
在此，我向大家說明股票投資的兩大類型。
股票投資的兩大類型
成長型投資
價值型投資
在婚姻聯誼社裡，一位長得普通且似乎很少人會跟你搶的男人，和一位長得英俊但似乎會有很多人喜歡的人，各位會選哪個？
奈央，你會選哪個？
我沒必要回答那麼蠢的問題。
這位小姐，總是以長得普通且保證可以到手的男人為獵物。
友希，你不要多嘴！
友希，你呢？
我非得要帥哥不可。
老是喜歡和猛男交往。
你說什麼？
這樣也要吵架！
有些人專找和實際價值比起來，股價相對便宜的股票作為投資標的，這就叫做「價值型投資」。最好的標的就是擁有好的子公司、好的房地產的公司，他們實質價值高但也許不受矚目，因此股價低廉。
價值型投資
發現好標的！

這類型的投資者好比是在婚姻聯誼社裡，以長得普通且似乎保證可以到手的男人為下手目標的人。
這類男性雖不那麼搶手，但因為對女性體貼，所以讓女性受傷的風險相對較低。
奈央選鮨茂器工，也是基於這個理由吧！
因為它的股價相對較便宜。
在股票分析中，由於有「股價淨值比」、「理論股價」這些顯示價位是否合理的簡便數據，所以價值型投資者可以利用這些數據來選擇股票。
股價淨值比
理論股價
1.2
116
1.8
318
1.3
1019
1.2
3308
1.7
52
1.9
1.1
另外也有已經備受矚目的高價股，由於仍具成長性，似乎還會上漲。以這類股票為投資標的的買方，屬於「成長型投資者」。
成長型投資
還會往上噴！
這類型的投資者，好比是在婚姻聯誼社裡，縱使競爭激烈，仍然以帥哥為下手目標的人。
這類男性善於玩弄女人、女人受傷風險大，但交往時的滿足感也大。
友希選痘痘製藥，也是基於這個理由吧！
玻尿酸類的產品賣得好。
這類股票如果只看指標的話，會覺得比值偏高，所以投資者會說「以往的指標不適用」、「〇〇革命」之類的話，而無視指標來做選擇。
〇〇革命
以往的指標不適用
哈哈
革命啊！
不管是友希還是奈央，她們的選擇都遵照股票投資的理論。
太厲害了！

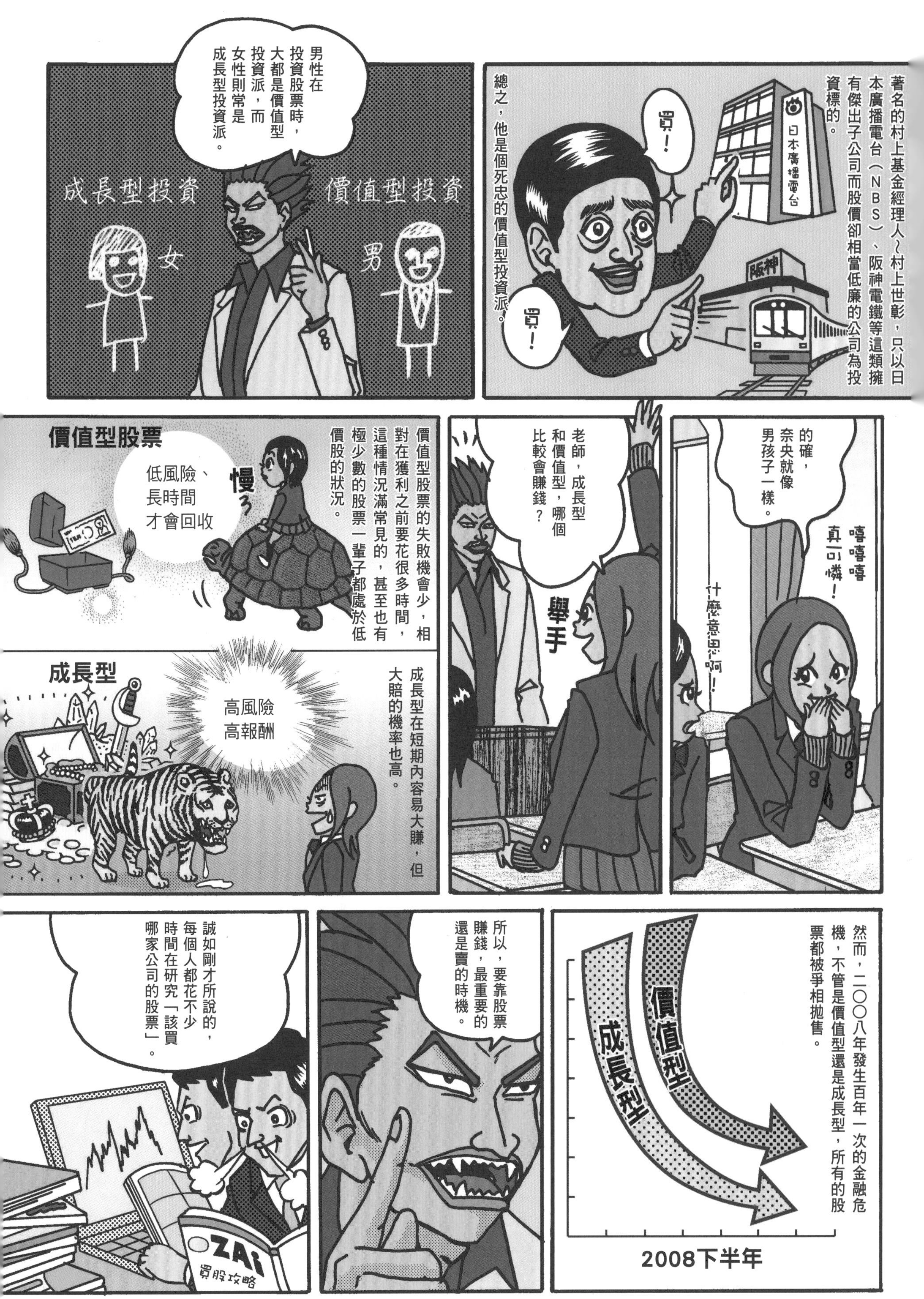
著名的村上基金經理人～村上世彰，只以日本廣播電台（ＮＢＳ）、阪神電鐵等這類擁有傑出子公司而股價卻相當低廉的公司為投資標的。
日本廣播電台
買！
阪神
買！
總之，他是個死忠的價值型投資派。
男性在投資股票時，大都是價值型投資派，而女性則常是成長型投資派。
成長型投資
價值型投資
女
男
的確，奈央就像男孩子一樣。
嘻嘻嘻
真可憐！
什麼意思啊！
老師，成長型和價值型，哪個比較會賺錢？
舉手
價值型股票
價值型股票的失敗機會少，相對在獲利之前要花很多時間，這種情況滿常見的，甚至也有極少數的股票一輩子都處於低價股的狀況。
低風險、長時間才會回收
慢
成長型
成長型在短期內容易大賺，但大賠的機率也高。
高風險高報酬
然而，二〇〇八年發生百年一次的金融危機，不管是價值型還是成長型，所有的股票都被爭相拋售。
價值型
成長型
2008下半年
所以，要靠股票賺錢，最重要的還是賣的時機。
誠如剛才所說的，每個人都花不少時間在研究「該買哪家公司的股票」。
ZAi
買股攻略

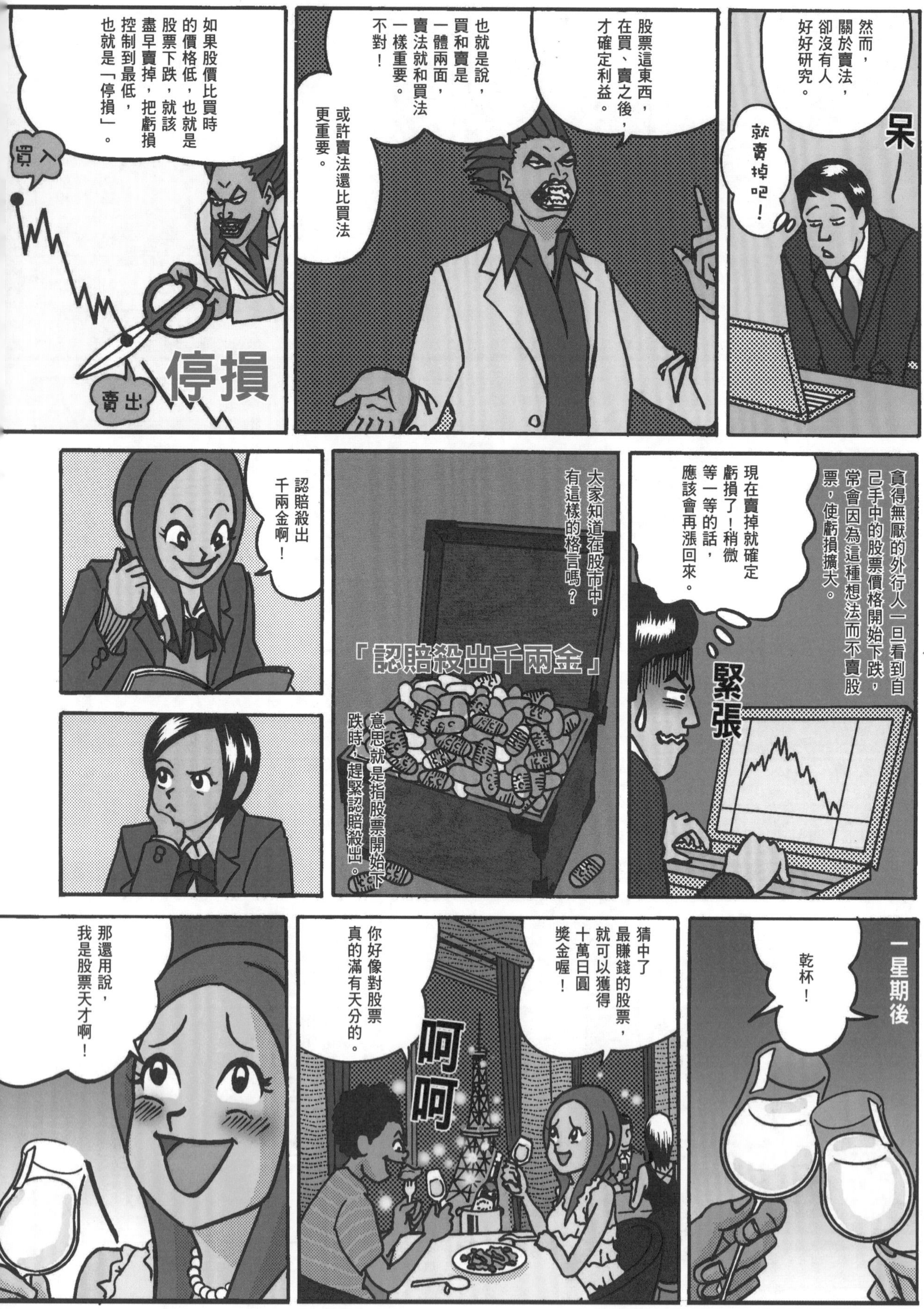
然而，關於賣法，卻沒有人好好研究。
就賣掉吧！
呆
股票這東西，在買、賣之後，才確定利益。
也就是說，買和賣是一體兩面，賣法就和買法一樣重要。不對！
或許賣法還比買法更重要。
如果股價比買時的價格低，也就是股票下跌，就該盡早賣掉，把虧損控制到最低，也就是「停損」。
買入
賣出
停損
貪得無厭的外行人一旦看到自己手中的股票價格開始下跌，常會因為這種想法而不賣股票，使虧損擴大。
現在賣掉就確定虧損了！稍微等一等的話，應該會再漲回來。
緊張
大家知道在股市中，有這樣的格言嗎？
「認賠殺出千兩金」
意思就是指股票開始下跌時，趕緊認賠殺出。
認賠殺出千兩金啊！
一星期後
乾杯！
猜中了最賺錢的股票，就可以獲得十萬日圓獎金喔！
你好像對股票真的滿有天分的。
呵呵
那還用說，我是股票天才啊！

爸爸！
什麼事？
爸爸以前在股市中慘賠，是什麼樣的感覺啊？
……
那是十年前的事了，當時我的工廠經營得還很平順……
松下鐵工廠
我買了一個叫利食的證券營業員所推薦的股票。
喔喔喔
呵呵呵
這支絕對會上漲喔！
我把原先想擴大廠房的六百萬日圓，全部投入在這家公司的股票上。
一股六萬日圓？好吧！六百萬日圓全部投進去。
二○○○年二月，這檔股票漲了四倍來到二十四萬日圓。
哇，六百萬變二千四百萬耶！
啊啊啊
然而那一年的秋天卻跌到每股一萬六千日圓。
二千四百萬一下子變成一百六十萬日圓。慘賠！
那個叫利食的證券營業員在這過程中，有沒有跟你說賣掉比較好之類的話？

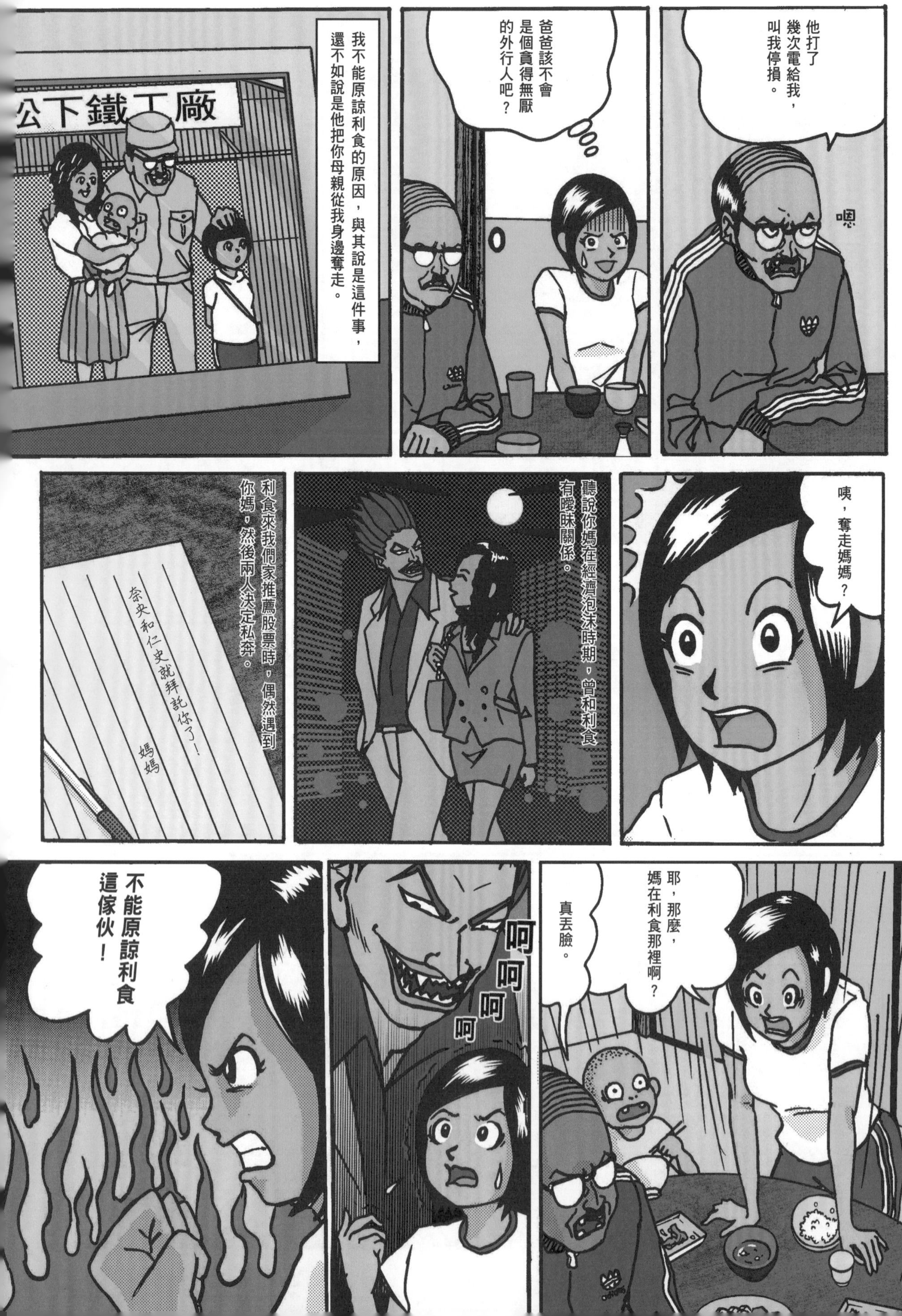
他打了幾次電給我，叫我停損。
嗯
爸爸該不會是個貪得無厭的外行人吧？
我不能原諒利食的原因，與其說是這件事，還不如說是他把你母親從我身邊奪走。
公下鐵工廠
咦，奪走媽媽？
聽說你媽在經濟泡沫時期，曾和利食有曖昧關係。
利食來我們家推薦股票時，偶然遇到你媽，然後兩人決定私奔。
奈央和仁史就拜託你了！
媽媽
耶，那麼，媽在利食那裡啊？
真丟臉。
呵呵呵呵
不能原諒利食這傢伙！

補習課程 ③
比較各支股票的股價淨值比

老師，「股價淨值比（PBR）」是什麼？
對啊！
ROA
ROE
BPS
PER
EPS
PBR
股市中有各種指標來測量股價高低，其中最基本的是「股價淨值比」。只要記住這一點，股票的世界就更加廣闊了。
我就簡單說明，好讓你們聽懂。
公司擁有各種的財產，從工廠的機械乃至一支鉛筆都算。
資產
有時，經營者會突然這麼說：
這家公司從今起解散！
解散
哇～啊！
若是這樣，這家公司便要賣出一切資產，包含工廠的機械乃至一支鉛筆，把換來的錢分配給股東。
不是給公司員工喔？
你們要記住，公司不是屬於公司員工的，而是股東的！這是資本主義的大原則。
話說回來，某公司擁有一億日圓的資產，並決定發行股票一萬張。
資產1億日圓
股票
發行股數1萬股
如果這家公司現在就解散的話，還給股東的錢便相當於一股一萬日圓。
1億日圓 ÷ 1萬股 = 1萬日圓
這筆金額就叫做「每股淨值」。
每股淨值
所謂「股價淨值比」，是指股價除以每股淨值所得的商數。也就是說，這數字表示，現在這家公司的股票上附有「每股淨值」的幾分之一的數值。
每股市價 ÷ 每股淨值 ＝ 股價淨值比（PBR）
舉例來說，股價淨值比為二的公司，如果現在解散，只要還回股價的二分之一給股東。
PBR =2
一半！
股價淨值比為〇．五的公司，如果現在解散了，就得返還二倍的錢給股東。
PBR =0.5
倍數！

＊在台灣，所有上市櫃公司的相關資訊，例如公司的總資產、每股淨值等，皆可在「公開資訊觀測站」的網站中查閱。
＊股價淨值比由於會隨每日股價的變動而改變，所以每天都不同，這些數據可在「台灣證券交易所」的網站中取得。

＊在台灣，以2010年1月15日的股價淨值比而言，前10大高股價淨值比的企業如下：優美（82倍）、裕豐（17.17倍）、英群（16.26倍）、揚明光（14.59倍）、晶華（11.67倍）、立錡（10.05倍）、通嘉（8.3倍）、亞諾法（8.04倍）、洋華（7.84倍）、創意（7.8倍）。

股價淨值比低時，若以低價買進，就算是撿到便宜嗎？
基本上是啦，但買到股價淨值比低的公司，未必一定都是撿到便宜。
哇
哇
PBR

因為公司的股價並非僅取決於資產，還包含其成長性、收益性；未來性高的公司、業績表現優異的公司，其股價淨值比的比值經常遠大於一。

10大高股價淨值比企業

	股票名稱	PBR
1	價格.com	18.97倍
2	So-net M3	10.88倍
3	GMO網路	5.37倍
4	優妮嬌盟	6.83倍
5	雅虎	6.64倍
6	戴恩愛	6.55倍
7	日本甲骨文	5.06倍
8	ABC商場	4.62倍
9	eAccess	4.54倍
10	松屋	4.53倍

註：東證一部交易的股票，市值300億日圓以上（2009年2月10日）

股價淨值比低，表示這公司沒有未來性且是個差勁的公司，或者是像鮨茂器工，是具未來性但不為人所知的公司，也就是屬於這兩者中的其中一種。

經營
腳踏車
你知道嗎？
不知道！

如果公司屬於前者，那麼最好不要去買它的股票；如果是後者的話，就該買。

從二〇〇八年十月爆發世界金融危機以來，日本幾乎所有公司的股價都下滑，一時間，東證全檔股票的平均股價淨值比滑落到〇．七。

平均PBR=0.7

通常，有業績的公司股票一旦開始下跌，在股價淨值比跌破一時，股價就會反轉上升。

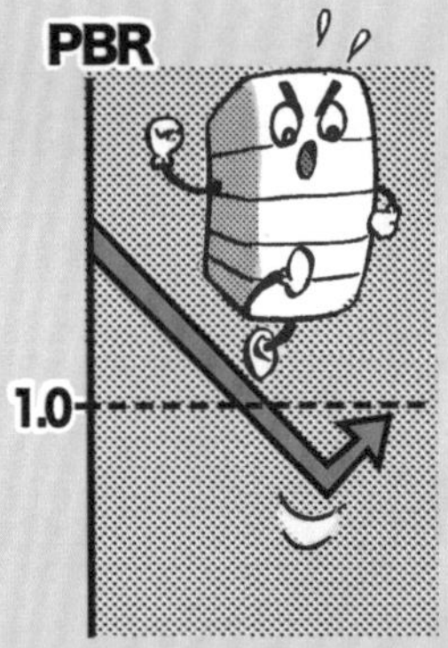

PBR
1.0

因為此時如果公司解散以還債的話，就會有高出買價之上的報酬。

因此，日本一流企業的股價淨值比若都落在〇．七左右的話，就算是明顯異常了。

企業	股價淨值比
豐田	0.71倍
索尼	0.50倍
Panasonic	0.58倍
富士電視台	0.60倍
電通	0.73倍

（2009年1月20日）

日本的股價從一九二九年經濟大恐慌後，現在面臨很大的倒閉風險。換句話說，僅對於未來而言，這是個悲觀的數字。

咕嚕
咕嚕

以常識來說，股價淨值比達到一時，就會看到股價上漲，這是普通的狀況。

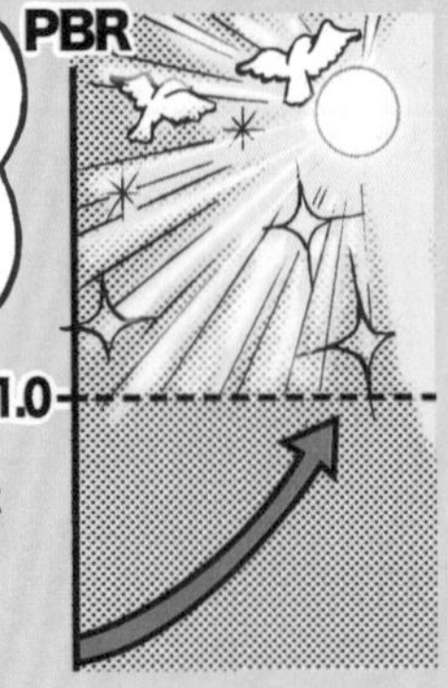

PBR
1.0

總之，現在所有的股票都是價值型投資的標的。
太好了，可以買進！

＊在台灣，以2010年1月15日的股價淨值比而言，股價淨值比大於或等於1的共有615檔。

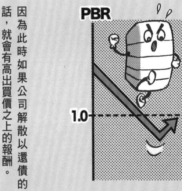

【前情提要】奈央學校裡教股票投資祕訣的利食千人力老師，是十年前向奈央的父親推薦股票而導致他破產的證券營業員。而且，利食甚至還搶走了奈央的母親，所以奈央對利食滿懷敵意。
絕對不原諒利食這傢伙！
這裡是利食所住的公寓吧？
出乎意料地寒酸耶！
咚咚咚咚
咚咚咚咚
利食，你給我出來！
咚咚咚咚
咚咚
喀
松下奈央……
我想，也該是你來拜訪我的時候了。
你在這大吼大叫，會給別人帶來困擾，進來再說吧！

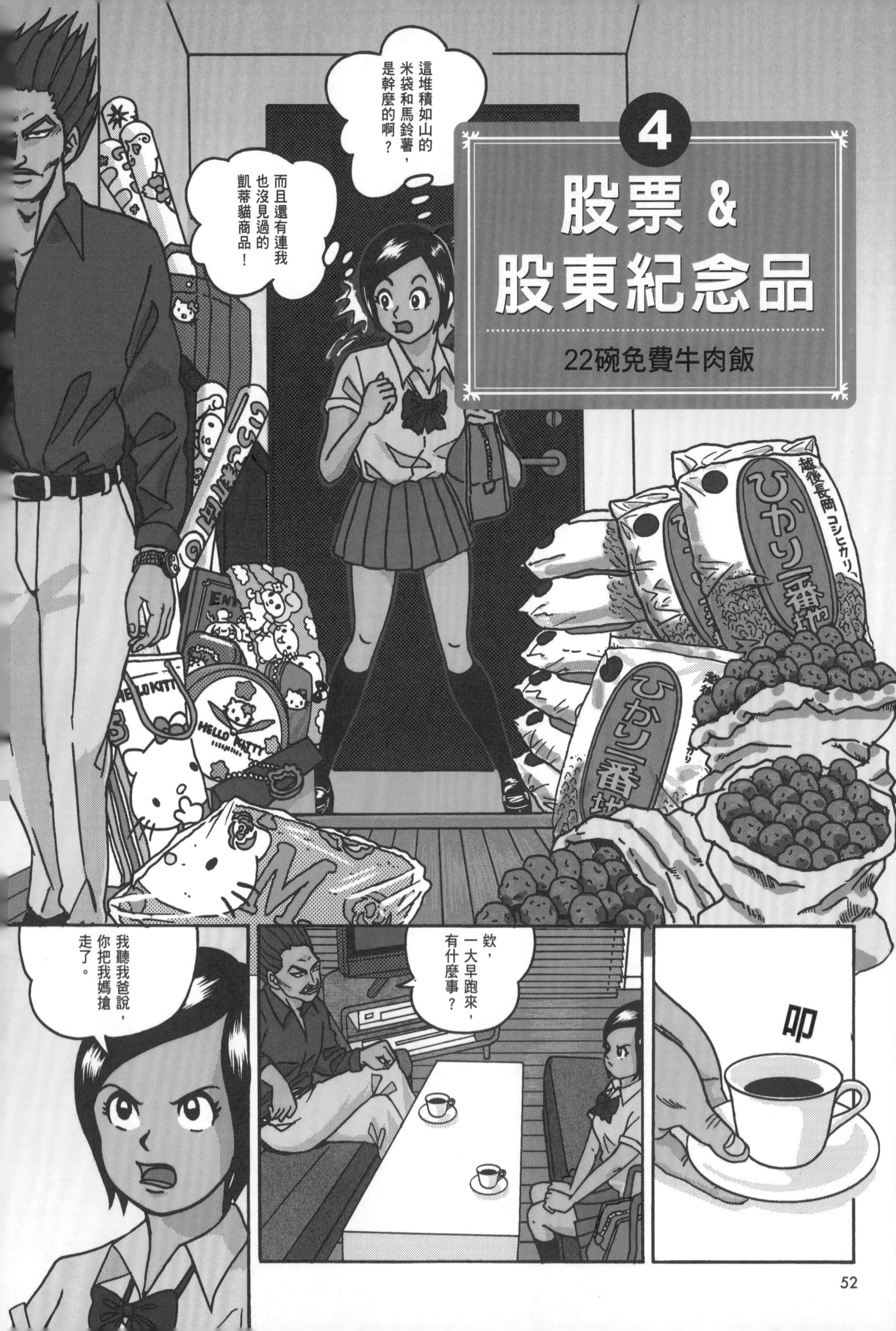
4
股票 &
股東紀念品
22碗免費牛肉飯
這堆積如山的米袋和馬鈴薯，是幹麼的啊？
而且還有連我也沒見過的凱蒂貓商品！
越後長岡 コシヒカリ
ひかり一番地
ひかり一番地
HELLO KITTY
叩
欸，一大早跑來，有什麼事？
我聽我爸說，你把我媽搶走了。

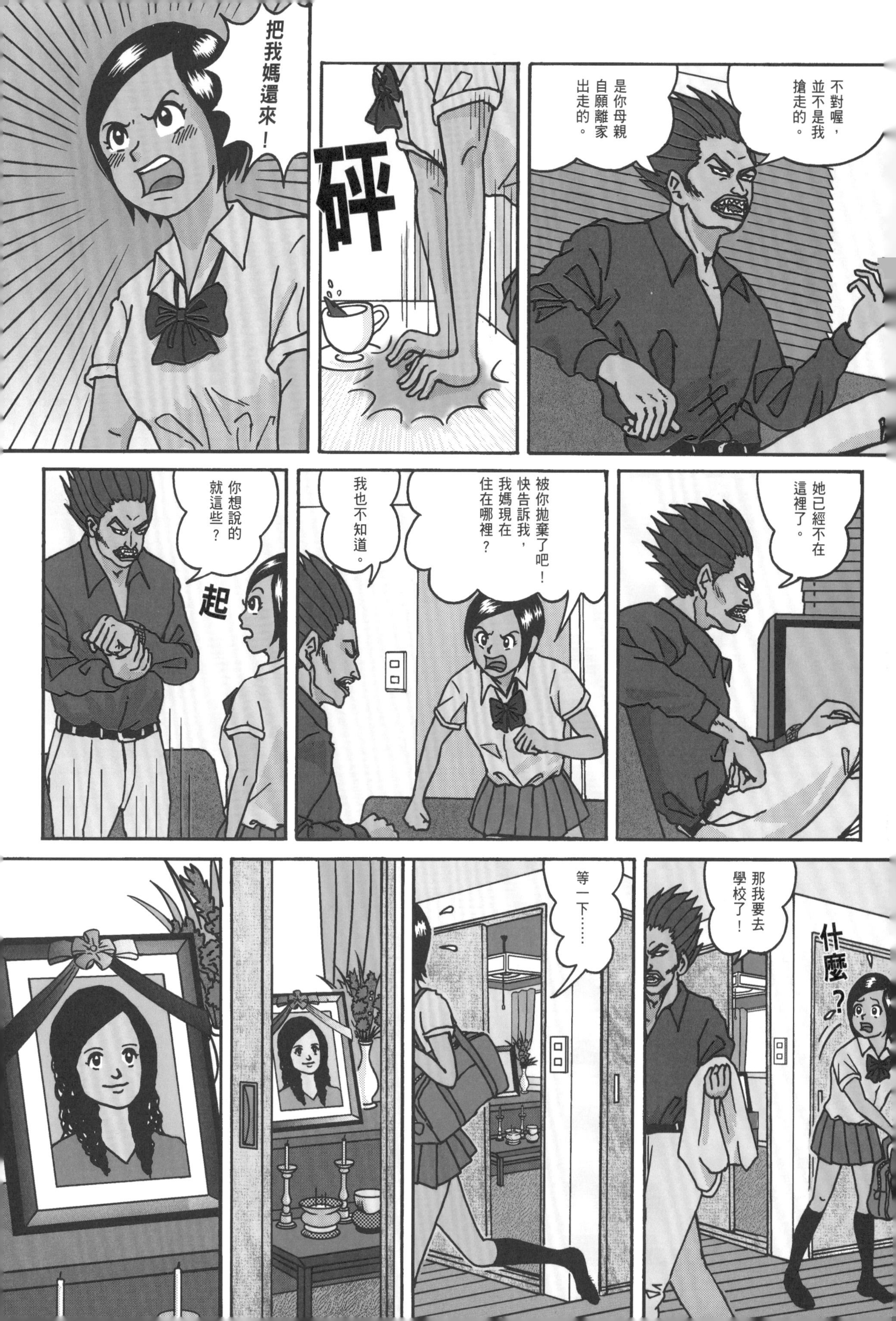
不對喔，並不是我搶走的。
是你母親自願離家出走的。
砰
把我媽還來！
她已經不在這裡了。
被你拋棄了吧！快告訴我，我媽現在住在哪裡？
我也不知道。
你想說的就這些？
起
那我要去學校了！
什麼？
等一下……

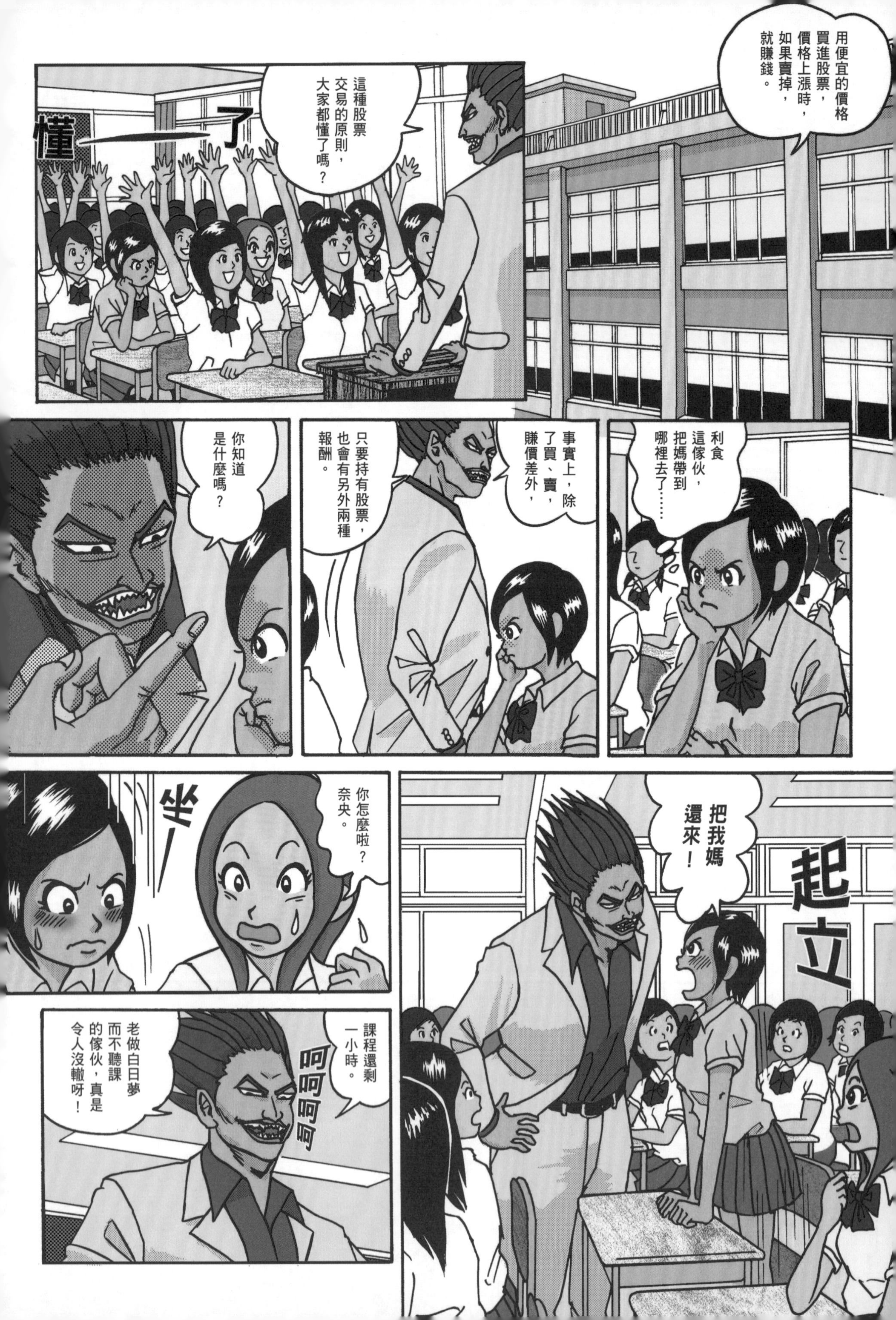
用便宜的價格買進股票，價格上漲時，如果賣掉，就賺錢。
這種股票交易的原則，大家都懂了嗎？
懂——了
利食這傢伙，把媽帶到哪裡去了……
事實上，除了買、賣，賺價差外，
只要持有股票，也會有另外兩種報酬。
你知道是什麼嗎？
把我媽還來！
起立
你怎麼啦？奈央。
坐
課程還剩一小時。
呵呵呵呵
老做白日夢而不聽課的傢伙，真是令人沒轍呀！

好了！給我好好聽課！
持有股票會有的其中一個報酬是「股利」。

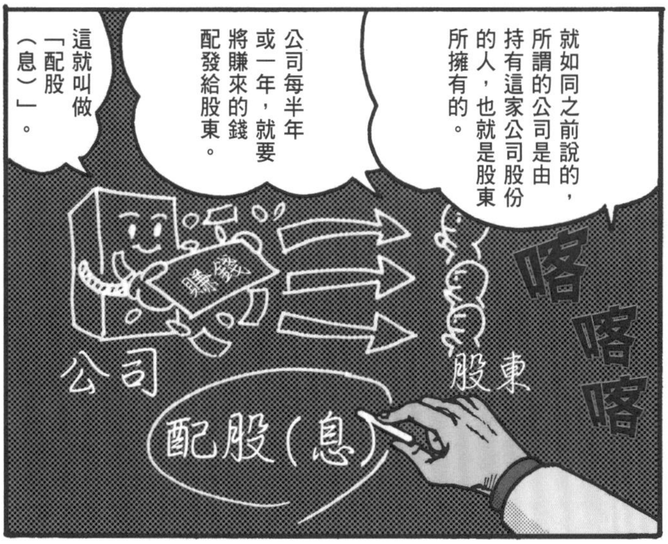
就如同之前說的，所謂的公司是由持有這家公司股份的人，也就是股東所擁有的。
公司每半年或一年，就要將賺來的錢配發給股東。
這就叫做「配股（息）」。
賺錢
公司
股東
配股(息)
喀喀喀

二〇〇五年富士電視台將被網路公司「活力門（Livedoor）」購併而引發軒然大波之際，連帶使股價節節上漲，相當於一年每股發放了五千日圓的高股息。由於是配股（息）不錯的股票，大家都想要，所以股價也更水漲船高。

高配息！

富士電視台於2005年3月15日的臨時董事會上，決定每股配發5000日圓的高股利。因此，富士電視台的股價從前一天的23萬日圓，一天內漲停來到27萬日圓。

第二年，富士電視台也每股配發了四千日圓的高股利，富士電視台的股價大約二十九萬日圓，利率大約一．四%。當時活期存款的利率是〇．〇〇一%，所以它的利率是活存的一千倍以上。

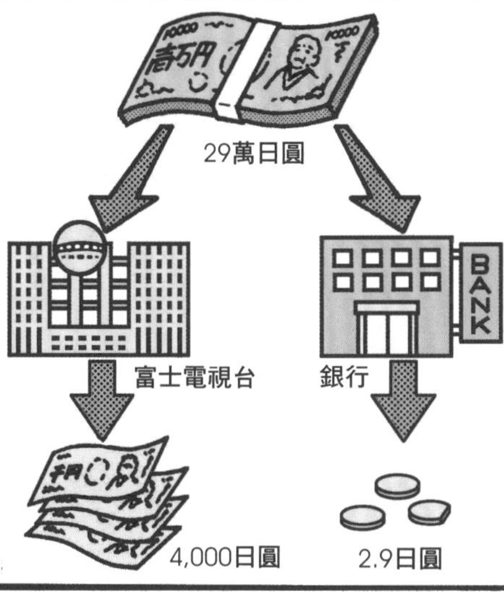
29萬日圓
富士電視台
銀行
BANK
4,000日圓
2.9日圓

如果要取得股利，沒有必要持有該公司股票一整年。只要在該公司指定的「除權（息）基準日」持有，就可以了。

但是，在「除權（息）基準日」當天買進股票，並不能參與配股息，這是因為改寫股東名冊需花時間的關係。所以通常是在「除權（息）基準日」的前四個交易日先買好放著。

股票
「除權（息）基準日」
前四個交易日
周二
周三
周四
周五
周六
周日
周一

有的公司把除權息日分為前期、後期，一年設定2次。

註：前四日不包含星期六、日及國定假日。

【東證一部上市的高股息公司一覽表】

公司名稱	股價（3/2）	每股股利（預估）	預估股利報酬率
Leopalace 21（房地產事業等）	523日圓	60日圓	11.5%
USJ（主題公園）	3萬8750日圓	2800日圓	7.2%
丸井集團（開發時尚大樓）	405日圓	28日圓	6.9%
光榮（遊戲開發）	725日圓	50日圓	6.9%
高田（安全帶大廠）	589日圓	40日圓	6.8%
山葉（世界最大樂器公司）	741日圓	50日圓	6.7%
日本精工（軸承製造）	300日圓	20日圓	6.7%
東洋油墨製造（印刷油墨）	168日圓	11日圓	6.5%
商船三井（海運大廠）	484日圓	31日圓	6.4%

以自有資本比率30%以上、市值300億日圓以上的公司來進行篩選（2009年3月2日資料）。

＊在「台灣證券交易所」的網頁中，可查詢每股的「殖利率」（投資報酬率），由於這項數值會與每日的收盤價有關，所以每天都會有所變動。

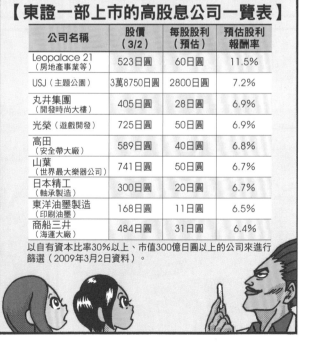

此外，賺錢的公司未必都會配發股利，是否要配發股利，是由公司老闆來決定。
為了發展新事業，把資金存下來吧！
有這樣想法的老闆，不管公司賺多少錢，也不會配股息。
如果想以買股票取得股利，就必須知道該公司的老闆在想什麼。
接下來是……
叩
只要手中持有股票，還有一個好處是什麼？大家知道嗎？
股東紀念品。
？
？
？
？
所謂的「股東紀念品」，是指為了提高自家股票受歡迎程度，因而發放給股東的「贈品」。
チョコ
我最喜歡贈品。
贈品？
以經營「壽喜家」、「中卯」、「溫蒂漢堡」、「大男孩」等餐飲連鎖公司「全生」為例來說，
牛丼
壽喜家
牛丼
牛丼
280
中卯
ZENSHO
BigBOY
WENDY'S
咦，這些餐廳都是同個經營者呀！

＊台灣的股東紀念品同樣有此狀況，以2009年為例，仁寶的紀念品為計算機；愛之味為韓式泡菜罐頭；新光紡織贈送的是竹碳纖維紳士襪；大同則送上LED小夜燈。

「全生」股票在二〇〇九年一月九日是五百零九日圓，最低交易單位是一百股，所以如果有五萬零九百日圓，就可以買它。如果持有這公司的股票一百股，則可以在半年內分得三千日圓的集團分店餐券；也就是可以吃二十二碗「壽喜家」的牛肉蓋飯。
牛肉蓋飯二十二碗？弟弟仁史一定很高興……
亮
亮
呵呵呵，奈央似乎也感興趣了。

說到「股東紀念品」，像「全生」這樣的餐飲業就會送自己店內的餐券，電影公司則送電影院的入場票，鐵道公司則送回數票，這種把自己公司的產品當作股東紀念品，是一般的現象……

咦？
哦？

【日本主要股東紀念品一覽表】

公司名稱	股價(1/14)	所需股數	所需資金	基準日	獲得的東西
日本麥當勞控股	1753日圓	100	17萬5300日圓	6月30日 12月30日	漢堡、薯條、飲料各1種免費兌換券6張（×1年2次）
渡美	2160日圓	100	21萬6000日圓	3月31日 9月30日	6000日圓的飲食優待券（×1年2次）
羅多倫控股	1636日圓	100	16萬1000日圓	2月28日	相當於2千日圓的自家公司產品
東京迪士尼	6910日圓	100	69萬1000日圓	3月31日 9月30日	1日通行券1張（×1年2次）
三麗鷗	860日圓	100	8萬5800日圓	3月31日 9月30日	獨特自家公司產品＋彩虹樂園招待券3張（×1年2次）
東寶	1658日圓	1000	16萬5800日圓	2月28日 8月31日	電影優待票2張（×1年2次）
小田急電鐵	702日圓	100	70萬2000日圓	3月31日 9月30日	全線優待乘車券3張（×1年2次）
軟體銀行	1519日圓	100	15萬1900日圓	3月31日 9月30日	Yahoo！BB月費ADSL服務費1個月折扣
OK便利	1562日圓	100	15萬6200日圓	2月28日 8月31日	相當於1千日圓的購物卡（×1年2次）

（2009年1月14日資料）

和一般市民的生活沒有直接關係的，例如製造工業、電腦軟體等公司，則會把米、蔬菜、肉、衛生紙等這類不會造成困擾的生活用品，作為股東紀念品。

怪了！
哇哩！

【日本奇怪的股東紀念品一覽表】

公司名稱	股價(1/14)	所需股數	所需資金	基準日	獲得的東西
勝工業（大廈防水）	290日圓	1000	29萬日圓	3月31日 9月30日	彩券10張
TECHNO菱和（大廈空調工程）	533日圓	100	5萬3300日圓	3月31日	靜岡新茶1盒
昂（以中學生為主的補習班）	255日圓	1000	25萬5000日圓	8月31日 2月28日	蘋果3公斤（2月28日優待券）
小津產業（製紙、纖維公司）	1281日圓	100	12萬8100日圓	5月31日	相當於2千日圓的面紙、衛生紙
新日本建物（公寓）	75日圓	300	2萬2500日圓	3月31日 9月30日	酒1瓶（×1年2次）
亞典納工業（樹脂製食品容器）	240日圓	500	12萬日圓	9月30日	碗麵1箱（12個）
大寶運輸（中京圈的運輸公司）	295日圓	1000	29萬5000日圓	9月20日	相當5千日圓的清潔劑組
橫濱魚類（水產批發）	328日圓	1000	32萬8000日圓	3月31日	相當1萬日圓的水產加工品
十六銀行（岐阜縣的銀行）	383日圓	1000	38萬3000日圓	3月31日	礦泉水500毫升24瓶
泰谷諾石英（半導體零組件）	410日圓	1000	41萬日圓	3月31日	山形產櫻桃1公斤
日本甜菜製糖（砂糖生產）	227日圓	1000	22萬7000日圓	2月28日	砂糖3公斤
S FOODS（牛肉、內臟輸入）	762日圓	500	38萬1000日圓	2月28日	相當3千日圓的肉製品

（2009年1月14日資料）

＊本頁股價皆為2009年1月20日之資料。

贈品中，尤其以送米居多。這是因為米是大家不可或缺的生活必需品。
ひかり一番地

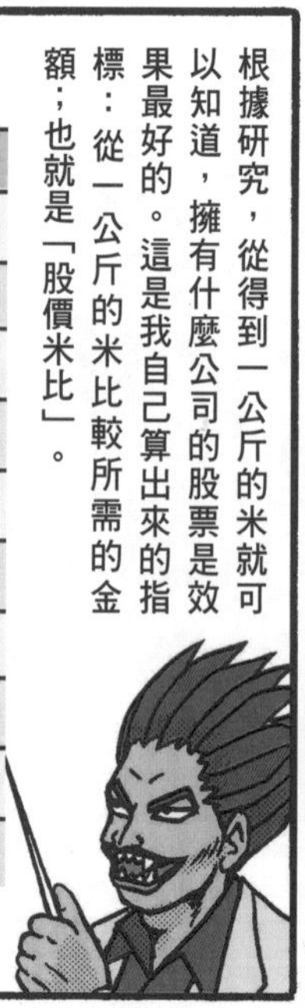
根據研究，從得到一公斤的米就可以知道，擁有什麼公司的股票是效果最好的。這是我自己算出來的指標：從一公斤的米比較所需的金額；也就是「股價米比」。

【股價米比最好的10家公司】

	公司名稱	業種	股價	所需股數	所需金額	可以得到的米量	1公斤的米所需金額
1	JO集團控股	建設、不動產	65日圓	100股	6500日圓	2公斤	3250日圓
2	藤富	期貨商品	171日圓	100股	1萬7100日圓	2公斤	8550日圓
3	TPR	引擎零件	343日圓	100股	3萬4300日圓	3公斤	1萬1433日圓
4	卡魯拉	餐飲連鎖店	394日圓	100股	4萬9400日圓	3公斤	1萬1333日圓
5	田中精密工業	汽車零件	494日圓	100股	5萬100日圓	3公斤	1萬6466日圓
6	富國	橡膠產品製造	501日圓	100股	10萬800日圓	3公斤	1萬6700日圓
7	卡納萊電器	電纜	1008日圓	100股	10萬3600日圓	6公斤	1萬6800日圓
8	高千穗交易	電子技術公司	1036日圓	100股	1萬3600日圓	6公斤	1萬7266日圓
9	小林洋行	期貨商品	361日圓	100股	3萬6100日圓	2公斤	1萬8050日圓
10	丸三證券	證券	439日圓	100股	4萬3900日圓	2公斤	2萬1950日圓

（2009年1月20日資料）

其中，居家產業大廠DCM日本控股（DCM Japan Holdings）（股價五百四十日圓）以一百股配發十公斤北海道產的馬鈴薯。
DJ Holdings

呼叫中心外包服務商「特思爾大宇宙（transcosmos）」（股價六一八日圓），以一千股配發紀州產的酸梅十二公斤。
trans cosmos

「三麗鷗」（股價八八一日圓）以一百股配發其他人絕對拿不到、只有股東才有的紀念商品。這對商品忠實客戶來說，是相當大的獎品。
Sanrio
HELLO KITTY

原來如此！利食家裡的米、蔬菜就是這樣來的啊！

「愛貝克思集團控股」以一百股配發，除了發放股東才有的商品外，還招待股東參加股東大會。
avex inc.

股東大會不是很無聊嗎？
對啊！

＊台灣的股東紀念品較少農產品而多生活用品，例如洗髮精、洗衣粉、雨傘、購物袋、各式杯盤、香皂等，在網路上很容易就可以找到每年股東會紀念品的資料。

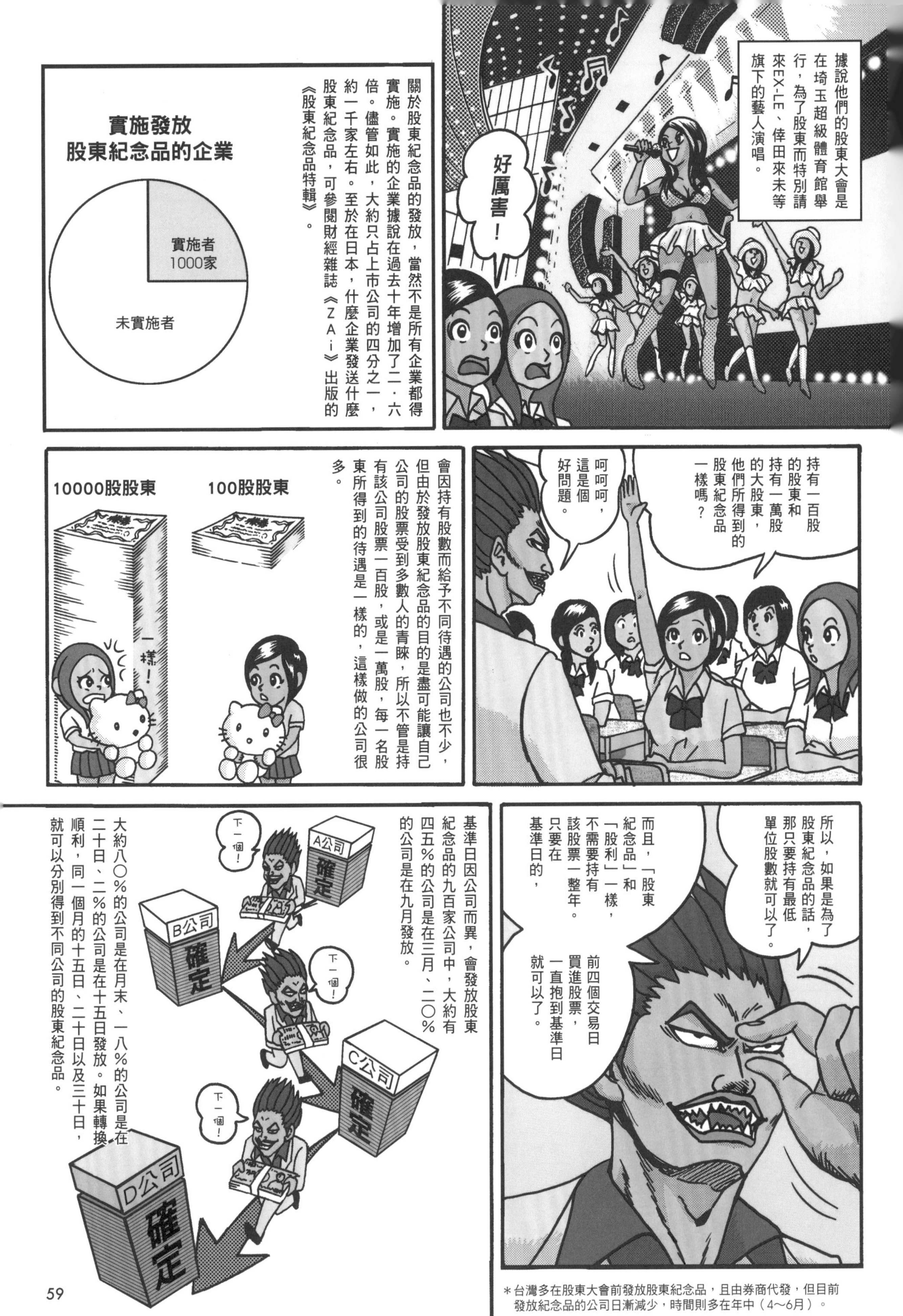
據說他們的股東大會是在埼玉超級體育館舉行，為了股東而特別請來EX-LE、倖田來未等旗下的藝人演唱。
好厲害！
關於股東紀念品的發放，當然不是所有企業都得實施。實施的企業據說在過去十年增加了二．六倍。儘管如此，大約只占上市公司的四分之一，約一千家左右。至於在日本，什麼企業發送什麼股東紀念品，可參閱財經雜誌《ZAi》出版的《股東紀念品特輯》。
實施發放股東紀念品的企業
實施者 1000家
未實施者
持有一百股的股東和持有一萬股的大股東，他們所得到的股東紀念品一樣嗎？
呵呵呵，這是個好問題。
會因持有股數而給予不同待遇的公司也不少，但由於發放股東紀念品的目的是盡可能讓自己公司的股票受到多數人的青睞，所以不管是持有該公司股票一百股，或是一萬股，每一名股東所得到的待遇是一樣的，這樣做的公司很多。
100股股東
10000股股東
一樣！
所以，如果是為了股東紀念品的話，那只要持有最低單位股數就可以了。
而且，「股東紀念品」和「股利」一樣，不需要持有該股票一整年。只要在基準日的，前四個交易日買進股票，一直抱到基準日就可以了。
基準日因公司而異，會發放股東紀念品的九百家公司中，大約有四五%的公司是在三月、二〇%的公司是在九月發放。
A公司 確定
下一個！
B公司 確定
下一個！
C公司 確定
下一個！
D公司 確定
大約八〇%的公司是在月末、一八%的公司是在二十日、二%的公司是在十五日發放。如果轉換順利，同一個月的十五日、二十日以及三十日，就可以分別得到不同公司的股東紀念品。

＊台灣多在股東大會前發放股東紀念品，且由券商代發，但目前發放紀念品的公司日漸減少，時間則多在年中（4～6月）。

如果將三百萬日圓在七月至九月三個月裡，像這樣運用的話，則可得到右表所列的東西。
如果這樣的狀況運用一整年的話，光靠股東紀念品幾乎就可以過活了。

【7～9月的運用預定表】

基準日	公司名稱	股價(日圓)	所需股數	所需資金(日圓)	紀念品
【7月20日】	DyDo	2560	100	256,000	果汁組合
	沙加米鏈	895	1000	895,000	飲食優待券
【7月底】	稻葉製作所	997	1000	997,000	地區特產
	OM2 Network	510	500	255,000	自家公司產品
	金園	818	100	81,000	飲料組合
	總合商研	275	1000	275,000	北海道特產
	toho	325	1000	325,000	咖啡
【8月20日】	福島印刷	300	1000	300,000	地區特產
	星期日	570	100	57,000	東北地方的特產
【8月底】	山姆辛克控股	36,000	1	36,000	2公斤米券
	ECO'S	640	100	64,000	2公斤米
	天滿屋	870	100	87,000	2公斤米券
	吉野家	102,200	1	102,200	飲食優待券
	琳卡哈特	1,073	100	107,300	飲食優待券
	日本麻袋	112	1000	112,000	2公斤米
	生活食品	150	1000	150,000	3公斤米
	小站	1,662	100	166,200	霜淇淋
	GROWELL控股	1,764	100	176,400	5公斤米
	吉固特	208	1000	208,000	10公斤米
	昂	255	1000	255,000	3公斤蘋果
	西貝兒	266,000	1	266,000	麵包等自家商品
	麥迪卡爾光	385,000	1	385,000	浩斯食品禮券組合
	Don	400	1000	400,000	飲食優待券
	卡斯米	448	1000	448,000	5公斤米
【9月20日】	大寶運輸	294	1000	294,000	廚房洗衣用品組
	MARUSANAI	290	1000	290,000	味增、豆乳等大豆製品組合
【9月底】	JO集團	65	100	6,500	2公斤米
	日本電子材料	349	100	34,900	2公斤米
	YS FOOD	40,000	1	40,000	拉麵3份組合
	東祥	448	100	44,800	愛知縣安城市地區特產
	ATOM	459	100	45,900	燒肉屋連鎖店的餐券
	丸一產商	508	100	50,800	紅鮭味增醃淹製品組
	全生	515	100	51,500	餐券
	東洋合成工業	541	100	54,100	4公斤米及味增
	SRA HD	550	100	55,000	3公斤米券
	第一	610	100	61,000	VISA禮券
	LECIP	661	100	66,100	岐阜縣特產
	木村個人	697	100	69,700	2公斤米券
	GFC	725	100	72,500	吉野本葛甜點套餐
	音通	15	5000	75,000	讚岐烏龍麵
	山浦	154	500	177,000	湯組合等
	日信工業	797	100	79,700	食品
	FCC	855	100	85,500	當地特產
	柿安本店	883	100	88,300	蔬菜兌換券
	飛馬牌製造	191	500	95,500	郵局的可選禮券
	Tomen devices	962	100	96,200	食用油
	涕亞	99,000	1	99,000	3公斤米
	魚力	1,000	100	100,000	海產
	佳耐美電子	1,008	100	100,800	3公斤米券
	高千穗交易	1,036	100	103,600	3公斤米券
	藝術公司	1,112	100	111,200	美食家型錄禮品
	亞典納工業	230	500	115,000	12個碗麵
	德歐仕	402	300	120,600	100杯美式咖啡
	山澤	1,286	100	128,600	2公斤米
	加藤產業	1,400	100	140,000	自家公司獨特果醬
	王將食品服務	1,483	100	148,300	餐券
	國際圖表	400	500	200,000	2.5公斤米
	創健社	116	2000	232,000	自家公司產品
	康塞克	116	1000	116,000	健康飲料

事實上，很少國家有像這樣的股東紀念品制度。

好厲害哦！

【1年內，運用300萬日圓所得到的食品及生活用品】

外食		速食（牛肉蓋飯、漢堡等） 餐廳（家庭館子等　1次2500日圓）23次
食材	主食	米1885杯（188.5公斤）、乾麵（烏龍麵、素麵等）118餐份、泡麵33個
	材料	調味料（咖哩等）8餐份、牛肉500克、罐頭1000日圓份、火腿等6000日圓份、蔬菜4500日圓份、海產3000日圓份、馬鈴薯15公斤、南瓜2個、醃菜1000日圓份、酸梅250克、湯3000日圓份、地區特產3萬3000日圓份
	水果	蘋果9.5公斤、其他水果7000日圓份
	其他	味增、調味料2萬3550日圓份、果醬2000日圓份、零食類2萬1000日圓份
飲料（無酒精類）		罐裝果汁77罐、礦泉水18公升、健康飲料2500日圓份、咖啡700杯份、茶600克、100%果汁3000日元份
日用品	醫療品	1000日圓份、殺蟲劑2000日圓份
	化妝品	2100日圓份、護髮產品5000日圓份
	沐浴相關產品	洗髮精等組合1萬日圓份
	衣料品	3000日圓份
	雜貨	清潔劑1萬500日圓份、面紙類2000日圓份、文具類2500日圓份
禮券		1萬7800日圓份、型錄禮品3萬6000日圓份

＊本頁的股價、紀念品資訊，皆為2009年1月20日之資料。

在外國投資者中，抱持這樣主張的人也不少。
如果有錢捐注贈品的話，那就確實配股息吧！
最近，這樣的聲音甚囂塵上，像雅虎、電子零件大廠飛若特等，也多決定廢除股東紀念品制度。
哇哇
在日本，光是「股東紀念品」，就有專門的網站及刊物。它可是股票的一大類別，你們也該讀一讀。
Kabu.
Yūtai.co
得する
株主優待
喂，利食，股東紀念品是不錯，但你最初約定說，要把二十萬日圓增加到一百萬日圓，這要怎麼做啊？
喧嘩
喧嘩
對啊，這次要買哪支股票才好，教教我們啊！
喧嘩
喧嘩
雷曼兄弟破產以來，日經平均指數一直持續下降。
日經平均指數是什麼？
請看第六十三頁的補習課程。
呵呵，你們什麼都得知道啊！
呵呵呵
像這樣行情走低時，不要買股票，而是保有現金，
這就叫做現金部位。
現金部位是獲利了結的行為之一。
現金部位

到外面去！

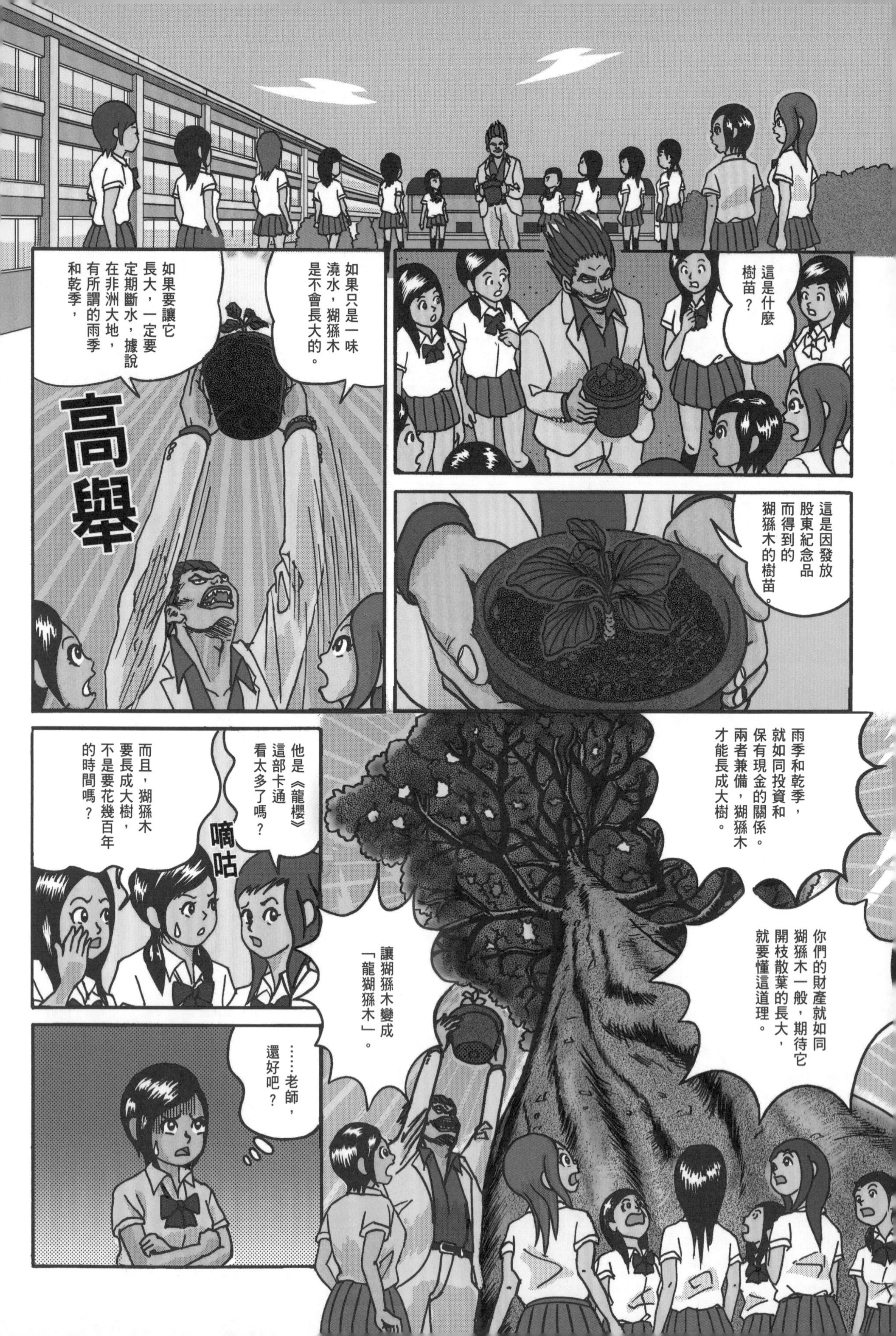
這是什麼樹苗？
這是因發放股東紀念品而得到的猢猻木的樹苗。
如果只是一味澆水，猢猻木是不會長大的。
如果要讓它長大，一定要定期斷水，據說在非洲大地，有所謂的雨季和乾季，
高舉
雨季和乾季，就如同投資和保有現金的關係。兩者兼備，猢猻木才能長成大樹。
你們的財產就如同猢猻木一般，期待它開枝散葉的長大，就要懂這道理。
讓猢猻木變成「龍猢猻木」。
他是《龍櫻》這部卡通看太多了嗎？
而且，猢猻木要長成大樹，不是要花幾百年的時間嗎？
嘀咕
……老師，還好吧？

補習課程④
先參考國際股市指數

剛才說的「日經平均指數」，是什麼？
《日本經濟新聞》通稱它為「日經」，代表日本的二百二十五家公司的股價平均值。
日本經濟新聞

這是日本整個股票市場在判斷景氣好壞與否時，最常被使用的指數。一九五〇年以來都由「東京證券交易所（簡稱「東證」）」算出平均股價，但從一九七〇年起，由《日經》承擔這項任務。

拜託你了！

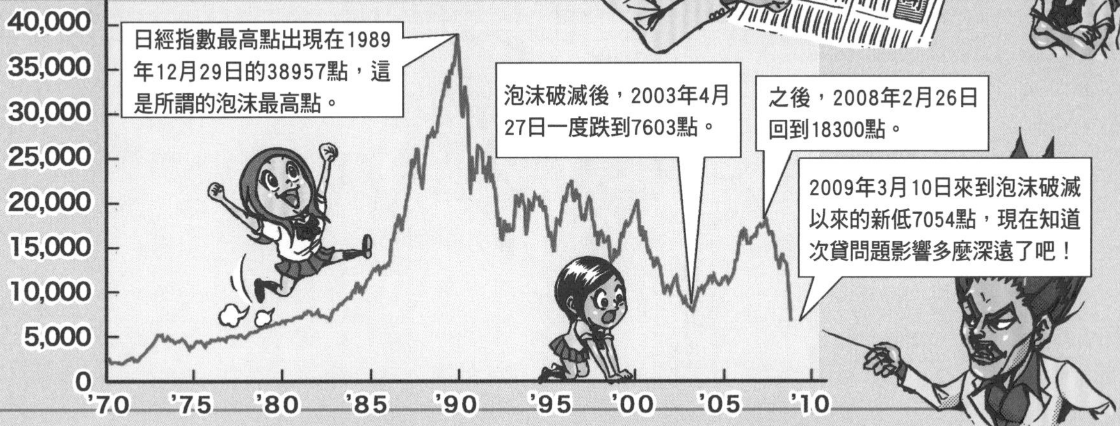

40,000
35,000
30,000
25,000
20,000
15,000
10,000
5,000
0
'70
'75
'80
'85
'90
'95
'00
'05
'10
日經指數最高點出現在1989年12月29日的38957點，這是所謂的泡沫最高點。
泡沫破滅後，2003年4月27日一度跌到7603點。
之後，2008年2月26日回到18300點。
2009年3月10日來到泡沫破滅以來的新低7054點，現在知道次貸問題影響多麼深遠了吧！

二百二十五家公司每年一點一點的更換，二〇〇〇年四月，傳統的製造業一度被換成高科技產業的企業，更換了三十檔成分股，因而發生日經指數下跌二千點左右的狀況。

225檔股價
咦？

日經指數是加總所有公司，不管股價是一百日圓還是十萬日圓再加以平均，所以也有人出如此惡言：

實質上，不就是NTT電信和銀行的平均嗎？

然而，事實上並不是單純的相加起來。所謂股票，基本上不管是什麼公司，都是以五十日圓為「假定價」，而在日後的成長下，上升到數百日圓、數千日圓。

50
假定價

但是，其中也有公司把「假定價」設定在五百日圓、五千日圓等高價位。這類公司的股票是換算成定價五十日圓而算出來的，以KDDI這檔股票為例，由於「臨時定價」是五千日圓，所以如果實際股價是六十四萬七千日圓的話，

假定價

5000日圓÷50日圓＝100

實際股價

64萬7000日圓÷100
＝6470日圓

則可算出面額六四七〇日圓。

噠噠

儘管如此，日經指數由於和發行股票數無關，只是把股價相加起來，然後相除，所以很容易受到規模相對較小的科技業公司的股價漲跌的影響；這是缺點所在。

【影響日經指數甚大的前10名公司】

1	迅銷集團（零售業）
2	京瓷（電器機器）
3	KDDI（通訊）
4	FANUC（電器機器）
5	本田（運輸用機器）
6	信越化學工業（化學）
7	武田藥品工業（藥品）
8	佳能（電器機器）
9	軟體銀行（通訊業）
10	SECOM（服務業）

TOPIX是合計在東京證券交易所掛牌的全部企業的市價總額（股價×股票數），以一九六八年一月四日為一〇〇的情況下，表示現在相對為多少的一種指數。

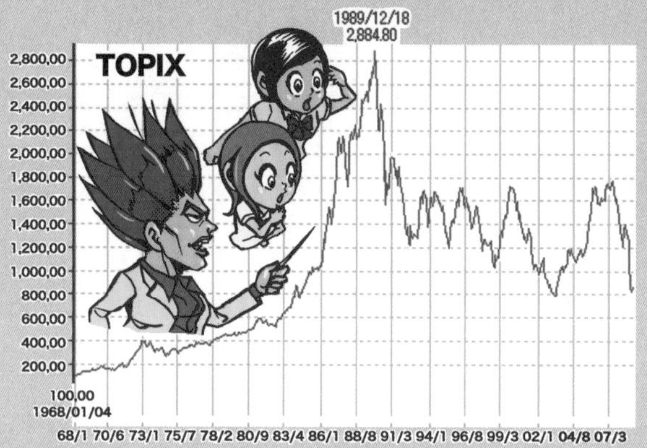

雖然它是一個比日經指數好的指標，但由於表示、形式等都不容易被了解，所以一般較常用的仍是日經指數。

從世界的角度來看，先進國家都一定有類似的指數，例如美國的道瓊工業平均指數（三十家成分股）、英國的FTSE 100指數、法國巴黎CAC 40指數、德國的DAX指數、香港的恆生指數。

尤其是，和日經一樣是財經新聞通訊社的「道瓊社」所計算出來的美國道瓊工業三十種主要製造業的平均數（通稱道瓊工業指數）。由於日經過去曾與其合作，所以日本的指標也曾有段時期被稱為「道瓊平均指數」。

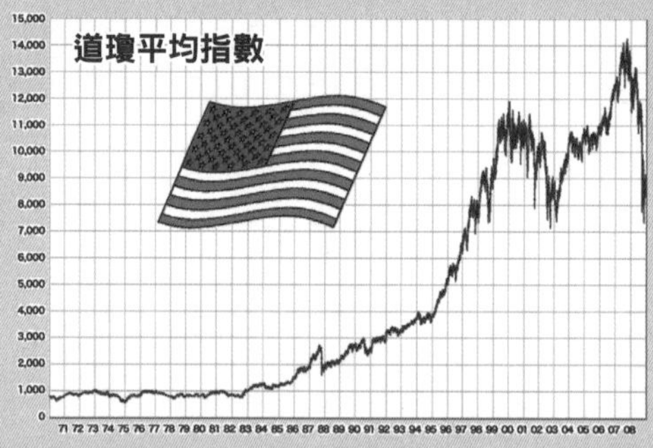

美國的道瓊雖然稱為工業指數，但事實上，構成的成分股中除了工業外，例如微軟等企業也包含在內。

道瓊工業指數雖然下跌，但日經指數上漲，或者是道瓊工業指數上漲，而日經指數卻下跌，這樣的情況在過去是會發生的。但如今，兩者經常呈現相同的走勢。

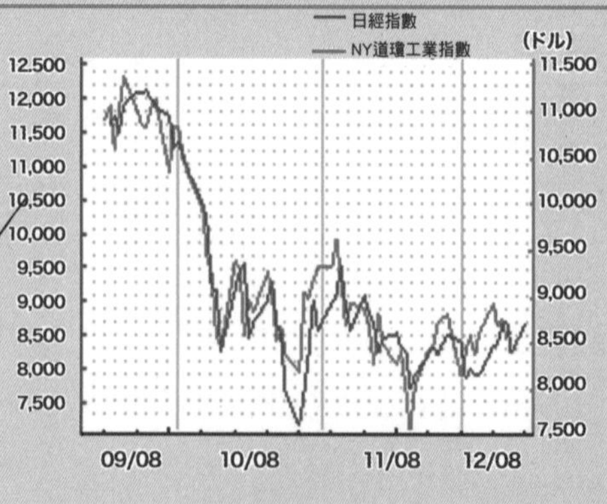

＊台灣的發行量加權股價指數是以各上市股票的發行量為權值計算指數值，也就是股本大的股票對指數的影響也大，一般以「權值股」來稱呼這種股票，可查詢「台灣50指數成分股」，成分股之變動也會由台灣證券交易所公布。

【前情提要】在奈央就讀的學校教股票投資祕訣的利食千人力老師，是十年前把奈央的父親推進破產深淵，並帶著她的母親私奔的證券營業員。知道此事的奈央逼問利食……
把我母親還來！
她已經不在這裡了。
唧—唧—唧
唧—唧—唧
唧—唧—唧
唧—唧
好熱喔！
讓我們休息一下嘛！
為什麼股票課程會有夏季講習？
而且，為什麼這種講習要在街道上？
炎熱的夏天，什麼股票會上漲？
你們說說看，
不是有一些啤酒公司、飲料公司、冰淇淋公司、生產冷氣的電機大廠嗎？
是哦！
Asahi
炎熱的夏天，什麼股票會上漲？
有這樣的股票嗎？
發揮一下你們的想像力。
啊～
一旦炎熱的夏天來到，股價就上漲，如大金工業、B-R 31冰淇淋、伊藤園等這些和炎熱相關的股票名稱，在業界稱它們為「夏季概念股」。

5 題材&技術分析

街上到處有提示

二〇〇六年六月起，取締違規停車開始委託民間處理，所以他們是民間監視員。
多虧這些人的取締，所以東京的駕駛不能再隨便亂停車。
我猜，製造停車場投幣機的公司股票會上漲，對吧？
這是經過內閣討論，在二〇〇五年十二月決定委託民間，在這時間點上，股價已經爆發性的上漲了。
這麼快就上漲了啊！
事實上，正式委託民間開始處理是六月一日，取締效果相當好，有鑑於此，出版《東京停車指南》的昭文社的股票，也在一天之間上漲了超過一百五十日圓。
1684日圓
1529日圓
東京パーキング
便利ガイド
2006年6月
改正道路交通法施行
駐車違反取締りの民間
駐車場難民を脱出せよ!
對了，你們知道那家公司嗎？
當然！那是莎蔓沙・塔巴札。
擔任莎蔓沙・塔巴札廣告模特兒及設計師的蛯原友里，透過AP通訊，在《華盛頓郵報》和《商業週刊》電子版上被介紹時，該公司的股價一天內漲了五萬日圓。
54萬4000日圓
49萬4000日圓
這樣也能漲啊！
Samantha Thavasa
原因在於，投資者解讀：在這契機下，莎蔓沙・塔巴札或許會成為世界品牌。
The Washington Post
Samantha Thavasa
BusinessWeek.com
Samantha Thavasa
選股的時候要蒐集各式各樣的題材並加以分析。
但是也有人主張，股價和題材一點關係也沒有。
咦，友希到哪裡去了？

這些人大多被稱為「技術分析派」。也就是利用股價變動的線圖來分析。
技術分析派
技術分析派的人這麼說：
所有的股票真實面都呈現在技術分析上。
如果連技術分析都在看了，那麼，題材這種東西當然就沒必要在乎了。最極端的傢伙就是在黑暗的房間裡，大門不出，只盯著電腦畫面上的圖表來選擇及買賣股票。
Samantha Thavasa
等等，友希，你在幹麼啊？
我想要這個包包。
sama
你不趕快來，大家都要走掉了。
嗯，奈央，今天我們就這樣翹課去游泳，如何？
游泳啊……
對啊，我一直想他和媽媽可能會在哪裡一起出現，而對他怒目而視。
但今天我似乎沒有這樣對他。

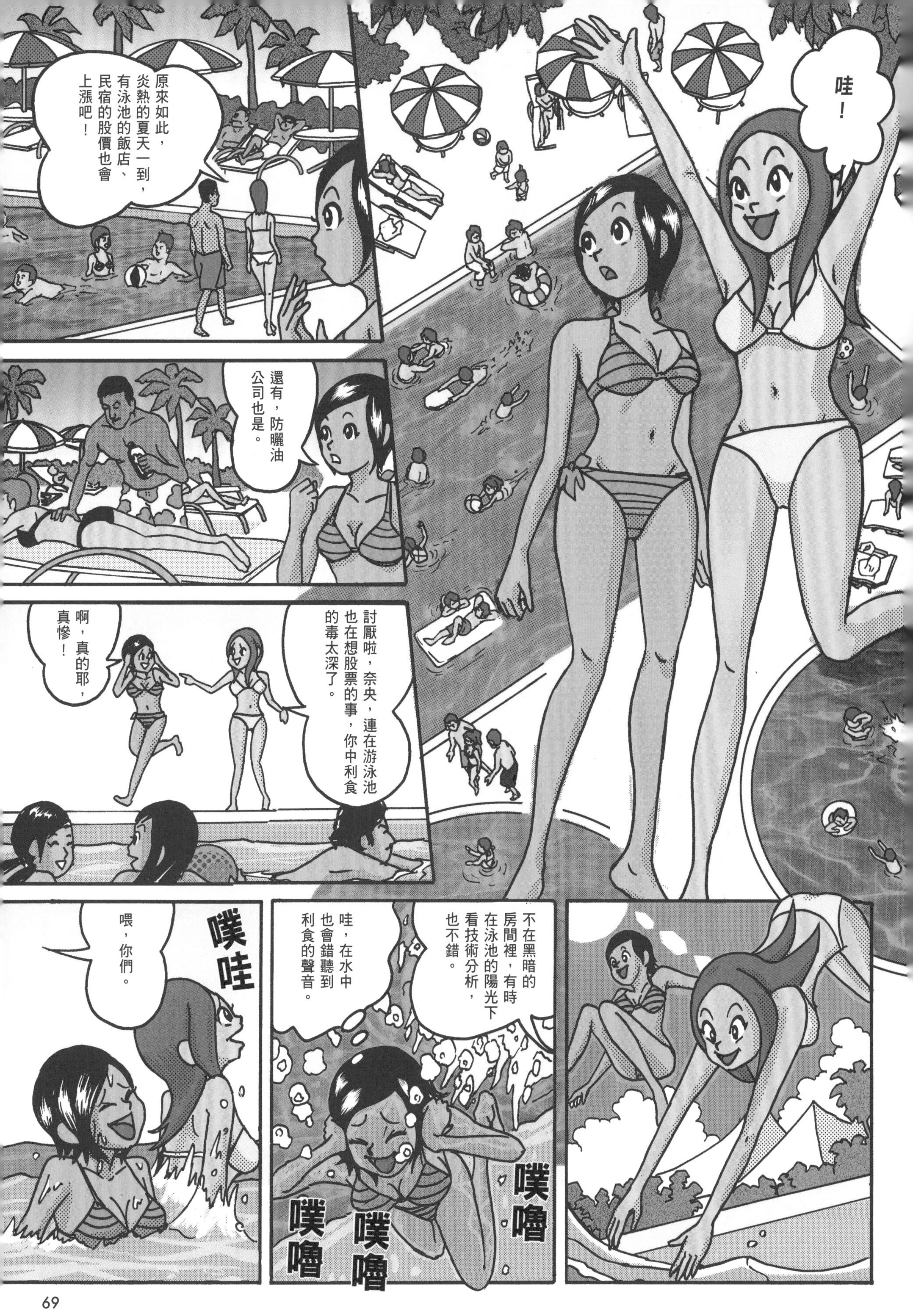

哇！
原來如此，炎熱的夏天一到，有泳池的飯店、民宿的股價也會上漲吧！
還有，防曬油公司也是。
討厭啦，奈央，連在游泳池也在想股票的事，你中利食的毒太深了。
啊，真的耶，真慘！
不在黑暗的房間裡，有時在泳池的陽光下看技術分析，也不錯。
噗嚕
哇，在水中也會錯聽到利食的聲音。
噗嚕
噗嚕
噗哇
喂，你們。

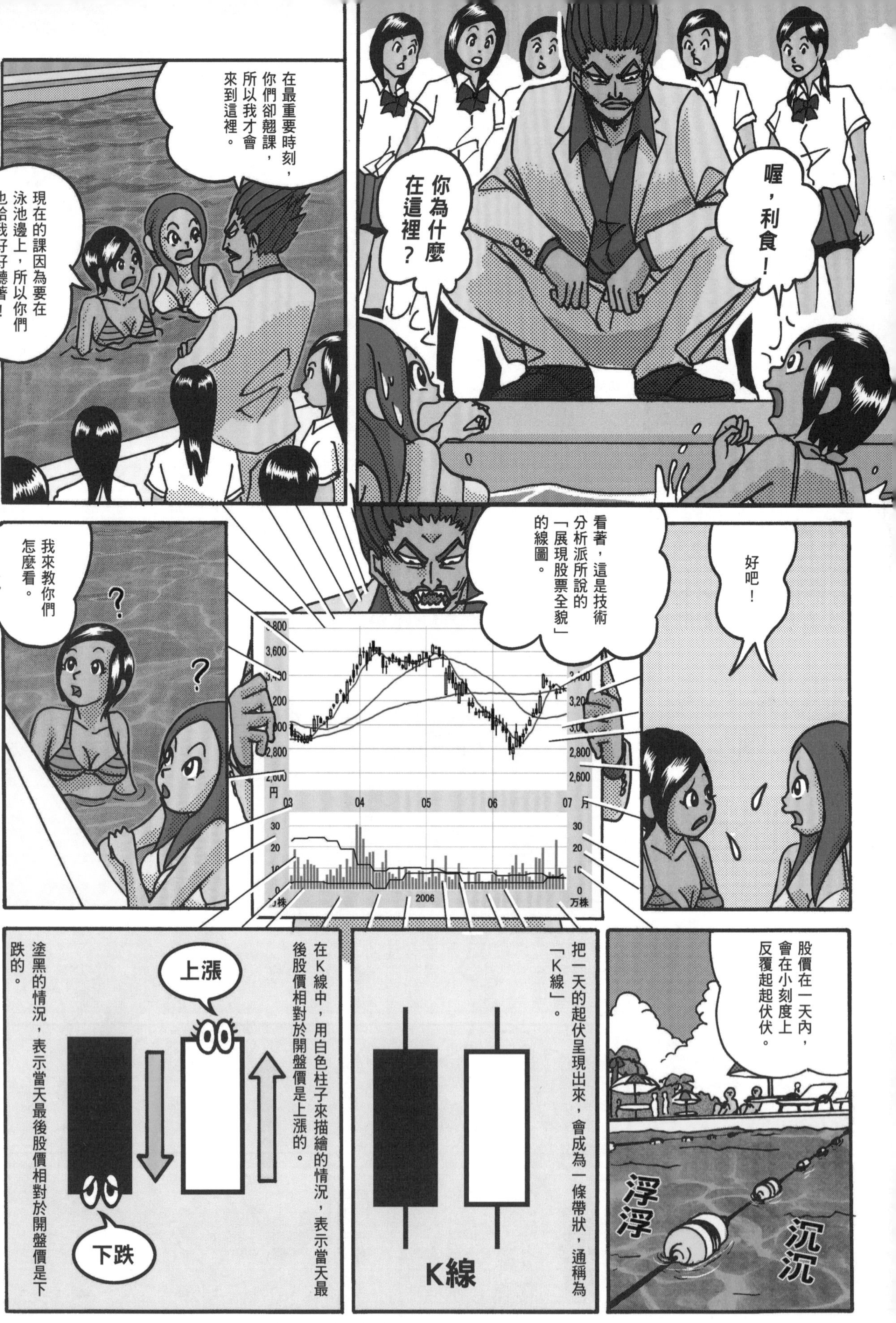
喔，利食！
你為什麼在這裡？
在最重要時刻，你們卻翹課，所以我才會來到這裡。
現在的課因為要在泳池邊上，所以你們也給我好好聽著！
好吧！
看著，這是技術分析派所說的「展現股票全貌」的線圖。
我來教你們怎麼看。
？
？
3,800
3,600
2,800
2,600
円
03
04
05
06
07
月
30
20
10
0
万株
2006
股價在一天內，會在小刻度上反覆起起伏伏。
浮浮
沉沉
把一天的起伏呈現出來，會成為一條帶狀，通稱為「K線」。
K線
在K線中，用白色柱子來描繪的情況，表示當天最後股價相對於開盤價是上漲的。
上漲
塗黑的情況，表示當天最後股價相對於開盤價是下跌的。
下跌

＊K線圖如果以彩色來顯示時，在台灣則以紅、綠色來分別呈現上漲或下跌。

實體K線的上、下端分別是一天的開盤價和收盤價。
最高點
開盤價
收盤價
收盤價
開盤價
最低點
把這條K線並列，就成了線圖。如以K線表示一天的線型，就稱為「日線」；如以一根K線表示一星期的線型，就稱為「週線」。
1週
週線
1日
日線
K線圖表約會顯示六〇～一百二十根K線，所以看日線圖時約能看到三～六個月，看週線圖時約能看到二～三年。
這是二〇〇六年三月起，七月的H・S日線圖，漂亮地形成「上升」、「下降」、「盤整」，這是很好的案例教材。
K線向下移動稱為「下降趨勢」。
橫向狀態稱為「盤整」。
線圖雖然像這樣反覆小刻度的上下移動，但整體是往上移動，這就稱為「上升趨勢」。
股票這玩意，一般是進入上升趨勢時買進，進入下降趨勢時賣出。
啪
開始下跌了，賣出！
好，開始上升了，買進！
啪
這樣的買賣稱為「順勢」。
順勢
然而，外行人往往在下降趨勢時買進，上升趨勢時賣出。
漲到這裡，差不多要跌了吧！
如果只跌到這裡，差不多要上漲了吧！
這樣的買賣稱為「逆勢」。
逆勢
高手真的想要賺錢的話，則逆勢是有效的。但是對初學者而言很難，你們還是學習順勢操作吧！
投資股票有這麼一句格言，你們知道嗎？
不要抓正在落下的劍
等劍插到地面後再拔起

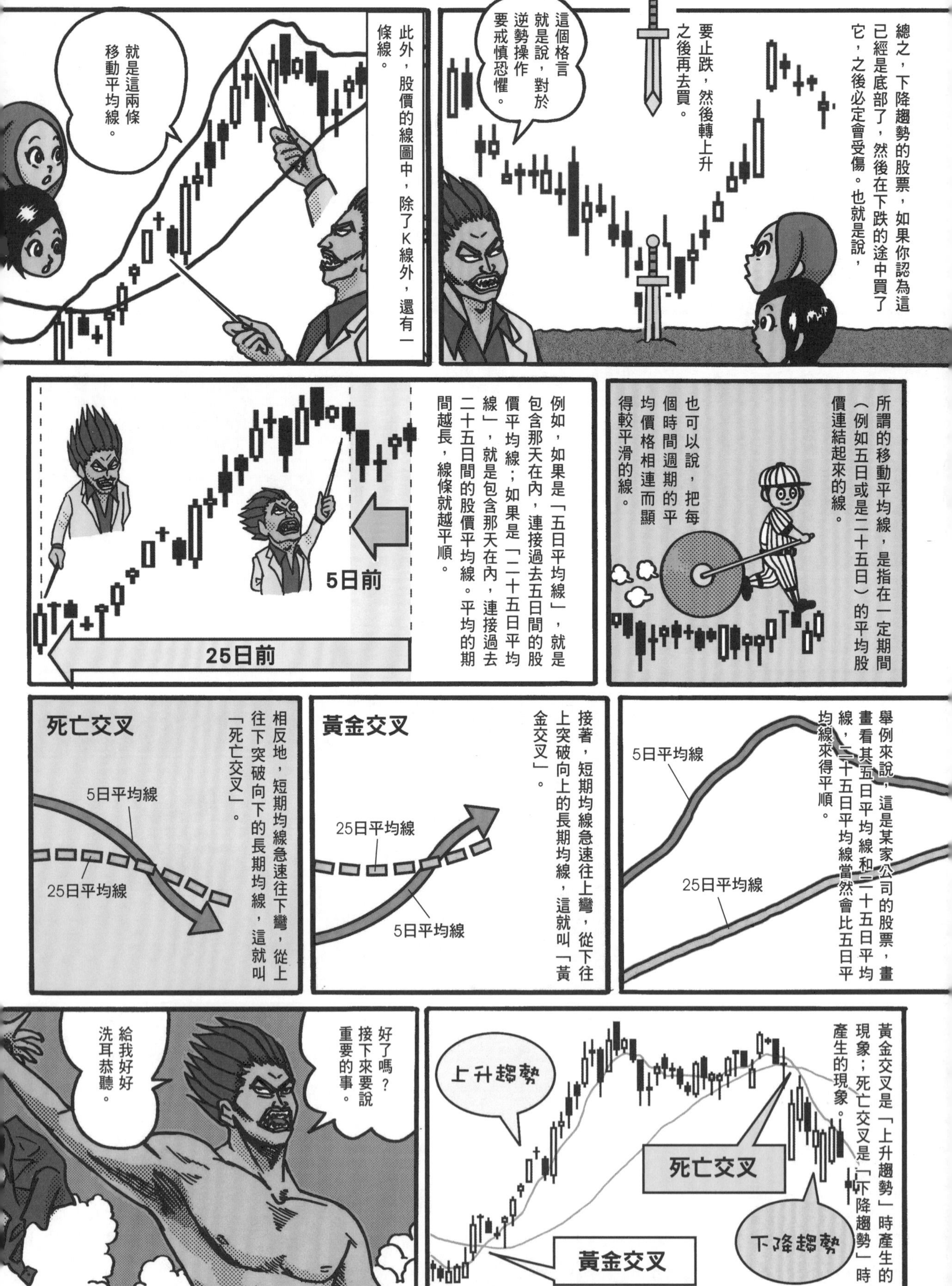
總之，下降趨勢的股票，如果你認為這已經是底部了，然後在下跌的途中買了它，之後必定會受傷。也就是說，
要止跌，然後轉上升之後再去買。
這個格言就是說，對於逆勢操作要戒慎恐懼。
此外，股價的線圖中，除了K線外，還有一條線。
就是這兩條移動平均線。
所謂的移動平均線，是指在一定期間（例如五日或是二十五日）的平均股價連結起來的線。
也可以說，把每個時間週期的平均價格相連而顯得較平滑的線。
例如，如果是「五日平均線」，就是包含那天在內，連接過去五日間的股價平均線；如果是「二十五日平均線」，就是包含那天在內，連接過去二十五日間的股價平均線。平均的期間越長，線條就越平順。
5日前
25日前
舉例來說，這是某家公司的股票，畫畫看其五日平均線和二十五日平均線，二十五日平均線當然會比五日平均線來得平順。
5日平均線
25日平均線
黃金交叉
接著，短期均線急速往上彎，從下往上突破向上的長期均線，這就叫「黃金交叉」。
25日平均線
5日平均線
死亡交叉
相反地，短期均線急速往下彎，從上往下突破向下的長期均線，這就叫「死亡交叉」。
5日平均線
25日平均線
黃金交叉是「上升趨勢」時產生的現象；死亡交叉是「下降趨勢」時產生的現象。
上升趨勢
死亡交叉
下降趨勢
黃金交叉
好了嗎？接下來要說重要的事。
給我好好洗耳恭聽。

＊以「Yahoo!奇摩股市」為例，點選「技術分析」時，便可看到5日線、20日線與60日線，約等於是週線、月線與季線。

股價整體處於上升趨勢時，一時的股價下跌，稱為「壓回」。
壓回
處於上升趨勢的股票，由於大家都會這麼想……
這檔股票雖然會漲更多，但現在股價稍微偏高，如果有下跌再去接吧！
股價一旦稍微下跌，立刻就有一堆人下單買進，使股價呈現上升走勢。這樣的買進狀況，稱為「壓回買進」。
好，下跌了，買進！
喂，友希，握住錨！
哇，要沉了。
咕嚕
發生黃金交叉的股票，縱使一時股價下跌，投資專家們會這麼想……
覬覦的股票下跌了，可以買進了。
然後「壓回買進」。
咻
因而反彈上漲，這樣的情況很多。

哇，獲救了。
呼—
這時，「壓回買進」時機的基準，就是短線的移動平均線。
誰稍微來撐住我一下？我又要沉了。
咕嚕咕嚕
股價跌到移動平均線之處的時候，
投資專家認為「已經不會再往下跌了吧」，然後壓回買進，因此股價反彈上漲。
噗哇！
剛才讓你們看的H-S線圖中，在此產生黃金交叉後，五日平均線就成了股價下降的界限，在這之間不會再往下跌。
這時，可以說五日平均線成了壓力線。
幾日的移動平均線會變成下降支撐的壓力線，因情況而異，所以自己去發現吧！
嗚哇，又下沉了。

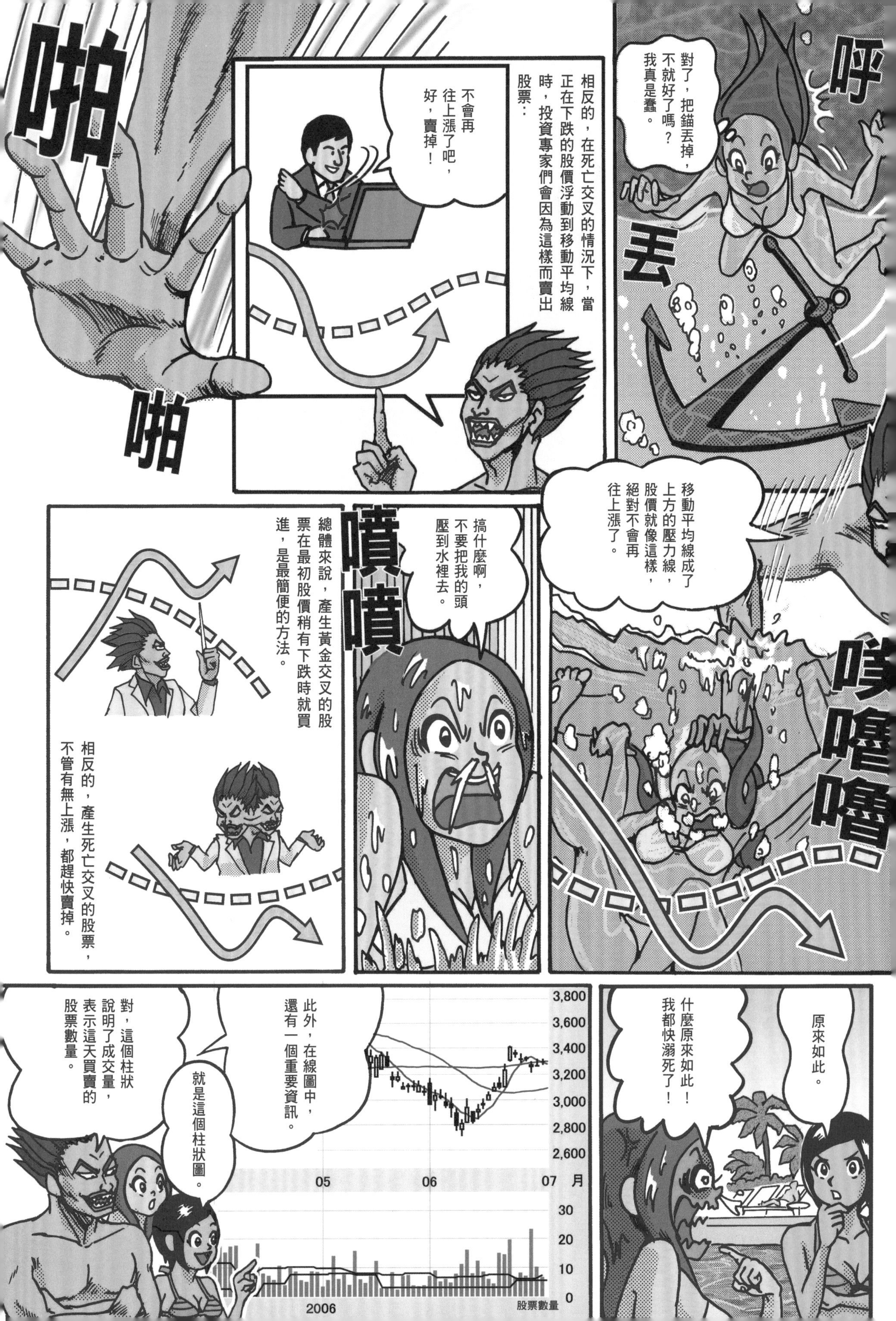
呼
對了，把錨丟掉，不就好了嗎？我真是蠢。
丟
相反的，在死亡交叉的情況下，當正在下跌的股價浮動到移動平均線時，投資專家們會因為這樣而賣出股票：
不會再往上漲了吧，好，賣掉！
啪
啪
移動平均線成了上方的壓力線，股價就像這樣，絕對不會再往上漲了。
噗嚕嚕
搞什麼啊，不要把我的頭壓到水裡去。
噴
噴
總體來說，產生黃金交叉的股票在最初股價稍有下跌時就買進，是最簡便的方法。
相反的，產生死亡交叉的股票，不管有無上漲，都趕快賣掉。
原來如此。
什麼原來如此！我都快溺死了！
此外，在線圖中，還有一個重要資訊。
就是這個柱狀圖。
對，這個柱狀說明了成交量，表示這天買賣的股票數量。
3,800
3,600
3,400
3,200
3,000
2,800
2,600
05
06
07
月
30
20
10
0
2006
股票數量

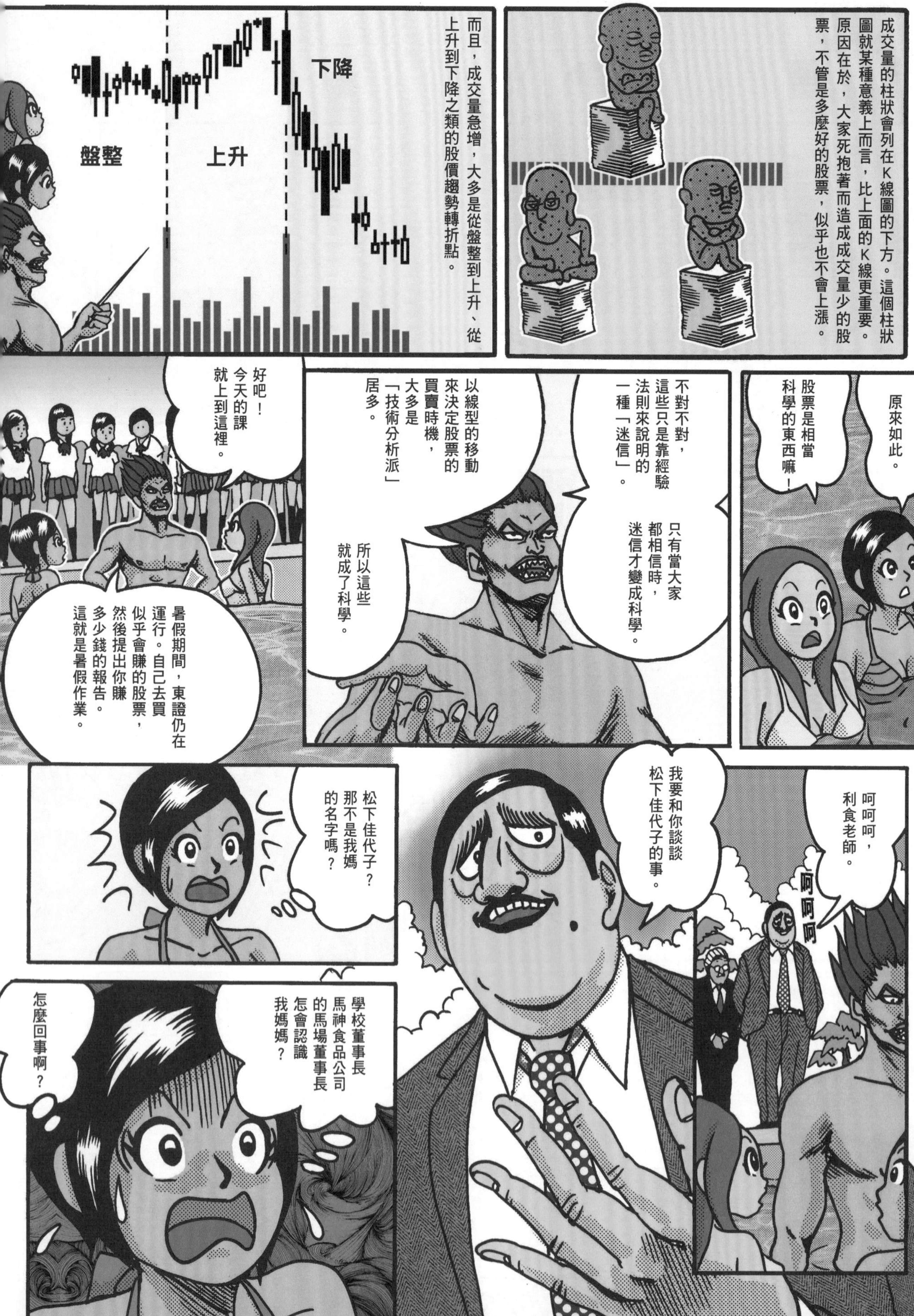
成交量的柱狀會列在K線圖的下方。這個柱狀圖就某種意義上而言，比上面的K線更重要。原因在於，大家死抱著而造成交量少的股票，不管是多麼好的股票，似乎也不會上漲。
而且，成交量急增，大多是從盤整到上升、從上升到下降之類的股價趨勢轉折點。
盤整
上升
下降
原來如此。
股票是相當科學的東西嘛！
不對不對，這些只是靠經驗法則來說明的一種「迷信」。
只有當大家都相信時，迷信才變成科學。
以線型的移動來決定股票的買賣時機，大多是「技術分析派」居多。
所以這些就成了科學。
好吧！今天的課就上到這裡。
暑假期間，東證仍在運行。自己去買似乎會賺的股票，然後提出你賺多少錢的報告。這就是暑假作業。
呵呵呵，利食老師。
呵呵呵
我要和你談談松下佳代子的事。
松下佳代子？那不是我媽的名字嗎？
學校董事長馬神食品公司的馬場董事長怎會認識我媽媽？
怎麼回事啊？

補習課程 5
內線交易與股市謠言

新聞報導中常說的「內線交易」是什麼啊？
村上世彰、《日經》職員也因而被逮捕，為何呀？
內線交易是指內部人員掌握了會左右公司股價的未公開資訊，以這資訊為依據，買賣公司的股票。

舉例來說，某家公司計算利潤時，發現帳面有大幅虧損。知道此數據的公司要職人員，在公布這消息前，就先賣掉自己持有的股票。

呼
呼
喘
喘
A社
賣掉！

違反者懲處五年以下徒刑，或易科五百萬日圓罰金，因此而得到的利益甚至要被全數沒收。

法律嚴格禁止這種交易，為了取締這種交易，也有所謂「證券交易等監督委員會」的機構，二十四小時受理告發。

是，這裡是證券交易等監督委員會。
喀
喀

以你所說的《日經》職員為例，他偷看了預定刊載在《日經》報紙上某家公司的「股票分割」廣告，因而大量買進這家公司的股票。

喔！
買！
日本經濟新聞

順便一提，所謂「股票分割」是指，把這個人持有的相同數量的股票，轉讓給總股東，並使總股數倍增。

＊也有增加3倍、4倍等的案例。

這種情況下，股東持有的股數倍增，但由於股價變成一半，所以持有的股本總值應該不變。

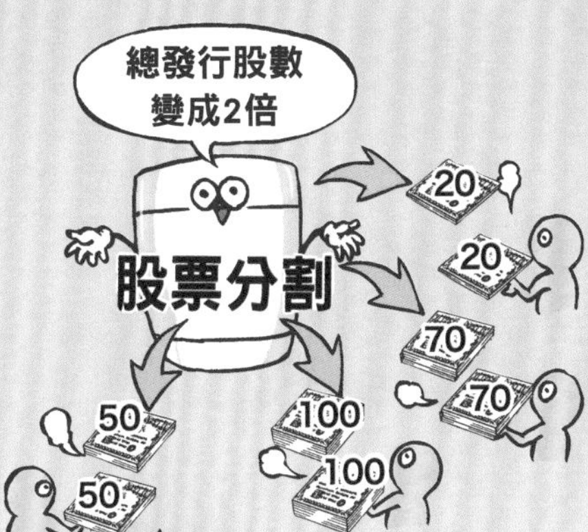
總發行股數變成2倍
股票分割
20
20
70
70
50
50
100
100

截至二〇〇五年，股票分割實施日和因分割而增加的新股直到流通時，這之間會產生時差。

所以大多數的情況是，由於大家都想要這檔股票，所以股價沒有跌到半價。持有被分割股票的股東往往得以大賺。

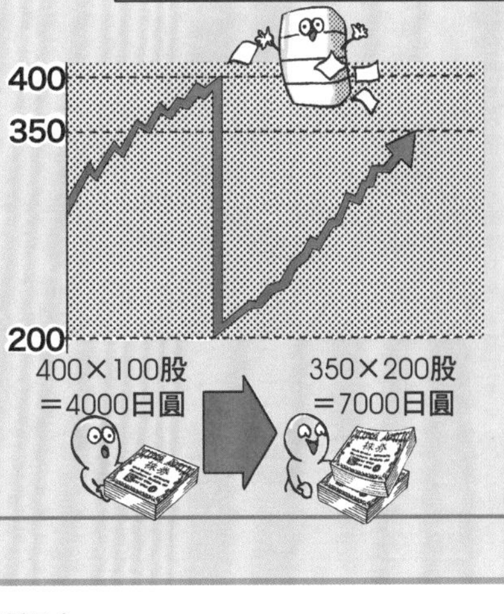
400
350
200
400×100股
＝4000日圓
350×200股
＝7000日圓

所以，《日本經濟新聞》的職員因職務之便，比任何人更能掌握這類資訊，因此他才會被禁止股票交易。

＊台灣股市的主管機關是「證券期貨局」，隸屬於「行政院金融監督管理委員會」。
＊台灣以「證券交易法」來規範內線交易，違者會被函送偵辦，並須負上民事與刑事責任。

我們如果從某家公司的職員那裡聽到消息而買賣股票，會怎麼樣？
如果只是無意間聽到的話，那沒有關係，因為不能算是「內線消息」。
A公司要以××進行○○。
但是，如果進一步詢問該公司職員，之後去買賣股票，這樣就構成犯罪。
剛才說的能再跟我講清楚一點嗎？
利用網路證券公司買股票時，為了確保安全，一定要你聽進左圖這番話，所以好好想一想：自己的這項交易是否違法？這點是非常重要的。
這個交易是否是內線交易？
啊！
順便告訴你們，還有一項違法行為，那就是「散布謠言」。
散布謠言
散布謠言？
所謂的「散布謠言」，就是關於股票，意圖散布對自己有利的謠言。縱使這消息是真實的，但單單是散布謠言的舉動就構成犯罪了。
強生製藥好像要發明劃時代的香港腳藥喔！
＊違反者處10年以下徒刑或1000萬日圓以下罰金。
堀江貴文被逮捕，就是觸犯了這項法律。
網路的留言板上總是有許多謠言，也就是說，股東們為了想讓自己持有的股票股價上漲，而全力寫下「謠言」。
318 姓名：無名氏
2009/01/24（星期六）
強生製藥將發明劃時代的香港腳藥……
如果對這些消息信以為真，就會慘遭厄運。
股票交易最重要的就是公正，你們也不要有偷雞摸狗的想法。
鏘
鏘

＊台灣針對散布謠言或不實資料而影響市場交易者，也以「證券交易法」來規範，違者會被函送偵辦。

【前情提要】奈央的學校被馬神食品的馬場董事長收購，學校的課程開始教授股票。
教股票投資祕訣的利食千人力老師是過去把奈央的父親推進破產深淵，並帶著她母親私奔的證券營業員。
然而，奈央在刺探利食時，知道了雙親和利食、馬場之間，似乎有著複雜的過往。
我要和你談談松下佳代子的事。
松下佳代子？那不是我媽媽嗎？
利食，在新年的時候，我的愛人松下佳代子從我的房間逃了出去，如今下落不明。你知道這件事吧？
我聽說了。
偷偷
你不是知道佳代子的下落嗎？
咦，媽媽是馬場的愛人？她不是和利食私奔了嗎？
怎麼突然又提起這件事？
佳代子告訴我，過去你和她有來往。你真是親切啊！
佳代子從我身邊消失，以及你辭掉我公司基金管理的工作，兩件事的時機剛好吻合。
當我知道佳代子的女兒就讀的女中要破產了，於是收購它之後，你就回來跟我說了以下這番話，這一點也太湊巧了……
聽說你收購難平女中了，請讓我在這所學校教授股票。

如今想一想，總覺得有什麼隱情似的。
董事長，你想太多了。我可是什麼也不知道啊！
失陪了。
……
媽媽是馬場的愛人，而且還從馬場的身邊逃走？
吸
友希，到塞班島的旅費都是你出的，真不好意思啊！
沒關係，託股票之福，我現在資金周轉得挺好的！
最初是三月的黃牛電機，接著四月的痘痘製藥、之後是玉子製紙、松野家。
進入暑假後，就換成爽快啤酒。
半年內，二十萬日圓變成五十萬日圓。
這部分就像一開始在課堂上利食所說的那樣。
如果上我的課，一年內可以讓二十萬日圓增加到一百萬日圓喔！
100萬？
你也教教我股票這玩意吧！
好啊，首先先從網路證券公司說起吧！
網路證券公司這個東西是……

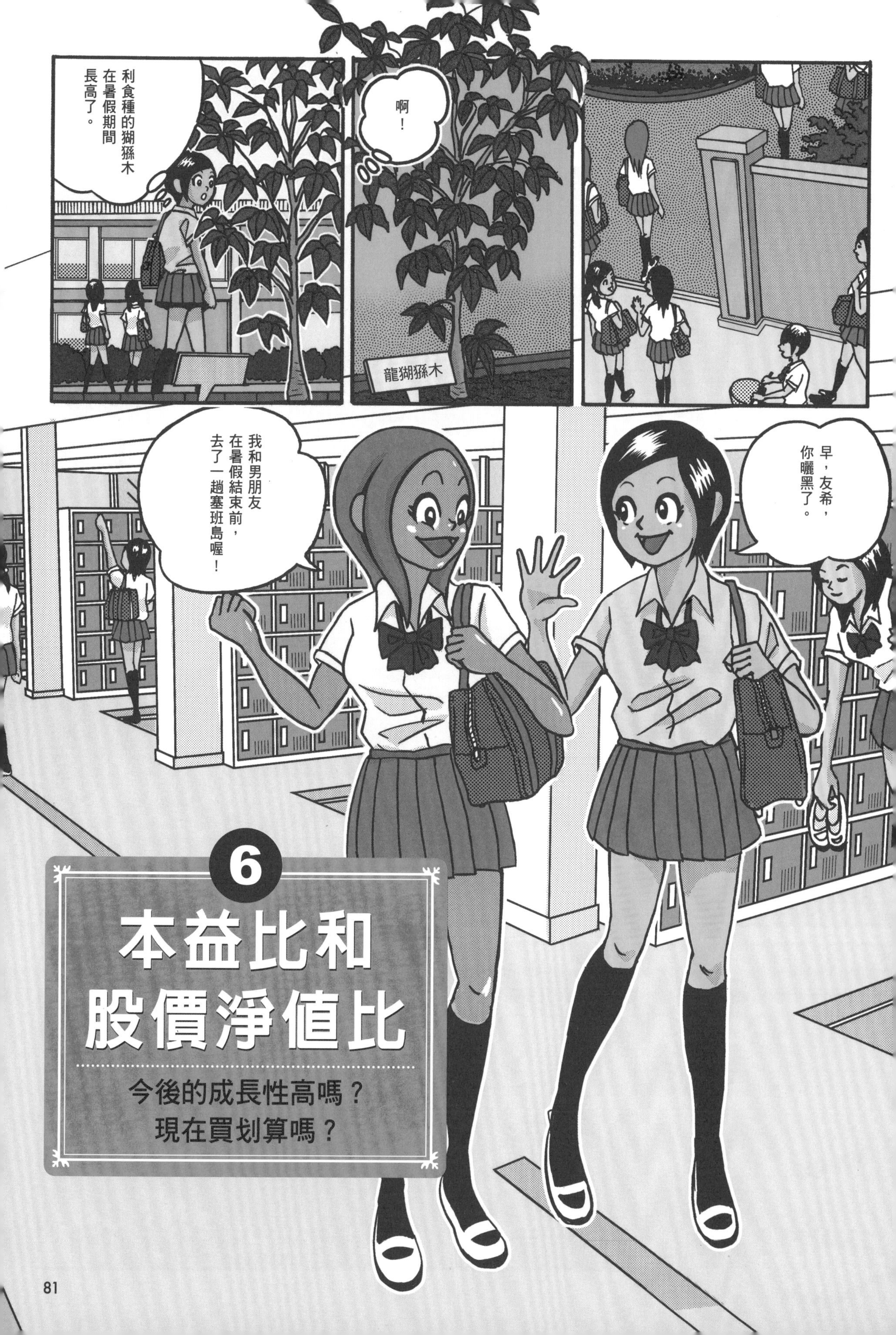
利食種的猢猻木在暑假期間長高了。
啊！
龍猢猻木
早，友希，你曬黑了。
我和男朋友在暑假結束前，去了一趟塞班島喔！

6 本益比和股價淨值比

今後的成長性高嗎？現在買划算嗎？

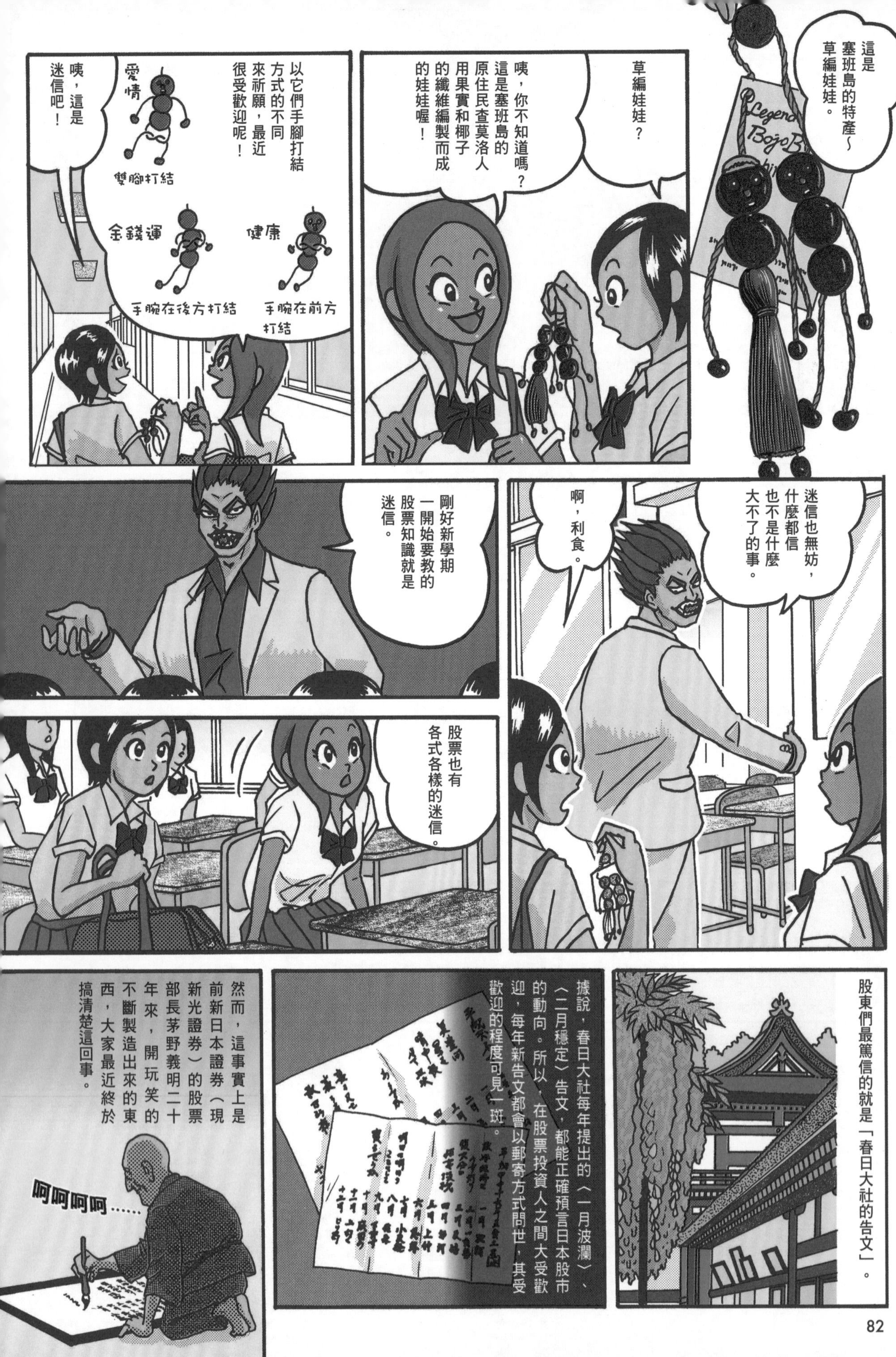
這是塞班島的特產～草編娃娃。
草編娃娃？
咦，你不知道嗎？這是塞班島的原住民查莫洛人用果實和椰子的纖維編製而成的娃娃喔！
以它們手腳打結方式的不同來祈願，最近很受歡迎呢！
愛情
雙腳打結
健康
手腕在前方打結
金錢運
手腕在後方打結
咦，這是迷信吧！
迷信也無妨，什麼都信也不是什麼大不了的事。
啊，利食。
剛好新學期一開始要教的股票知識就是迷信。
股票也有各式各樣的迷信。
股東們最篤信的就是「春日大社的告文」。
據說，春日大社每年提出的〈一月波瀾〉、〈二月穩定〉告文，都能正確預言日本股市的動向。所以，在股票投資人之間大受歡迎，每年新告文都會以郵寄方式問世，其受歡迎的程度可見一斑。
然而，這事實上是前新日本證券（現新光證券）的股票部長茅野義明二十年來，開玩笑的不斷製造出來的東西，大家最近終於搞清楚這回事。
呵呵呵呵……

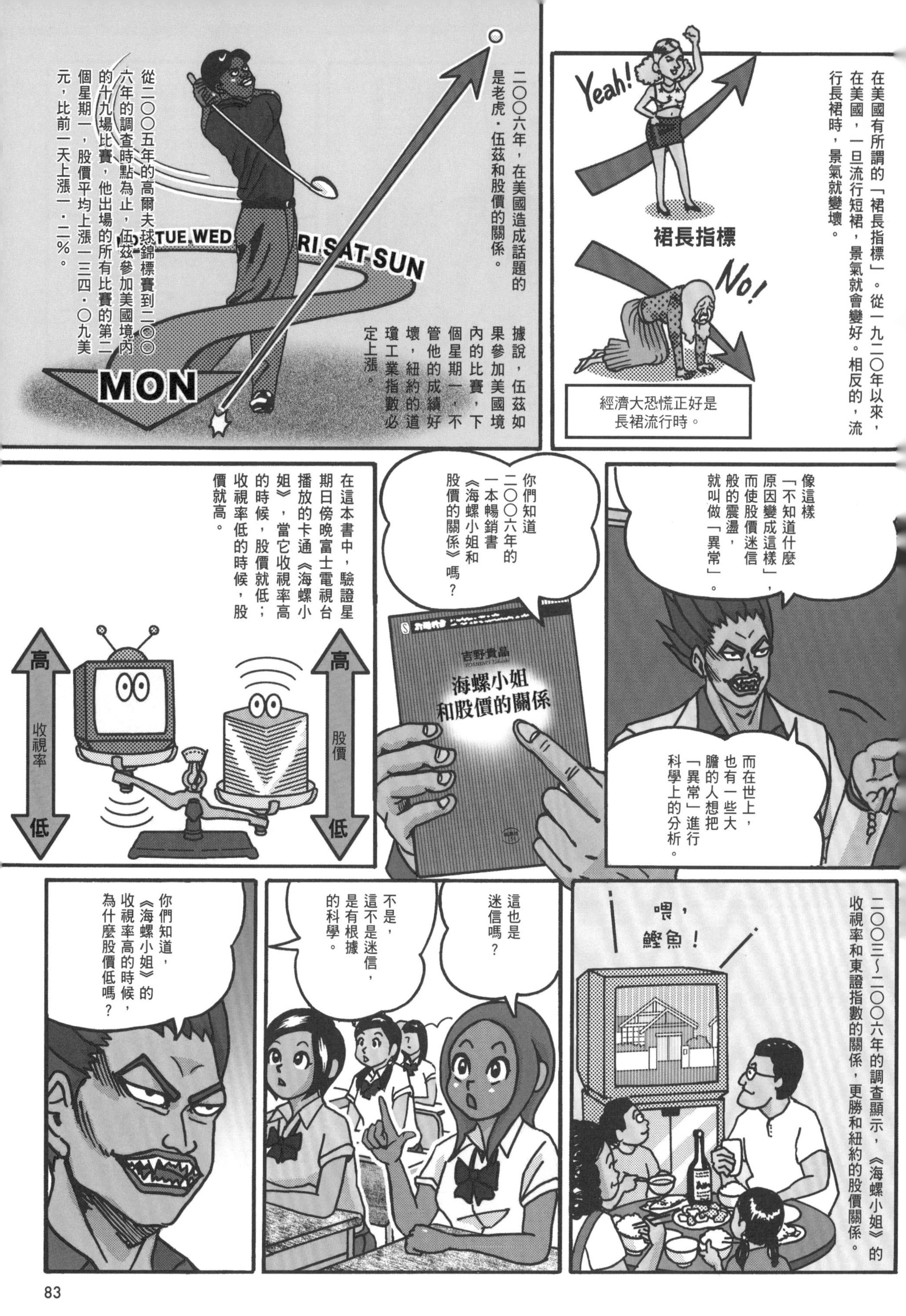

在美國有所謂的「裙長指標」。從一九二〇年以來，在美國，一旦流行短裙，景氣就會變好。相反的，流行長裙時，景氣就變壞。
Yeah!
裙長指標
No!
經濟大恐慌正好是長裙流行時。
二〇〇六年，在美國造成話題的是老虎・伍茲和股價的關係。
據說，伍茲如果參加美國境內的比賽，下個星期一，不管他的成績好壞，紐約的道瓊工業指數必定上漲。
從二〇〇五年的高爾夫球錦標賽到二〇〇六年的調查時點為止，伍茲參加美國境內的十九場比賽，他出場的所有比賽的第二個星期一，股價平均上漲一三四・〇九美元，比前一天上漲一・二%。
TUE WED
RI SAT SUN
MON
像這樣「不知道什麼原因變成這樣」，而使股價迷信般的震盪，就叫做「異常」。
而在世上，也有一些大膽的人想把「異常」進行科學上的分析。
你們知道二〇〇六年的一本暢銷書《海螺小姐和股價的關係》嗎？
吉野貴晶
YOSHINO Takaaki
海螺小姐和股價的關係
在這本書中，驗證星期日傍晚富士電視台播放的卡通《海螺小姐》，當它收視率高的時候，股價就低；收視率低的時候，股價就高。
高
收視率
低
高
股價
低
二〇〇三～二〇〇六年的調查顯示，《海螺小姐》的收視率和東證指數的關係，更勝和紐約的股價關係。
喂，鰹魚！
這也是迷信嗎？
不是，這不是迷信，是有根據的科學。
你們知道，《海螺小姐》的收視率高的時候，為什麼股價低嗎？

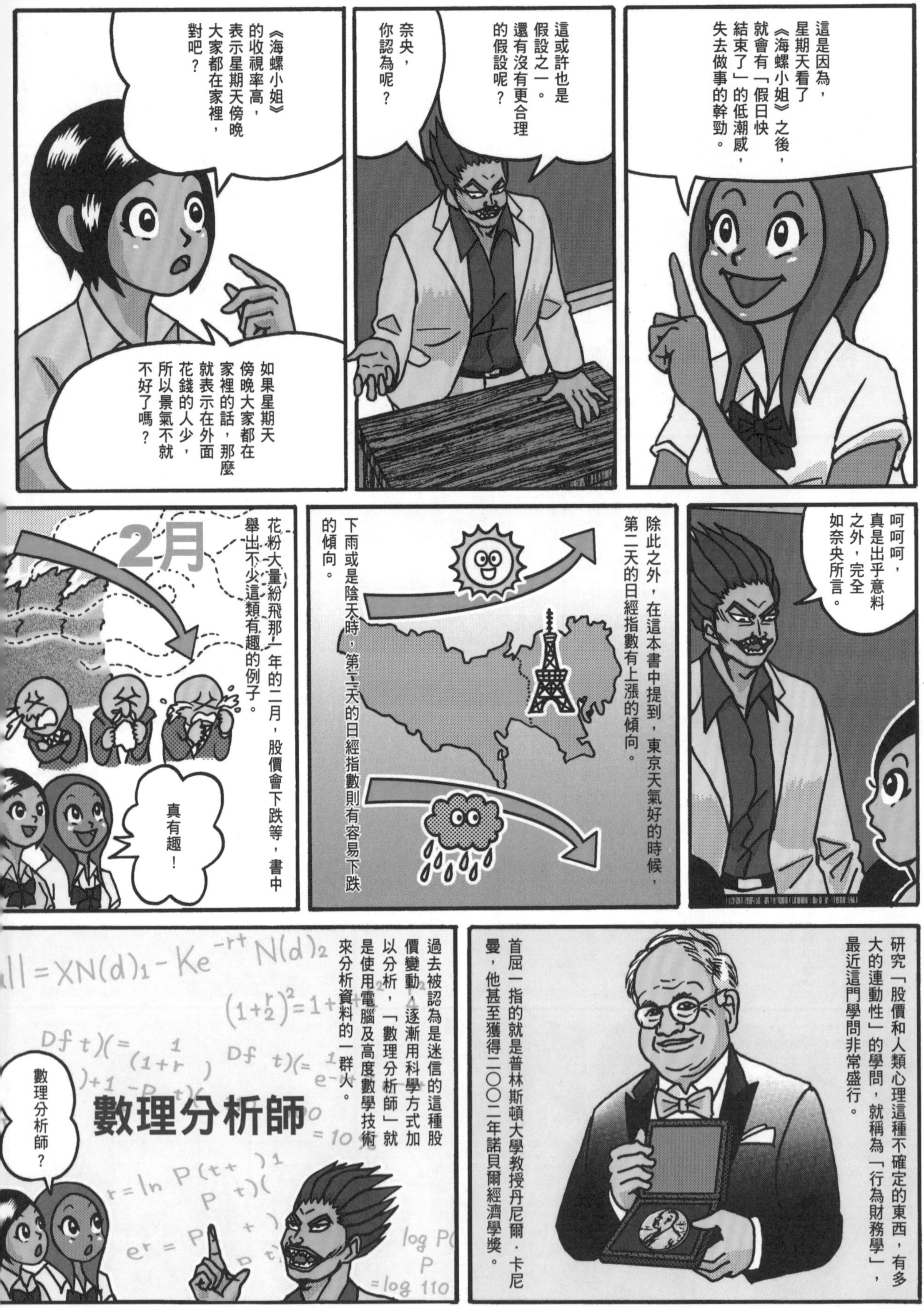
這是因為，星期天看了《海螺小姐》之後，就會有「假日快結束了」的低潮感，失去做事的幹勁。
這或許也是假設之一。還有沒有更合理的假設呢？
奈央，你認為呢？
《海螺小姐》的收視率高，表示星期天傍晚大家都在家裡，對吧？
如果星期天傍晚大家都在家裡的話，那麼就表示在外面花錢的人少，所以景氣不就不好了嗎？
呵呵呵，真是出乎意料之外，完全如奈央所言。
除此之外，在這本書中提到，東京天氣好的時候，第二天的日經指數有上漲的傾向。
下雨或是陰天時，第二天的日經指數則有容易下跌的傾向。
2月
花粉大量紛飛那一年的二月，股價會下跌等，書中舉出不少這類有趣的例子。
真有趣！
研究「股價和人類心理這種不確定的東西，有多大的連動性」的學問，就稱為「行為財務學」，最近這門學問非常盛行。
首屈一指的就是普林斯頓大學教授丹尼爾·卡尼曼，他甚至獲得二〇〇二年諾貝爾經濟學獎。
過去被認為是迷信的這種股價變動，逐漸用科學方式加以分析，「數理分析師」就是使用電腦及高度數學技術來分析資料的一群人。
數理分析師
數理分析師？

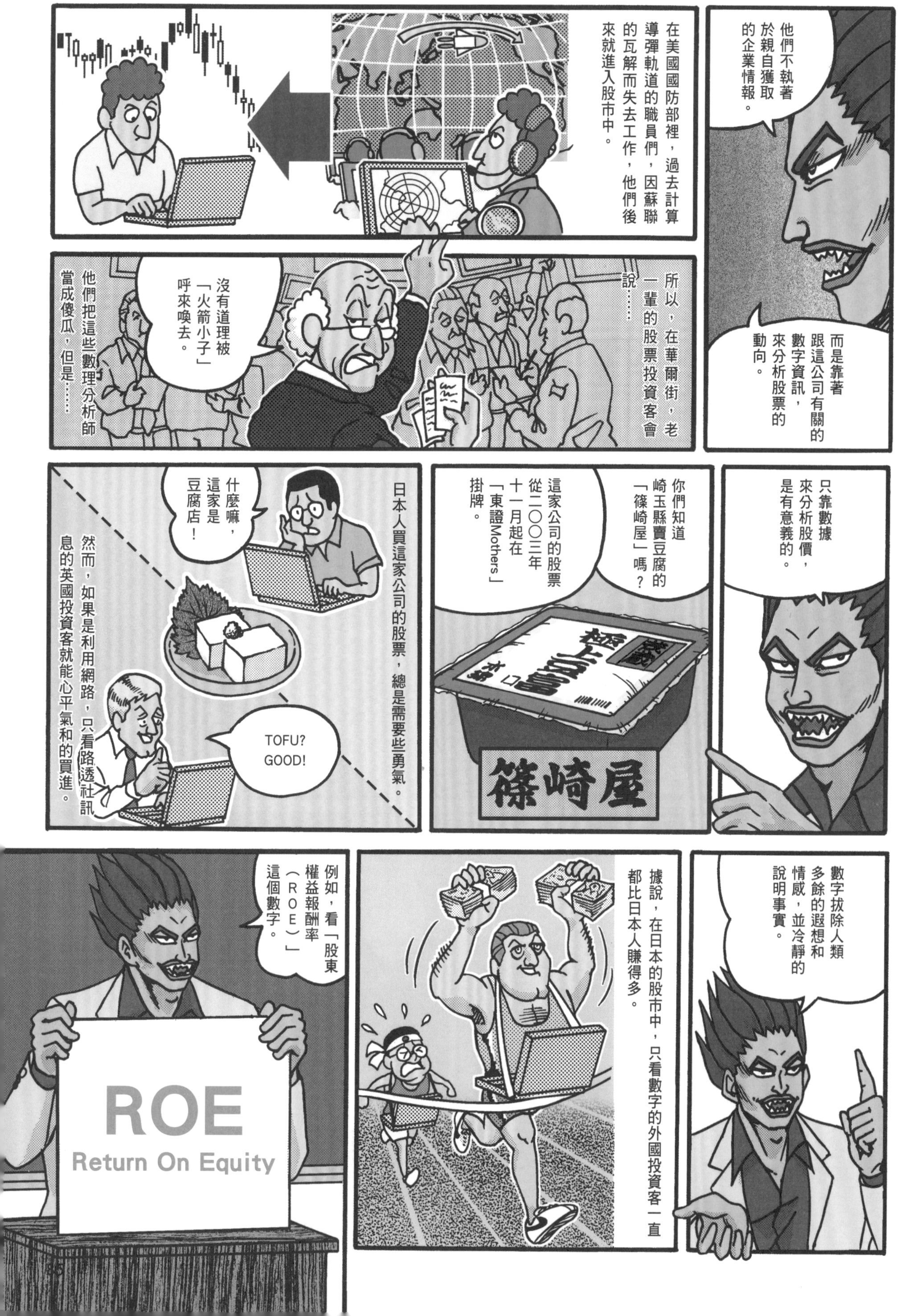

他們不執著於親自獲取的企業情報。
而是靠著跟這公司有關的數字資訊，來分析股票的動向。
在美國國防部裡，過去計算導彈軌道的職員們，因蘇聯的瓦解而失去工作，他們後來就進入股市中。
所以，在華爾街，老一輩的股票投資客會說……
沒有道理被「火箭小子」呼來喚去。
他們把這些數理分析師當成傻瓜，但是……
只靠數據來分析股價，是有意義的。
你們知道崎玉縣賣豆腐的「篠崎屋」嗎？
這家公司的股票從二〇〇三年十一月起在「東證Mothers」掛牌。
篠崎屋
日本人買這家公司的股票，總是需要些勇氣。
什麼嘛，這家是豆腐店！
然而，如果是利用網路，只看路透社訊息的英國投資客就能心平氣和的買進。
TOFU? GOOD!
數字拔除人類多餘的遐想和情感，並冷靜的說明事實。
據說，在日本的股市中，只看數字的外國投資客一直都比日本人賺得多。
例如，看「股東權益報酬率（ROE）」這個數字。
ROE
Return On Equity

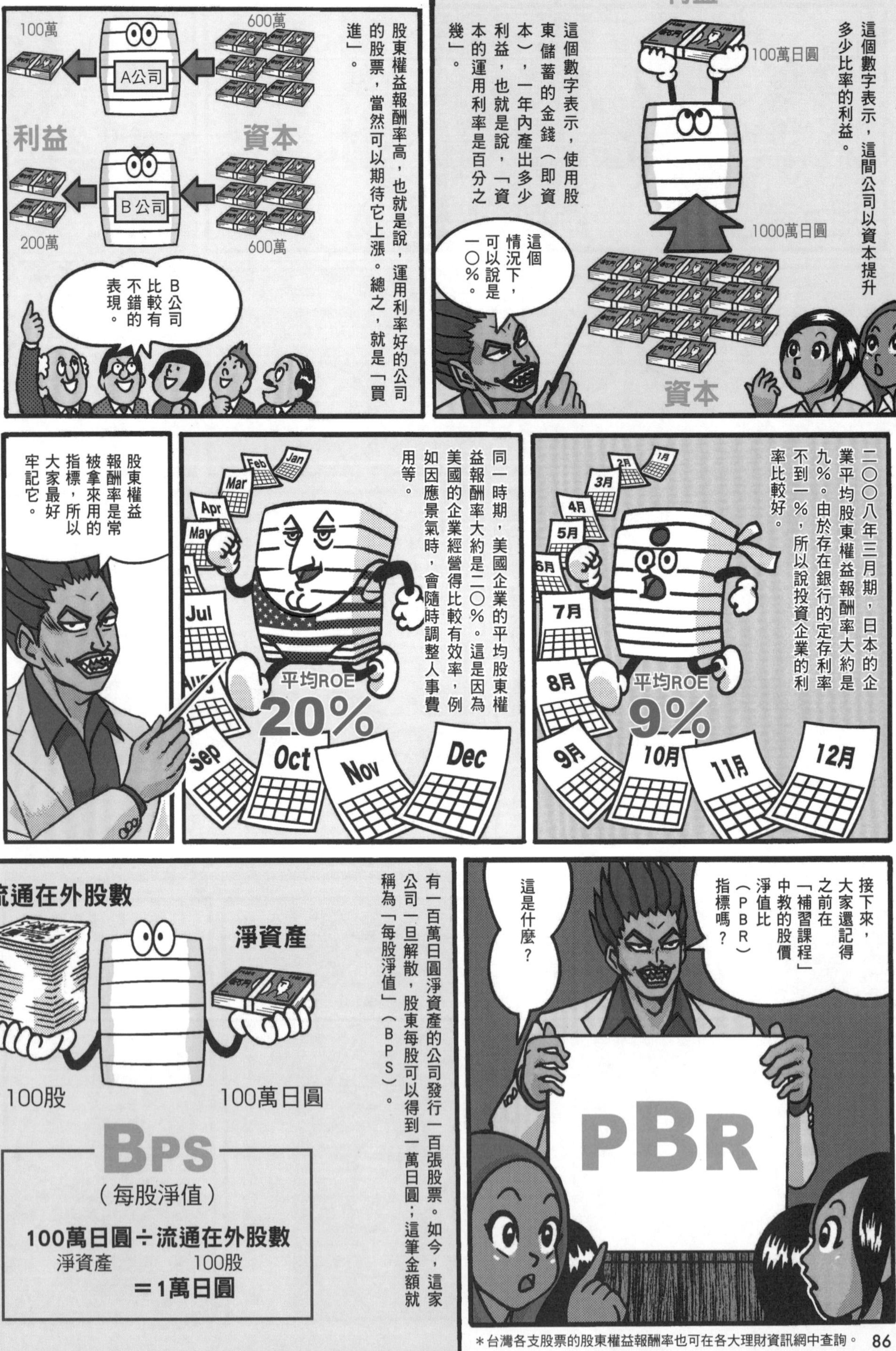
這個數字表示，這間公司以資本提升多少比率的利益。
利益
100萬日圓
1000萬日圓
資本
這個數字表示，使用股東儲蓄的金錢（即資本），一年內產出多少利益，也就是說，「資本的運用利率是百分之幾」。
這個情況下，可以說是一〇％。
股東權益報酬率高，也就是說，運用利率好的公司的股票，當然可以期待它上漲。總之，就是「買進」。
100萬
600萬
A公司
利益
資本
B公司
200萬
600萬
B公司比較有不錯的表現。
二〇〇八年三月期，日本的企業平均股東權益報酬率大約是九％。由於存在銀行的定存利率不到一％，所以說投資企業的利率比較好。
1月
2月
3月
4月
5月
6月
7月
8月
9月
10月
11月
12月
平均ROE
9%
同一時期，美國企業的平均股東權益報酬率大約是二〇％。這是因為美國的企業經營得比較有效率，例如因應景氣時，會隨時調整人事費用等。
Jan
Feb
Mar
Apr
May
Jul
Sep
Oct
Nov
Dec
平均ROE
20%
股東權益報酬率是常被拿來用的指標，所以大家最好牢記它。
接下來，大家還記得之前在「補習課程」中教的股價淨值比（PBR）指標嗎？
這是什麼？
PBR
有一百萬日圓淨資產的公司發行一百張股票。如今，這家公司一旦解散，股東每股可以得到一萬日圓；這筆金額就稱為「每股淨值」（BPS）。
流通在外股數
淨資產
100股
100萬日圓
BPS
（每股淨值）
100萬日圓÷流通在外股數
淨資產 100股
＝1萬日圓

＊台灣各支股票的股東權益報酬率也可在各大理財資訊網中查詢。

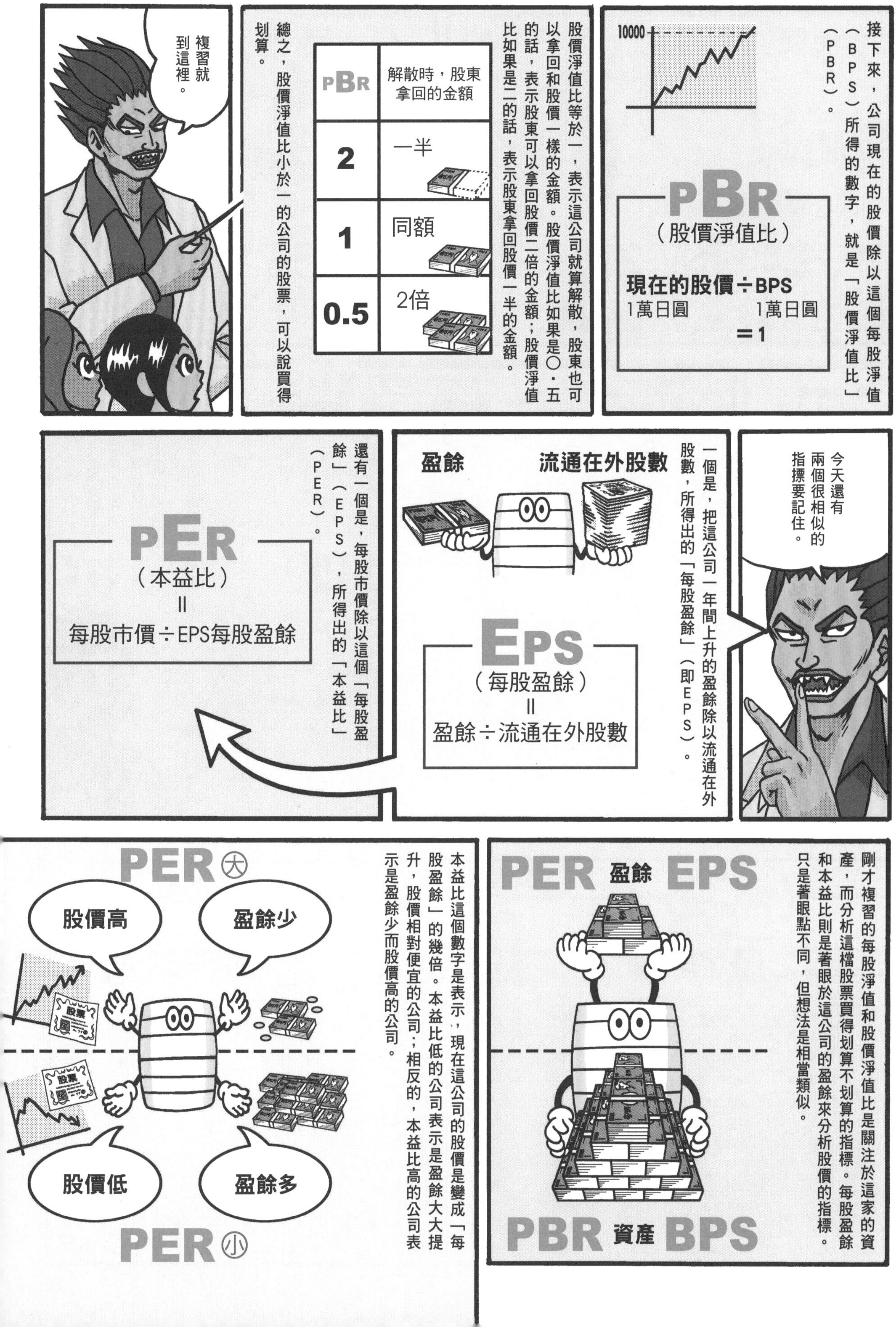
接下來，公司現在的股價除以這個每股淨值（BPS）所得的數字，就是「股價淨值比」（PBR）。
10000
PBR
（股價淨值比）
現在的股價÷BPS
1萬日圓　1萬日圓
＝1
股價淨值比等於一，表示這公司就算解散，股東也可以拿回和股價一樣的金額。股價淨值比如果是〇・五的話，表示股東可以拿回股價二倍的金額；股價淨值比如果是二的話，表示股東拿回股價一半的金額。
PBR　解散時，股東拿回的金額
2　一半
1　同額
0.5　2倍
總之，股價淨值比小於一的公司的股票，可以說買得划算。
複習就到這裡。
今天還有兩個很相似的指標要記住。
一個是，把這公司一年間上升的盈餘除以流通在外股數，所得出的「每股盈餘」（即EPS）。
盈餘
流通在外股數
EPS
（每股盈餘）
＝
盈餘÷流通在外股數
還有一個是，每股市價除以這個「每股盈餘」（EPS），所得出的「本益比」（PER）。
PER
（本益比）
＝
每股市價÷EPS每股盈餘
剛才複習的每股淨值和股價淨值比是關注於這家的資產，而分析這檔股票買得划算不划算的指標。每股盈餘和本益比則是著眼於這公司的盈餘來分析股價的指標。只是著眼點不同，但想法是相當類似。
PER　盈餘　EPS
PBR　資產　BPS
本益比這個數字是表示，現在這公司的股價是變成「每股盈餘」的幾倍。本益比低的公司表示是盈餘大大提升，股價相對便宜的公司；相反的，本益比高的公司表示是盈餘少而股價高的公司。
PER大
股價高
盈餘少
股票
股票
股價低
盈餘多
PER小

二〇〇八年後半的金融危機以來，以日本企業來說，盈餘的衰退比股價的跌落還要急速，所以二〇〇九年二月預估的本益比超過了六十倍，而就以往的平均值來看，日本是二十倍，美國企業是十七倍。

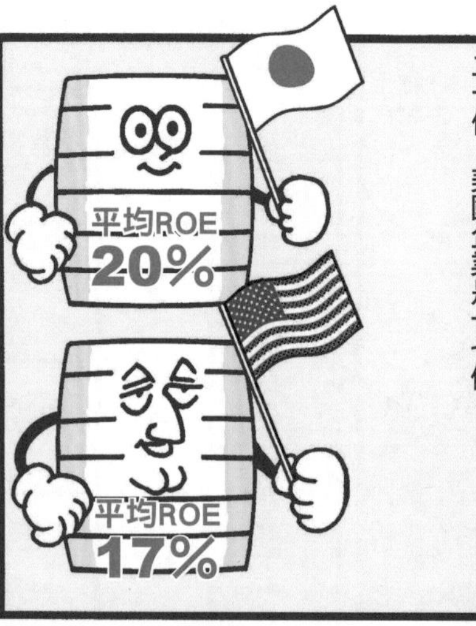

所謂的股價，因公司不同，其規模和在外流通的股數也不同，所以沒辦法單純並列在一起比較。因此，需要比較這些數據，才能檢討是否是買到划算的股票。

舉例來說，在大型網路證券公司的各企業頁面上，一定會記載所有公司的每股淨值、股價淨值比、每股盈餘、本益比這四項指標。

*左例是卡布克姆證券的主要指標的畫面

・股價相關

上市成交價格	4090日圓
上市成交價格高價下跌率	--%
上市成交價格被低估值	13日圓
上市成交價格被低估值上漲率	--%
股價總值	9841億7100萬日圓
β（相對於TOPIX）	1.53289
企業價值	6日圓
未計利息、稅項、折舊及攤銷[illegible]	[illegible]日圓

・股價被低估型

本益比	13.01倍
本益比（預估）	9.39倍
股價淨值比	[illegible]4倍
股價淨值比（預估）	[illegible]倍

・穩定型

每股淨值	981.49日圓
每股淨值（預估）	983.23日圓
自有資本比率	42.14%
負債比率	56.42%
速動比率	87.66%
流動比率	147.64%
股價現金	3.49倍
現金流量比率	28.66%

・成長型、收益型

每股盈餘	[illegible].87日圓
每股盈餘（預估）	108.32日圓
每股盈餘5年成長率	127.41%
每股盈餘與去年相比年增率	32.88%
股東權益報酬率	25.10%
股東權益報酬率（預估）	10.98%
股東權益報酬率	--%
股東權益報酬率（預[illegible]	7.65%
營收成長率（預估）	-10.30%
營收－10年成長率	7.35%
營收－5年成長率	15.53%
營收營業利益率	14.84%
稅前淨利成長率（預估）	-47.90%
過去最高淨利	2087億9300萬日圓(2008/03)
稅前利益率	14.36%
每一從業人員總營收	6134萬日圓
每一從業人員稅後利益	564萬日圓
最近決算期營益率	20.45%

EPS（每股盈餘）
PER（本益比）
PBR（股價淨值比）
ROE（股東權益報酬率）
BPS（每股淨值）

東證1部　前10名

股價淨值比如果小於一的話，買進就划算。

股價淨值比（PBR）

股票名稱	業種	PBR(連結)	股價(日圓)
TBK	輸送用機器	025倍	155
友新	電器機器	0.29倍	308
EXCEL	批發業	0.35倍	842
高田	輸送用機器	0.36倍	768
今仙電機製作所	輸送用機器	0.36倍	524
藤倉橡膠工業	橡膠產品	0.36倍	275
田中商事	批發業	0.36倍	326
派歐拉克斯	金屬產品	0.38倍	1257
普雷斯工業	輸送用機器	0.38倍	145
UNIPRES	輸送用機器	0.40倍	531

（2009年1月14日，上表以自有資本30%、ROE5%以上的公司作為篩選條件）

本益比如果小於十五的話，買進就划算。只要記得這點，就可以了。

本益比（PER）

股票名稱	業種	PBR(連結)	股價(日圓)
學習研究社	資訊、通訊	1.8倍	13
東京鐵鋼	鋼鐵	2.5倍	213
今仙電機製作所	輸送用機器	3.0倍	524
TBK	輸送用機器	3.0倍	155
小野建	鋼鐵	3.2倍	476
大和冷機工業	批發業	3.3倍	845
田中商事	機械	3.3倍	294
商船三井	海運	3.5倍	573
乾汽船	海運	3.6倍	655
川崎汽船	海運	3.7倍	410

（2009年1月14日，上表以自有資本30%、ROE5%以上的公司作為篩選條件）

＊台灣各支股票的日本益比可在「台灣證券交易所」網站中查詢。

日本的《ZAi》雜誌每期用更複雜的公式，導出理論股價，好和現行股價作比較，並做出買進划算的公司股票一覽表。
表現方法就像這樣！
使用這樣的數字，數理分析師導出「理論股價」的看法，
以表示這公司的股價「在這裡的價格是合理或不合理」。
理論股價
雖有各種計算方式，但最簡單的計算方法就是這樣。
BPS＋EPS×8年分
(每股淨值)
(每股盈餘)

這些就連外行人在選股的時候，也能作為參考。
在買股前，一定要先看過這些有關理論股價的資訊。
接下來，在新學期裡，只教大家一檔新的股票。

20家市值1000億日圓以上但股價被低估的股票

順序	股票代號	股票名稱	股價(2/26)	理論股價	上漲餘力
1	9022	東海旅客鐵道	52000	1218000	109.28%
2	9021	西日本旅客鐵道	337000	681000	102.08%
3	9020	東日本旅客鐵道	5600	11021	96.80%
4	4503	安斯泰來	3240	6261	93.24%
5	5101	橫濱橡膠	337	601	78.34%
6	6586	牧田	1971	3483	76.71%
7	8253	Credit Saison	663	1149	73.30%
8	8544	京葉銀行	446	772	73.09%
9	8002	丸紅	305	516	69.18%
10	8390	鹿兒島銀行	680	1148	68.82%
11	7003	三井造船	146	246	68.49%
12	4063	信越化學工業	4350	7259	66.87%
13	9766	康納米	1379	2288	65.92%
14	8332	橫濱銀行	413	667	61.50%
15	9009	京成電鐵	440	710	61.36%
16	9511	沖繩電力	5910	9341	58.05%
17	5423	東京製鐵	948	1497	57.91%
18	9104	商船三井	495	761	53.74%
19	2502	朝日啤酒	1235	1852	4.96%
20	4676	富士媒體控股	112000	166000	48.21%

（2009年2月26日資料）

這就是電話行銷的公司，最近因為有選舉，所以它的股價確實上漲了。
差不多10天內賣掉，應該可以賺幾萬日圓
如何運用增加的錢，就由大家活用今天所教的數據，自己去想想。
咚
咚
同夥熱線

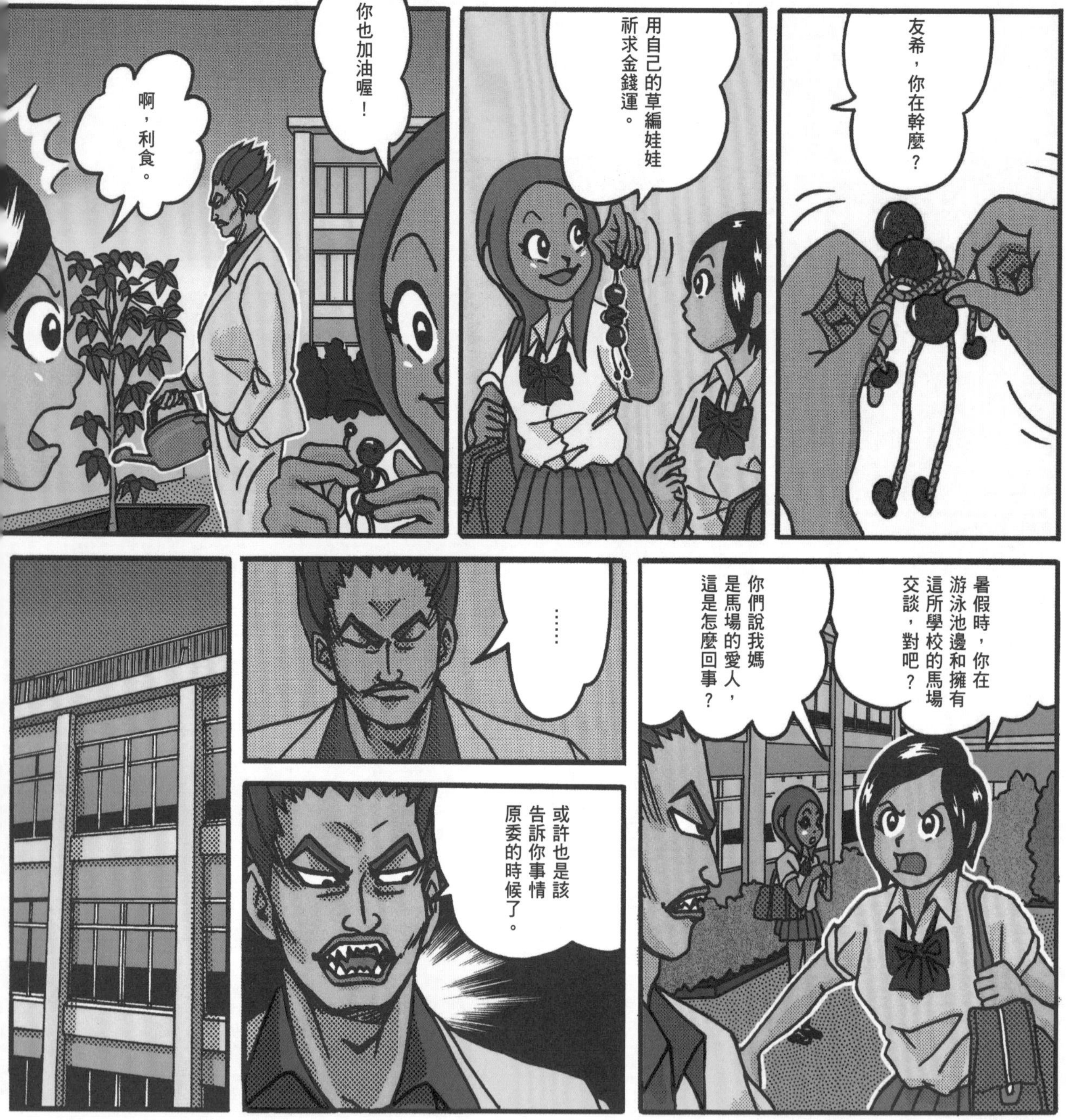

＊台灣集中市場的手續費上限是成交金額的千分之1.425，由於每家公司的行銷策略不同，所以折扣也不相同，通常下單量越大，手續費就越便宜。網路下單對券商的成本來說相對較低，所以手續費也比較便宜。

補習課程 6
股票買賣的手續費

簡單來說，股票是賭博的一種，對吧？
也可以這麼說。
它比賭馬、彩券還好賺嗎？

像賭馬、柏青哥這些被稱為賭博的東西，它的架構是讓參加者的賭金匯集在一個場所來進行遊戲，不用還給賭輸的人任何一塊錢，而是把超過賭金的金額回報給賭贏的人。

GOAL
賭金

不過，這時，賭金當然不是全額回報給賭贏的人。好比舉辦賭馬的ＪＲＡ、舉辦彩券的地方政府等，各個賭博的主辦者，都會從集資的金額裡扣掉自己的「應得分」。

主辦者
賭金

主辦者當然不願當冤大頭，所以抽出應得分，穩賺不賠。

主辦者	應得分
彩券	54%
樂透	50%
賽馬、賽車	20～25%
柏青哥	12～19%

如果要玩的話，當然要玩柏青哥。
嗯！

因為不管是柏青哥店，或是彩券行的歐巴桑，他們都會拿走這筆錢。

嗨

而股票的「主辦者的應得分」，也就是證券公司的手續費，以往是一次買賣收取四%。

證券公司
手續費
4%
賣

但二〇〇〇年後，網路證券公司相繼出現，所以手續費大幅降價，來到一%以下。

手續費
1% 以下

而且，就像手機的費率方案一樣，各個證券公司也推出各種手續費的方案，所以如果好好選擇方案，手續費也有可能控制在〇・一%以下。

蒙內克斯證券的費用方案表及模擬使用

				手續費計算例		
				約定金額		
				10萬日圓	100萬日圓	200萬日圓
每筆交易手續費	電腦	市價	約定金額的0.105% 最低手續費1050日圓	1050日圓		2100日圓
		限價	約定金額的0.1575% 最低手續費1575日圓	1575日圓		3150日圓
	手機	市價 限價	約定金額的0.105% 最低平均手續費 105日圓	105日圓	1050日圓	2100日圓
1日定額手續費	1日的約定金額，每300萬日圓，手續費收2650日圓，意指無論1日交易幾次，當金額達到300萬日圓，手續費便以2650日圓計算。（例如：達到600萬日圓，手續費為5250日圓；900萬日圓，手續費為7875日圓）					

（2009年1月資料）

和其他的賭博比起來，股票還有其他優點呢！

第一個優點是，就連你們這些高中生，也可以合法的投資股票。
高中生投資也沒問題！
第二個優點是，股價縱然「下跌」，只要公司沒有倒閉，股價也不會變成零。
0
看吧！不論是賭馬或是柏青哥，都可能在投入幾萬日圓後全部泡湯。但以股票來說，如果股價開始下跌時，把它賣掉，還可以避開慘賠。
A股
賣！
即使有些虧損，但把剩下的金額拿去買別檔股票，仍有機會賺回來。
A公司
A股
下一檔！
B公司
B股
第三個優點是，股票有可能「全體人員都是贏家」。至於賭馬、柏青哥，由於賭贏的人奪得輸的人的錢，所以只要有贏家，就一定有輸家。
贏家
輸家
像賭馬、柏青哥這樣的遊戲結構，稱為零成長的世界。
然而，以股票來說，如果所有的公司都賺錢，股價持續上漲的話，則全部的投資人都是贏家，這是有可能發生的。
一九九〇年代的美國就是這樣。
相反的，像次貸時那樣，全部的投資人都是輸家也是有可能的。
大崩盤
哇！
啊！
股票或許是賭博的一種，但並非只是賭博；它是贏錢的可能性最高的賭博。
股票
順便一提，除了《海螺小姐和股價的關係》中提到的關聯，據說還有個關聯性，就是彩券賣得好的第二年，股價易下跌。
彩券
尋找各種關聯性，試著想想其中的科學解釋吧！對買股票會有幫助的！

【前情提要】奈央就讀的學校被馬神食品的馬場董事長收購，學校開始教授股票買賣。
教股票的利食千人力老師在過去擔任證券營業員時，曾把奈央的父親推進破產深淵，並帶著她的母親私奔，理當是奈央憎恨的人。
然而，奈央在刺探利食時，知道了雙親和利食、馬場之間有複雜的過往。
或許也是該告訴你事情原委的時候了。
7
抽中IPO的祕訣
一定勝過彩券中獎率

二十年前經濟泡沫化的時候，我和你的母親佳代子是一對情侶。
但是，當時的我有很多女朋友，佳代子不喜歡我這樣，所以離我而去。
之後，和你的父親交往、結婚。
我在十年前的偶然機會下，到你父親的工廠推薦股票，因此和佳代子再度相逢。
啊！
啊！
佳代子並沒忘記我，還因而離家出走，追到我這裡來，但我狠下心把她趕回去。
讓我住下來。
回去！你有丈夫和小孩了！
剛好在那個時候，馬場來和我接觸，然後我就從證券公司被挖角到馬場的公司。
我公司有一千億日圓資金，你就到我公司當基金經理人，好好衝刺吧！
佳代子離開我家之後，沒有回到你們家，反而對我加以諷刺，並投向馬場的懷抱。
嘿嘿嘿
我好幾次規勸佳代子，但佳代子充耳不聞。
那個男人很危險。
你忌妒嗎？
那時起，馬場對佳代子不斷施暴。最後，聽說她過著跟被監禁沒什麼兩樣的生活。
自大的女人！
住手，不要打我了！
拍
佳代子在今年新年時，從馬場的住所逃出來，拖著弱不禁風的身體向我求救。
救我！
怎麼回事？怎麼滿身傷？
馬場瘋狂的到處搜查佳代子的下落，但我很巧妙的把佳代子藏匿起來。
讓我們搜一搜！
啪！
喀嚓喀嚓
這麼說來，當時我家也來了奇怪的男人，而且他們還到處搜查。
啊

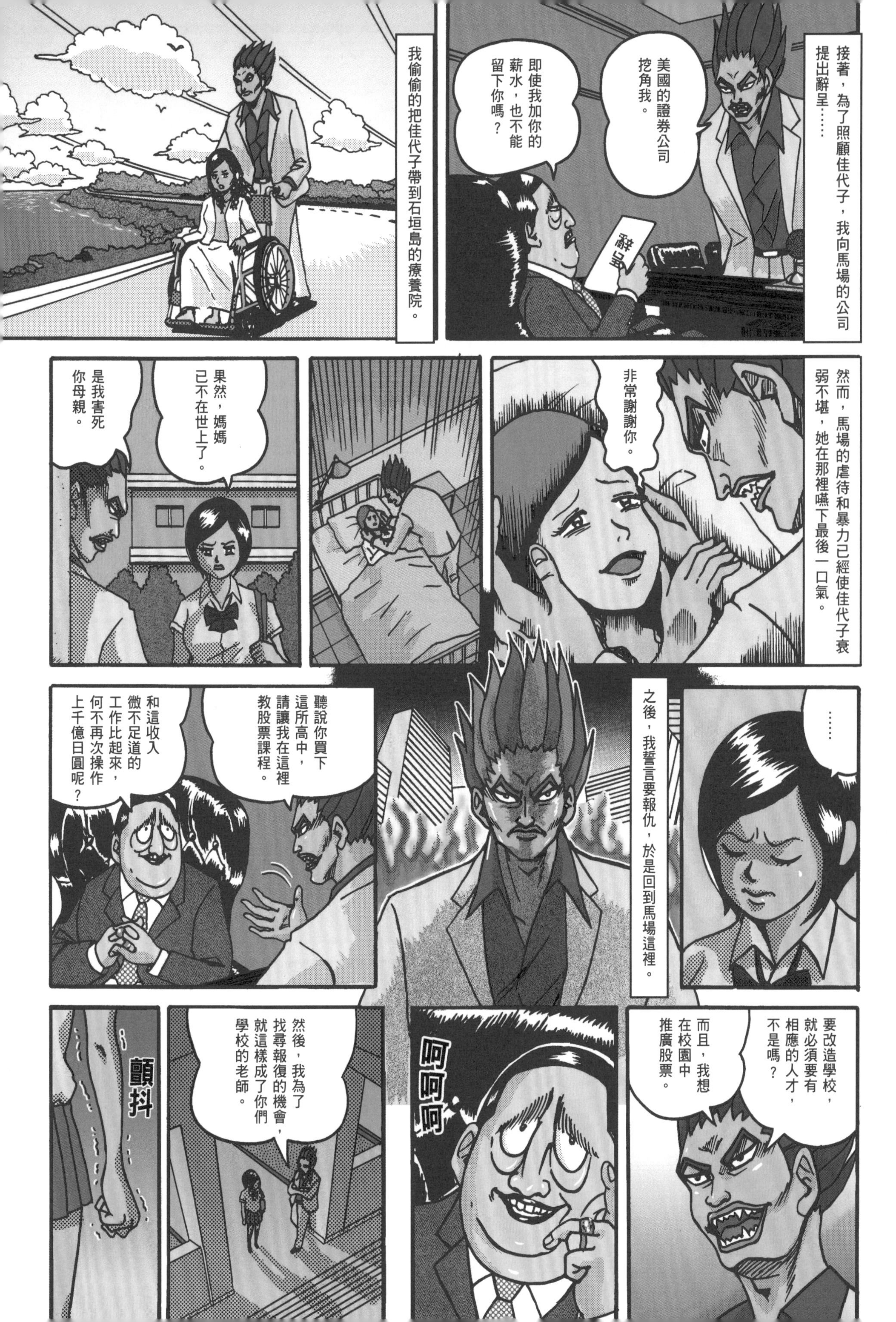
接著，為了照顧佳代子，我向馬場的公司提出辭呈……
美國的證券公司挖角我。
即使我加你的薪水，也不能留下你嗎？
辭呈
我偷偷的把佳代子帶到石垣島的療養院。
然而，馬場的虐待和暴力已經使佳代子衰弱不堪，她在那裡嚥下最後一口氣。
非常謝謝你。
果然，媽媽已不在世上了。
是我害死你母親。
……
之後，我誓言要報仇，於是回到馬場這裡。
聽說你買下這所高中，請讓我在這裡教股票課程。
和這收入微不足道的工作比起來，何不再次操作上千億日圓呢？
要改造學校，就必須要有相應的人才，不是嗎？
而且，我想在校園中推廣股票。
呵呵呵
然後，我為了找尋報復的機會，就這樣成了你們學校的老師。
顫抖

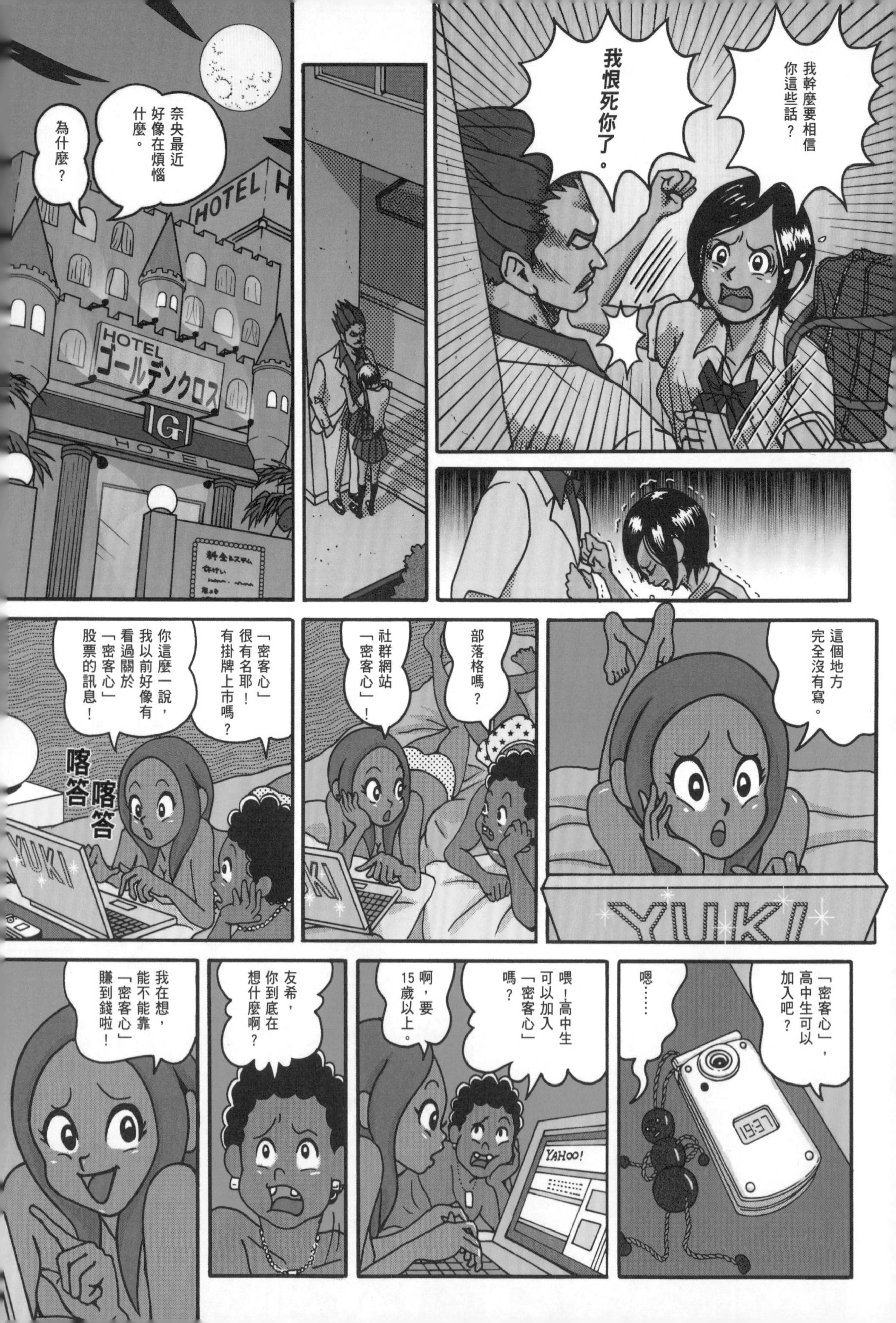
我幹麼要相信你這些話？
我恨死你了。
奈央最近好像在煩惱什麼。
為什麼？
HOTEL
HOTEL ゴールデンクロス
G
HOTEL
這個地方完全沒有寫。
YUKI
部落格嗎？
社群網站「密客心」！
「密客心」很有名耶！有掛牌上市嗎？
你這麼一說，我以前好像有看過關於「密客心」股票的訊息！
喀答喀答
YUKI
「密客心」，高中生可以加入吧？
嗯……
喂！高中生可以加入「密客心」嗎？
啊，要15歲以上。
YAHOO!
友希，你到底在想什麼啊？
我在想，能不能靠「密客心」賺到錢啦！

私立
難平女子高等学
3-B
老師，我可以買「密客心」（mixi）這種股票嗎？
拿得出錢來的話，當然可以，但是它一股要四十萬日圓左右，
以你們現在的財力，應該沒辦法吧？
你們當中，誰有在玩「密客心」？
哦，一半以上啊！
那麼，這家「密客心」在「東證Mothers」掛牌上市的第一天是二〇〇六年九月十四日，買單湧入但股票卻不具那個價值，你們知道這件事嗎？
株式会社 MIXI
TOPIX
哦，這件事沒人知道？
安——靜
呵呵呵，是個好機會，今天就來跟大家談新股掛牌上市吧！
也就是關於讓資金急增的魔法。
奈央，振作點，什麼有趣的話題好像要開始了！
恍神——

所謂的公司，最初是由幾個人聯合出資，配合出資的比率，大家彼此共同持有股份。

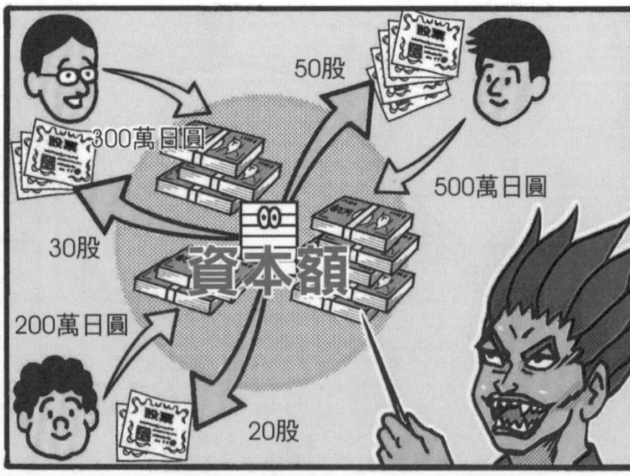
50股
300萬日圓
500萬日圓
30股
資本額
200萬日圓
20股

如果這家公司要成長，必須投資設備，於是決定向別人募集資金，這樣股份數量便會隨之增加，新出資者也會因此持有股份，這就叫「增資」。

我們想買新的電腦系統。
我出一千萬。

事業若要更進一步擴大，必須要有更多資金，這時公司大量印刷新股票公開發行，讓任何人都可以買進。這就叫「新股掛牌上市」，也稱為「ＩＰＯ」（Initial Public Offering）。

IPO

舉例來說，日本的「花丸烏龍麵」為了擴大事業而決定掛牌上市，但後來因讚岐烏龍麵熱潮退去，於是緊急中止上市，就是一個案例。大致來說，想要擴張的公司都會以ＩＰＯ目標。

讚岐烏龍麵
花丸烏龍麵
還是中止吧！

公司一旦掛牌上市，公司內就宛如擁有一台印鈔機，只要印製的股票越多，現金就進來得越多。

事實上，「印製股票」也就是「增加股數」，常常伴隨著股價的下跌，所以必須小心控制。

IPO

接下來就是重點了！以大多數ＩＰＯ股票來說，最初在證券市場買賣的價格，也就是「最初市價」，會比在掛牌上市時，募資者配發時的價錢，也就是「發行價」來得高。基本上，ＩＰＯ股票可說是賺錢的股票。

IPO

日本在二〇〇四～二〇〇八年的五年間，新掛牌上市的公司約有七百家，其中大約八四%家的最初市價比發行價還要高，平均漲幅約一．九倍，將近有二倍之多。

新股掛牌上市大約700家
2004～2008年
1.9倍！
股價上漲
約84%
平均漲幅
大約1.9倍

二〇〇六年漲最多的「日本科技」（技術人員派遣公司），十一萬日圓的發行價變成九十六萬日圓，上漲了約九倍。第二名的「比較.com」也從四十五萬日圓變成二百七十萬日圓，漲了六倍。至於「密客心」股票的發行價一百五十萬日圓，在發行的第二天賣到三百萬日圓，也有二倍。

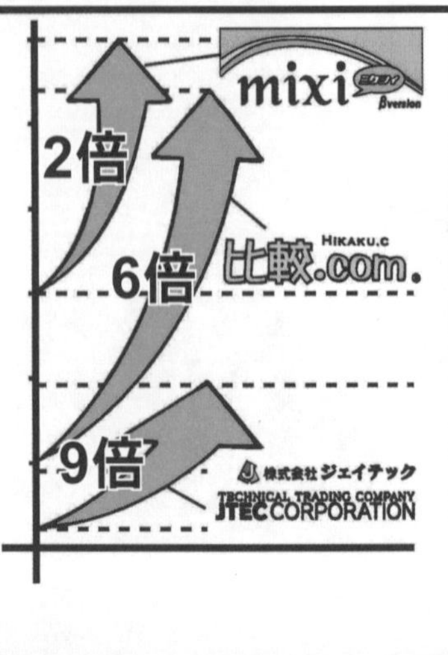
mixi
βversion
2倍
6倍
比較.com
HIKAKU.C
9倍
株式会社ジェイテック
TECHNICAL TRADING COMPANY
JTEC CORPORATION

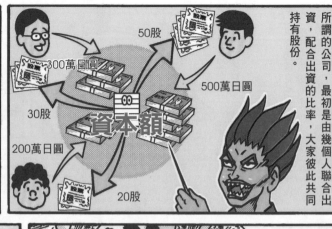

對於從公司草創期就是股東的人來說，即使是發行價都已經很高了，但如果掛牌上市的話，更能大賺一筆。堀江貴文成為大富翁，也是拜新股掛牌上市所賜。
耶！那要怎麼獲得IPO股票？快點教我們。
嗯，不要急，因為接下來，我會慢慢說明。
利食這傢伙，今天也像往常一樣授課呢！
嘿嘿嘿
利食或許真的不曉得佳代子的下落吧！
唉，隨便！他也不是粗心大意的人。
跟IPO有關的麻煩手續，一般都委由一家證券公司來處理。
稱為「主要承銷券商」。
主要承銷券商
○×證券
敝公司的掛牌上市，就委託○×證券了。
主要承銷券商會把這家公司首次掛牌上市時，市場上提供的金額的一〇%取走，作為承銷費。
承銷費 10%
○×證券
股票上市後，舉凡增資、發行公司債等，都有承銷費，所以證券公司若成為強有力的新興企業的主要承銷券商，就可大賺特賺。
因此，證券公司的職員會勤於拜訪前景看好的新興公司，告訴他們下面這番話，慫恿他們上市。
貴公司很有前景，讓我們並肩努力到公司掛牌上市為止。
主要承銷券商為了讓自己結算的IPO股票價格比發行價高，使跟掛牌上市相關的人都皆大歡喜，所以傾向於把發行價定得比市場預估的價格稍低。
呀吼，上漲了！上漲了！
雖然這麼說，但如果定的價錢太低的話，就會受到掛牌公司的責難。
要是發行價訂高一點的話，就可以募集到更多的資金！
呃

＊台灣在2009年最熱門的旺旺、康師傅並不是初次上市的股票，所以不稱為「IPO」，而稱為「TDR」（台灣信託憑證）。

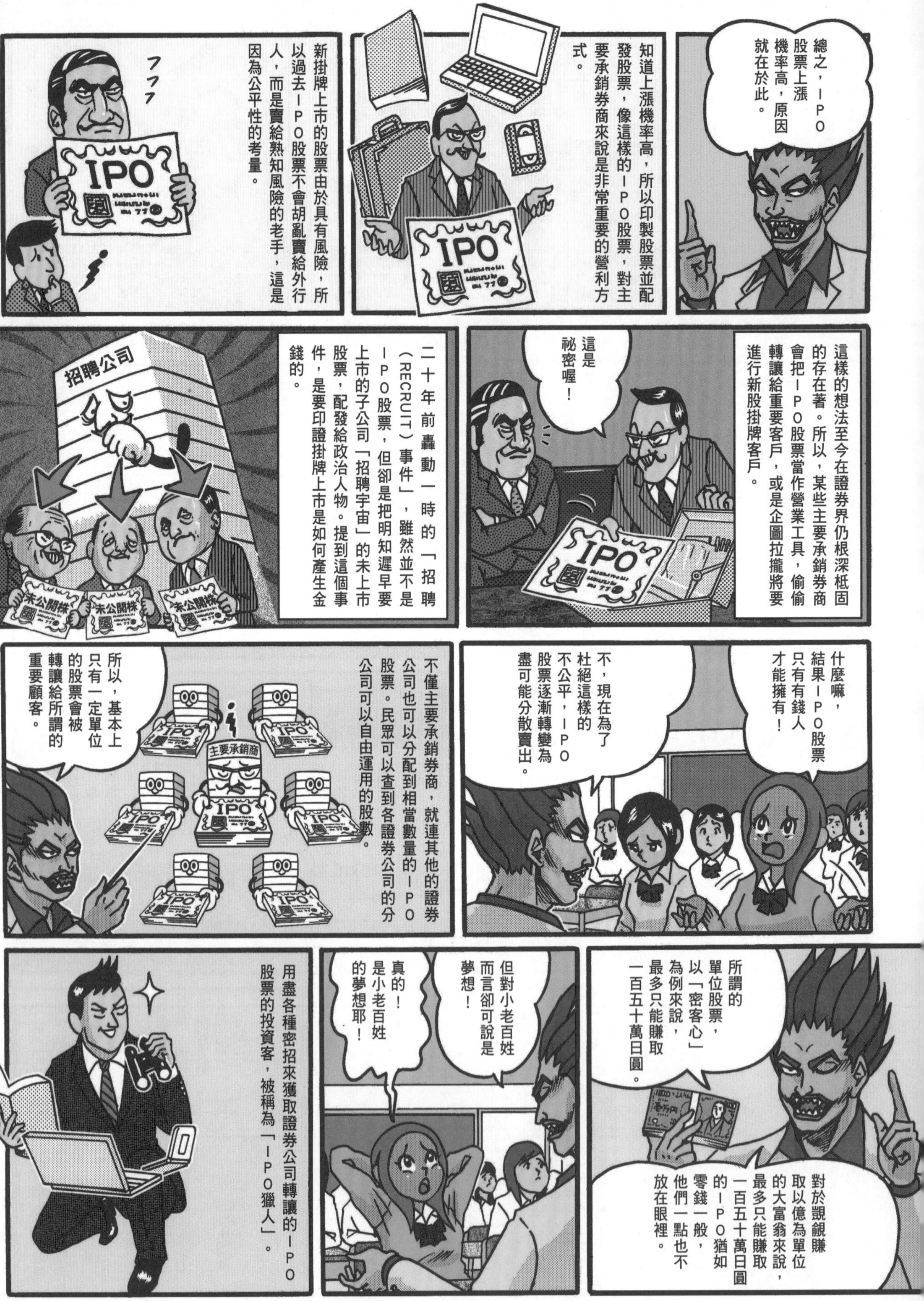

總之，IPO股票上漲機率高，原因就在於此。
知道上漲機率高，所以印製股票並配發股票，像這樣的IPO股票，對主要承銷券商來說是非常重要的營利方式。
IPO
IPO
新掛牌上市的股票由於具有風險，所以過去IPO股票不會胡亂賣給外行人，而是賣給熟知風險的老手，這是因為公平性的考量。
IPO
這樣的想法至今在證券界仍根深柢固的存在著。所以，某些主要承銷券商會把IPO股票當作營業工具，偷偷轉讓給重要客戶，或是企圖拉攏將要進行新股掛牌客戶。
這是祕密喔！
IPO
二十年前轟動一時的「招聘（RECRUIT）事件」，雖然並不是IPO股票，但卻是把明知遲早要上市的子公司「招聘宇宙」的未上市股票，配發給政治人物。提到這個事件，是要印證掛牌上市是如何產生金錢的。
招聘公司
未公開株
未公開株
未公開株
什麼嘛，結果IPO股票只有有錢人才能擁有！
不，現在為了杜絕這樣的不公平，IPO股票逐漸轉變為盡可能分散賣出。
不僅主要承銷券商，就連其他的證券公司也可以分配到相當數量的IPO股票。民眾可以查到各證券公司的分公司可以自由運用的股數。
主要承銷商
IPO
所以，基本上只有一定單位的股票會被轉讓給所謂的重要顧客。
所謂的單位股票，以「密客心」為例來說，最多只能賺取一百五十萬日圓。
對於覬覦賺取以億為單位的大富翁來說，最多只能賺取一百五十萬日圓的IPO猶如零錢一般，他們一點也不放在眼裡。
但對小老百姓而言卻可說是夢想！
真的！是小老百姓的夢想耶！
用盡各種密招來獲取證券公司轉讓的IPO股票的投資客，被稱為「IPO獵人」。

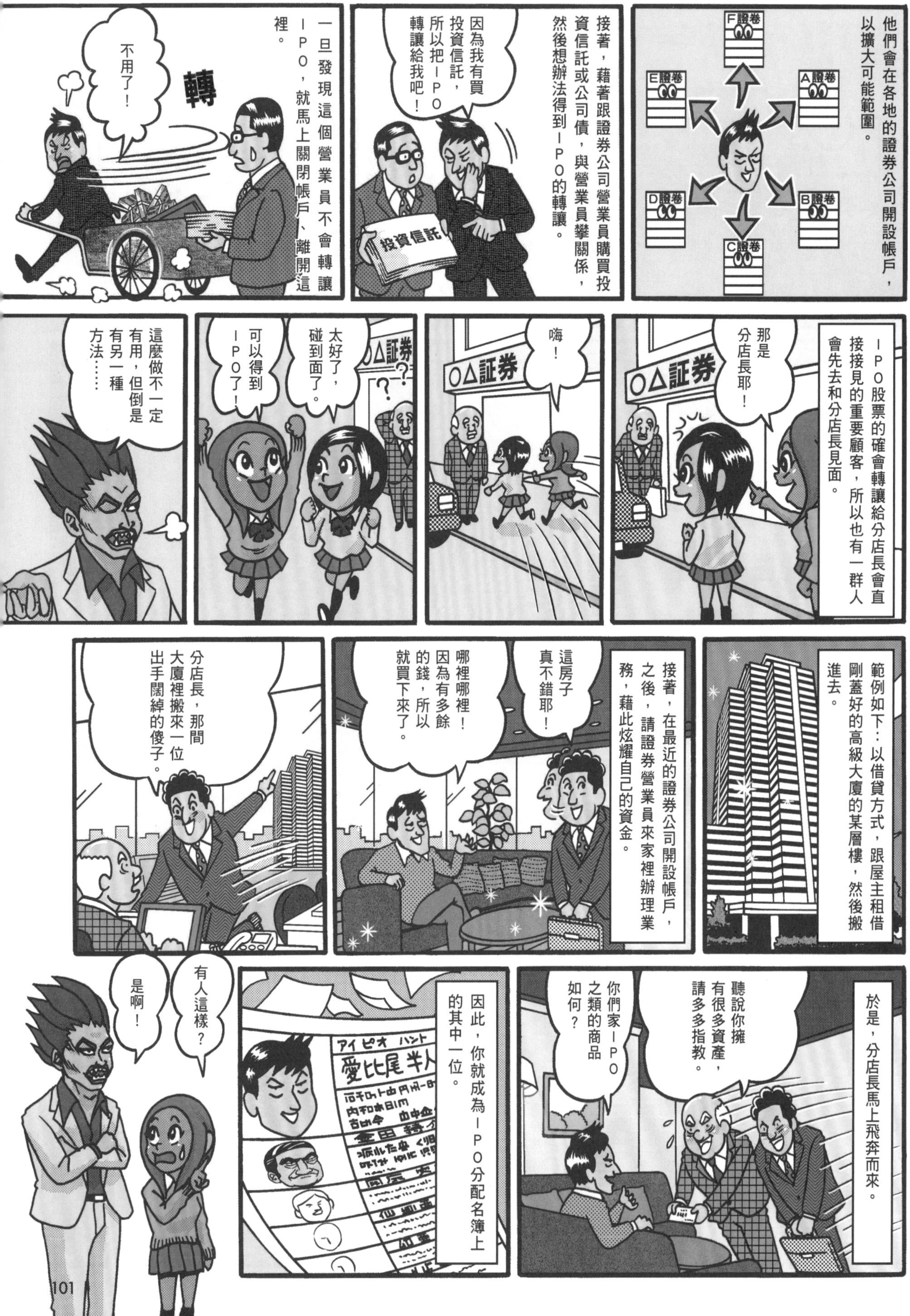
他們會在各地的證券公司開設帳戶，以擴大可能範圍。
F證券
A證券
E證券
B證券
D證券
C證券
接著，藉著跟證券公司營業員購買投資信託或公司債，與營業員攀關係，然後想辦法得到IPO的轉讓。
因為我有買投資信託，所以把IPO轉讓給我吧！
投資信託
一旦發現這個營業員不會轉讓IPO，就馬上關閉帳戶、離開這裡。
轉
不用了！
IPO股票的確會轉讓給分店長會直接接見的重要顧客，所以也有一群人會先去和分店長見面。
○△証券
那是分店長耶！
○△証券
嗨！
太好了，碰到面了。
可以得到IPO了！
這麼做不一定有用，但倒是有另一種方法……
範例如下：以借貸方式，跟屋主租借剛蓋好的高級大廈的某層樓，然後搬進去。
接著，在最近的證券公司開設帳戶，之後，請證券營業員來家裡辦理業務，藉此炫耀自己的資金。
這房子真不錯耶！
哪裡哪裡！因為有多餘的錢，所以就買下來了。
分店長，那間大廈裡搬來一位出手闊綽的傻子。
於是，分店長馬上飛奔而來。
聽說你擁有很多資產，請多多指教。
你們家IPO之類的商品如何？
因此，你就成為IPO分配名簿上的其中一位。
有人這樣？
是啊！

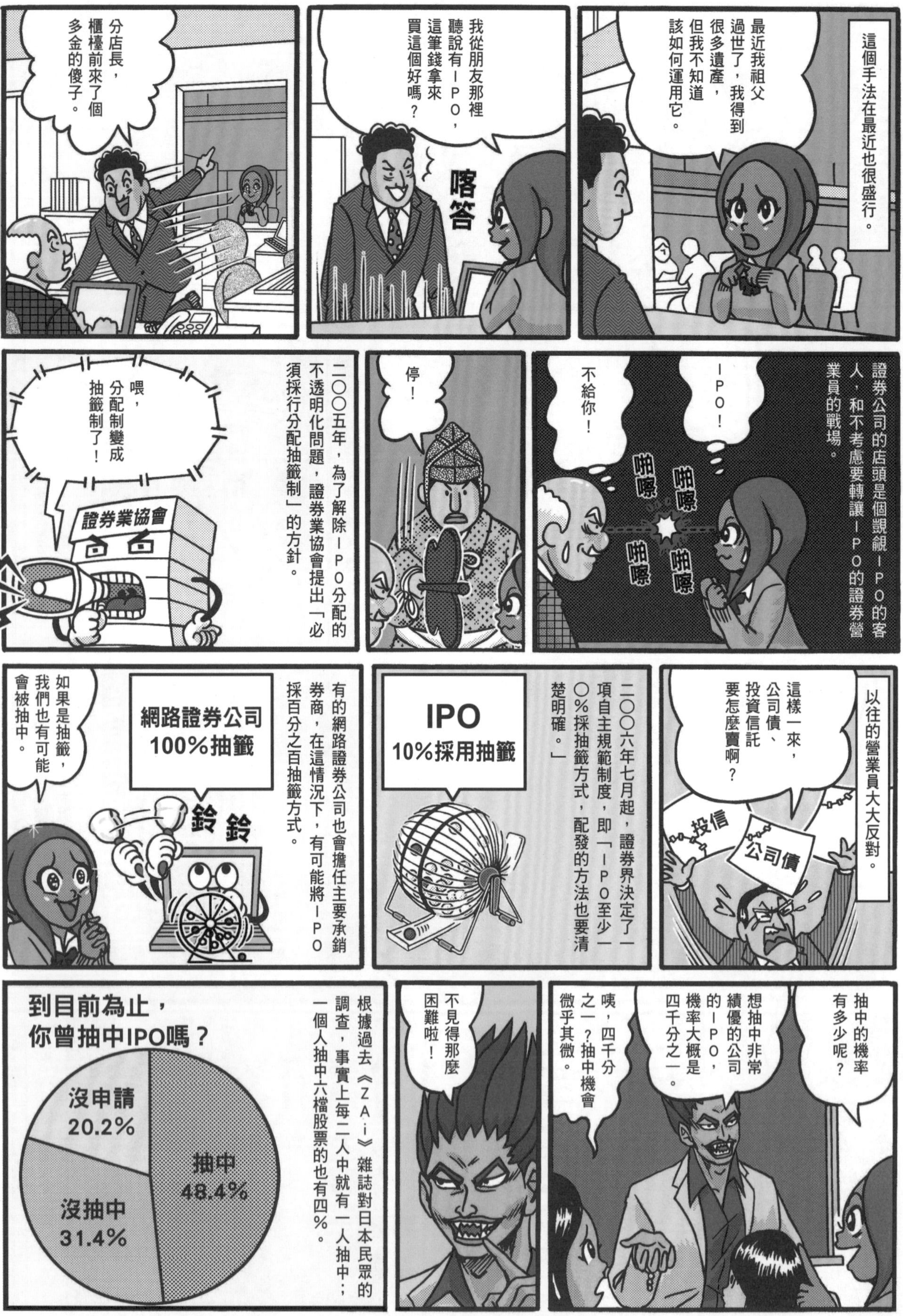
這個手法在最近也很盛行。
最近我祖父過世了，我得到很多遺產，但我不知道該如何運用它。
我從朋友那裡聽說有ＩＰＯ，這筆錢拿來買這個好嗎？
喀答
分店長，櫃檯前來了個多金的傻子。
證券公司的店頭是個覬覦ＩＰＯ的客人，和不考慮要轉讓ＩＰＯ的證券營業員的戰場。
ＩＰＯ！
不給你！
啪嚓
啪嚓
啪嚓
啪嚓
停！
二〇〇五年，為了解除ＩＰＯ分配的不透明化問題，證券業協會提出「必須採行分配抽籤制」的方針。
喂，分配制變成抽籤制了！
證券業協會
以往的營業員大大反對。
這樣一來，公司債、投資信託要怎麼賣啊？
投信
公司債
二〇〇六年七月起，證券界決定了一項自主規範制度，即「ＩＰＯ至少一〇%採抽籤方式，配發的方法也要清楚明確。」
IPO
10%採用抽籤
有的網路證券公司也會擔任主要承銷券商，在這情況下，有可能將ＩＰＯ採百分之百抽籤方式。
網路證券公司
100%抽籤
鈴
鈴
如果是抽籤，我們也有可能會被抽中。
抽中的機率有多少呢？
想抽中非常績優的公司的ＩＰＯ，機率大概是四千分之一。
咦，四千分之一？抽中機會微乎其微。
不見得那麼困難啦！
根據過去《ＺＡｉ》雜誌對日本民眾的調查，事實上每二人中就有一人抽中；一個人抽中六檔股票的也有四%。
到目前為止，你曾抽中IPO嗎？
沒申請 20.2%
抽中 48.4%
沒抽中 31.4%

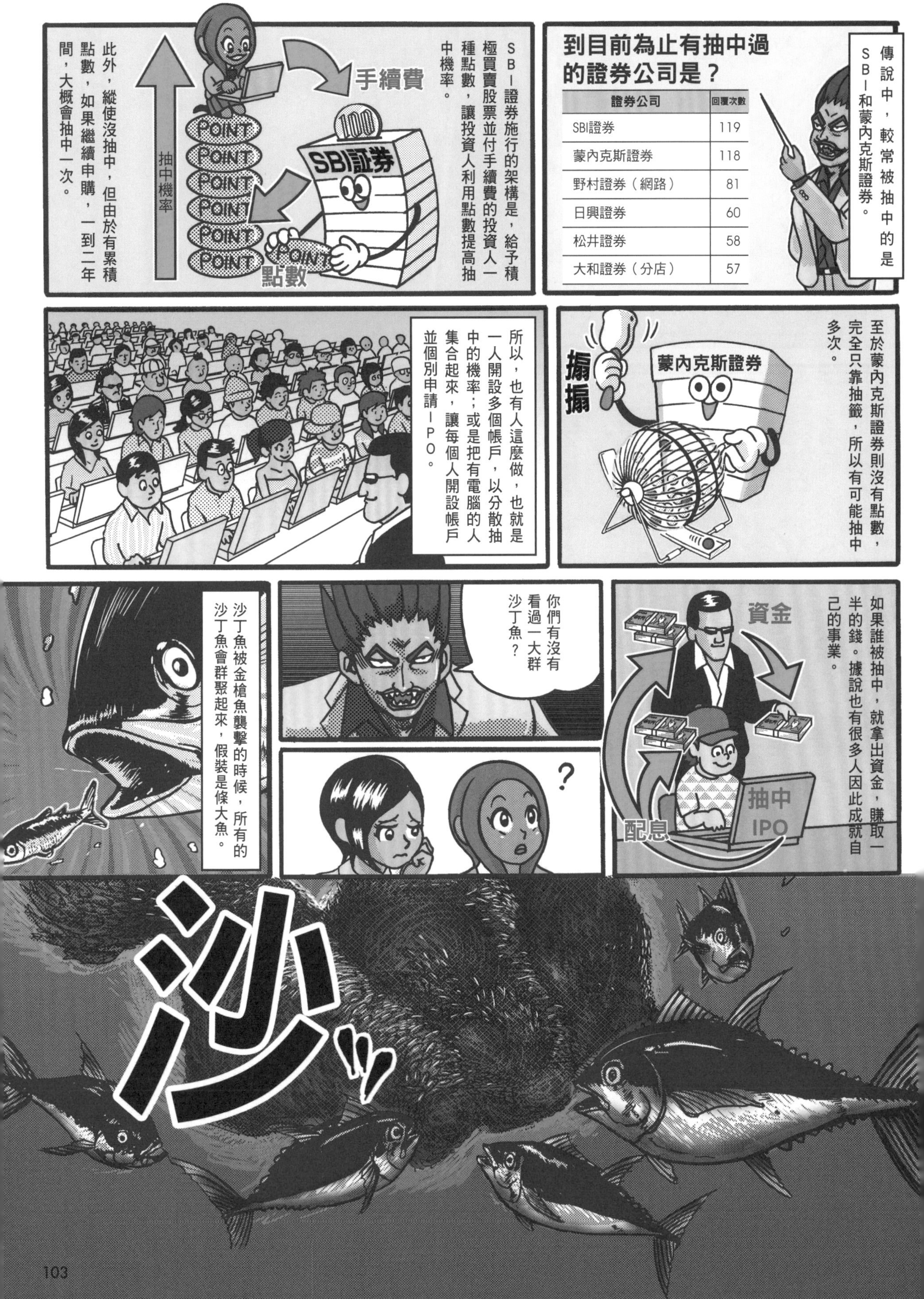

傳說中，較常被抽中的是SBI和蒙內克斯證券。
到目前為止有抽中過的證券公司是？

證券公司	回覆次數
SBI證券	119
蒙內克斯證券	118
野村證券（網路）	81
日興證券	60
松井證券	58
大和證券（分店）	57

SBI證券施行的架構是，給予積極買賣股票並付手續費的投資人一種點數，讓投資人利用點數提高抽中機率。
手續費
SBI証券
100
POINT
點數
抽中機率
此外，縱使沒抽中，但由於有累積點數，如果繼續申購，一到二年間，大概會抽中一次。
至於蒙內克斯證券則沒有點數，完全只靠抽籤，所以有可能抽中多次。
搧搧
蒙內克斯證券
所以，也有人這麼做，也就是一人開設多個帳戶，以分散抽中的機率；或是把有電腦的人集合起來，讓每個人開設帳戶並個別申請IPO。
如果誰被抽中，就拿出資金，賺取一半的錢。據說也有很多人因此成就自己的事業。
資金
抽中
IPO
配息
你們有沒有看過一大群沙丁魚？
？
沙丁魚被金槍魚襲擊的時候，所有的沙丁魚會群聚起來，假裝是條大魚。
沙ッ

金槍魚看到這個景象，會害怕得不敢靠近。沙丁魚是弱小的魚，但群聚起來就有力量。
你們今後也變成一群沙丁魚吧！
在這所學校，來上我的課的學生剛好有一百名。
這一百人今後就來抽籤認購IPO。
若是誰抽中的話，利潤由全體人員分得一半。
這就是「沙丁魚群」的作戰！
好！
利食說不定是了不起的人物，
他所說的，我都覺得很有道理。
奈央，你怎麼了？心一直放不開，不會很悶嗎？你今天一整天好像都心不在焉的！
嗚
好多事情在腦海裡打轉。
今天利食的課，說了些什麼？
咦，你完全沒聽課嗎？

補習課程 7
證交所與公司上市的標準

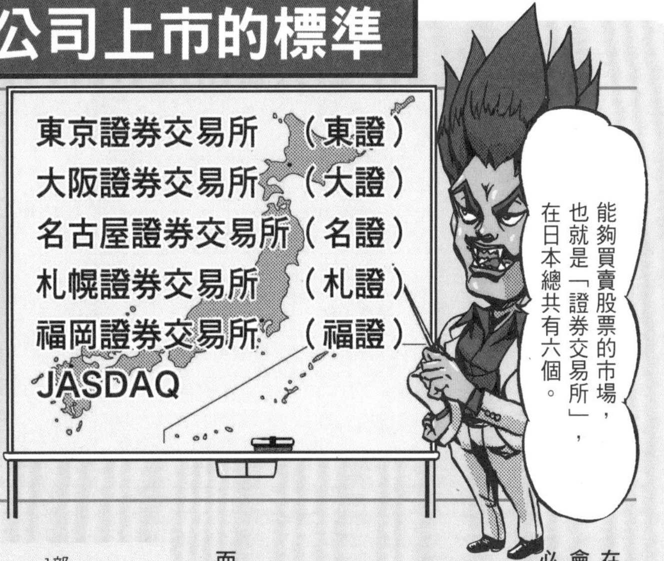

能夠買賣股票的市場，也就是「證券交易所」，在日本總共有六個。
東京證券交易所（東證）
大阪證券交易所（大證）
名古屋證券交易所（名證）
札幌證券交易所（札證）
福岡證券交易所（福證）
JASDAQ

一般來說，股票會在這些市場中的其中一個交易所進行買賣。然而，也有股票像東京電力這樣，在東證和大證兩個交易所都能進行買賣。像這樣的股票，可以比較各個市場的股價，並選擇買賣的市場。

六個都得全部記住嗎？

在網路證券公司買股票時，由於會自動把市場表列出來，所以沒必要記住。

噹噹
東京證券交易所
大阪證券交易所
名古屋證券交易所
札幌證券交易所
福岡證券交易所
JASDAQ

而這些交易所又進而細分如下：

- 東證
  - 1部
  - 2部
  - Mothers
- 大證
  - 1部
  - 2部
  - Hercules
- 名證
  - 1部
  - 2部
  - Centrex
- 札證
  - 札證
  - Ambitious
- 福證
  - 福證
  - Q Board

同樣的市場為什麼還要分成好幾個？

東證和大證成立於一九四八年，剛開始並沒有區分為一部、二部。

但是，東證和大證的上市條件非常嚴格，如果不是大企業，根本無法在這裡掛牌上市。

二〇〇九年三月的東證一部上市條件如下。

東證1部

上市條件	
市價總值	500億日圓
股東人數	2200人以上
發行股數	2萬單位以上
獲利	最近3年間達6億日圓以上

的確很嚴格。

因此，一九六一年，日本邁向高度成長期後，新企業如雨後春筍般地出現，為此，成立了上市條件寬鬆的「二部」；二年後，再成立了條件更寬鬆的「店頭市場」。

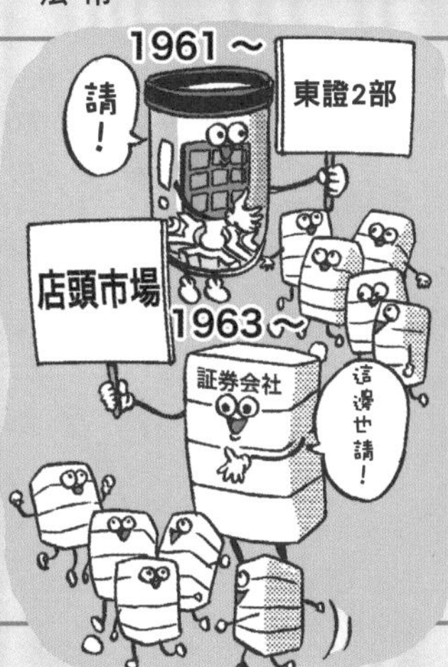

1961～
請！
東證2部
店頭市場
1963～
証券会社
這邊也請！

自此三十三年後，一九九六年金融大爆炸改革時，上市條件更加寬鬆的「東證Mothers」、「名證Centrex」等成立，店頭市場則改名為「JASDAQ」。

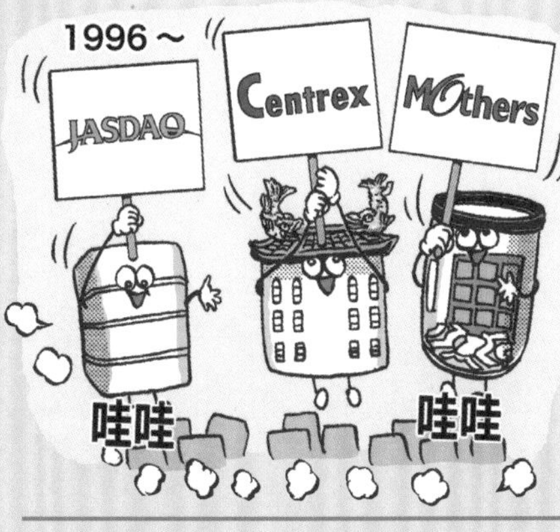

1996～
JASDAQ
Centrex
Mothers
哇哇
哇哇

＊目前台灣只有一個證券交易所，名為「台灣證券交易所」，簡稱「證交所」，投資人的買賣資料，必須透過證交所提供的主機，進行電腦撮合，才能達成交易。

這些新誕生的市場，包括JASDAQ在內，都稱為「新興市場」。

新興市場
Mothers
Hercules
Centrex
Ambitious
Q Board
JASDAQ

例如，以最容易上市的名古屋的Centrex為例……

名古屋Centrex

上市條件	
市價總值	5億日圓
股東人數	300人以上
發行股數	500單位以上
獲利	現在是虧損也可以（但營收須列入以上市為目的之事業體的財報中）

和東證一部大不相同吧！

好像不管是誰都能上市。
是啊，所以資訊科技產業的新興企業都可以在這些新興市場上市。
IT

二〇〇九年二月，在JASDAQ掛牌的公司有九百一十二家，Mothers有一百九十六家，Hercules有一百六十五家，Centrex有三十家、Ambitious有十一家、Q Board有十家。

JASDAQ	912家
Mothers	196家
Hercules	165家
Centrex	30家
Ambitious	11家
Q Board	10家

（2009年2月）

說到大家所知道的公司，在JASDAQ有……
在Mothers有……
嗯，比較新的公司還真不少。
mixi 比較.com
DAM

JASDAQ

樂天
Levi's
幻冬舍
第一興商
日本麥當勞
眼鏡超市

Mothers

密客心
比較.com
滿是漫畫
伊授桌
莎蔓沙・塔巴札

從「帝國資料銀行」所發表的資訊來看，以考慮上市的企業為目標的市場如下：

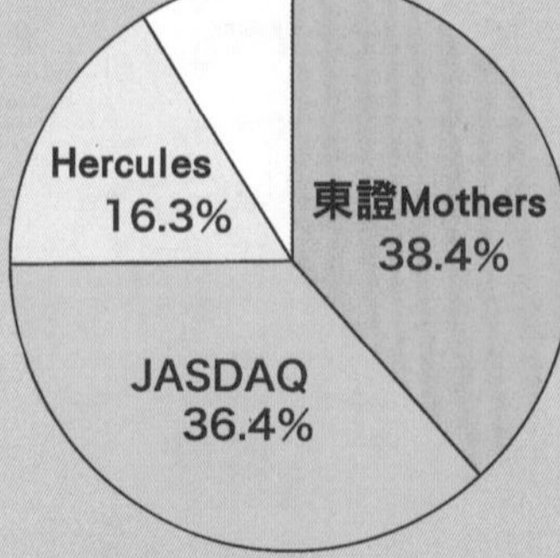
東證Mothers 38.4%
JASDAQ 36.4%
Hercules 16.3%

新興市場的企業雖然營運不穩定，但由於成長的可能性大，上漲的時候，就會漲很多。

你們也好好學習，鎖定新興市場的企業看看吧！
IT

＊台灣在2010年1月時，上市公司約有七百多家，上櫃公司約有五百多家。

【前情提要】奈央就讀的難平女中被馬神食品的馬場董事長收購，馬場的得力助手利食千人力負責教授股票投資。奈央的母親佳代子拋棄丈夫和小孩而離家出走，變成馬場的愛人，但因馬場施暴而遍體鱗傷。之後雖被利食搭救，但最後卻死在利食懷裡。
之前，奈央一直認為奪走母親的人是利食，且對他深惡痛絕，但在知道真相後，便再也無法專心上課。
喂，奈央，你怎麼了？這兩、三天你都無精打采的！
嗯！
如果有煩惱的話，說出來，我們討論看看啊！
McDonald's
哦？
那裡有女高中生在閒晃不回家喔！
去跟她們搭訕吧！
跳
一起去唱歌吧！
不要。
那一起上賓館吧！
大怒
別太過分哦！
何不一起來玩玩？
抓
滾開！
推
咚

8 當日沖銷

瞄準技術分析的鋸齒狀

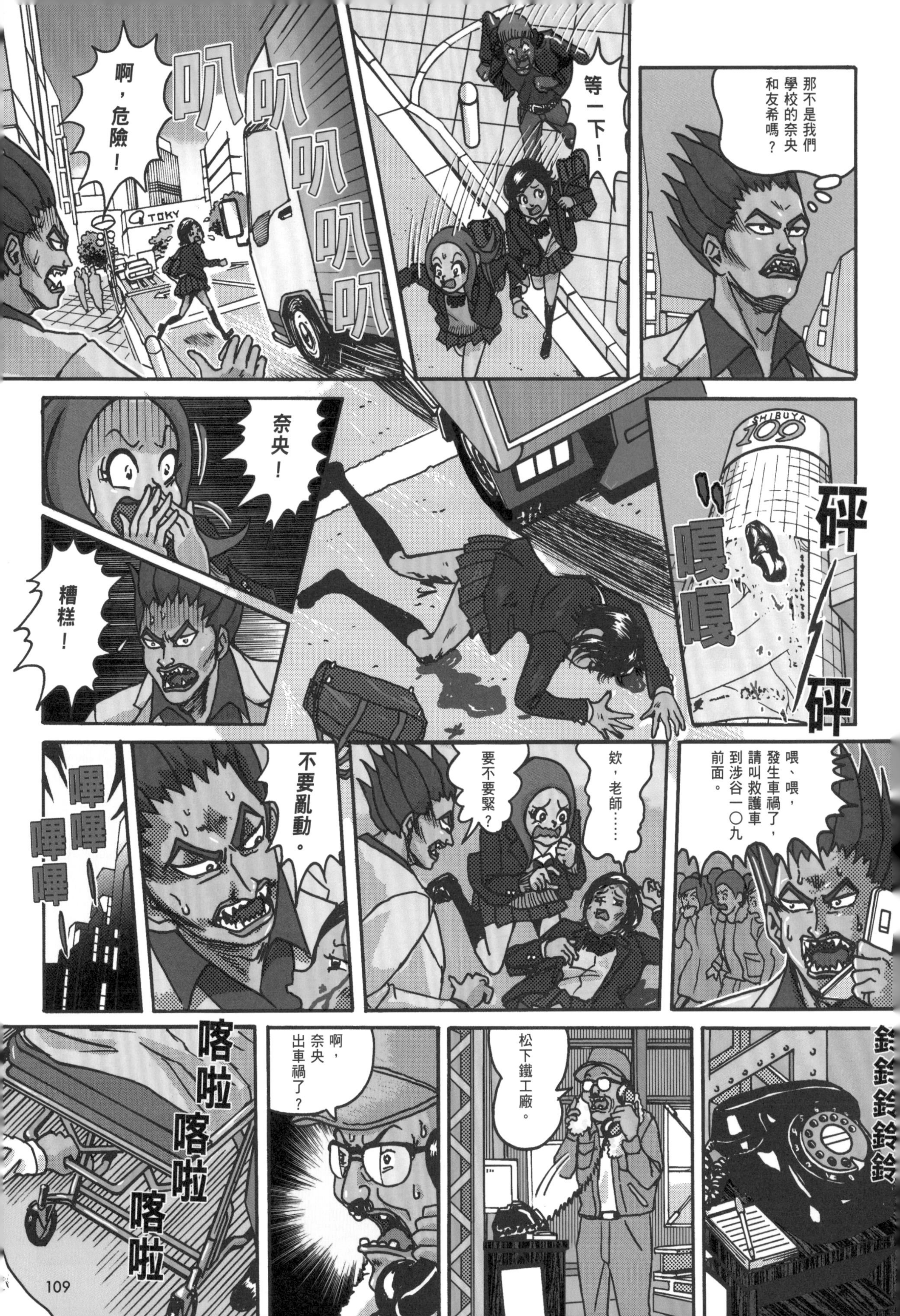
那不是我們學校的奈央和友希嗎？
等一下！
叭叭叭叭叭
啊，危險！
TOKY
SHIBUYA
109
砰
嘎嘎
砰
奈央！
糟糕！
喂、喂，發生車禍了，請叫救護車到涉谷一〇九前面。
欸，老師……
要不要緊？
不要亂動。
嗶嗶
嗶嗶
鈴鈴鈴鈴
松下鐵工廠。
啊，奈央出車禍了？
喀啦
喀啦
喀啦

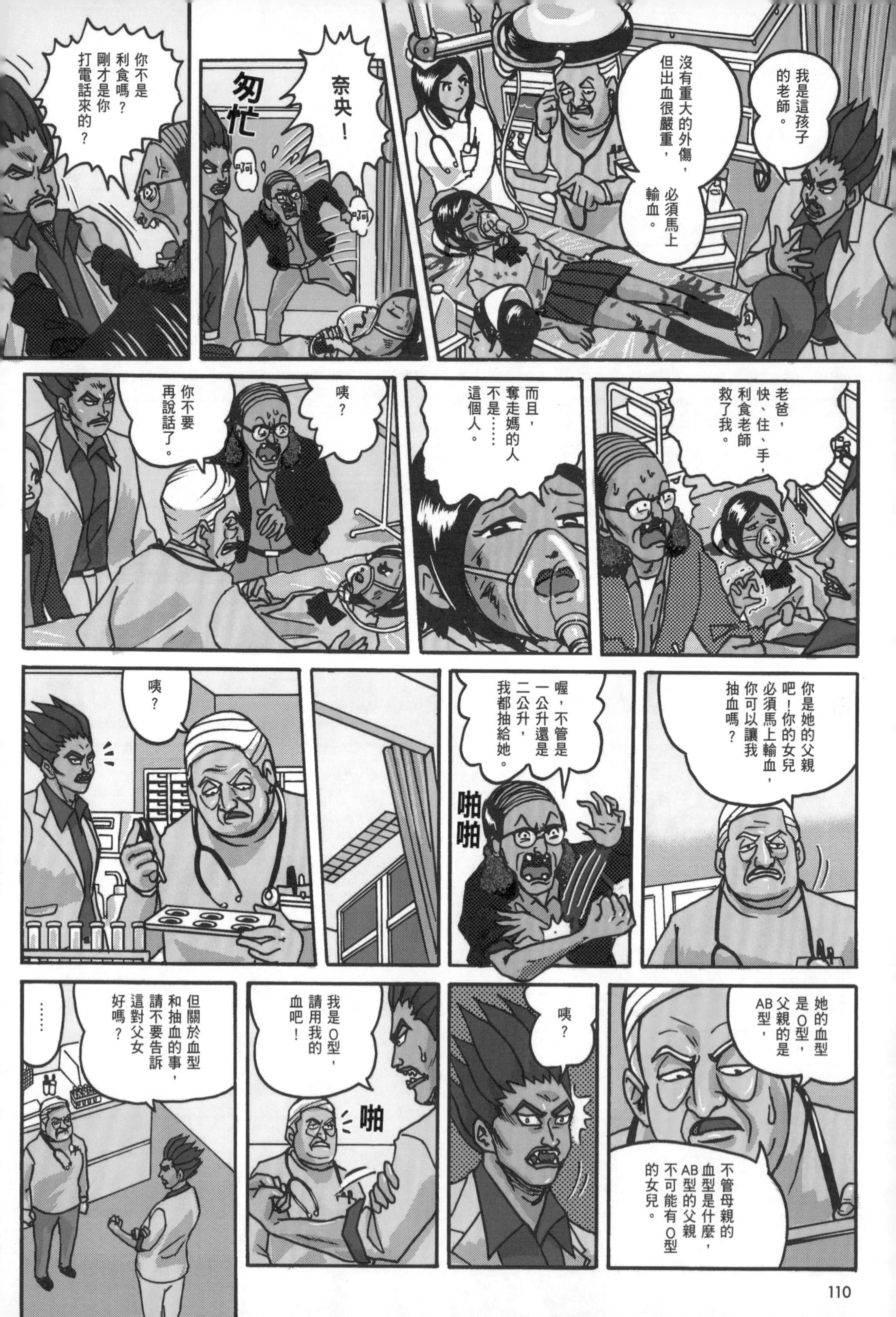
我是這孩子的老師。
沒有重大的外傷，但出血很嚴重，必須馬上輸血。
奈央！
匆忙
啊
啊
你不是利食嗎？剛才是你打電話來的？
老爸，快、住、手，利食老師救了我。
而且，奪走媽的人不是……這個人。
咦？
你不要再說話了。
你是她的父親吧！你的女兒必須馬上輸血，你可以讓我抽血嗎？
喔，不管是一公升還是二公升，我都抽給她。
啪啪
咦？
她的血型是O型，父親的是AB型，
不管母親的血型是什麼，AB型的父親不可能有O型的女兒。
咦？
我是O型，請用我的血吧！
啪
但關於血型和抽血的事，請不要告訴這對父女好嗎？
……

幾天後
怎麼比車禍發生前更有活力呢！
心裡的石頭放下了喔！碰巧老師經過，叫了救護車，我想這也是在天國的母親冥冥之中的指引。
好像什麼靈異現象顯現了，對吧？老師。
老師怎麼了？離這麼遠。
啊
懷疑
沒什麼，只是在想事情。
剛才那樣說，還不如說是大難不死必有後福。不如在這裡教你們當沖吧！
呃——啊
所謂「當日沖銷」在某個意義上，
的確是利用股票賺錢的方法。正好適合一整天坐在電腦前面的奈央。
你們到目前為止，買了股票，多久會賣掉？
長的話大概二個禮拜吧！
買了一次的股票在一段時間賣掉，這種交易策略在專業術語上，稱為「部位交易」。
當日沖銷
＝在一天之內進行買賣的短期交易（簡稱當沖）
波段交易
＝以某個程度的漲幅為目標，買進的股票在持有數日之後賣出的交易
部位交易
＝在幾個星期～幾個月的期間內所進行的交易

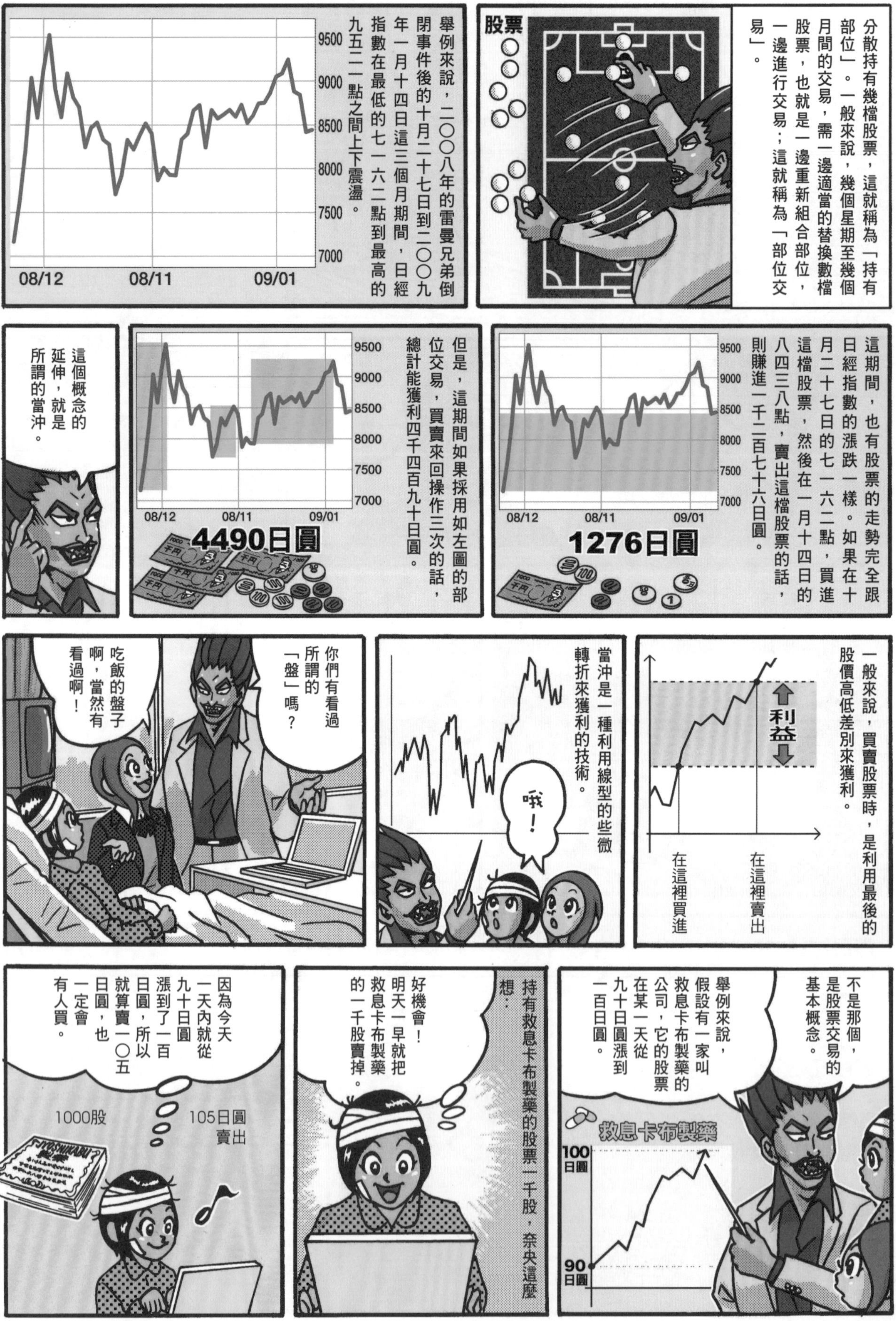
分散持有幾檔股票，這就稱為「持有部位」。一般來說，幾個星期至幾個月間的交易，需一邊適當的替換數檔股票，也就是一邊重新組合部位，一邊進行交易；這就稱為「部位交易」。
股票
舉例來說，二〇〇八年的雷曼兄弟倒閉事件後的十月二十七日到二〇〇九年一月十四日這三個月期間，日經指數在最低的七一六二點到最高的九五二一點之間上下震盪。
9500
9000
8500
8000
7500
7000
08/12
08/11
09/01
這期間，也有股票的走勢完全跟日經指數的漲跌一樣。如果在十月二十七日的七一六二點，買進這檔股票，然後在一月十四日的八四三八點，賣出這檔股票的話，則賺進一千二百七十六日圓。
1276日圓
但是，這期間如果採用如左圖的部位交易，買賣來回操作三次的話，總計能獲利四千四百九十日圓。
4490日圓
這個概念的延伸，就是所謂的當沖。
一般來說，買賣股票時，是利用最後的股價高低差別來獲利。
利益
在這裡賣出
在這裡買進
當沖是一種利用線型的些微轉折來獲利的技術。
哦！
你們有看過所謂的「盤」嗎？
吃飯的盤子啊，當然有看過啊！
不是那個，是股票交易的基本概念。
舉例來說，假設有一家叫救息卡布製藥的公司，它的股票在某一天從九十日圓漲到一百日圓。
救息卡布製藥
100日圓
90日圓
持有救息卡布製藥的股票一千股，奈央還麼想：
好機會！明天一早就把救息卡布製藥的一千股賣掉。
因為今天一天內就從九十日圓漲到了一百日圓，所以就算賣一〇五日圓，也一定會有人買。
1000股
105日圓賣出

同樣持有救息卡布製藥的B小姐，慾望稍微大一點，她這麼想：
三千股每股掛賣出一〇六日圓，一定可以賣得掉。
106日圓
3000股
嘻嘻嘻
B
慾望更大的C小姐想：
二千股以每股一〇七日圓賣出，一定成交。
107日圓
2000股
哈哈哈
C
慾望更大的D先生想：
三千股以每股一〇八日圓賣出，一定有買家。
108日圓
3000股
呵呵
D
所以，他們就在證券公司這樣下單：
D先生 3000股 以108日圓賣出
C小姐 2000股 以107日圓賣出
B小姐 3000股 以106日圓
奈央 1000股 以105日圓賣出
另一方面，看著救息卡布製藥的股價上漲，想要大賺一筆的友希，這樣想：
明天一早買進救息卡布製藥的股票，因為現在手邊有六十萬日圓，所以可以買五千股！
買進價格！如果用一〇三日圓買進，應該就夠吧！
5000股
以103日圓買進
103日圓
慾望更大的E先生、F小姐、G先生，分別這樣下單：
友希 5000股 以103日圓買進
E先生 4000股 以102日圓買進
F小姐 8000股 以101日圓買進
G先生 9000股 以100日圓買進
把這些想賣的人和想買的人的下單，全都呈現在這裡。
賣出 張數 價格 張數 買進
D 3000股 108日圓
C 2000股 107日圓
B 3000股 106日圓
奈央 1000股 105日圓
103日圓 5000股 友希
102日圓 4000股 E
101日圓 8000股 F
100日圓 9000股 G
賣出最便宜的是奈央，她的價格是一〇五日圓。買進最貴的是友希，她的價格是一〇三日圓。像這樣，買賣永遠無法成交。
因此，奈央這麼想：
老是賣不掉，沒辦法，只好降到一〇四日圓吧！
而友希這麼想：
老是買不到，那麼，價格提高到一〇四日圓吧！
至此，第一次奈央的一千股才轉到友希的手中。
賣掉了！
104日圓 1000股
104日圓 1000股
買到了！
（但此時友希的買單中還有四千股沒買到。）

＊「搶帽子」英文是「scalping」，原本是剝下頭皮的意思。

像這樣，賣方稍微把賣價降一點，買方稍微把買價提高一點，在兩者的金額一致的時候，股票的買賣就成交了。
下降
買賣成交
上升
呈現這種股價變動的東西，就叫做「盤」。
以前的證券交易所是把這樣的下單變動寫在木板上，並掛在牆壁上呈現。
當時，這個盤只有證券公司的專家才能看得到，二〇〇一年起，不管是誰都能在網路上看到。
例如，以今天的救息卡布製藥來說，買方下單比賣方下單多得多，就可以知道買進的氣勢很旺；也就是說，這檔股票具有往上走的趨勢。
3000股
2000股
3000股
1000股
5000股
4000股
8000股
9000股
東證在交易開始前的早上八點二十分起，就公開看盤的資訊，所以如果早起看盤的話，就能夠看到這一整天的股票變動。
有些程式在盤面有新下單時，螢幕就會閃動，畫面閃得很厲害，就表示這檔股票就這個部分的買賣進行得很頻繁，價格一直變動。
噹啷
當日沖銷是指，順著這忽暗忽亮的走勢來買股票。
好，買進救息卡布製藥。
啪
股價就算只動一個單位，也毫不猶豫的瞬間賣出股票。
漲了一塊錢，賣掉！
啪
1單位：股價未滿1000日圓的為1日圓；1000日圓以上的為10日圓；1萬日圓以上的則為100日圓。
像這種時間超短的買賣，在當沖之中被稱為「搶帽子」。
狡詐
哇～！

＊台灣的股市中，10元以下的股票以0.01元為單位跳動；10～50元的股票以0.05元為單位跳動；50～100元的股票以0.1元為單位跳動；100～500元的股票以0.5元為單位跳動；500～1000元的股票以1元為單位跳動，1000元以上的以5元為單位跳動。

只上漲一塊錢就賣掉了啊？
稍微再等等，說不定就可以賺更多。
嘆氣
縱使等待，也不一定會上漲，反而會有下跌的風險。
「搶帽子」並不是要一次買賣就賺取五萬日圓，
激
激
激
上去！
上去！
而是發現股價變動大的股票，每次五千日圓，分十次去取得的一種戰法。
買！
賣！
重要的是，不僅一上漲就馬上賣股票，還包括縱使下跌，也要馬上賣。
應該上漲的……，應該上漲的……
多數人即使願意在股票上漲就馬上賣掉，但下跌的時候卻會想：「應該還會漲」，於是收手而不肯馬上賣。
接著，很多人即使只獲取一點上漲的利潤，但卻大大得到下跌時的風險。所以，這樣絕對賺不到錢。
獲利
風險
咕嚕 咕嚕 咕嚕 咕嚕
在「搶帽子」上，不要失敗比勝利還重要。
所以，就算只跌一塊錢，
也要馬上賣掉。
啪
在「搶帽子」上，等待股票的時間最長是十分鐘；快的話，由於買後十秒就有變動，那就趕快賣掉。
0:00
啪
0:10
啪
等了五分鐘都沒有變動的話，就全賣掉，換別的股票。
5:00
沒有變動耶！賣掉！
啪
總之，「搶帽子」的基本狀態並不在於股票，而往往是在於現金的狀態（即現金部位）。
動
動
動
動
動
接下來，得常常盯著「盤」，
一看到對方有一點動作，就早一步跨出去。
咻
咻

擊出一小拳，
啊！
咻
啪
擊中後，立刻拉開距離，回到現金部位。
這和拳擊的出擊與閃開是一樣的要領。
咻
咻
啪
平時是現金部位。
發現有變動！
發現！
盡快踏出去，打擊！
啪
啪
漲
馬上走！
啪
正是如此。搶帽子要止步，絕不要近擊，要和敵人保持一定的距離。
咻咻
咻咻
總之，絕對不要長時間持有股票。
即使只是離開電腦前五分鐘，也要把全部的股票賣掉，換成現金。
呼～～ッ

尤其危險的是，證券市場收盤的下午到隔天早上這段期間，有相當長的空窗期，由於不知道會發生什麼事，所以當然要全部換成現金。當日沖銷就是絕不持有過夜的股票！
週一
週二
週三
週四
週五
週六
週日
9:00
15:00
不交易的時段
如果持有股票超過一晚，紐約股票卻在這期間發生大跌的話，第二天早上就慘了！
崩
明天非得早一刻賣掉！
證券公司快點開盤啊！
九點怎麼還沒到啊！
然而，如果換成現金了，就不用這麼擔心，第二天也可以使用融券放空來賺一筆。當日沖銷是唯一國際股市大跌的早上仍能笑臉迎接的一種交易策略。
呀吼，美國股市大跌！
哈哈哈
大家很緊張吧？
此外，在進行當日沖銷時，只要持有股票，就要目不轉睛的盯著盤面，片刻都不能離開。即使有電話……
鈴鈴鈴
吵死人了！
就算有快遞送東西來……
叮咚－！
吵死人了！
就算水煮開了，茶壺一直叫……
嗶嗶嗶
吵死人了！
甚至起火了……
喔咿
轟轟轟轟轟轟
吵死人了！
視線也絕對不離盤面。
就連想大便或小便，都要忍著。
嗚，想去廁所。
忍忍忍
噗噗噗
好吧，就地解決。
刷
刷
喀答喀答喀答喀答喀答
喀答喀答喀答喀答喀答

喀
喀
喀喀喀
喀
喀
喀
喀
啊，地震！
哇哇哇哇哇
打開不動建設的畫面！
驚
大
要幹麼啊？
喀答
買進這個一千股！
啪啪
不動建設是穩定地基技術的公司。
眾所皆知，地震來的時候，股價會瞬間上漲。
嗶
地震發生時，最初只有靠近震央的人感覺得到；而在完全沒有搖晃的地方的人之所以知道地震，是因為新聞快報的緣故。
快訊快訊
NHKニュース速報
哦？
接著，電視新聞一把發生地震的新聞傳送出去，全國的當沖客就會衝進去買這家公司的股票……
東京的震度是四？買進不動建設。
東京 震度4
嗶
賣出這個一千股！
啪啪
當沖客是在這些微的時差之間賺錢。
好厲害！
需在短時間內，神經緊繃、來來回回進行交易。
漲啊、漲啊！
動啊、動啊！
所以當沖對血壓高的成年人來說，終究是非常困難的。
累啊！
由於神經太過緊繃，所以即使對年輕人來說，也只能撐一小時。早上九點開始的話，到十點就要「收攤」了。如果超過這個時間，就算是你們也會死人的。
咕嚕

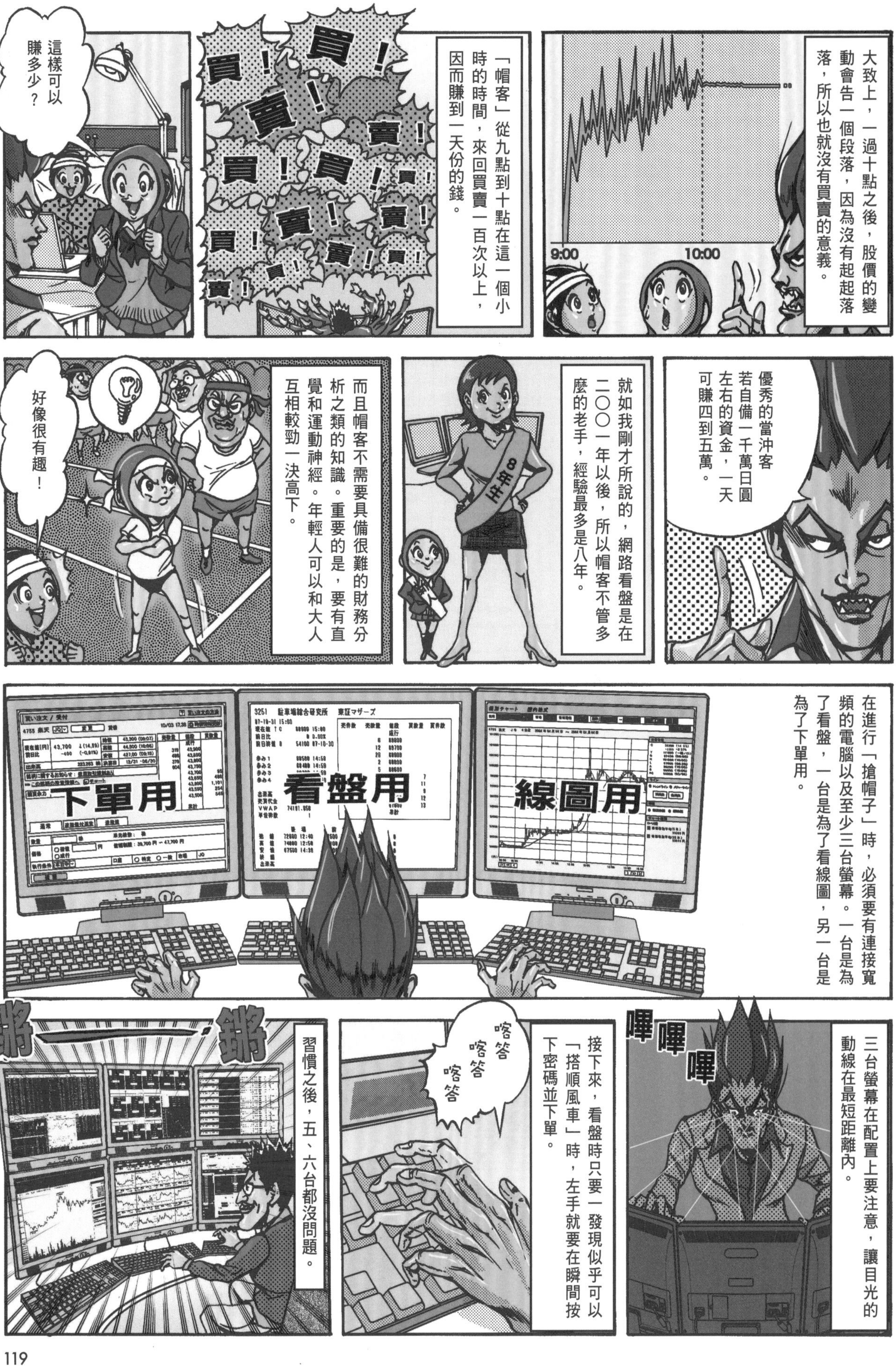
大致上，一過十點之後，股價的變動會告一個段落，因為沒有起起落落，所以也就沒有買賣的意義。
9:00
10:00
「帽客」從九點到十點在這一個小時的時間，來回買賣一百次以上，因而賺到一天份的錢。
買！買！賣！賣！買！買！賣！賣！買！賣！賣！
這樣可以賺多少？
優秀的當沖客若自備一千萬日圓左右的資金，一天可賺四到五萬。
就如我剛才所說的，網路看盤是在二〇〇一年以後，所以帽客不管多麼的老手，經驗最多是八年。
8年生
而且帽客不需要具備很難的財務分析之類的知識。重要的是，要有直覺和運動神經。年輕人可以和大人互相較勁一決高下。
好像很有趣！
在進行「搶帽子」時，必須要有連接寬頻的電腦以及至少三台螢幕。一台是為了看盤，一台是為了看線圖，另一台是為了下單用。
下單用
看盤用
線圖用
三台螢幕在配置上要注意，讓目光的動線在最短距離內。
嗶嗶嗶
接下來，看盤時只要一發現似乎可以「搭順風車」時，左手就要在瞬間按下密碼並下單。
喀答 喀答 喀答
習慣之後，五、六台都沒問題。
鏘——鏘

證券公司	優點
SBI證券 點擊證券	・手續費便宜
內藤證券	・同一天同一檔股票視為下單一次
樂天證券	・當沖打折 ・手續費一日定額制 ・提供工具便利
松井證券	・無期限信用交易上當沖打折 ・手續費一日定額制

＊台灣目前並沒有採一日定額制手續費的證券公司。

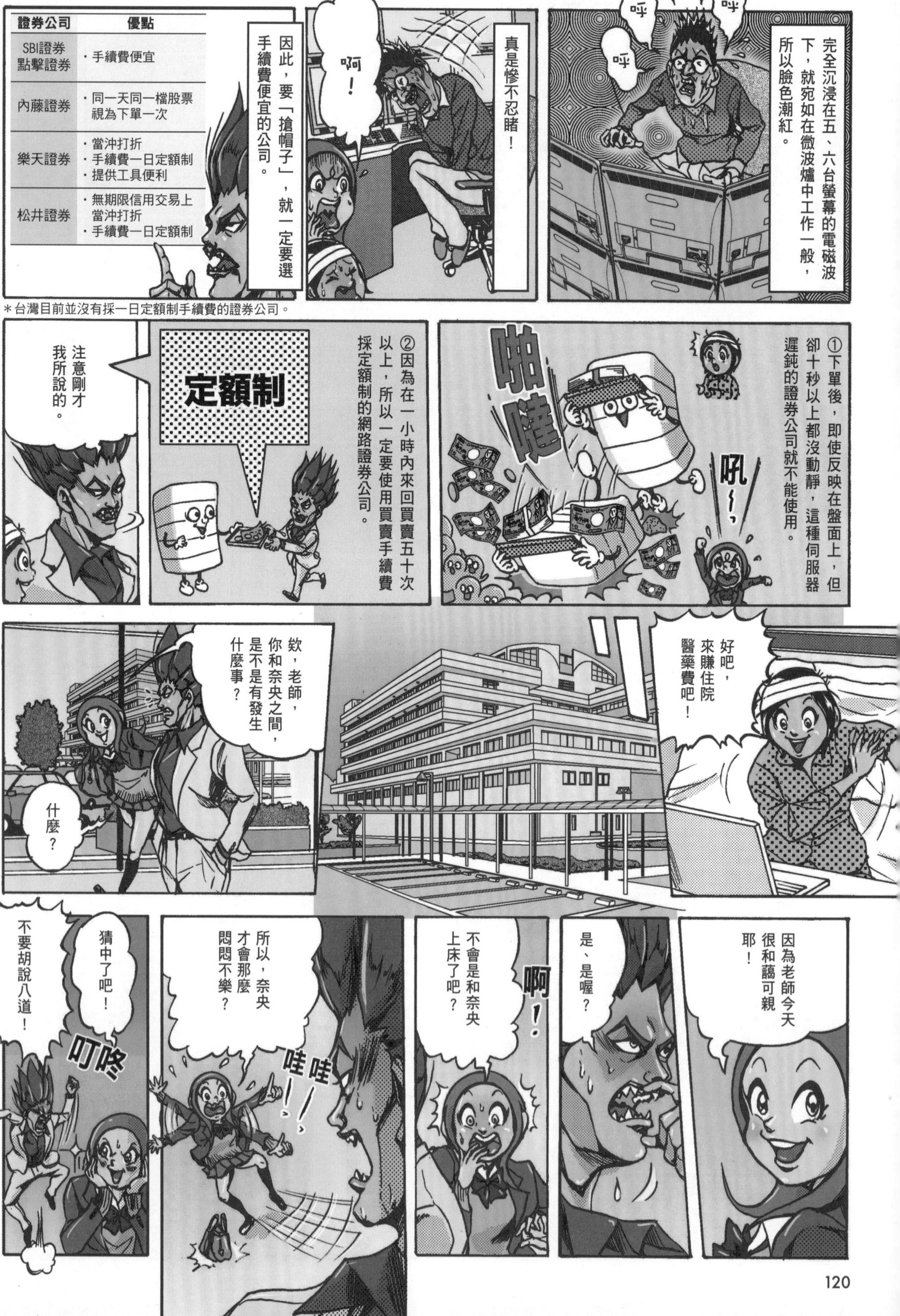

完全沉浸在五、六台螢幕的電磁波下，就宛如在微波爐中工作一般，所以臉色潮紅。
呼
呼
呼
真是慘不忍睹！
啊！
因此，要「搶帽子」，就一定要選手續費便宜的公司。
①下單後，即使反映在盤面上，但卻十秒以上都沒動靜，這種伺服器遲鈍的證券公司就不能使用。
啪噠
吼～！
②因為在一小時內來回買賣五十次以上，所以一定要使用買賣手續費採定額制的網路證券公司。
定額制
注意剛才我所說的。
好吧，來賺住院醫藥費吧！
欸，老師，你和奈央之間，是不是有發生什麼事？
什麼？
因為老師今天很和藹可親耶！
是、是喔？
啊！
不會是和奈央上床了吧？
所以，奈央才會那麼悶悶不樂？
哇哇！！
猜中了吧！
叮咚
不要胡說八道！

補習課程 8

藍籌股、潛力股與防禦股

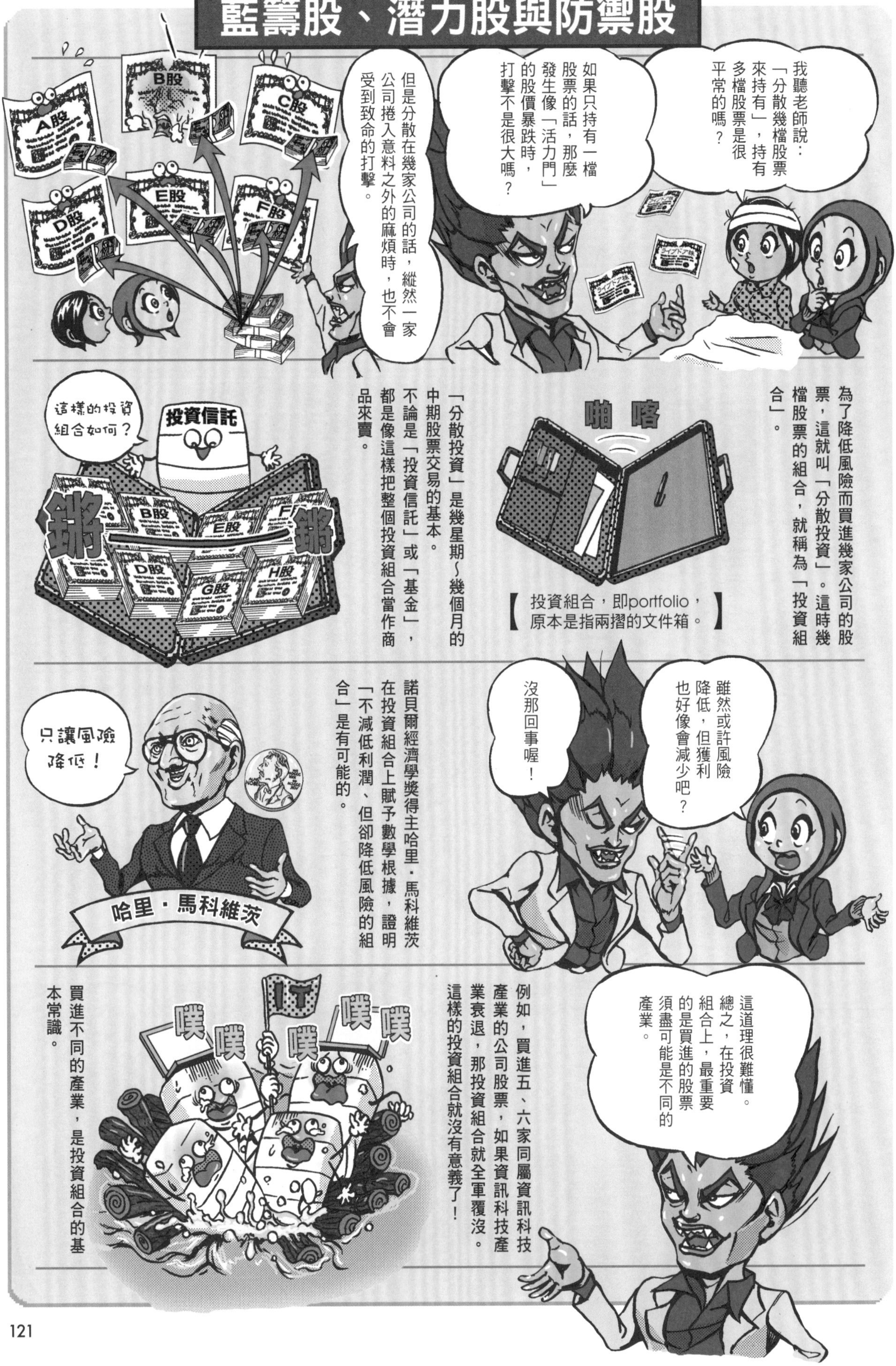

我聽老師說：「分散幾檔股票來持有」，持有多檔股票是很平常的嗎？
如果只持有一檔股票的話，那麼發生像「活力門」的股價暴跌時，打擊不是很大嗎？
但是分散在幾家公司的話，縱然一家公司捲入意料之外的麻煩時，也不會受到致命的打擊。
A股
B股
C股
D股
E股
F股
為了降低風險而買進幾家公司的股票，這就叫「分散投資」。這時幾檔股票的組合，就稱為「投資組合」。
啪 喀
【投資組合，即portfolio，原本是指兩摺的文件箱。】
「分散投資」是幾星期～幾個月的中期股票交易的基本。不論是「投資信託」或「基金」，都是像這樣把整個投資組合當作商品來賣。
投資信託
這樣的投資組合如何？
鏘 鏘
雖然或許風險降低，但獲利也好像會減少吧？
沒那回事喔！
諾貝爾經濟學獎得主哈里・馬科維茨在投資組合上賦予數學根據，證明「不減低利潤、但卻降低風險的組合」是有可能的。
只讓風險降低！
哈里・馬科維茨
這道理很難懂。總之，在投資組合上，最重要的是買進的股票須盡可能是不同的產業。
例如，買進五、六家同屬資訊科技產業的公司股票，如果資訊科技產業衰退，那投資組合就全軍覆沒。這樣的投資組合就沒有意義了！
買進不同的產業，是投資組合的基本常識。
IT
噗 噗 噗 噗

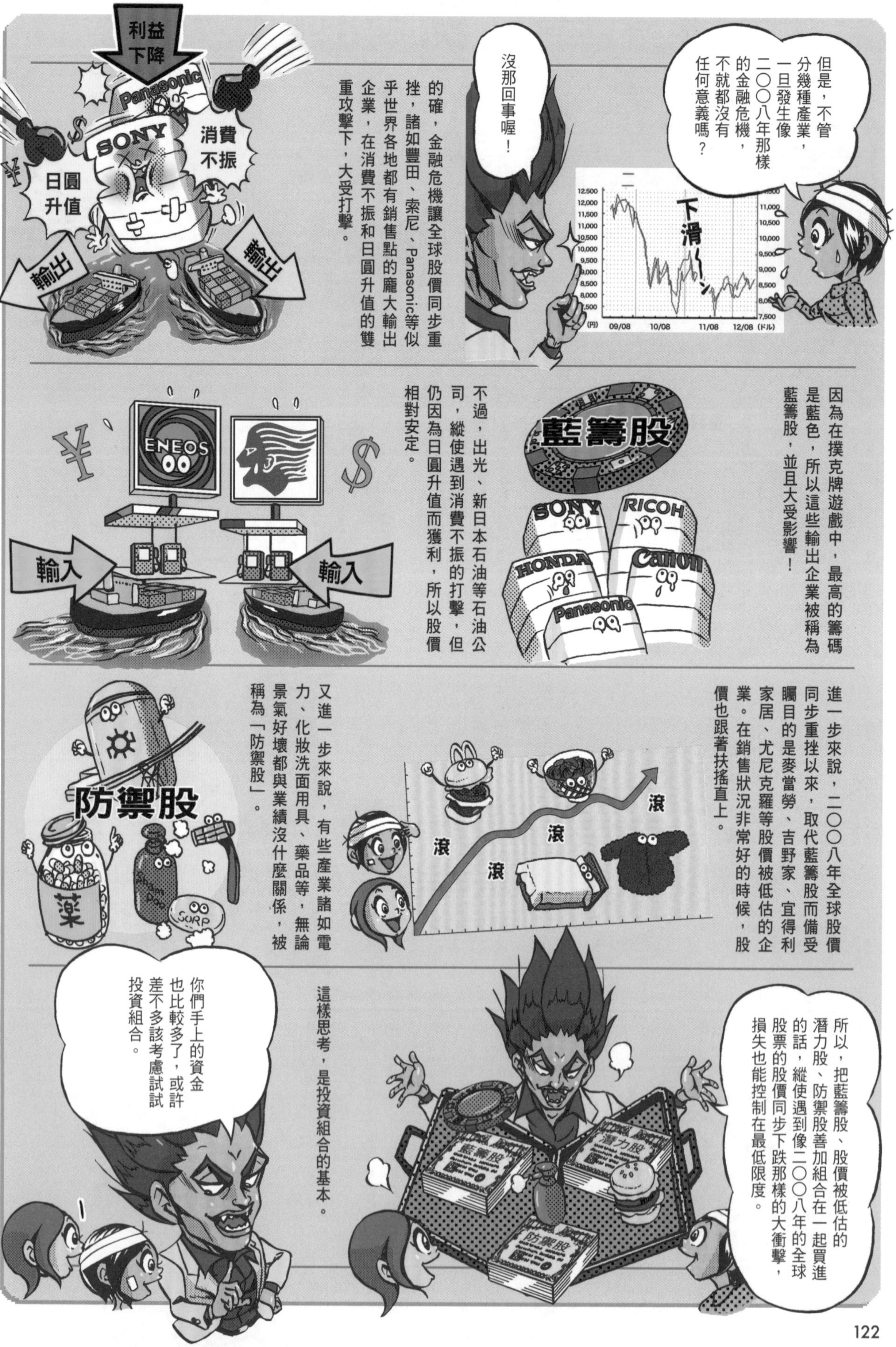
但是，不管分幾種產業，一旦發生像二〇〇八年那樣的金融危機，不就都沒有任何意義嗎？
沒那回事喔！
下滑～ン
(円) 09/08 10/08 11/08 12/08 (ドル)
的確，金融危機讓全球股價同步重挫，諸如豐田、索尼、Panasonic等似乎世界各地都有銷售點的龐大輸出企業，在消費不振和日圓升值的雙重攻擊下，大受打擊。
利益下降
Panasonic
SONY
消費不振
日圓升值
輸出
輸出
因為在撲克牌遊戲中，最高的籌碼是藍色，所以這些輸出企業被稱為藍籌股，並且大受影響！
藍籌股
SONY
RICOH
HONDA
Canon
Panasonic
不過，出光、新日本石油等石油公司，縱使遇到消費不振的打擊，但仍因為日圓升值而獲利，所以股價相對安定。
ENEOS
輸入
輸入
進一步來說，二〇〇八年全球股價同步重挫以來，取代藍籌股而備受矚目的是麥當勞、吉野家、宜得利家居、尤尼克羅等股價被低估的企業。在銷售狀況非常好的時候，股價也跟著扶搖直上。
滾
滾
滾
滾
又進一步來說，有些產業諸如電力、化妝洗面用具、藥品等，無論景氣好壞都與業績沒什麼關係，被稱為「防禦股」。
防禦股
藥
SOAP
所以，把藍籌股、股價被低估的潛力股、防禦股善加組合在一起買進的話，縱使遇到像二〇〇八年的全球股票的股價同步下跌那樣的大衝擊，損失也能控制在最低限度。
藍籌股
潛力股
防禦股
這樣思考，是投資組合的基本。
你們手上的資金也比較多了，或許差不多該考慮試試投資組合。

【前情提要】
奈央就讀的難平女中被馬神食品的馬場董事長收購，馬場的得力助手利食千人力在課堂上教授股票投資祕訣。奈央的母親佳代子離家出走，變成馬場的愛人，但因馬場的施暴而遍體鱗傷。最後雖受到利食搭救，但仍死於利食的懷裡。
一直認為母親被利食奪走的奈央在知道真相後，改變了對利食的態度。
另一方面，利食在輸血給發生車禍的奈央時，從血型中得知奈央身世的祕密。
龍猢猻木
寒假不久就要到了，
這猢猻木可以耐寒吧？
是嗎？這是非洲的樹種耶……
這麼一說，奈央，你骨折的腳已經好了嗎？
嗯，完全好了。
我當時還想，你會變得怎樣呢？
已經不用擔心了。
快點進教室吧！
要開始上課了。
喔！
在我體內，流有利食的血，對吧？
咦？
大驚
振振振…

＊為了避免投資人濫用或過度擴張信用，在台灣開立信用交易帳戶時，必須提供最近一年的所得及各種財產合計達所申請融資額度的百分之三十，也就是要提出融資額度三成的財力證明，來「擔保」你有財力操作信用交易。但如果申請的融資額度在五十萬元以下，可以免附財產證明的文件。而投資人在融資融券契約有效期間內，證金公司可以就投資人的信用狀況隨時審查。

＊在台灣，投資人使用融資、融券時，也不是「全額免費」，還是必須拿出部分股款；也就是說，關於融資比率及融券保證金成數，證券交易法及證期會都有所規定，即：1.上市有價證券最高融資比率目前為60%，最低融券保證金成數為9成。2.上櫃股票最高融資比率目前為百分之50%，最低融券保證金成數為9成。3.各證券金融公司及各自辦證券商得於上述規定下，視客戶之信用狀況及有價證券之風險程度，自行訂定融資比率及融券保證金成數。通常，信用交易的擔保品大都以股票市值來計算。

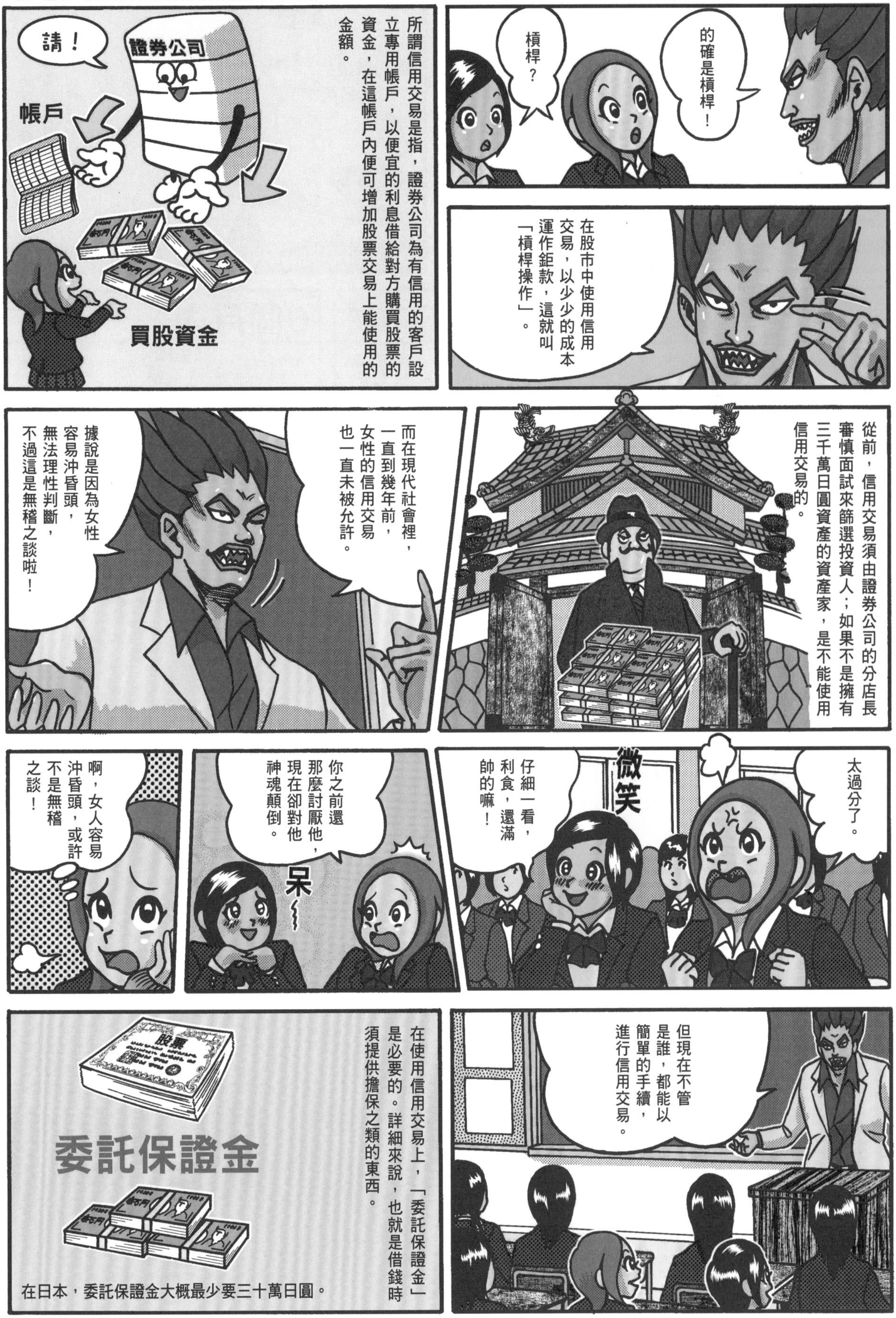

的確是槓桿！
槓桿？
在股市中使用信用交易，以少少的成本運作鉅款，這就叫「槓桿操作」。
所謂信用交易是指，證券公司為有信用的客戶設立專用帳戶，以便宜的利息借給對方購買股票的資金，在這帳戶內便可增加股票交易上能使用的金額。
請！
證券公司
帳戶
買股資金
從前，信用交易須由證券公司的分店長審慎面試來篩選投資人；如果不是擁有三千萬日圓資產的資產家，是不能使用信用交易的。
而在現代社會裡，一直到幾年前，女性的信用交易也一直未被允許。
據說是因為女性容易沖昏頭，無法理性判斷，不過這是無稽之談啦！
太過分了。
微笑
仔細一看，利食，還滿帥的嘛！
你之前還那麼討厭他，現在卻對他神魂顛倒。
呆～
啊，女人容易沖昏頭，或許不是無稽之談！
但現在不管是誰，都能以簡單的手續，進行信用交易。
在使用信用交易上，「委託保證金」是必要的。詳細來說，也就是借錢時須提供擔保之類的東西。
股票
委託保證金
在日本，委託保證金大概最少要三十萬日圓。

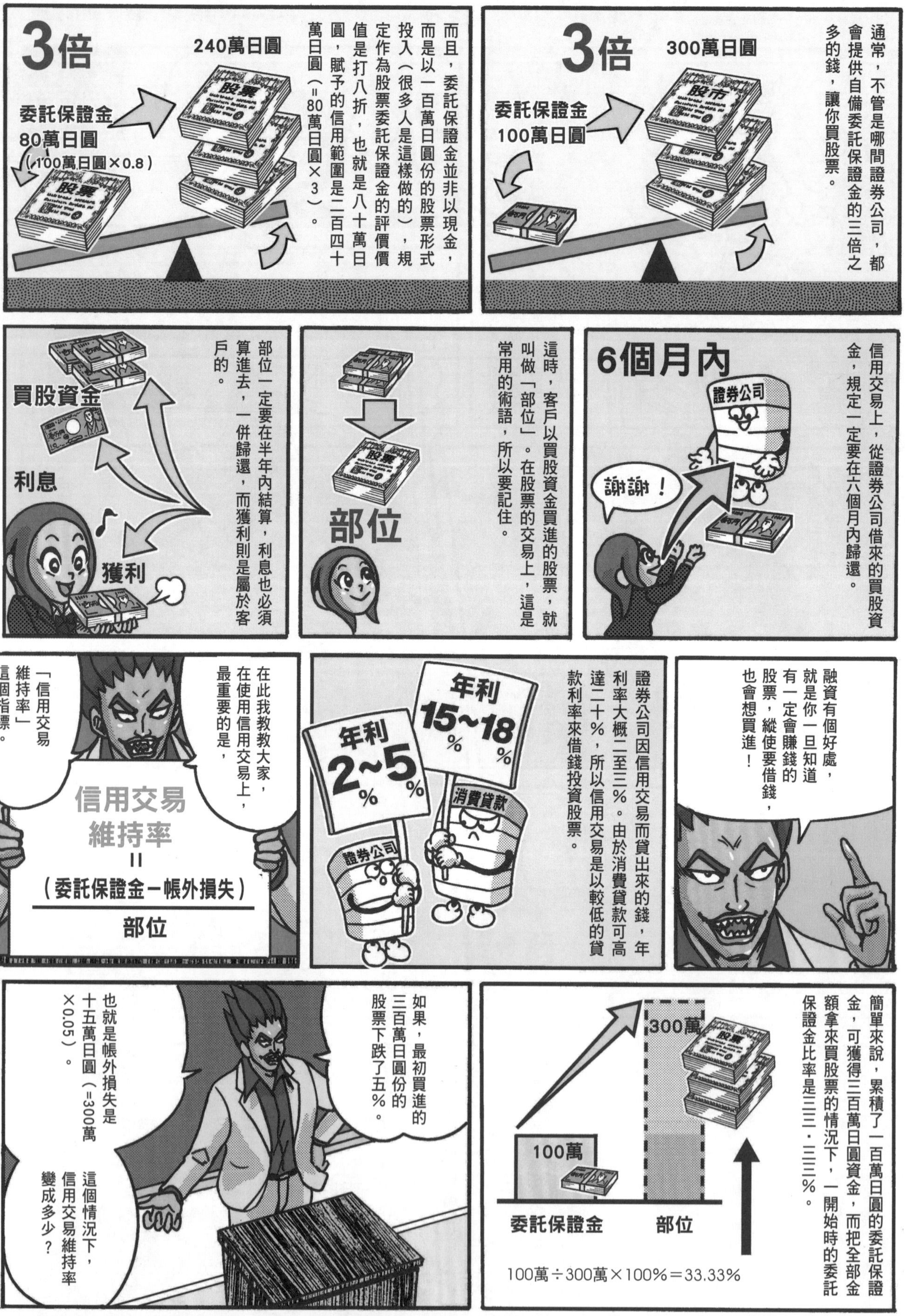
通常，不管是哪間證券公司，都會提供自備委託保證金的三倍之多的錢，讓你買股票。
3倍
300萬日圓
股市
委託保證金
100萬日圓
而且，委託保證金並非以現金，而是以一百萬日圓份的股票形式投入（很多人是這樣做的），規定作為股票委託保證金的評價價值是打八折，也就是八十萬日圓，賦予的信用範圍是二百四十萬日圓（=80萬日圓×3）。
3倍
240萬日圓
股票
委託保證金
80萬日圓
（100萬日圓×0.8）
股票
信用交易上，從證券公司借來的買股資金，規定一定要在六個月內歸還。
6個月內
證券公司
謝謝！
這時，客戶以買股資金買進的股票，就叫做「部位」。在股票的交易上，這是常用的術語，所以要記住。
股票
部位
部位一定要在半年內結算，利息也必須算進去，一併歸還，而獲利則是屬於客戶的。
買股資金
利息
獲利
融資有個好處，就是你一旦知道有一定會賺錢的股票，縱使要借錢，也會想買進！
證券公司因信用交易而貸出來的錢，年利率大概二至三%。由於消費貸款可高達二十%，所以信用交易是以較低的貸款利率來借錢投資股票。
年利
15~18%
消費貸款
年利
2~5%
證券公司
在此我教教大家，在使用信用交易上，最重要的是，
「信用交易維持率」這個指標。
信用交易維持率
=
（委託保證金－帳外損失）
部位
簡單來說，累積了一百萬日圓的委託保證金，可獲得三百萬日圓資金，而把全部金額拿來買股票的情況下，一開始時的委託保證金比率是三三・三三%。
300萬
股票
100萬
委託保證金
部位
100萬÷300萬×100%＝33.33%
如果，最初買進的三百萬日圓份的股票下跌了五%。
也就是帳外損失是十五萬日圓（=300萬×0.05）。
這個情況下，信用交易維持率變成多少？

＊台灣融資以日記息，且包含不交易日，至於融資融券的期限均為半年，但可視客戶信用狀況，准予申請展延六個月，並以2次為限。
＊以二〇〇九年來看，台灣的融資利率年息大約在六%至七%之間。

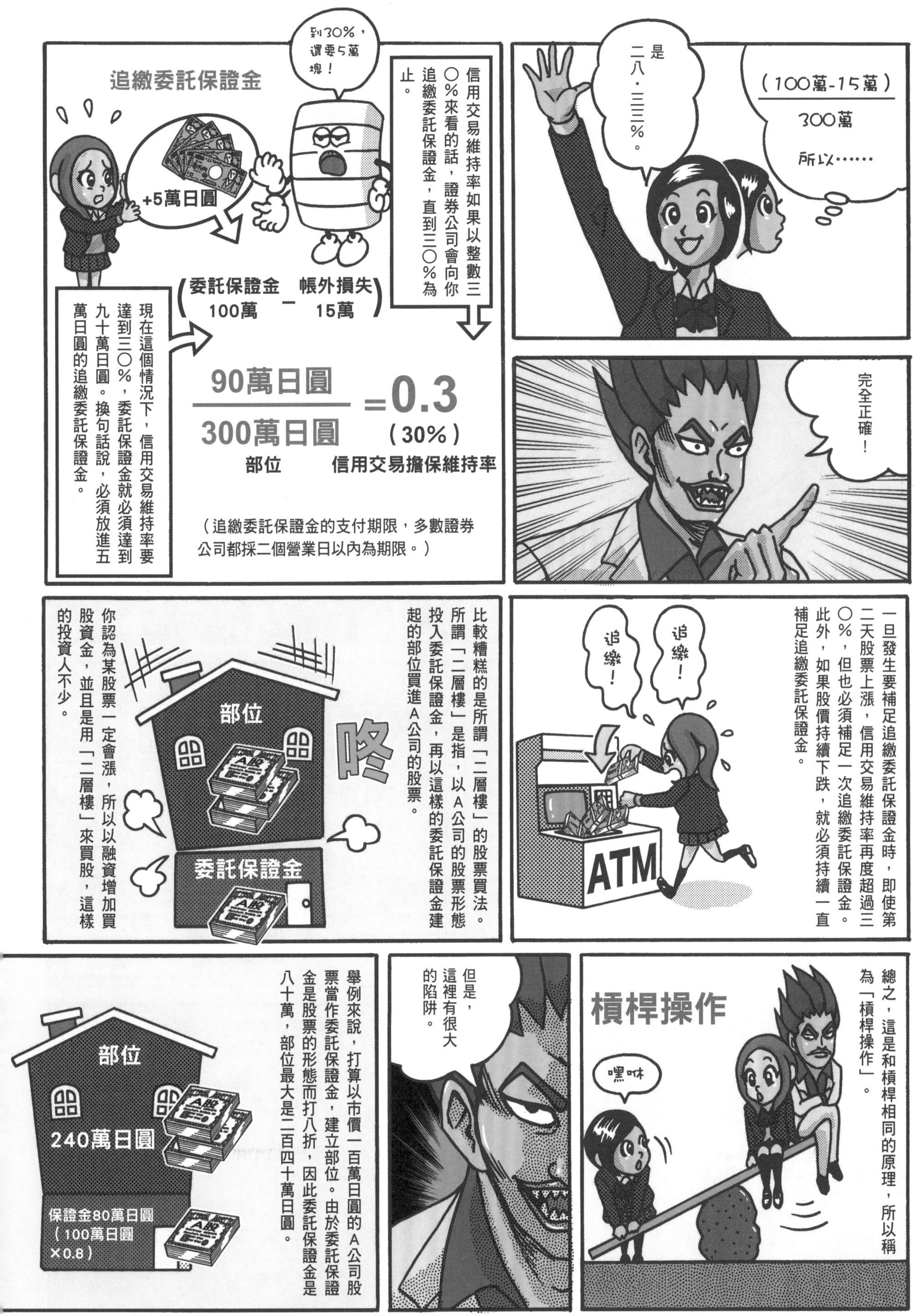

（100萬-15萬）
300萬
所以……
是二八・三三%。
完全正確！
追繳委託保證金
信用交易維持率如果以整數三〇%來看的話，證券公司會向你追繳委託保證金，直到三〇%為止。
到30%，還要5萬塊！
+5萬日圓
現在這個情況下，信用交易維持率要達到三〇%，委託保證金就必須達到九十萬日圓。換句話說，必須放進五萬日圓的追繳委託保證金。
（委託保證金 100萬 − 帳外損失 15萬）
90萬日圓
300萬日圓
部位
=0.3
（30%）
信用交易擔保維持率
（追繳委託保證金的支付期限，多數證券公司都採二個營業日以內為期限。）
一旦發生要補足追繳委託保證金時，即使第二天股票上漲，信用交易維持率再度超過三〇%，但也必須補足一次追繳委託保證金。此外，如果股價持續下跌，就必須持續一直補足追繳委託保證金。
追繳！
追繳！
ATM
比較糟糕的是所謂「二層樓」的股票買法。所謂「二層樓」是指，以A公司的股票形態投入委託保證金，再以這樣的委託保證金建起的部位買進A公司的股票。
部位
A股
咚
委託保證金
A股
你認為某股票一定會漲，所以以融資增加買股資金，並且是用「二層樓」來買股，這樣的投資人不少。
總之，這是和槓桿相同的原理，所以稱為「槓桿操作」。
槓桿操作
嘿咻
但是，這裡有很大的陷阱。
舉例來說，打算以市價一百萬日圓的A公司股票當作委託保證金，建立部位。由於委託保證金是股票的形態而打八折，因此委託保證金是八十萬，部位最大是二百四十萬日圓。
部位
240萬日圓
A股
保證金80萬日圓（100萬日圓×0.8）
A股

＊信用交易維持率一般又稱為「擔保維持率」；依規定，證券商應逐日按證券交易所公布之收盤價，或櫃檯中心公布之次日參考價，或政府債券面額，依下列公式計算每一信用帳戶之整戶及各筆融資融券擔保維持率。擔保維持率＝（融資擔保品證券市值＋原融券擔保品及保證金）÷（原融資金額＋融券標的證券市值）× 100%

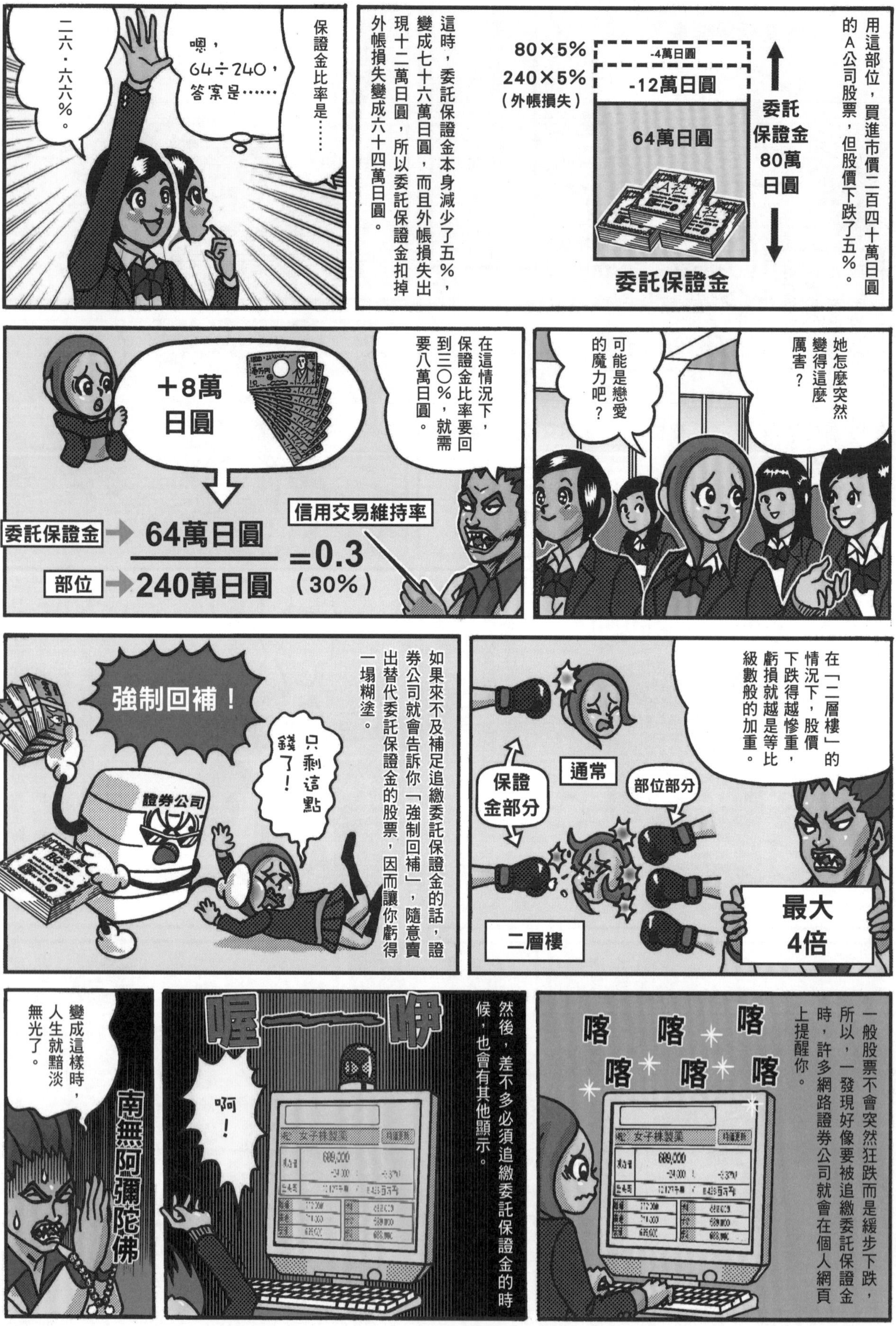
用這部位，買進市價二百四十萬日圓的A公司股票，但股價下跌了五%。
80×5%
-4萬日圓
240×5%
（外帳損失）
-12萬日圓
委託保證金80萬日圓
64萬日圓
A社
委託保證金
這時，委託保證金本身減少了五%，變成七十六萬日圓，而且外帳損失出現十二萬日圓，所以委託保證金扣掉外帳損失變成六十四萬日圓。
保證金比率是……
嗯，64÷240，答案是……
二六・六六%。
她怎麼突然變得這麼厲害？
可能是戀愛的魔力吧？
在這情況下，保證金比率要回到三〇%，就需要八萬日圓。
+8萬日圓
信用交易維持率
委託保證金→64萬日圓
部位→240萬日圓
=0.3（30%）
在「二層樓」的情況下，股價下跌得越慘重，虧損就越是等比級數般的加重。
保證金部分
通常
部位部分
二層樓
最大4倍
如果來不及補足追繳委託保證金的話，證券公司就會告訴你「強制回補」，隨意賣出替代委託保證金的股票，因而讓你虧得一塌糊塗。
強制回補！
只剩這點錢了！
證券公司
股票
一般股票不會突然狂跌而是緩步下跌，所以，一發現好像要被追繳委託保證金時，許多網路證券公司就會在個人網頁上提醒你。
喀 喀 喀
喀 喀 喀
然後，差不多必須追繳委託保證金的時候，也會有其他顯示。
喔——咿
啊！
變成這樣時，人生就黯淡無光了。
南無阿彌陀佛

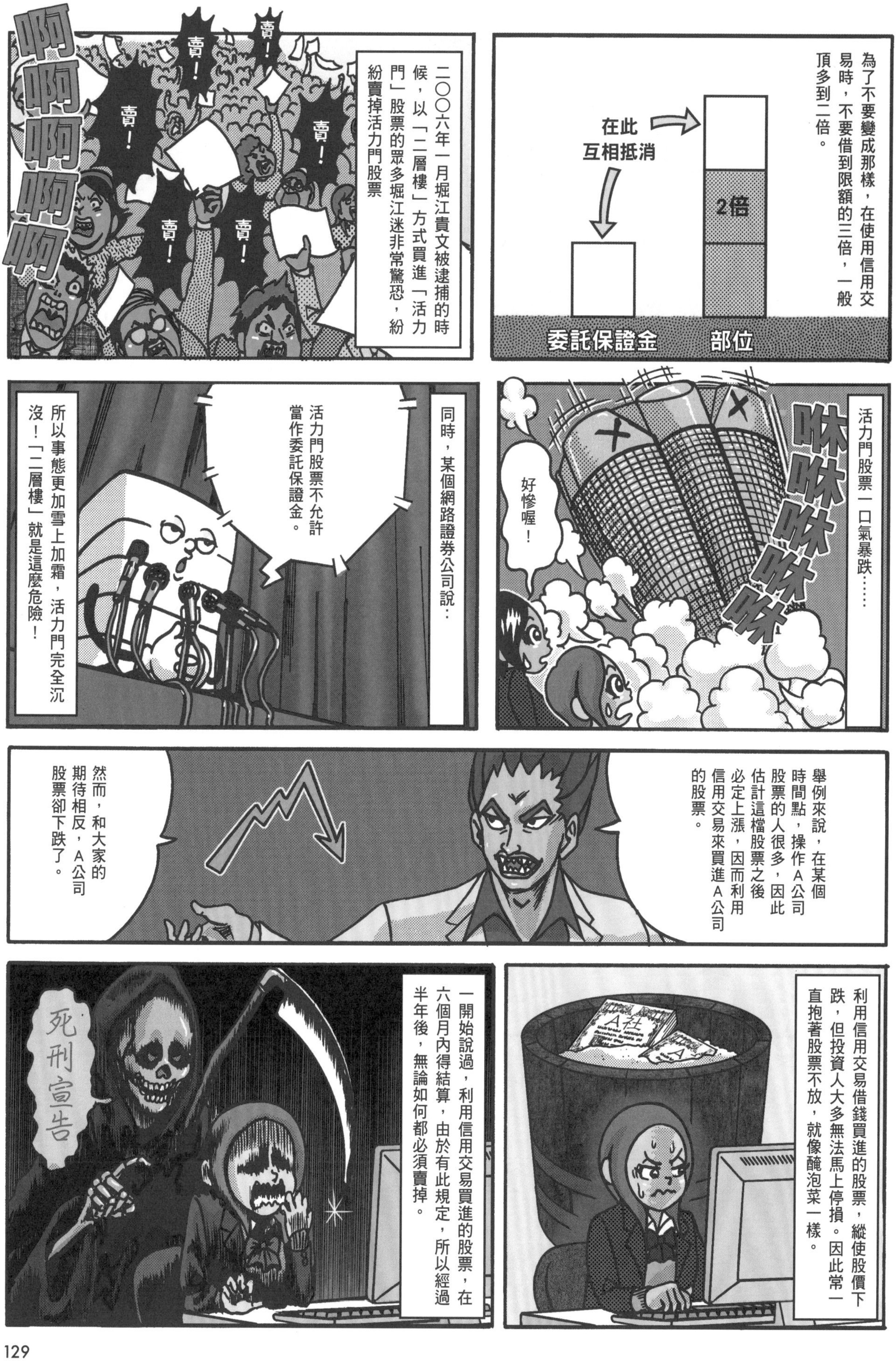
為了不要變成那樣，在使用信用交易時，不要借到限額的三倍，一般頂多到二倍。
在此互相抵消
2倍
委託保證金
部位
二〇〇六年一月堀江貴文被逮捕的時候，以「二層樓」方式買進「活力門」股票的眾多堀江迷非常驚恐，紛紛賣掉活力門股票
賣！
賣！
賣！
賣！
賣！
賣！
啊啊啊啊啊
活力門股票一口氣暴跌……
咻咻咻咻咻
好慘喔！
同時，某個網路證券公司說：
活力門股票不允許當作委託保證金。
所以事態更加雪上加霜，活力門完全沉沒！「二層樓」就是這麼危險！
舉例來說，在某個時間點，操作A公司股票的人很多，因此估計這檔股票之後必定上漲，因而利用信用交易來買進A公司的股票。
然而，和大家的期待相反，A公司股票卻下跌了。
利用信用交易借錢買進的股票，縱使股價下跌，但投資人大多無法馬上停損。因此常一直抱著股票不放，就像醃泡菜一樣。
A社
一開始說過，利用信用交易買進的股票，在六個月內得結算，由於有此規定，所以經過半年後，無論如何都必須賣掉。
死刑宣告

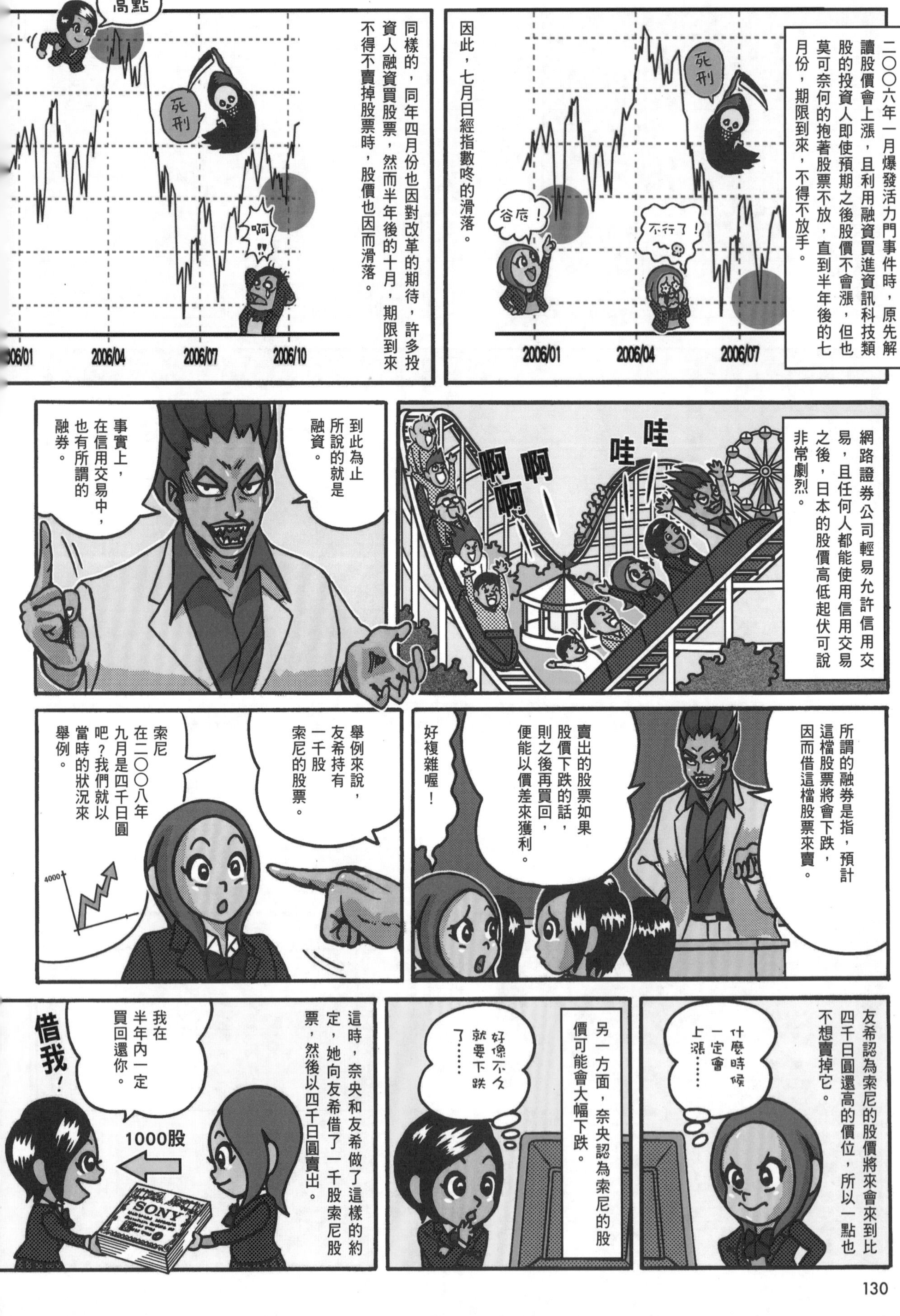
二〇〇六年一月爆發活力門事件時，原先解讀股價會上漲，且利用融資買進資訊科技類股的投資人即使預期之後股價不會漲，但也莫可奈何的抱著股票不放，直到半年後的七月份，期限到來，不得不放手。
死刑
谷底！
不行了！
2006/01
2006/04
2006/07
因此，七月日經指數咚的滑落。
同樣的，同年四月份也因對改革的期待，許多投資人融資買股票，然而半年後的十月，期限到來不得不賣掉股票時，股價也因而滑落。
高點
死刑
啊!!
2006/04
2006/07
2006/10
網路證券公司輕易允許信用交易，且任何人都能使用信用交易之後，日本的股價高低起伏可說非常劇烈。
哇哇—
啊啊啊—
到此為止所說的就是融資。
事實上，在信用交易中，也有所謂的融券。
所謂的融券是指，預計這檔股票將會下跌，因而借這檔股票來賣。
賣出的股票如果股價下跌的話，則之後再買回，便能以價差來獲利。
好複雜喔！
舉例來說，友希持有一千股索尼的股票。
索尼在二〇〇八年九月是四千日圓吧？我們就以當時的狀況來舉例。
友希認為索尼的股價將來會來到比四千日圓還高的價位，所以一點也不想賣掉它。
什麼時候一定會上漲……
另一方面，奈央認為索尼的股價可能會大幅下跌。
好像不久就要下跌了……
這時，奈央和友希做了這樣的約定，她向友希借了一千股索尼股票，然後以四千日圓賣出。
我在半年內一定買回還你。
借我！
1000股
SONY

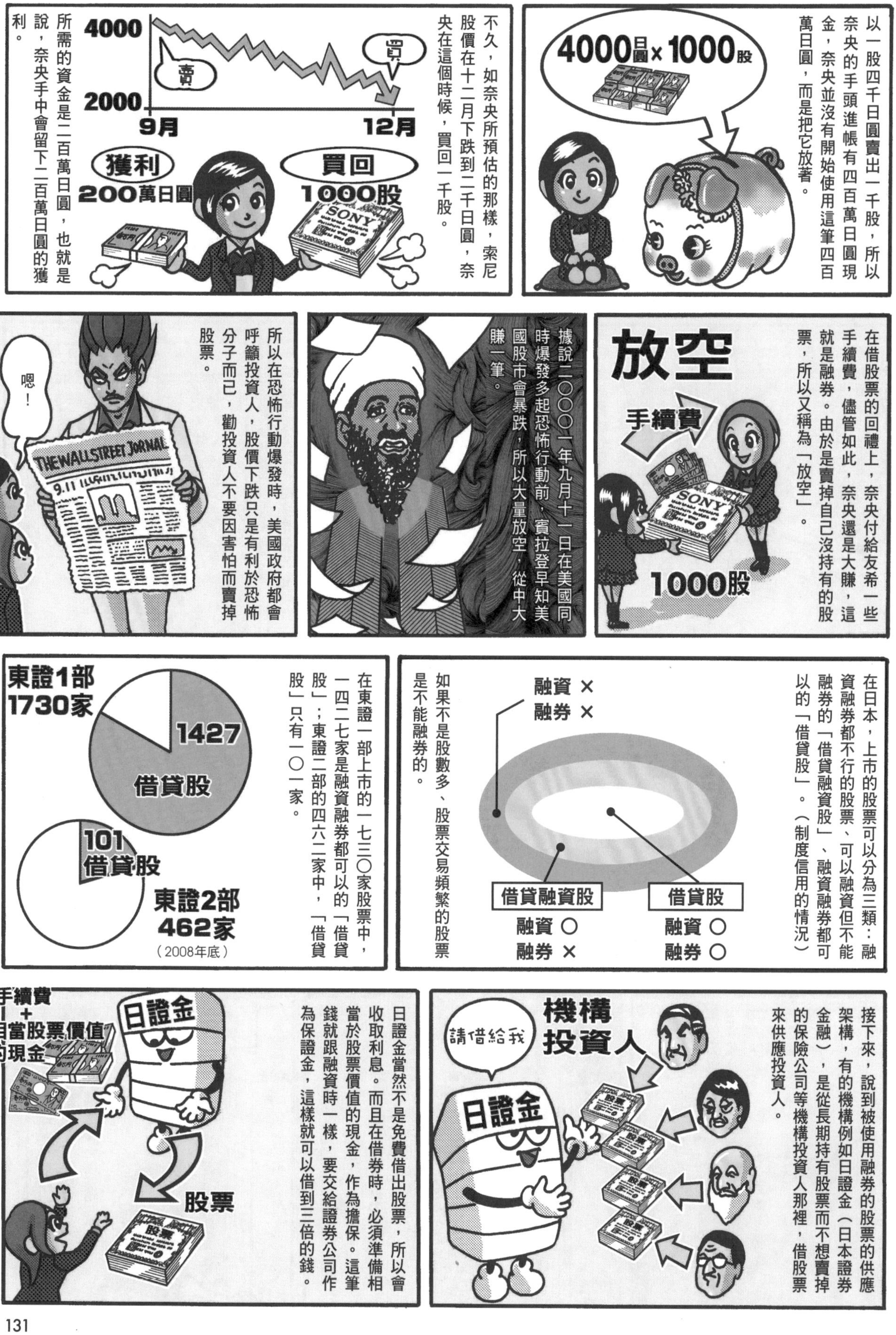
以一股四千日圓賣出一千股，所以奈央的手頭進帳有四百萬日圓現金，奈央並沒有開始使用這筆四百萬日圓，而是把它放著。
4000日圓×1000股
不久，如奈央所預估的那樣，索尼股價在十二月下跌到二千日圓，奈央在這個時候，買回一千股。
4000
2000
9月
12月
賣
買
買回
1000股
SONY
獲利
200萬日圓
所需的資金是二百萬日圓，也就是說，奈央手中會留下二百萬日圓的獲利。
在借股票的回禮上，奈央付給友希一些手續費，儘管如此，奈央還是大賺，這就是融券。由於是賣掉自己沒持有的股票，所以又稱為「放空」。
放空
手續費
SONY
1000股
據說二〇〇一年九月十一日在美國同時爆發多起恐怖行動前，賓拉登早知美國股市會暴跌，所以大量放空，從中大賺一筆。
所以在恐怖行動爆發時，美國政府都會呼籲投資人，股價下跌只是有利於恐怖分子而已，勸投資人不要因害怕而賣掉股票。
嗯！
THE WALL STREET JORNAL
9.11
在日本，上市的股票可以分為三類：融資融券都不行的股票、可以融資但不能融券的「借貸融資股」、融資融券都可以的「借貸股」。（制度信用的情況）
融資 ×
融券 ×
借貸融資股
融資 ○
融券 ×
借貸股
融資 ○
融券 ○
如果不是股數多、股票交易頻繁的股票是不能融券的。
在東證一部上市的一七三〇家股票中，一四二七家是融資融券都可以的「借貸股」；東證二部的四六二家中，「借貸股」只有一〇一家。
東證1部
1730家
1427
借貸股
101
借貸股
東證2部
462家
（2008年底）
接下來，說到被使用融券的股票的供應架構，有的機構例如日證金（日本證券金融），是從長期持有股票而不想賣掉的保險公司等機構投資人那裡，借股票來供應投資人。
機構投資人
請借給我
日證金
股票
日證金當然不是免費借出股票，所以會收取利息。而且在借券時，必須準備相當於股票價值的現金，作為擔保。這筆錢就跟融資時一樣，要交給證券公司作為保證金，這樣就可以借到三倍的錢。
手續費
＋
相當股票價值的現金
日證金
股票

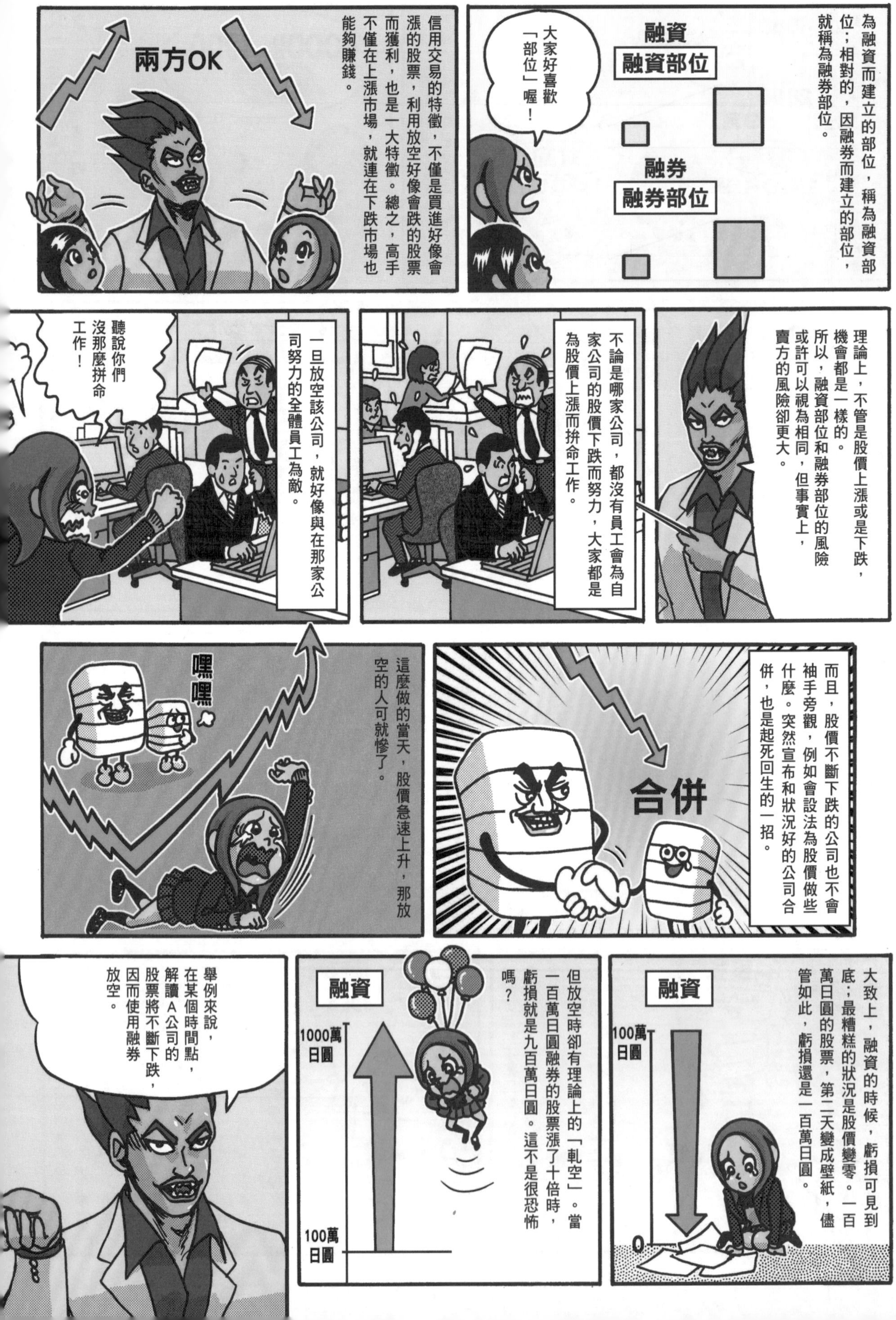
為融資而建立的部位，稱為融資部位；相對的，因融券而建立的部位，就稱為融券部位。
融資
融資部位
融券
融券部位
大家好喜歡「部位」喔！
信用交易的特徵，不僅是買進好像會漲的股票，利用放空好像會跌的股票而獲利，也是一大特徵。總之，高手不僅在上漲市場，就連在下跌市場也能夠賺錢。
兩方OK
理論上，不管是股價上漲或是下跌，機會都是一樣的。所以，融資部位和融券部位的風險或許可以視為相同，但事實上，賣方的風險卻更大。
不論是哪家公司，都沒有員工會為自家公司的股價下跌而努力，大家都是為股價上漲而拚命工作。
一旦放空該公司，就好像與在那家公司努力的全體員工為敵。
聽說你們沒那麼拚命工作！
而且，股價不斷下跌的公司也不會袖手旁觀，例如會設法為股價做些什麼。突然宣布和狀況好的公司合併，也是起死回生的一招。
合併
這麼做的當天，股價急速上升，那放空的人可就慘了。
嘿嘿
大致上，融資的時候，虧損可見到底；最糟糕的狀況是股價變零。一百萬日圓的股票，第二天變成壁紙，儘管如此，虧損還是一百萬日圓。
融資
100萬日圓
0
但放空時卻有理論上的「軋空」。當一百萬日圓融券的股票漲了十倍時，虧損就是九百萬日圓。這不是很恐怖嗎？
融資
1000萬日圓
100萬日圓
舉例來說，在某個時間點，解讀A公司的股票將不斷下跌，因而使用融券放空。

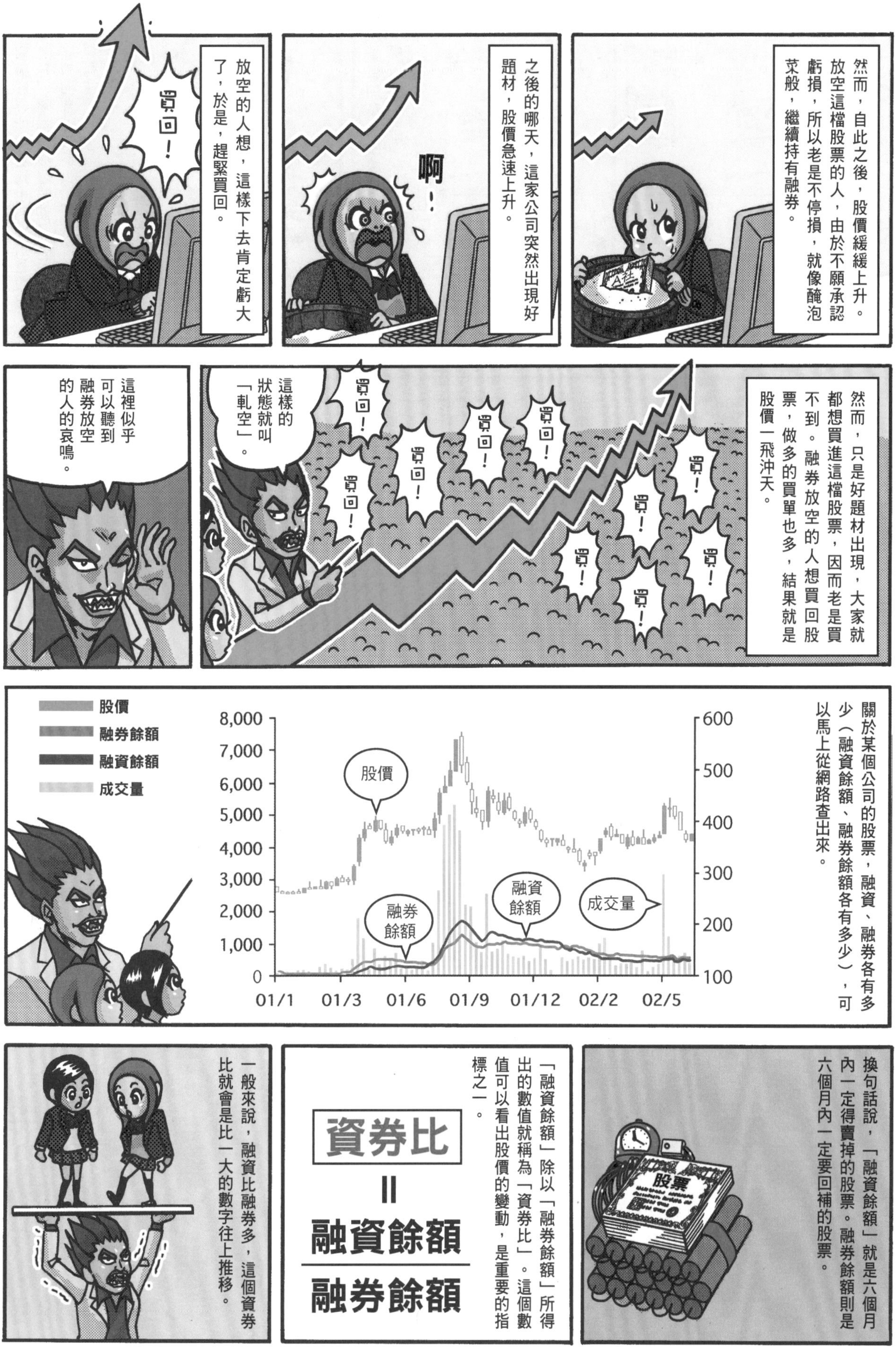
然而，自此之後，股價緩緩上升。放空這檔股票的人，由於不願承認虧損，所以老是不停損，就像醃泡菜般，繼續持有融券。
之後的哪天，這家公司突然出現好題材，股價急速上升。
啊！
放空的人想，這樣下去肯定虧大了，於是，趕緊買回。
買回！
然而，只是好題材出現，大家就都想買進這檔股票，因而老是買不到。融券放空的人想買回股票，做多的買單也多，結果就是股價一飛沖天。
買！
買！
買！
買！
買！
買回！
買回！
買回！
買回！
買回！
這樣的狀態就叫「軋空」。
這裡似乎可以聽到融券放空的人的哀鳴。
關於某個公司的股票，融資、融券各有多少（融資餘額、融券餘額各有多少），可以馬上從網路查出來。
股價
融券餘額
融資餘額
成交量
8,000
7,000
6,000
5,000
4,000
3,000
2,000
1,000
0
600
500
400
300
200
100
01/1
01/3
01/6
01/9
01/12
02/2
02/5
股價
融券餘額
融資餘額
成交量
換句話說，「融資餘額」就是六個月內一定得賣掉的股票。融券餘額則是六個月內一定要回補的股票。
股票
「融資餘額」除以「融券餘額」所得出的數值就稱為「資券比」。這個數值可以看出股價的變動，是重要的指標之一。
資券比
＝
融資餘額
融券餘額
一般來說，融資比融券多，這個資券比就會是比一大的數字往上推移。

假如股票的資券比小於一，且股價正在上升，那就是很好的標準。因為半年內非得回補的人不少，所以可以確定股價會再漲。
到目前為止所說的，是向日證金借股票，也就是所謂的「制度信用」。
日證金
制度信用
而最近，證券公司自己供應股票，讓投資人信用交易，則稱為「一般信用」。
證券公司
一般信用
註：一般信用有可能只能買進。
如最初所言，以制度信用來進行信用交易的股票，規定在半年內必須結算，而一般信用的股票雖然利息高，但沒有這種期限。
無期限
什麼時候都沒關係
股票
反正，信用交易就是用少少的錢來借錢操作大筆的交易，如果濫用的話，會陷入以為錢全都屬於自己的錯覺而走火入魔。
說到這裡，大家要切記。
是。
哇哩——勒
噹、噹、噹、噹、
勾
老師，我們一起回家吧！
喂，這是學校耶，不要挽著我的手。
老師以前和我母親交往，所以喜歡和我媽同一類型的女生喔？
所以，我也是這類型的嗎？
這……
哈哈哈，被說中了。

【前情提要】奈央就讀的雛平女中被馬神食品的馬場董事長收購，馬場的得力助手利食千人力在課堂上教授股票。奈央的母親佳代子離家出走後，變成馬場的愛人，但因馬場的施暴而遍體鱗傷。後來雖受到利食搭救，但最後仍死於利食的懷裡。奈央之前誤以為母親是被利食奪走，但在知道真相之後，反而對利食產生好感。
另一方面，利食從奈央的血型，得知奈央是自己和佳代子所生的女兒。
仁史，姊姊要到長野滑雪，大概要去兩天。
飯菜我都放在冰箱裡，我不在的時候，你只要拿出來微波就可以吃了。
奈央，你最近氣色異常好耶！
不會是和男生一起去長野吧？
是和老師一起去喔！
老師？是利食嗎？
啪
那個男人是從這個家把你媽搶走的惡魔啊！
我不是跟你說過，那是誤解嗎？
老師是救媽媽的人呢！
抖抖……
這不可理喻的傢伙到處製造危險。
不要太過分了。
那，我走了。
抖抖

10
期貨和選擇權
用小錢體驗專家的世界

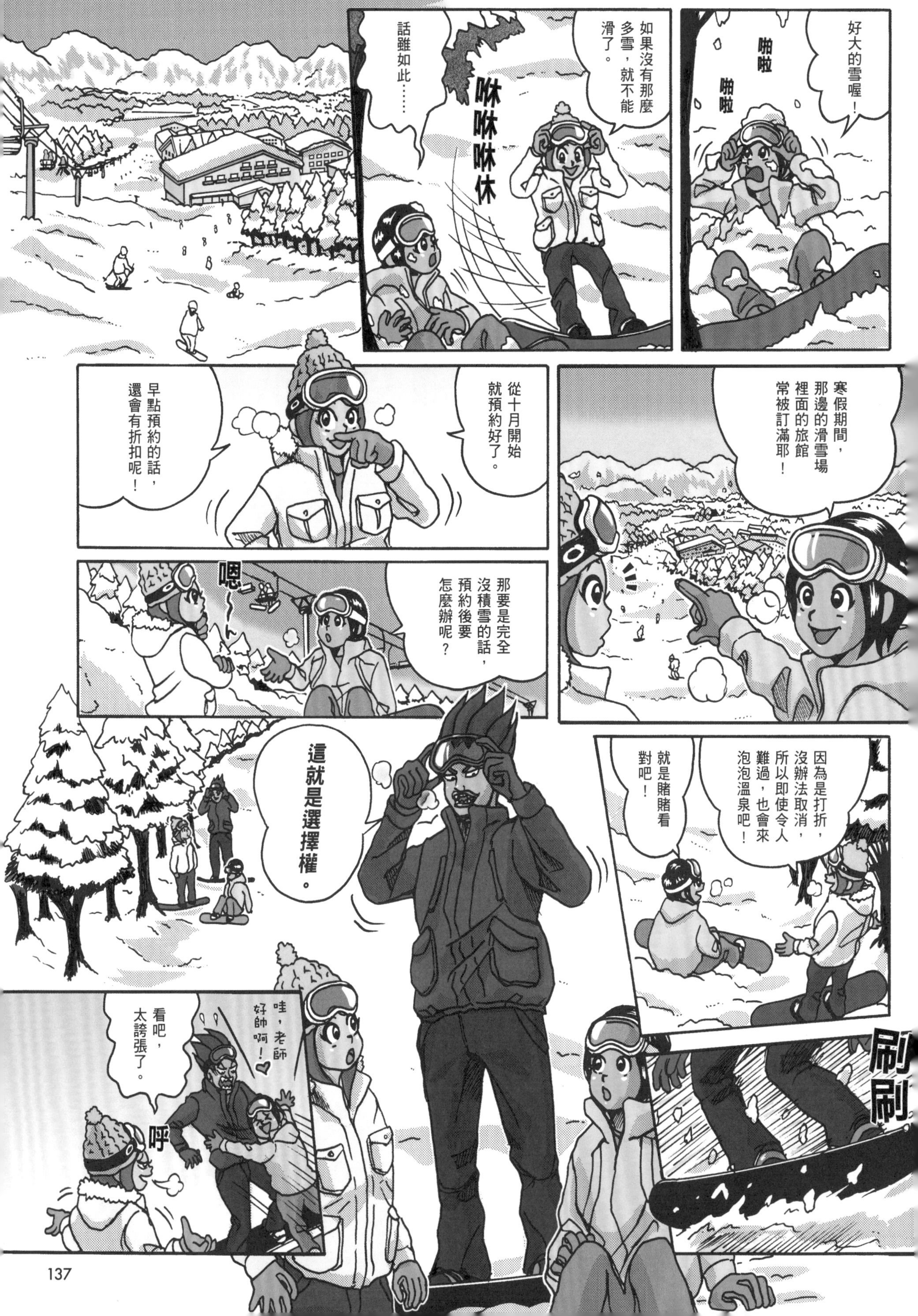
好大的雪喔！
啪啦 啪啦
如果沒有那麼多雪，就不能滑了。
咻咻咻休
話雖如此……
寒假期間，那邊的滑雪場裡面的旅館常被訂滿耶！
從十月開始就預約好了。
早點預約的話，還會有折扣呢！
那要是完全沒積雪的話，預約後要怎麼辦呢？
嗯～～
因為是打折，沒辦法取消，所以即使令人難過，也會來泡泡溫泉吧！
就是賭賭看對吧！
這就是選擇權。
刷刷
哇，老師好帥啊！
看吧，太誇張了。
呼

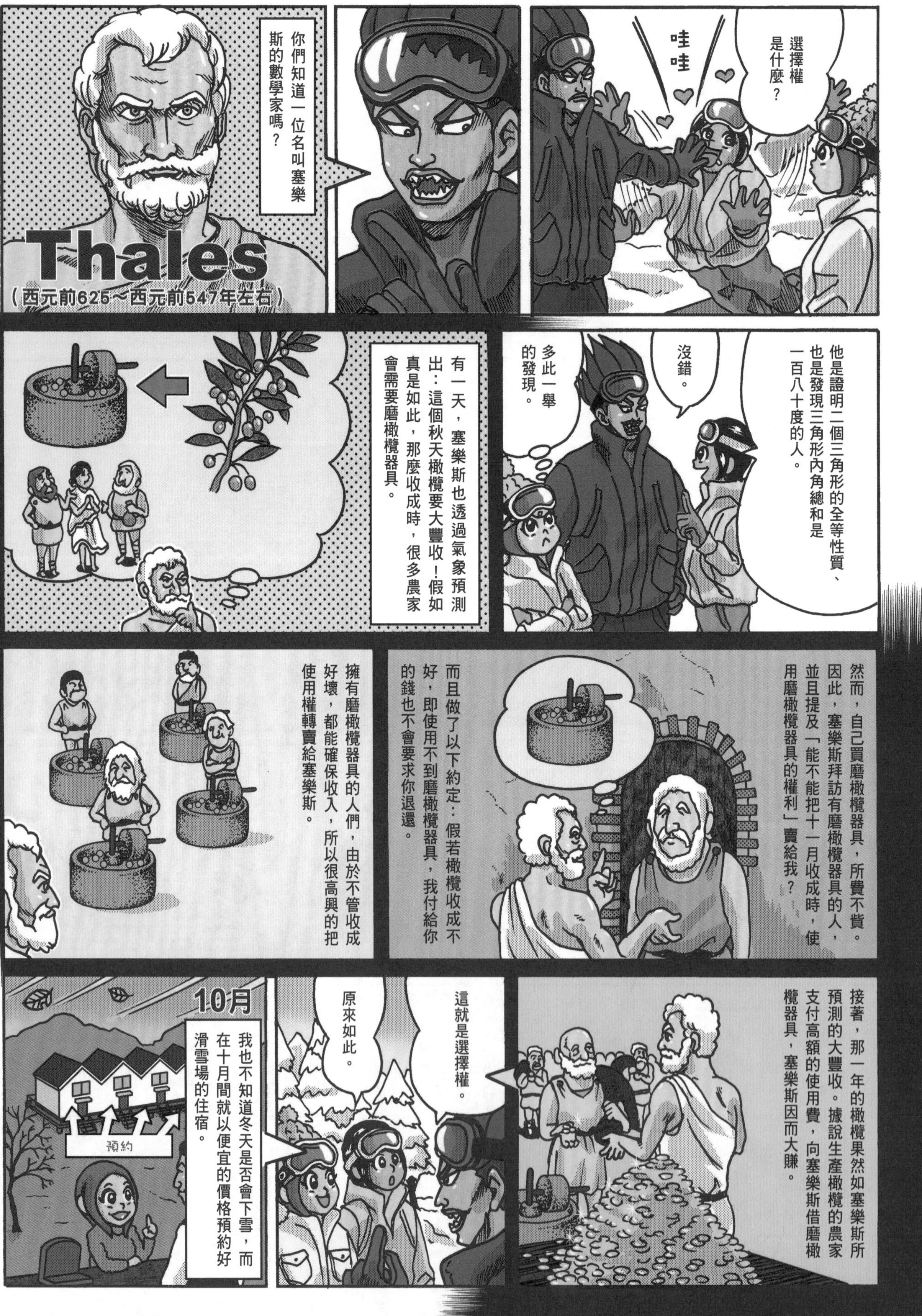
選擇權是什麼？
哇哇
你們知道一位名叫塞樂斯的數學家嗎？
Thales
（西元前625～西元前547年左右）
他是證明二個三角形的全等性質、也是發現三角形內角總和是一百八十度的人。
沒錯。
多此一舉的發現。
有一天，塞樂斯也透過氣象預測出：這個秋天橄欖要大豐收！假如真是如此，那麼收成時，很多農家會需要磨橄欖器具。
然而，自己買磨橄欖器具，所費不貲。因此，塞樂斯拜訪有磨橄欖器具的人，並且提及「能不能把十一月收成時，使用磨橄欖器具的權利」賣給我？
而且做了以下約定：假若橄欖收成不好，即使用不到磨橄欖器具，我付給你的錢也不會要求你退還。
擁有磨橄欖器具的人們，由於不管收成好壞，都能確保收入，所以很高興的把使用權轉賣給塞樂斯。
接著，那一年的橄欖果然如塞樂斯所預測的大豐收。據說生產橄欖的農家支付高額的使用費，向塞樂斯借磨橄欖器具，塞樂斯因而大賺。
這就是選擇權。
原來如此。
10月
我也不知道冬天是否會下雪，而在十月間就以便宜的價格預約好滑雪場的住宿。
預約

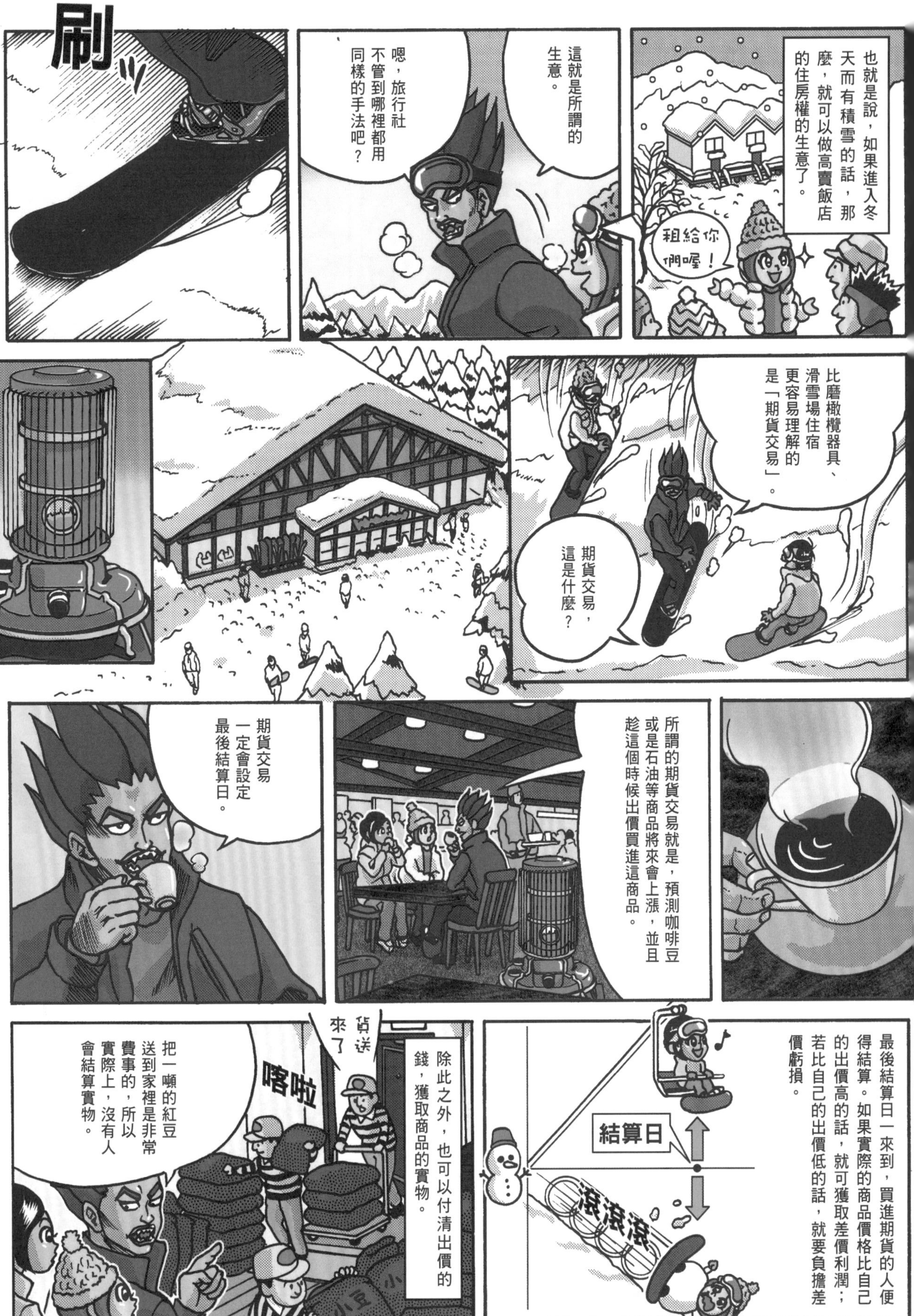
也就是說，如果進入冬天而有積雪的話，那麼，就可以做高賣飯店的住房權的生意了。
租給你們喔！
這就是所謂的生意。
嗯，旅行社不管到哪裡都用同樣的手法吧？
刷
比磨橄欖器具、滑雪場住宿更容易理解的是「期貨交易」。
期貨交易，這是什麼？
所謂的期貨交易就是，預測咖啡豆或是石油等商品將來會上漲，並且趁這個時候出價買進這商品。
期貨交易一定會設定最後結算日。
最後結算日一來到，買進期貨的人便得結算。如果實際的商品價格比自己的出價高的話，就可獲取差價利潤；若比自己的出價低的話，就要負擔差價虧損。
結算日
滾滾滾
除此之外，也可以付清出價的錢，獲取商品的實物。
貨送來了
喀啦
把一噸的紅豆送到家裡是非常費事的，所以實際上，沒有人會結算實物。
小豆

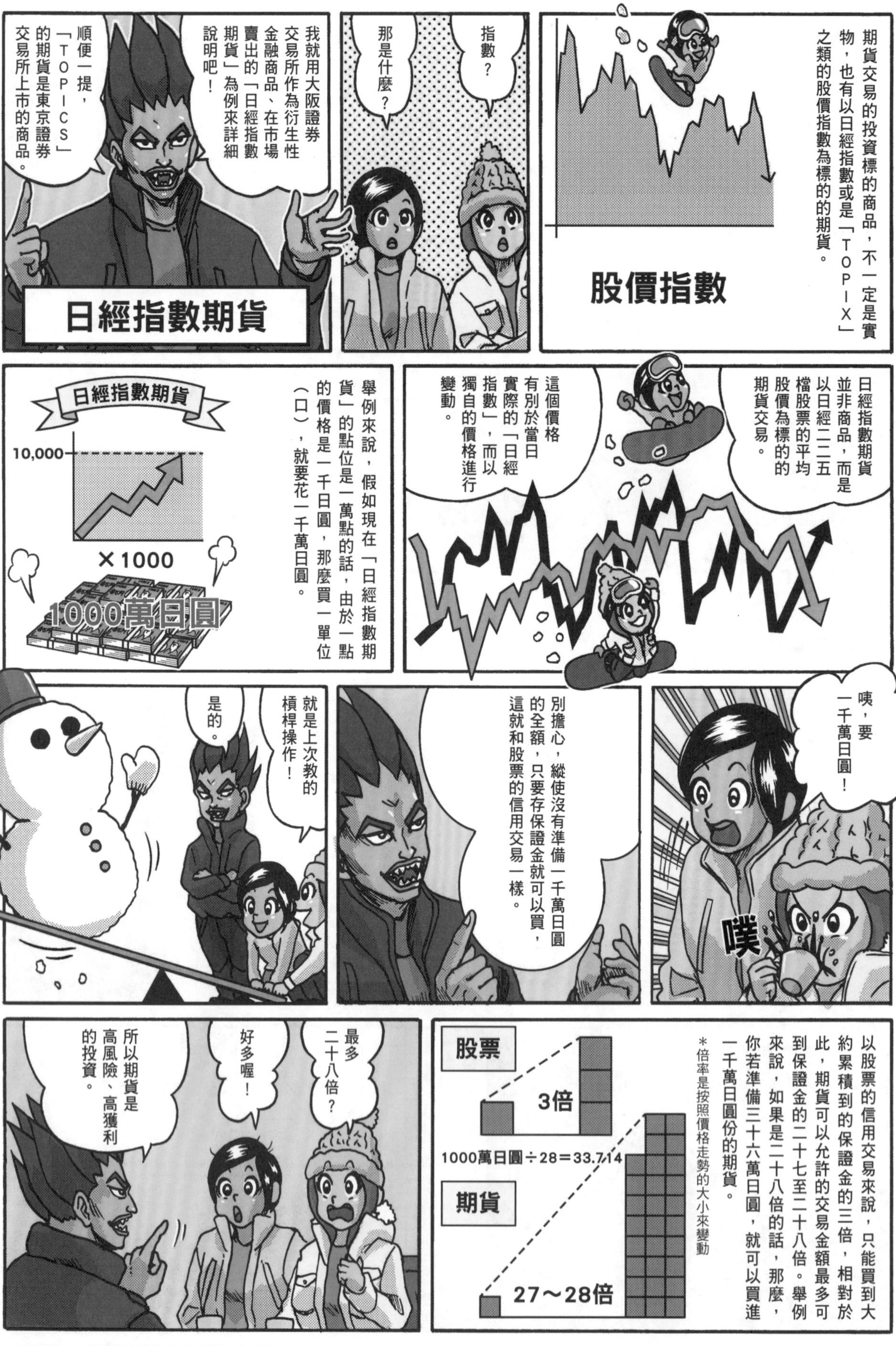
期貨交易的投資標的商品，不一定是實物，也有以日經指數或是「TOPIX」之類的股價指數為標的的期貨。
股價指數
指數？
那是什麼？
我就用大阪證券交易所作為衍生性金融商品、在市場賣出的「日經指數期貨」為例來詳細說明吧！
順便一提，「TOPICS」的期貨是東京證券交易所上市的商品。
日經指數期貨
日經指數期貨並非商品，而是以日經二二五檔股票為標的的平均股價為標的的期貨交易。
這個價格有別於當日實際的「日經指數」，而以獨自的價格進行變動。
舉例來說，假如現在「日經指數期貨」的點位是一萬點的話，由於一點的價格是一千日圓，那麼買一單位（口），就要花一千萬日圓。
日經指數期貨
10,000
×1000
1000萬日圓
咦，要一千萬日圓！
噗
別擔心，縱使沒有準備一千萬日圓的全額，只要存保證金就可以買，這就和股票的信用交易一樣。
就是上次教的槓桿操作！
是的。
以股票的信用交易來說，只能買到大約累積到的保證金的三倍，相對於此，期貨可以允許的交易金額最多可到保證金的二十七至二十八倍。舉例來說，如果是二十八倍的話，那麼，你若準備三十六萬日圓，就可以買進一千萬日圓份的期貨。
*倍率是按照價格走勢的大小來變動
股票
3倍
1000萬日圓÷28＝33.714
期貨
27～28倍
最多二十八倍？
好多喔！
所以期貨是高風險、高獲利的投資。

＊在台灣，一筆期貨交易的合約，稱為「一口」。

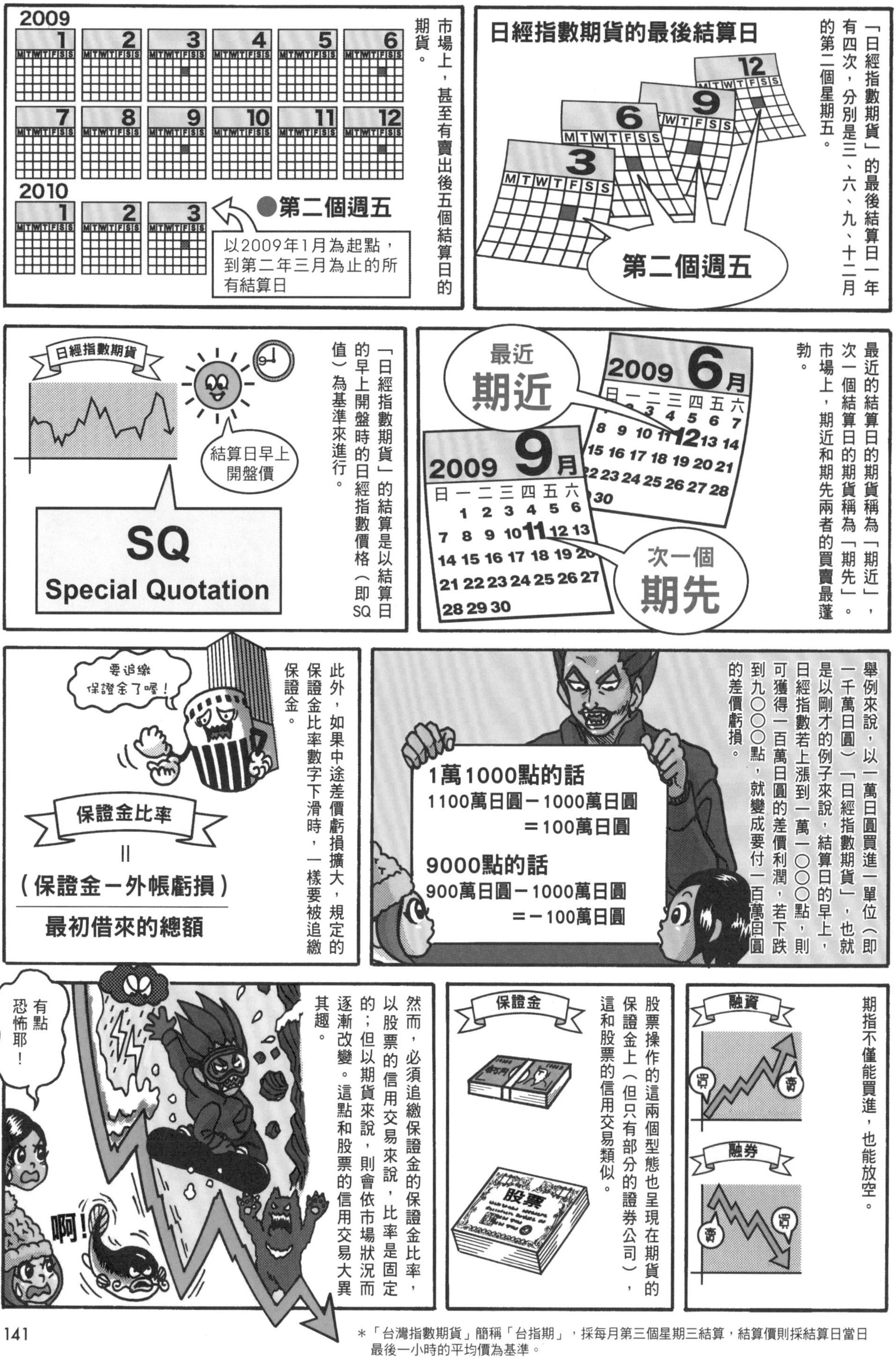
日經指數期貨的最後結算日
「日經指數期貨」的最後結算日一年有四次，分別是三、六、九、十二月的第二個星期五。
12
9
6
3
MTWTFSS
第二個週五
市場上，甚至有賣出後五個結算日的期貨。
2009
2010
●第二個週五
以2009年1月為起點，到第二年三月為止的所有結算日
最近的結算日的期貨稱為「期近」，次一個結算日的期貨稱為「期先」。市場上，期近和期先兩者的買賣最蓬勃。
最近
期近
2009 6月
2009 9月
次一個
期先
「日經指數期貨」的結算是以結算日的早上開盤時的日經指數價格（即SQ值）為基準來進行。
日經指數期貨
結算日早上開盤價
SQ
Special Quotation
舉例來說，以一萬日圓買進一單位（即一千萬日圓）「日經指數期貨」，也就是以剛才的例子來說，結算日的早上，日經指數若上漲到一萬一〇〇〇點，則可獲得一百萬日圓的差價利潤，若下跌到九〇〇〇點，就變成要付一百萬日圓的差價虧損。
1萬1000點的話
1100萬日圓－1000萬日圓
＝100萬日圓
9000點的話
900萬日圓－1000萬日圓
＝－100萬日圓
此外，如果中途差價虧損擴大，規定的保證金比率數字下滑時，一樣要被追繳保證金。
要追繳保證金了喔！
保證金比率
＝
（保證金－外帳虧損）
最初借來的總額
期指不僅能買進，也能放空。
融資
買
賣
融券
賣
買
股票操作的這兩個型態也呈現在期貨的保證金上（但只有部分的證券公司），這和股票的信用交易類似。
保證金
股票
然而，必須追繳保證金的保證金比率，以股票的信用交易來說，比率是固定的；但以期貨來說，則會依市場狀況而逐漸改變。這點和股票的信用交易大異其趣。
有點恐怖耶！
啊！

＊「台灣指數期貨」簡稱「台指期」，採每月第三個星期三結算，結算價則採結算日當日最後一小時的平均價為基準。

二〇〇六年的七月起，大阪證券交易所，
開始賣出所謂的「迷你期貨」。
迷你期貨
迷你期貨的價格是一點一百日圓，舉例來說，如果日經指數現在是一萬點，每單位的迷你期貨則需一百萬日圓，但卻只需十三萬的保證金就可買到。
迷你期貨
10000
1/10
謝謝！
×100
＝100萬日圓
保證金
13萬日圓
也就是只要十三萬日圓，就可以體驗操作鉅額資金的專家世界。
那麼，我們也可以嚕！
好像很有趣。
你們有聽過「套利交易」這個詞嗎？
劈啪
劈啪
劈啪
套利交易？
劈啪
劈啪
就是把錢套住，不要讓它跑了，對吧？
我懂！
完全不對啦！
套利交易不是把錢套住啦！
套利交易=Arbitrage
套利交易的原意是指，相同的商品在兩個市場會以不同的價格賣出，所以可以利用這個價差來賺錢。
例如，相同的罐裝咖啡，在那家旅館賣一百一十日圓，但在這家旅館賣一百二十日圓，於是你到那家去買，再到這家來賣，這樣就賺了十日圓。
COFFEE
110日圓
120日圓
10
這就叫套利交易。

＊台灣除了「台指期」外，也有「小台指期」，「台指期」一點200元，「小台指期」一點50元。

「日經指數期貨」也可以這樣操作。
假設在某個時間點，日經指數是九千點，大家認為將來日經指數會上漲，於是在「日經指數期貨」上出價一萬日圓。
1萬日圓
9千日圓
發現這個價差的某個富豪，計算日經指數後，就以相同的股數，買進日經指數成分的二百二十五家全部公司的股票。以現在來看，全部大概要花二億日圓。
全部給我！
225家股票
另一方面，這位富豪以一萬日圓放空「日經指數期貨」。（在期貨市場上，不是稱為放空，而是稱為「建立空頭部位」喔！）
期貨放空！
1萬日圓
建立空頭部位是指，對於實際上自己沒有持有的期貨商品，預先從別處借來賣掉，之後，價格下跌時再買回來，並賺取價差。這就是之前說的融券。
不久，結算日來臨，這天的日經指數上漲到一萬一千點。由於期貨以一萬日圓建立空頭部位，所以，虧損一千日圓；但實物的股票在日經指數九千點時買進，所以賺了二千日圓；兩者相減，賺了一千日圓。
結算日
1萬1000點
期貨
以10000日圓賣出
不得不以
11000日圓買回
-1000日圓
股票
以9000日圓買進
由於上漲到11000點
+2000日圓
相差
+1000日圓
相反的，結算日時，日經指數下跌到九千點時。這時，由於實物的股票以九千點買進，所以打平；但期貨是以一萬日圓建立空頭部位，所以，賺了一千日圓。
結算日
9000點
期貨
以10000日圓賣出
因以9000日圓買回
＋1000日圓
股票
以9000日圓買進
因為是9000點
0日圓
果然相差
+1000日圓

總之，不管日經指數怎麼變，都一定會賺到一千日圓。
啪噠 啪噠～
耶，厲害！
快來算算看。
嗯，不管怎樣，確實是如此耶。
真有趣。
這就是日經指數期貨的套利交易。
事實上，因為有股利、利息，所以計算沒那麼簡單，而且日經指數和期貨的價格之間差距沒那麼大，所以即使是進行套利，獲得的利潤可能也只夠支付買賣的手續費。然而，不需要付買賣手續費的證券公司自己的買賣部門，卻經常這樣操作。
操作這種套利交易的投資客被稱為套利客。
啪 啪
套利交易非常不適合由人類來操作，利用電腦下單系統是必要的。
然而，日本在九〇年代初以前並沒有這種技術，在經濟泡沫時，日經指數期貨的價格曾跳過理論價格而急速上升，當時有幾千億元因此被美國的證券公司賺走。
哈哈哈
哇哩！
總之，套利客能修正期貨上不合理的價格，或是以頻繁買賣來促進期貨的流動性，簡單來說，是市場的潤滑劑。
原來如此。
但是，老師，為什麼會有「日經指數期貨」這樣的商品呢？只要買賣實物的股票，不就夠了嗎？
為什麼非得要買賣以這種指數為標的的期貨啊？
是啊！
這是個好問題。
舉例來說，操作數千億日圓股票的法人（即保險公司或是銀行的投資部門），一認為日本企業的股價將來好像會整個下跌，就會想賣掉自己手中的持股。
嗯嗯
不太妙，
了吧！

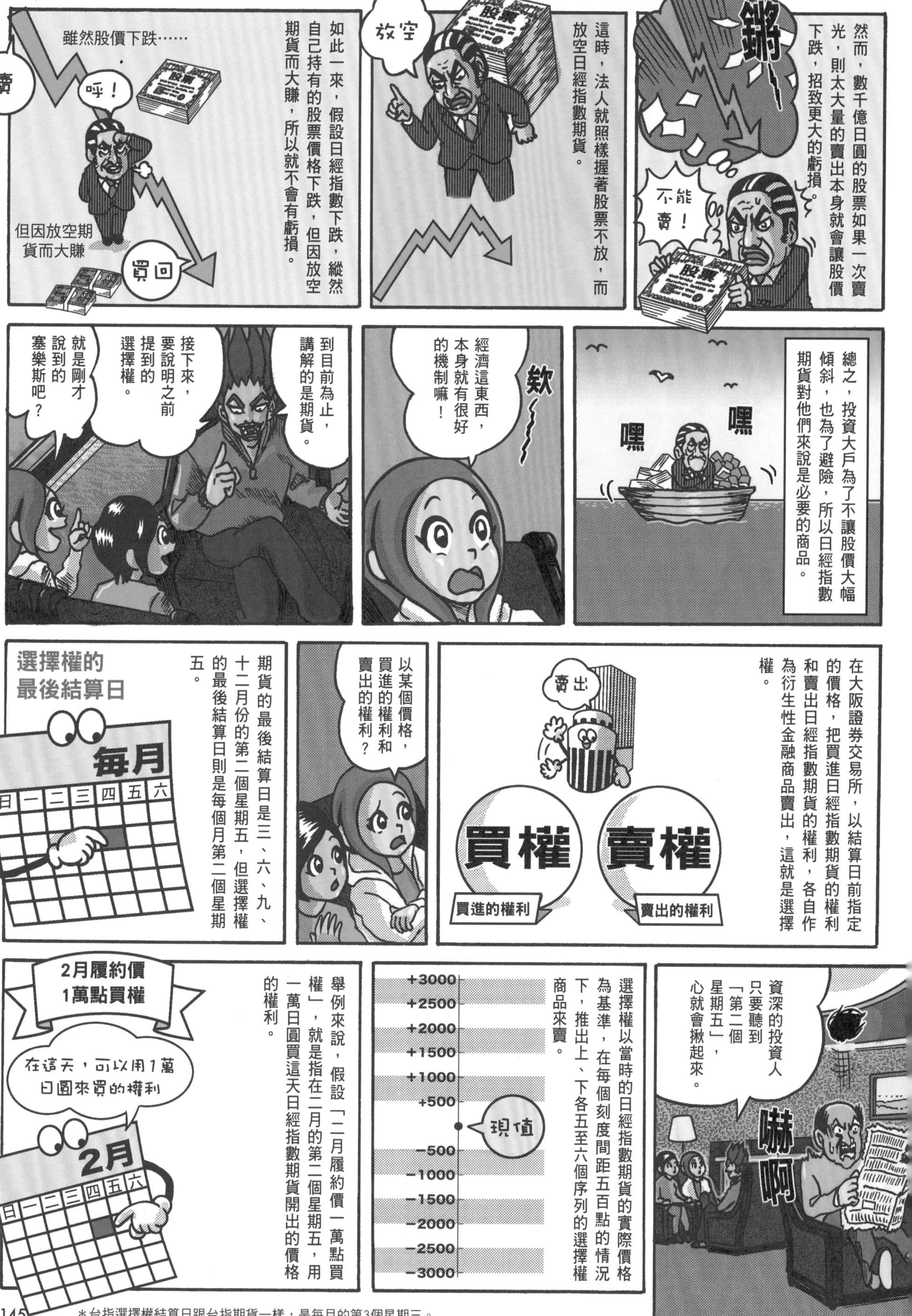
然而，數千億日圓的股票如果一次賣光，則太大量的賣出本身就會讓股價下跌，招致更大的虧損。
鏘～
不能賣！
這時，法人就照樣握著股票不放，而放空日經指數期貨。
股票
放空
如此一來，假設日經指數下跌，縱然自己持有的股票價格下跌，但因放空期貨而大賺，所以就不會有虧損。
雖然股價下跌……
賣
呼！
股票
但因放空期貨而大賺
買回
總之，投資大戶為了不讓股價大幅傾斜，也為了避險，所以日經指數期貨對他們來說是必要的商品。
嘿
嘿
經濟這東西，本身就有很好的機制嘛！
欸～
到目前為止，講解的是期貨。
接下來，要說明之前提到的選擇權。
就是剛才說到的塞樂斯吧？
在大阪證券交易所，以結算日前指定的價格，把買進日經指數期貨的權利和賣出日經指數期貨的權利，各自作為衍生性金融商品賣出，這就是選擇權。
賣出
買權
買進的權利
賣權
賣出的權利
以某個價格，買進的權利和賣出的權利？
選擇權的最後結算日
期貨的最後結算日是三、六、九、十二月份的第二個星期五，但選擇權的最後結算日則是每個月第二個星期五。
每月
日 一 二 三 四 五 六
資深的投資人只要聽到「第二個星期五」，心就會揪起來。
嚇啊
選擇權以當時的日經指數期貨的實際價格為基準，在每個刻度間距五百點的情況下，推出上、下各五至六個序列的選擇權商品來賣。
+3000
+2500
+2000
+1500
+1000
+500
現值
−500
−1000
−1500
−2000
−2500
−3000
舉例來說，假設「二月履約價一萬點買權」，就是指在二月的第二個星期五，用一萬日圓買這天日經指數期貨開出的價格的權利。
2月履約價
1萬點買權
在這天，可以用1萬日圓來買的權利
2月
日 一 二 三 四 五 六

＊台指選擇權結算日跟台指期貨一樣，是每月的第3個星期三。

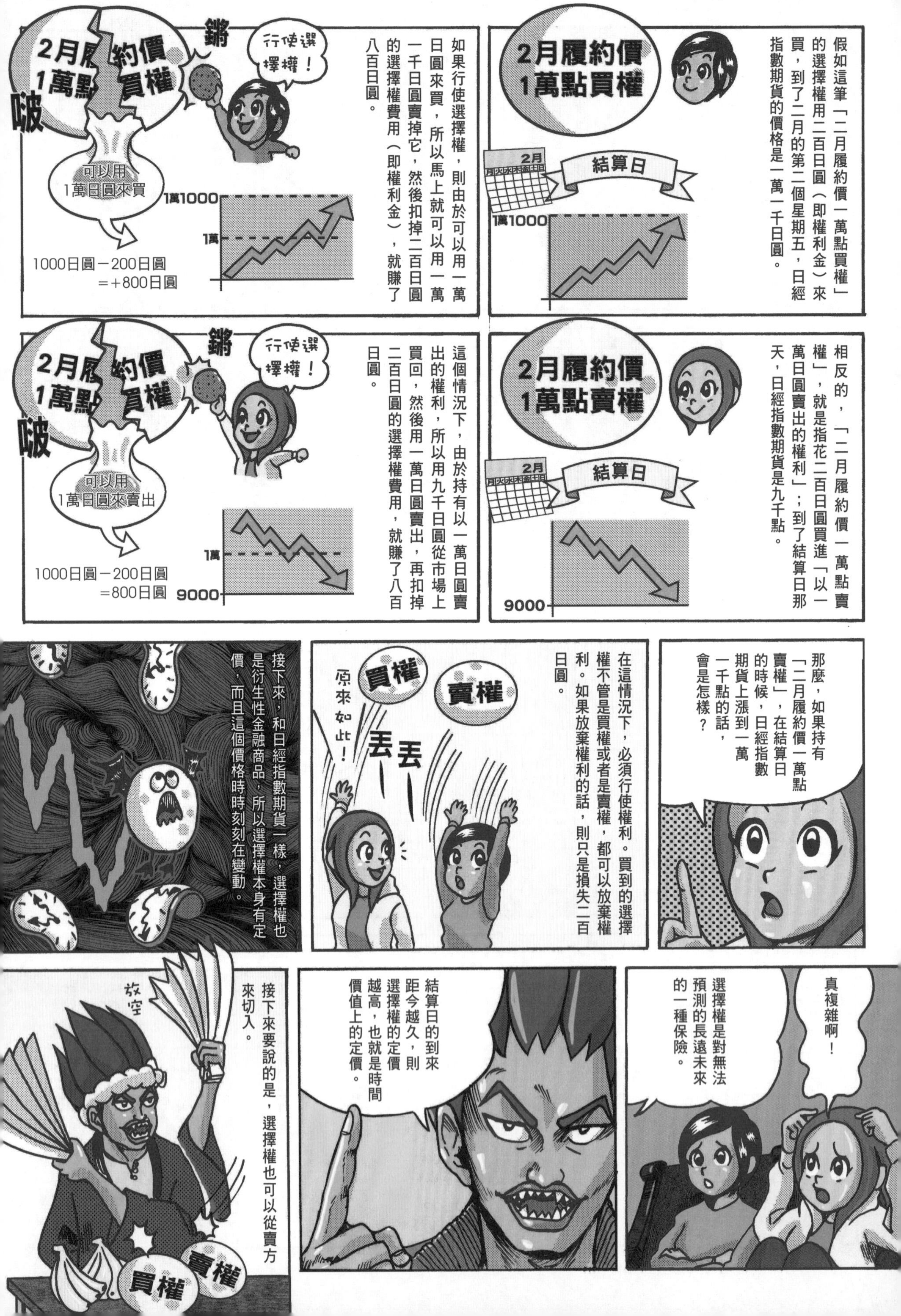
假如這筆「二月履約價一萬點買權」的選擇權用二百日圓（即權利金）來買，到了二月的第二個星期五，日經指數期貨的價格是一萬一千日圓。
2月履約價
1萬點買權
2月
月火水木金土日
結算日
1萬1000
如果行使選擇權，則由於可以用一萬日圓來買，所以馬上就可以用一萬一千日圓賣掉它，然後扣掉二百日圓的選擇權費用（即權利金），就賺了八百日圓。
行使選擇權！
鏘
2月履約價
1萬點買權
啵
可以用
1萬日圓來買
1萬1000
1萬
1000日圓－200日圓
＝+800日圓
相反的，「二月履約價一萬點賣權」，就是指花二百日圓買進「以一萬日圓賣出的權利」；到了結算日那天，日經指數期貨是九千點。
2月履約價
1萬點賣權
2月
月火水木金土日
結算日
9000
這個情況下，由於持有以一萬日圓賣出的權利，所以用九千日圓從市場上買回，然後用一萬日圓賣出，再扣掉二百日圓的選擇權費用，就賺了八百日圓。
行使選擇權！
鏘
2月履約價
1萬點賣權
啵
可以用
1萬日圓來賣出
1萬
1000日圓－200日圓
＝800日圓
9000
那麼，如果持有「二月履約價一萬點賣權」，在結算日的時候，日經指數期貨上漲到一萬一千點的話，會是怎樣？
在這情況下，必須行使權利。買到的選擇權不管是買權或者是賣權，都可以放棄權利。如果放棄權利的話，則只是損失二百日圓。
賣權
買權
原來如此！
丟
丟
接下來，和日經指數期貨一樣，選擇權也是衍生性金融商品，所以選擇權本身有定價，而且這個價格時時刻刻在變動。
真複雜啊！
選擇權是對無法預測的長遠未來的一種保險。
結算日的到來距今越久，則選擇權的定價越高，也就是時間價值上的定價。
接下來要說的是，選擇權也可以從賣方來切入。
放空
賣權
買權

買到選擇權的人，不管是買權也好或是賣權也好，如果認為自己會有虧損，就可以放棄權利。然而，如果買方行使這筆選擇權的話，那麼，賣出選擇權的人就非賣不可。
賣方
買方
行使！
選擇權
但是賣方可以同時賣出買權和賣權，例如預測「日經期貨指數的價格在下個月三月的結算日，將收在九千點至一萬一千點之間」。
3月
1萬1000
9000
於是，先賣掉「三月履約價九千點賣權」和「三月履約價一萬一千點買權」兩個選擇權。
賣
賣
3月履約價 1萬1000點 買權
3月履約價 9000點 賣權
如果結算日時，日經指數如預期在九千點至一萬一千點之間，例如落在一萬點。能以一萬日圓賣掉，由於沒有人會笨到這麼做，所以買到「履約價九千點賣權」的人會放棄權利。
1萬
3月履約價 9000點 賣權
丟
同樣的，能以一萬日圓買到的東西，卻用一萬一千日圓來買，由於沒有人會笨到這麼做，所以買到「履約價一萬一千買權」的人也會放棄權利。
1萬
3月履約價 1萬1000點 買權
丟
總之，同時賣掉買權和賣權的人一定會獲利。
咦，真是這樣嗎？
算算 算算
算算 算算
嗯，不管怎麼做，確實是如此。
專業的投資客做了這樣的事，但卻持續賺到錢。
股市雖然複雜，但卻有各種有趣的架構。
喀噹
我太喜歡股票了。
撲
奈央所喜愛的，不是股票，而是利食吧？
唉

補習課程 9
信用交易的門檻

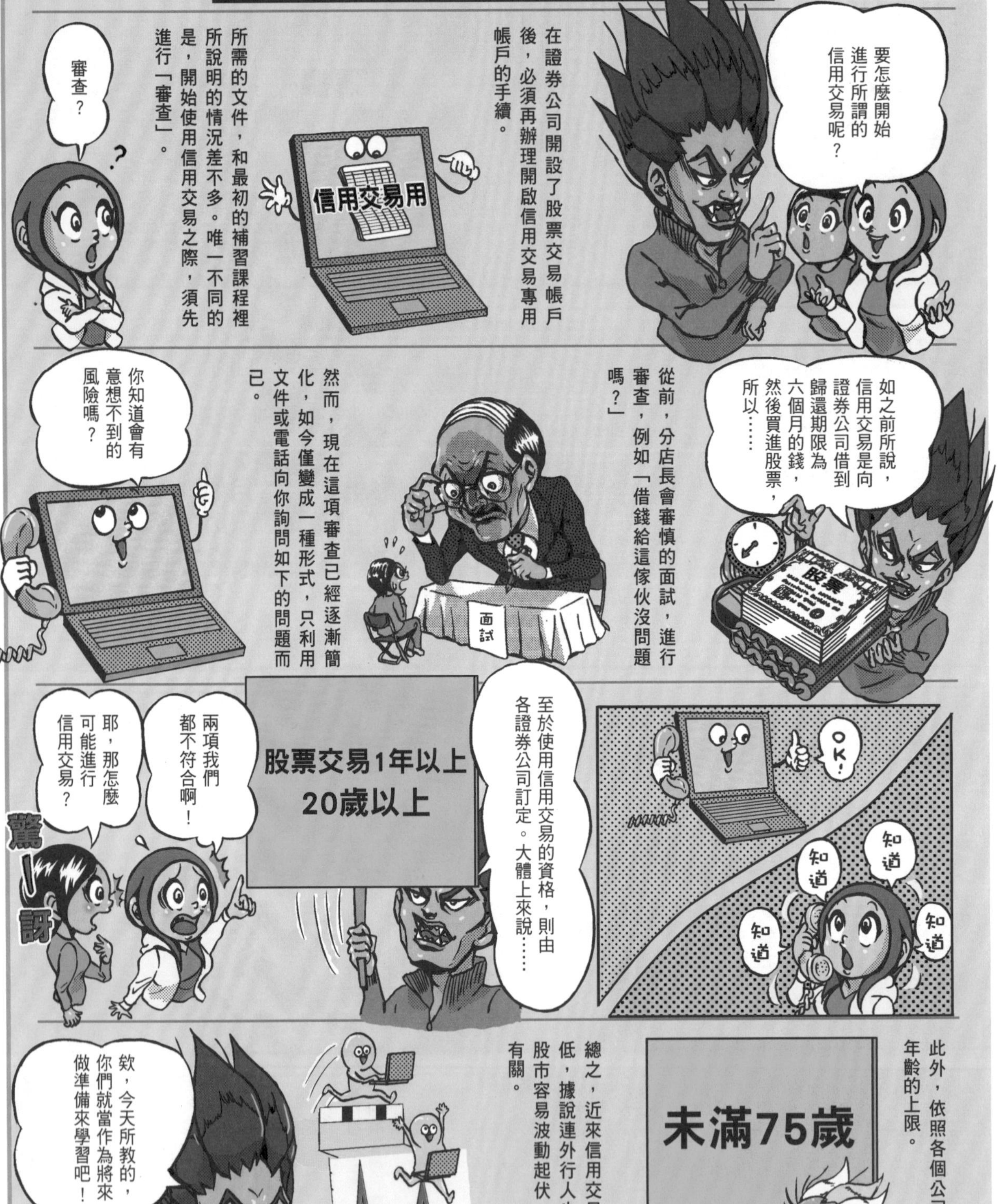

要怎麼開始進行所謂的信用交易呢？
在證券公司開設了股票交易帳戶後，必須再辦理開啟信用交易專用帳戶的手續。
信用交易用
所需的文件，和最初的補習課程裡所說明的情況差不多。唯一不同的是，開始使用信用交易之際，須先進行「審查」。
審查？
如之前所說，信用交易是向證券公司借到歸還期限為六個月的錢，然後買進股票，所以……
股票
從前，分店長會審慎的面試，進行審查，例如「借錢給這傢伙沒問題嗎？」
面試
然而，現在這項審查已經逐漸簡化，如今僅變成一種形式，只利用文件或電話向你詢問如下的問題而已。
你知道會有意想不到的風險嗎？
OK！
知道
知道
知道
知道
至於使用信用交易的資格，則由各證券公司訂定。大體上來說……
股票交易1年以上
20歲以上
兩項我們都不符合啊！
耶，那怎麼可能進行信用交易？
驚—訝
此外，依照各個公司的規定，也有年齡的上限。
未滿75歲
總之，近來信用交易的門檻急速降低，據說連外行人也在使用，目前股市容易波動起伏，或許也和這點有關。
欸，今天所教的，你們就當作為將來做準備來學習吧！
唉唷—

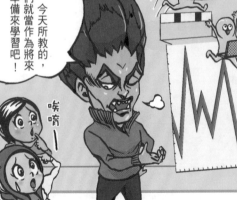

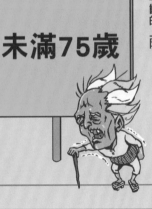

【前情提要】奈央就讀的難平女中被馬神食品的馬場董事長收購，董事長馬場的得力助手利食千人力在課堂上教授股票投資祕訣。奈央的母親佳代子曾離家出走，成為馬場的愛人，但因馬場施暴而逃出，雖受過去的戀人利食所搭救，但最後仍死於利食的懷裡。
奈央誤解母親是被利食奪走，所以非常憎恨利食，但在知道真相之後，反而對利食產生好感。另一方面，利食也從奈央的血型，知道奈央是自己和佳代子所生的女兒。
馬場
利食千人力
奈央
佳代子
利食說，一年內二十萬日圓會增加到一百萬日圓，結果真的成真了！
在我們的集體大作戰下，一口氣增加起來的喔！

11 世界金融

證券業也已全球化

*一般來說，開立信用帳戶應具備下列基本條件：（1）年滿二十歲有行為能力的中華民國國民，或依中華民國法律組織登記的法人。（2）開立受託買賣帳戶滿三個月。（3）最近一年內委託買賣成交達十筆以上，累積成交金額達所申請的融資額度百分之五十，其開立受託買賣帳戶未滿一年者亦同。（4）最近一年的所得及各種財產合計達到所申請融資額度的百分之三十。

不久我們要畢業了耶！
嗯！
友希，四月起你打算做什麼？
因為我和男朋友沉溺於約會，所以被留級了！
今天早上要不是因為第一堂是利食的課，不然我現在可能和男朋友還在被窩裡呢！
在高三留級很不好受吧？
因為完全不想準備聯考，所以當個留級生也無所謂啦！我爸會幫我付學費。
奈央，你四月起打算做什麼？
因為我家沒有多餘的錢可讓我讀大學，所以我打算到附近的工廠上班。
早。
啊，利食老師。
奈央，我有話要跟你說，所以上課前，到辦公室來一趟。
撲通
撲通
撲通
撲通
職員室
要跟我說什麼？

你的腦筋好，功課也不錯。
喔！
呼
你將來可以成為在國際股市中打轉的一流基金經理人，
如今你要放棄這個可能性，不是太可惜了嗎？
撲通
這所大學接受推薦入學，你好好去辦手續吧！
砰
推薦函
咦？
學費可以靠獎學金來負擔，至於家計，就靠自己的能力，從股市中賺取吧！
老師，你為什麼要對我這麼好？
……
你不是對我有意思吧？
如果老師不說清楚真正的用意，我就不進大學。
你是我重要的學生之一。
這就是我的用意。
真的嗎？
只是這樣？
只是這樣。

我了解了！
上大學的事，讓我考慮一天吧！
我喜歡老師。
一定要隨時讓我回到學校來看你。
刷
刷
刷
一早在辦公室真情告白，這樣會造成學校大亂的！
剛才飛奔出去的學生是哪個班級的學生？
她是三年級的松下奈央。
松下奈央？不就是佳代子的女兒嗎？
佳代子的女兒向利食告白？
他奪走她的母親，應該恨他才對，怎麼會告白呢？一定有什麼內情。
3-B
這班上，有沒有人手中的二十萬日圓還沒達到一百萬日圓？
還這麼多啊！
好吧，今天，
刷
刷
就教你們最後的一招。

首先，必須從這裡開始說起。
嘎嘎
你們知道什麼是次級房貸問題嗎？
次級房貸
我知道。就是指針對美國窮人所做的房屋貸款出了狀況，對吧？
這是非常粗略的回答。
詳細來說，應該是這樣：
美國從九〇年代後半起，因移民及嬰兒潮而使得小孩人口急速增加，房屋需求急速膨脹、房價急速飆高。
房屋需求
美國是個以借貸維生的國家。日本人討厭借錢，但在美國，借貸卻司空見慣。從過去拓荒時代起，資產、負債兩者都甚鉅的人一直備受尊崇，對我們來說很難想像。
用那頭乳牛貸款二十美元，來蓋牧場吧！
BANK
哞～
哞～
因此，當所有人都認為房地產會賺錢時，大家便都毫不在乎的借錢，蓋新房子或改建房屋。
好，來蓋房子囉！
借款
在日本，個人要蓋房子時，一般是向銀行借錢，銀行對於要借錢的人的還款能力，會審慎的審查。
銀行窗口
盯～～～
緊張
緊張
在美國則有所謂房地產仲介的仲介商，他們對於沒有還款能力的貧困階層，卻幾乎不審查，有如破壞房屋資金的水龍頭般，淅瀝嘩啦的把錢借給他們。
首級＝有還款能力、信用度高的富裕階層
次級＝信用度低的貧困階層
嘩啦
嘩啦
嘩啦
接著，房地仲介商把沒有審查就借出去的房屋資金的債權彙整起來，賣給銀行。因為在美國，可以把「催繳借款權」賣給別人。
賣掉
BANK
砰
債權
催繳借款權
喔～！

銀行為了避開倒債的風險，就將次貸的債權細切，並使其證券化，然後賣到市場上。
分散
BANK
咻
連動債證券
一般來說，貧困階層的人的貸款，倒債風險高、利息高。次貸也不例外，所以這類證券的報酬率也高。
啊，高利息！
ATM
年利30%
而且，這些證券即使倒債了，在美國房價持續攀升的情況下，只要扣押建好的房屋再賣出，便能取回本金，所以令人感覺是風險少、報酬高的投資物件。
咚
BANK
因此，穆迪、標準普爾公司這些信評機構都給予次貸的證券很好的評價。
STANDARD & POOR'S
Moody's
連動債證券
Aaa
國際金融機構囫圇吞棗的運用這個評價，以槓桿操作來使用手中持有的多餘美金，大家也把巨額的資金投資在這種物件上。
哇
連動債證券
Aaa
哇
然而，把貧困階層的貸款予以證券化，由於是前所未有的商品，所以根本沒有人能夠解讀其風險。
房貸仲介商們的記載也不充分，沒有人注意到錢竟然是借給貧困階層。
就這樣，倒債狀況逐漸發生，而且美國的住宅供過於求，房價開始下跌，就算房子被查封賣掉，也只剩虧損，完全沒有獲利。
喀噹
SALE
FOR SALE
BANK
哇啊啊啊
房價
信評機構在二〇〇七年八月發現這個狀況，突然調降了次貸相關商品的評價。
咚
連動債證券
受此牽連，次貸的證券價值突然下跌而變成壁紙，鉅額投入這類證券的金融機構連帶陷入虧損危機。
唉唷唷
連動債證券
唉唷唷
嗚～
企業為了填補虧損，將資金從各地撤離，這情況不久演變成各地狂賣證券，全球股價同步發生重挫。
賣！
賣！
賣！
賣！
賣！
賣！
賣！
這就是次貸問題。

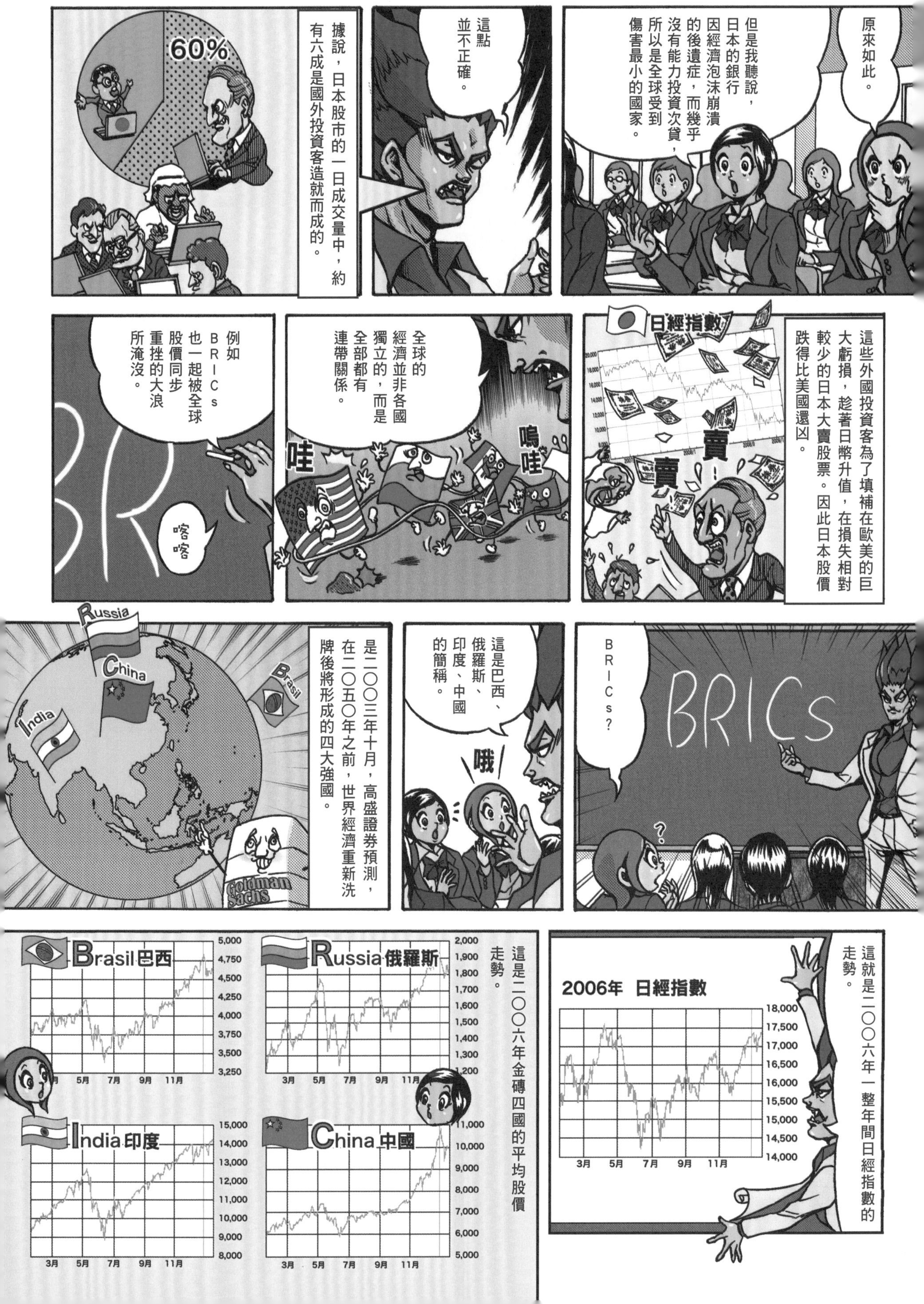
原來如此。
但是我聽說，日本的銀行因經濟泡沫崩潰的後遺症，而幾乎沒有能力投資次貸，所以是全球受到傷害最小的國家。
這點並不正確。
據說，日本股市的一日成交量中，約有六成是國外投資客造就而成的。
60%
這些外國投資客為了填補在歐美的巨大虧損，趁著日幣升值，在損失相對較少的日本大賣股票。因此日本股價跌得比美國還凶。
日經指數
賣
賣
全球的經濟並非各國獨立的，而是全部都有連帶關係。
嗚哇
哇
例如BRICs也一起被全球股價同步重挫的大浪所淹沒。
喀喀
BRICs?
BRICs
這是巴西、俄羅斯、印度、中國的簡稱。
哦
是二〇〇三年十月，高盛證券預測，在二〇五〇年之前，世界經濟重新洗牌後將形成的四大強國。
Russia
China
Brasil
India
Goldman Sachs
這就是二〇〇六年一整年間日經指數的走勢。
2006年 日經指數
18,000 17,500 17,000 16,500 16,000 15,500 15,000 14,500 14,000
3月 5月 7月 9月 11月
這是二〇〇六年金磚四國的平均股價走勢。
Brasil巴西
5,000 4,750 4,500 4,250 4,000 3,750 3,500 3,250
Russia俄羅斯
2,000 1,900 1,800 1,700 1,600 1,500 1,400 1,300 1,200
India印度
15,000 14,000 13,000 12,000 11,000 10,000 9,000 8,000
China中國
11,000 10,000 9,000 8,000 7,000 6,000 5,000
3月 5月 7月 9月 11月

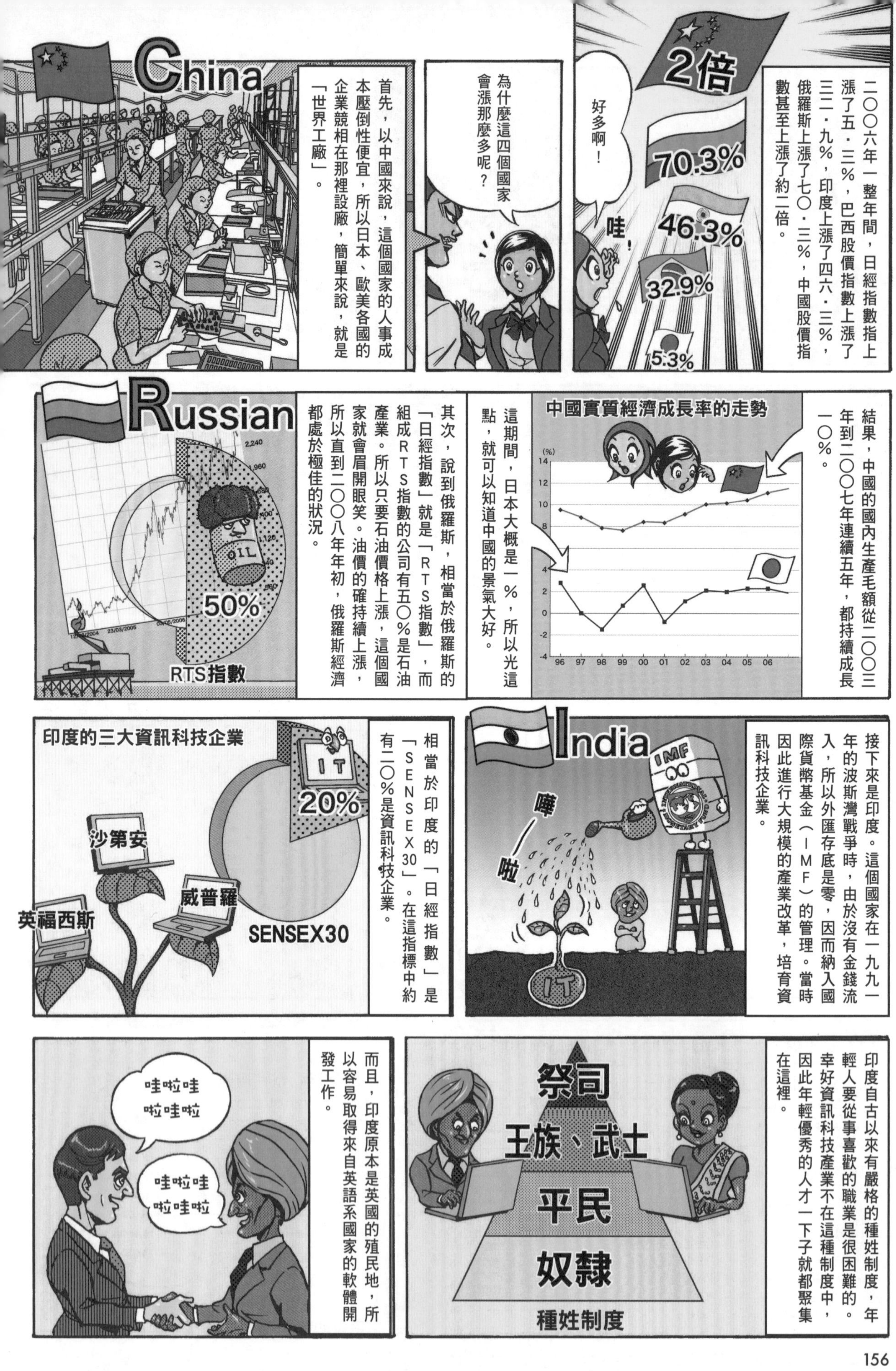

二〇〇六年一整年間，日經指數指上漲了五・三%，巴西股價指數上漲了三二・九%，印度上漲了四六・三%，俄羅斯上漲了七〇・三%，中國股價指數甚至上漲了約二倍。
2倍
70.3%
46.3%
32.9%
5.3%
好多啊！
哇！
為什麼這四個國家會漲那麼多呢？
China
首先，以中國來說，這個國家的人事成本壓倒性便宜，所以日本、歐美各國的企業競相在那裡設廠，簡單來說，就是「世界工廠」。
結果，中國的國內生產毛額從二〇〇三年到二〇〇七年連續五年，都持續成長一〇%。
中國實質經濟成長率的走勢
(%)
14
12
10
8
4
2
0
-2
-4
96 97 98 99 00 01 02 03 04 05 06
這期間，日本大概是一%，所以光這點，就可以知道中國的景氣大好。
Russian
其次，說到俄羅斯，相當於俄羅斯的「日經指數」就是「RTS指數」，而組成RTS指數的公司有五〇%是石油產業。所以只要石油價格上漲，這個國家就會眉開眼笑。油價的確持續上漲，所以直到二〇〇八年年初，俄羅斯經濟都處於極佳的狀況。
2,240
1,960
OIL
50%
23/03/2005
RTS指數
India
接下來是印度。這個國家在一九九一年的波斯灣戰爭時，由於沒有金錢流入，所以外匯存底是零，因而納入國際貨幣基金（IMF）的管理。當時因此進行大規模的產業改革，培育資訊科技企業。
IMF
嘩—啦
IT
相當於印度的「日經指數」是「SENSEX30」。在這指標中約有二〇%是資訊科技企業。
印度的三大資訊科技企業
IT
20%
沙第安
威普羅
英福西斯
SENSEX30
印度自古以來有嚴格的種姓制度，年輕人要從事喜歡的職業是很困難的。幸好資訊科技產業不在這種制度中，因此年輕優秀的人才一下子就都聚集在這裡。
祭司
王族、武士
平民
奴隸
種姓制度
而且，印度原本是英國的殖民地，所以容易取得來自英語系國家的軟體開發工作。
哇啦哇啦哇啦
哇啦哇啦哇啦

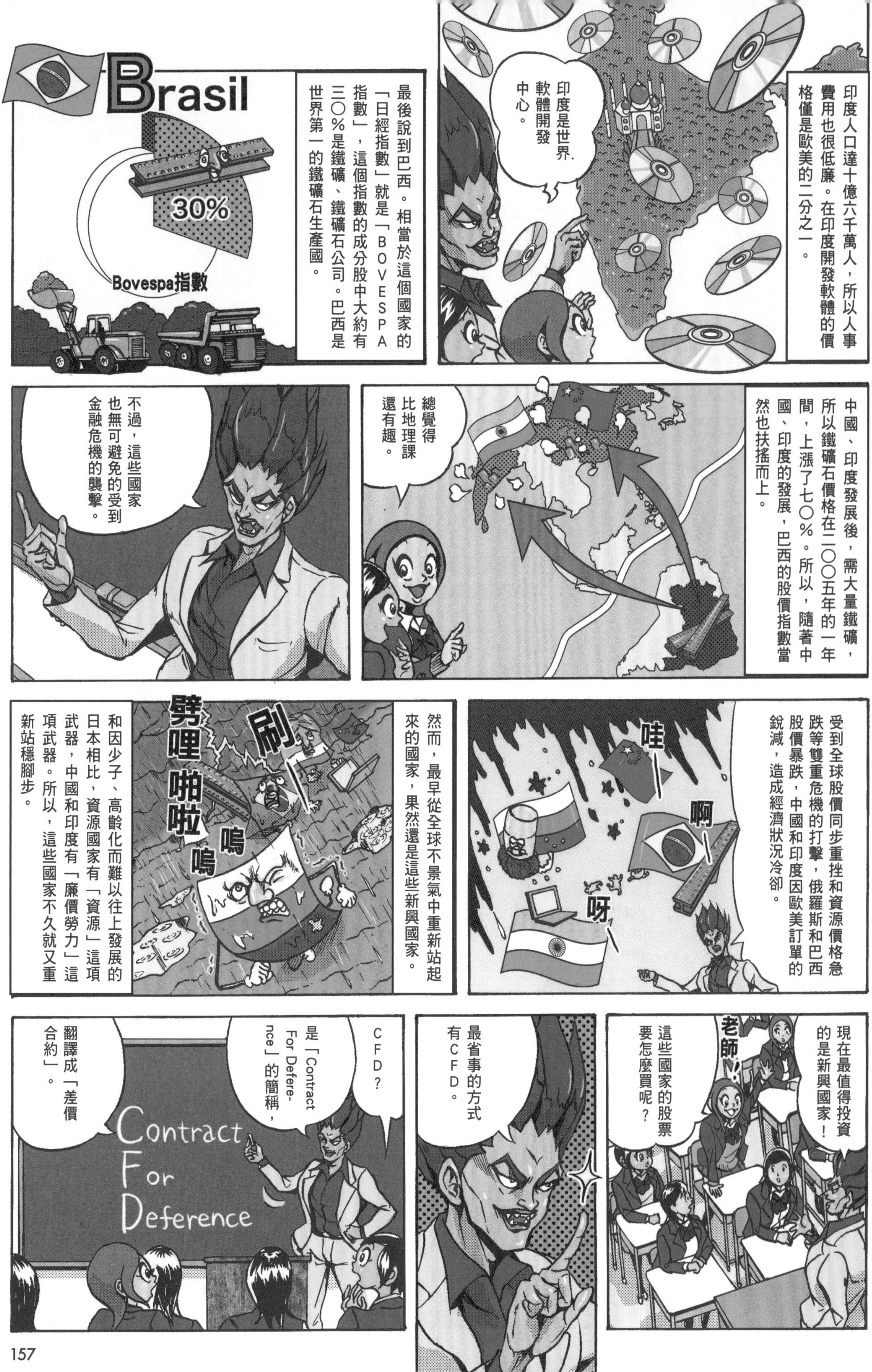

印度人口達十億六千萬人，所以人事費用也很低廉。在印度開發軟體的價格僅是歐美的二分之一。
印度是世界軟體開發中心。
Brasil
30%
Bovespa指數
最後說到巴西。相當於這個國家的「日經指數」就是「BOVESPA指數」，這個指數的成分股中大約有三〇％是鐵礦、鐵礦石公司。巴西是世界第一的鐵礦石生產國。
中國、印度發展後，需大量鐵礦，所以鐵礦石價格在二〇〇五年的一年間，上漲了七〇％。所以，隨著中國、印度的發展，巴西的股價指數當然也扶搖而上。
總覺得比地理課還有趣。
不過，這些國家也無可避免的受到金融危機的襲擊。
受到全球股價同步重挫和資源價格急跌等雙重危機的打擊，俄羅斯和巴西股價暴跌，中國和印度因歐美訂單的銳減，造成經濟狀況冷卻。
哇——
啊——
呀——
然而，最早從全球不景氣中重新站起來的國家，果然還是這些新興國家。
刷
劈哩啪啦
嗚
嗚
和因少子、高齡化而難以往上發展的日本相比，資源國家有「資源」這項武器，中國和印度有「廉價勞力」這項武器。所以，這些國家不久就又重新站穩腳步。
現在最值得投資的是新興國家！
老師！！
這些國家的股票要怎麼買呢？
最省事的方式有CFD。
CFD？
是「Contract For Deference」的簡稱，
翻譯成「差價合約」。
Contract For Deference

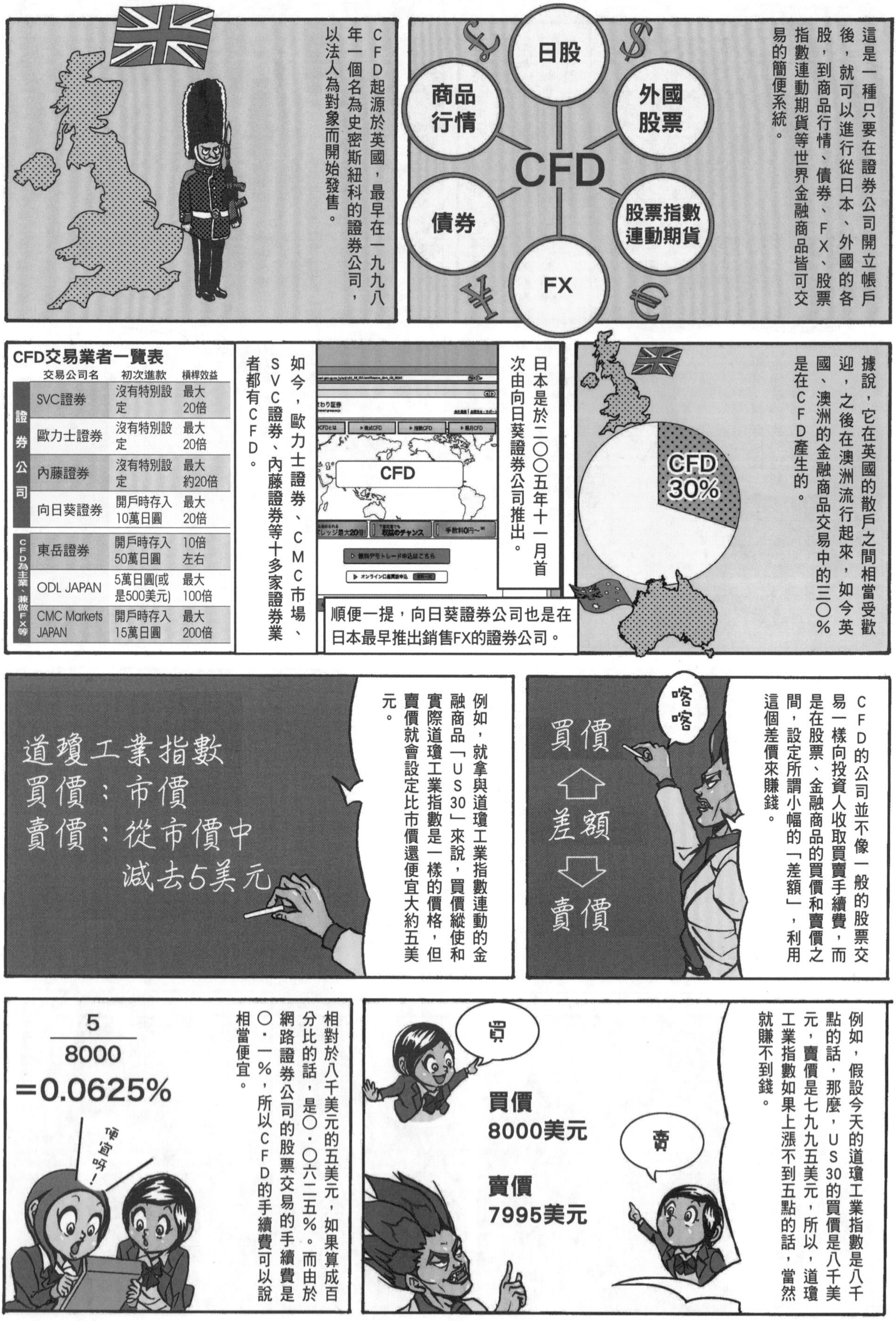
這是一種只要在證券公司開立帳戶後，就可以進行從日本、外國的各股，到商品行情、債券、FX、股票指數連動期貨等世界金融商品皆可交易的簡便系統。
CFD
日股
外國股票
股票指數連動期貨
FX
債券
商品行情
CFD起源於英國，最早在一九九八年一個名為史密斯紐科的證券公司，以法人為對象而開始發售。
據說，它在英國的散戶之間相當受歡迎，之後在澳洲流行起來，如今英國、澳洲的金融商品交易中的三〇%是在CFD產生的。
CFD 30%
日本是於二〇〇五年十一月首次由向日葵證券公司推出。
CFD
順便一提，向日葵證券公司也是在日本最早推出銷售FX的證券公司。
如今，歐力士證券、CMC市場、SVC證券、內藤證券等十多家證券業者都有CFD。
CFD的公司並不像一般的股票交易一樣向投資人收取買賣手續費，而是在股票、金融商品的買價和賣價之間，設定所謂小幅的「差額」，利用這個差價來賺錢。
喀喀
買價
差額
賣價
例如，就拿與道瓊工業指數連動的金融商品「US30」來說，買價縱使和實際道瓊工業指數是一樣的價格，但賣價就會設定比市價還便宜大約五美元。
道瓊工業指數
買價：市價
賣價：從市價中減去5美元
例如，假設今天的道瓊工業指數是八千點的話，那麼，US30的買價是八千美元，賣價是七九九五美元，所以，道瓊工業指數如果上漲不到五點的話，當然就賺不到錢。
買
買價 8000美元
賣價 7995美元
賣
相對於八千美元的五美元，如果算成百分比的話，是〇·〇六二五%。而由於網路證券公司的股票交易的手續費是〇·一%，所以CFD的手續費可以說相當便宜。
5/8000 =0.0625%
便宜呀！

CFD交易業者一覽表

	交易公司名	初次進款	槓桿效益
證券公司	SVC證券	沒有特別設定	最大20倍
證券公司	歐力士證券	沒有特別設定	最大20倍
證券公司	內藤證券	沒有特別設定	最大約20倍
證券公司	向日葵證券	開戶時存入10萬日圓	最大20倍
CFD為主業、兼做FX等	東岳證券	開戶時存入50萬日圓	10倍左右
CFD為主業、兼做FX等	ODL JAPAN	5萬日圓(或是500美元)	最大100倍
CFD為主業、兼做FX等	CMC Markets JAPAN	開戶時存入15萬日圓	最大200倍

除此之外，CFD還有一大特徵就是，有做CFD的公司並不是在全部市場買進下單的股票或外幣。
說到「開誠布公」，雖然為了規避風險，有的就依照顧客的命令下單，立刻在市場上買進外幣或股票，但CFD並不是一定要「開誠布公」。
下單
糟了，到哪兒買？
咻
開誠布公原則
CFD也有像賭馬簽注站的部分，也就是說，如果判斷不要買比較賺錢的話，就把這筆錢吞掉了也有可能。當然，這正是風險管理，把這比喻成簽注站是比較極端的說法。
沒買
不知道
喂
總之，CFD就是，顧客並非買進股票、外幣、金融商品，而是在證券公司開設的賭場裡，對於股票或外幣的價格上漲或下跌，投下賭注。
CFD
CFD
證券公司
啪
噠噠噠
噠噠噠
這就是CMC市場證券的顯示畫面。
markets-pro
在此，依序是國家的名稱。
請打開任何一個給我們看看吧！
真厲害！裡面有好多公司名稱沒聽過。
噠噠
是啊，在CFD上，可以直接對世界各國的各個公司股票投下賭注。
哇~
commodity是什麼？
是國際商品行情。
從原油，到生魚片、豬肉，什麼都可以交易。
當然也有FX、債券、股價指數、期貨等。

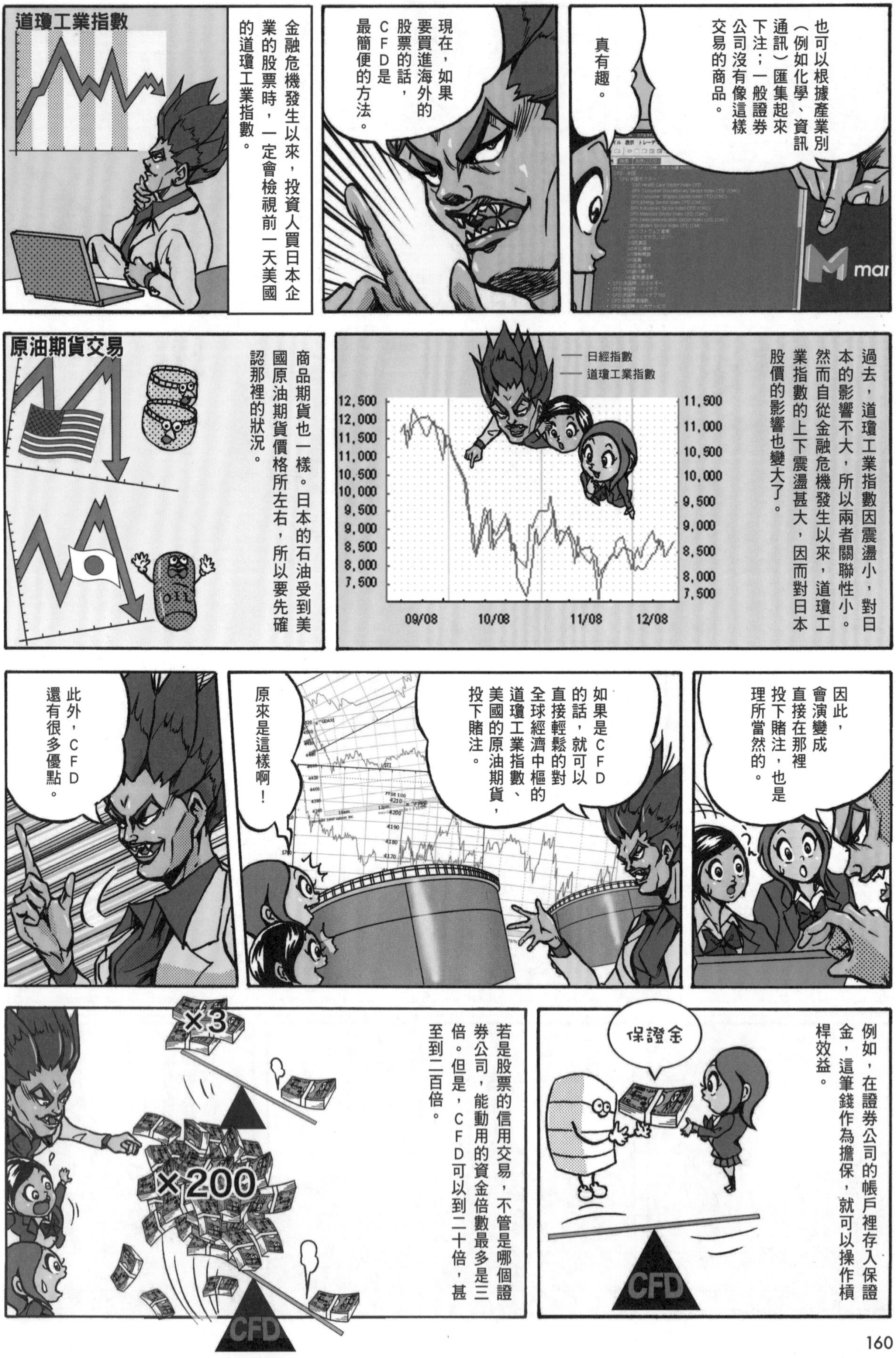

也可以根據產業別（例如化學、資訊通訊）匯集起來下注；一般證券公司沒有像這樣交易的商品。
真有趣。
現在，如果要買進海外的股票的話，CFD是最簡便的方法。
道瓊工業指數
金融危機發生以來，投資人買日本企業的股票時，一定會檢視前一天美國的道瓊工業指數。
過去，道瓊工業指數因震盪小，對日本的影響不大，所以兩者關聯性小。然而自從金融危機發生以來，道瓊工業指數的上下震盪甚大，因而對日本股價的影響也變大了。
日經指數
道瓊工業指數
12,500 12,000 11,500 11,000 10,500 10,000 9,500 9,000 8,500 8,000 7,500
11,500 11,000 10,500 10,000 9,500 9,000 8,500 8,000 7,500
09/08 10/08 11/08 12/08
原油期貨交易
商品期貨也一樣。日本的石油受到美國原油期貨價格所左右，所以要先確認那裡的狀況。
因此，會演變成直接在那裡投下賭注，也是理所當然的。
如果是CFD的話，就可以直接輕鬆的對全球經濟中樞的道瓊工業指數、美國的原油期貨，投下賭注。
原來是這樣啊！
此外，CFD還有很多優點。
例如，在證券公司的帳戶裡存入保證金，這筆錢作為擔保，就可以操作槓桿效益。
保證金
CFD
若是股票的信用交易，不管是哪個證券公司，能動用的資金倍數最多是三倍。但是，CFD可以到二十倍，甚至到二百倍。
×3
×200
CFD

所謂的「保證金維持率」是設定好的，槓桿操作買進的股票，當股價下跌到低於保證金所規定的比率時，就會採強制清償，該股票會被自動賣掉回補；這點和股票的信用交易是一樣的。
砰
1,000日圓
1,000股
100萬日圓
保證金
10萬日圓
CFD ×10
哇啊啊……
日圓
1100
1000
950
900
股價下跌
50日圓
保證金減少
5萬日圓元
保證金維持率
50%
強制清償
5萬日圓
接下來，就如我之前教你們的，在股票交易上有所謂的「放空」，也就是先把股價似乎會下跌的股票賣掉，之後，再把賣掉的分買回，然後賺取下跌的部分。
賣
1,000日圓
1,000股
100萬日圓
股價
下跌之後
買回
800日圓
1,000股
80萬日圓
20萬日圓
賺到20萬日圓
散戶在網路證券上如果打算「放空」股票，需要較麻煩的手續。尤其要放空海外的股票，基本是不可能的。
很難耶！
嗯！
然而，以CFD來說，不僅國內，就連海外的股票，也和「買進」的感覺一樣，可以簡單的進行「放空」。所以即使是空方市場，使用CFD獲利的機會仍然很大。
此外，CFD還有一個優點，就是二十四小時都可以買進世界任何一個地方的股票、商品。
CFD
OPEN
24
例如，大阪證券交易所推出和日經指數連動的所謂「日經225」的股價指數期貨商品，在日本一般證券公司的買賣時間是，早上九點到下午三點三十分，以及晚間時段的下午四點半到晚上八點之間。
日經225期貨
9:00
15:30
16:30
20:00
CFD
9:00
11:00
12:30
15:10
17:00
翌 6:15
哇————啊
但「日經225」除了大證外，新加坡和芝加哥的證券交易所也都有推出，所以，CFD幾乎不會中斷，可以從早上九點開始進行買賣到第二天早上六點十五分。
「就業失業統計」、「GDP」等對股票、匯兌的價格變動會有重大影響的經濟指標，大多在日本晚上九點後公布。
公布GDP
21:00
鏘鏘鏘鏘……
%
回到家、吃飽飯後，從這個時候開始進行交易，時間剛好。
來賺一把吧！
若是CFD的話，不論想賣出或買進世界數十個國家的商品，都可以隨時自由買賣。

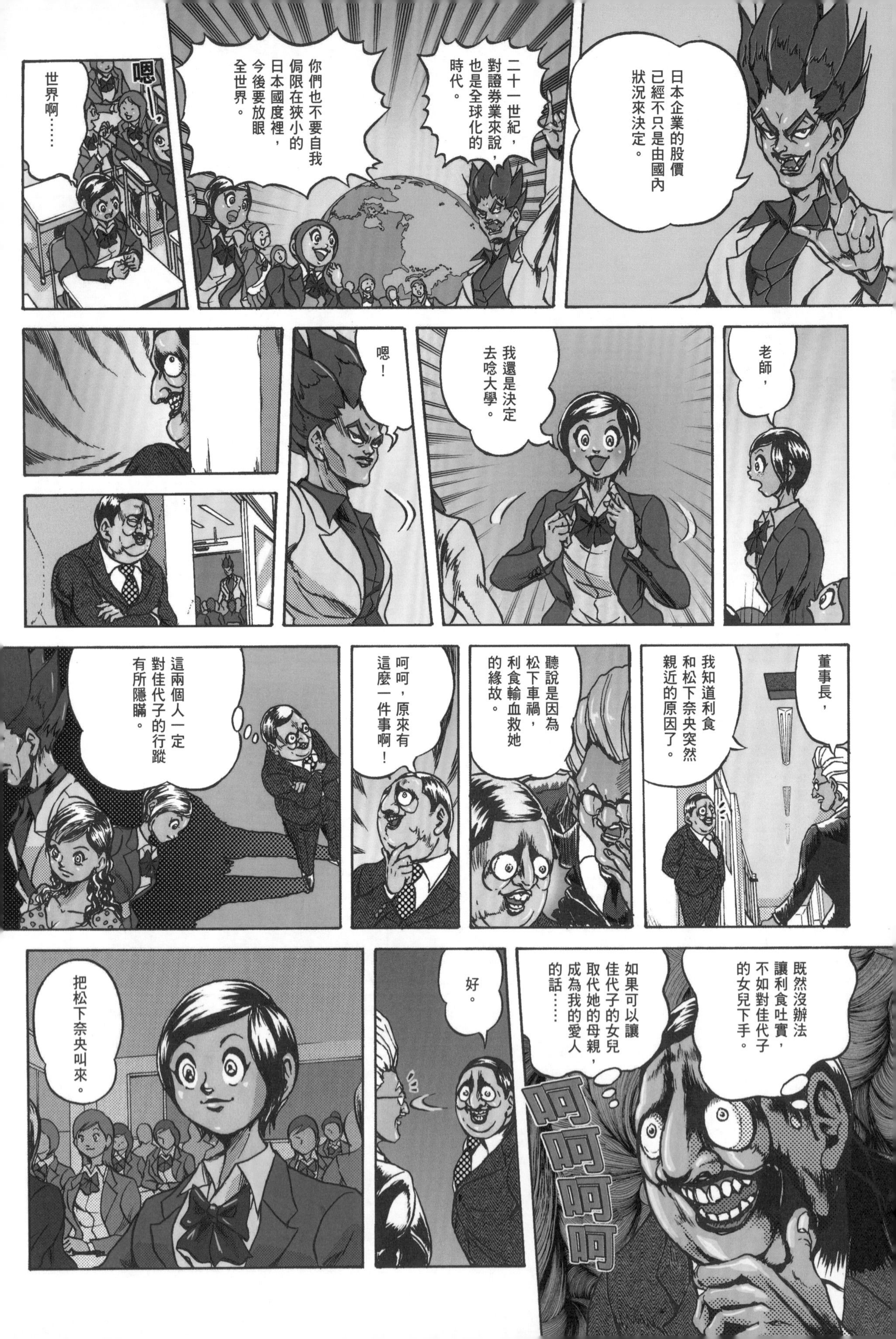
日本企業的股價已經不只是由國內狀況來決定。
二十一世紀，對證券業來說，也是全球化的時代。
你們也不要自我侷限在狹小的日本國度裡，今後要放眼全世界。
嗯——
世界啊……
老師，
我還是決定去唸大學。
嗯！
董事長，
我知道利食和松下奈央突然親近的原因了。
聽說是因為松下車禍，利食輸血救她的緣故。
呵呵，原來有這麼一件事啊！
這兩個人一定對佳代子的行蹤有所隱瞞。
既然沒辦法讓利食吐實，不如對佳代子的女兒下手。
如果可以讓佳代子的女兒取代她的母親，成為我的愛人的話……
呵呵呵呵
好。
把松下奈央叫來。

補習課程 ⑩
香港與中國股市的買賣

沒有高中生買外國股票的方法嗎？
視證券公司而定，有的也可以讓高中生買外國股票。

以外國股票中，最受歡迎的中國股票為例來說明吧！中國有三個證券交易所，分別在上海、深圳、香港。

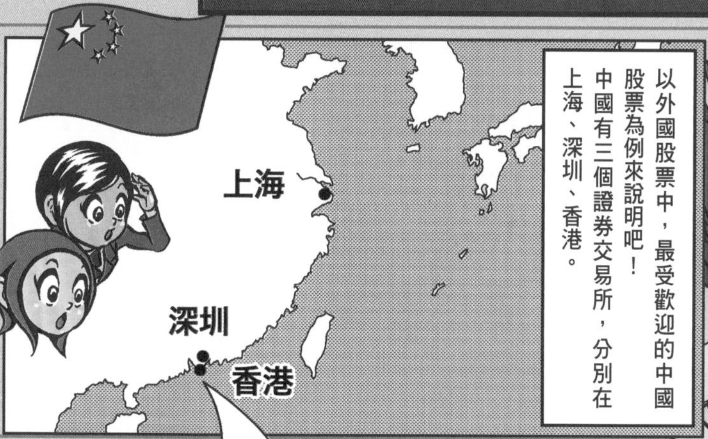

上海
深圳
香港

內地的上海和深圳推出所謂的A股和B股這兩種股票。

	交割	誰可以買？	企業數
A股	人民幣	只有中國人	上海約830 深圳約560
B股	美元、港幣	中國人、外國人都可以	上海、深圳加起來約50

此外，特別行政區香港的證券交易所所推出的股票有三種。

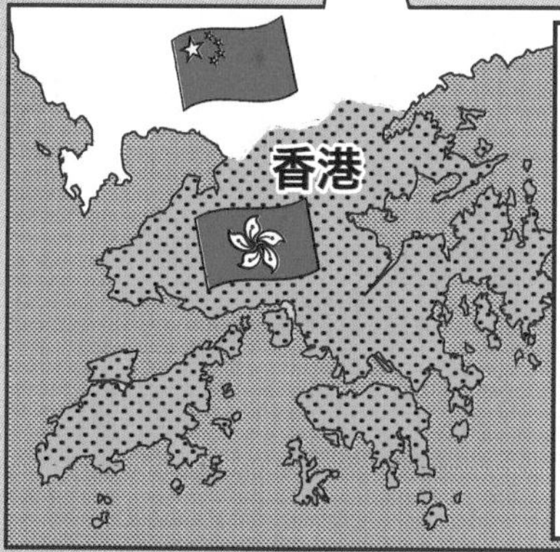

香港

一種是總公司在中國內地，但在香港的證券交易所掛牌上市，這種公司的股票稱為「H股」。

H股
上市！

一種是總公司在香港、但三〇%以上的股份是由中資所持有的，這種公司的股票稱為「紅籌股」。

紅籌股
30%
總公司

還有一種是香港當地企業的股票。

當地企業股

這三種當中，尤其重要的是「H股」。
H股

對中國內地的企業而言，與其在內地掛牌上市，還不如在香港掛牌上市，因為這樣比較容易集資，因此在香港市場掛牌上市的公司不少。在香港市場裡，如今不僅日本，連世界各國都來投資。說到中國股票，一般是指這種「H股」。接下來要說的，就是你們透過一般的網路證券公司也能買到的「H股」。

附帶一提的是，若想買「H股」，首先必須在證券公司開設普通國內股票用的帳戶。

國內股用

之後，有別於這個帳戶，另外開設「H股」用的港幣交易的中國股票帳戶。

H股用

其中，也有像樂天證券一樣，不用特別的申請手續，一旦開設國內用帳戶，同時就自動開設外國股票用帳戶。儘管如此，一般還是按照下列的順序。

楽天
楽天証券

開設中國股票用帳戶的手續和國內帳戶的手續基本上相同，把寄來的必要文件填好，再郵寄出去就可以了。

開戶申請書
姓名
住址
通訊處
印鑑
POST

開設帳戶後，要把錢存進去。這時，沒有必要特意存入港幣。只要從普通的國內帳戶把資金轉到中國股票用帳戶，然後系統就會自動以當天的匯率兌換為港幣。

存入
好！

接著，選擇個股來進行買賣，等資金回到國內帳戶時，系統同樣會以這天的匯率兌換為日幣。買賣H股的手續費比國內的股票交易高一點，不過最近也逐漸降低。

真方便！

在此要注意的是，香港股市沒有漲跌幅限制、沒有認可信用交易的擔保等，這和日本國內股票交易的規定有些不同。

那印度、巴西的個股交易又是如何呢？

有所謂「美國存託憑證」的方式。因為美國證券市場是世界第一大，所以美國以外的國家的公司股票也以「存託憑證（ADR）」的形態在此進行買賣，也因此才有可能從日本買到這些股票。

存託憑證
ADR
買！

手續和開設中國股票用帳戶一樣。除了開設國內帳戶外，還必須另外開設存託憑證用的美金交易的美國股票帳戶。

ADR用

在外國股票上，如果具有外匯的變化、政治情勢不穩定等特有的國家問題，就是具有「國家風險」。
不要忘記，高獲利伴隨高風險哦！

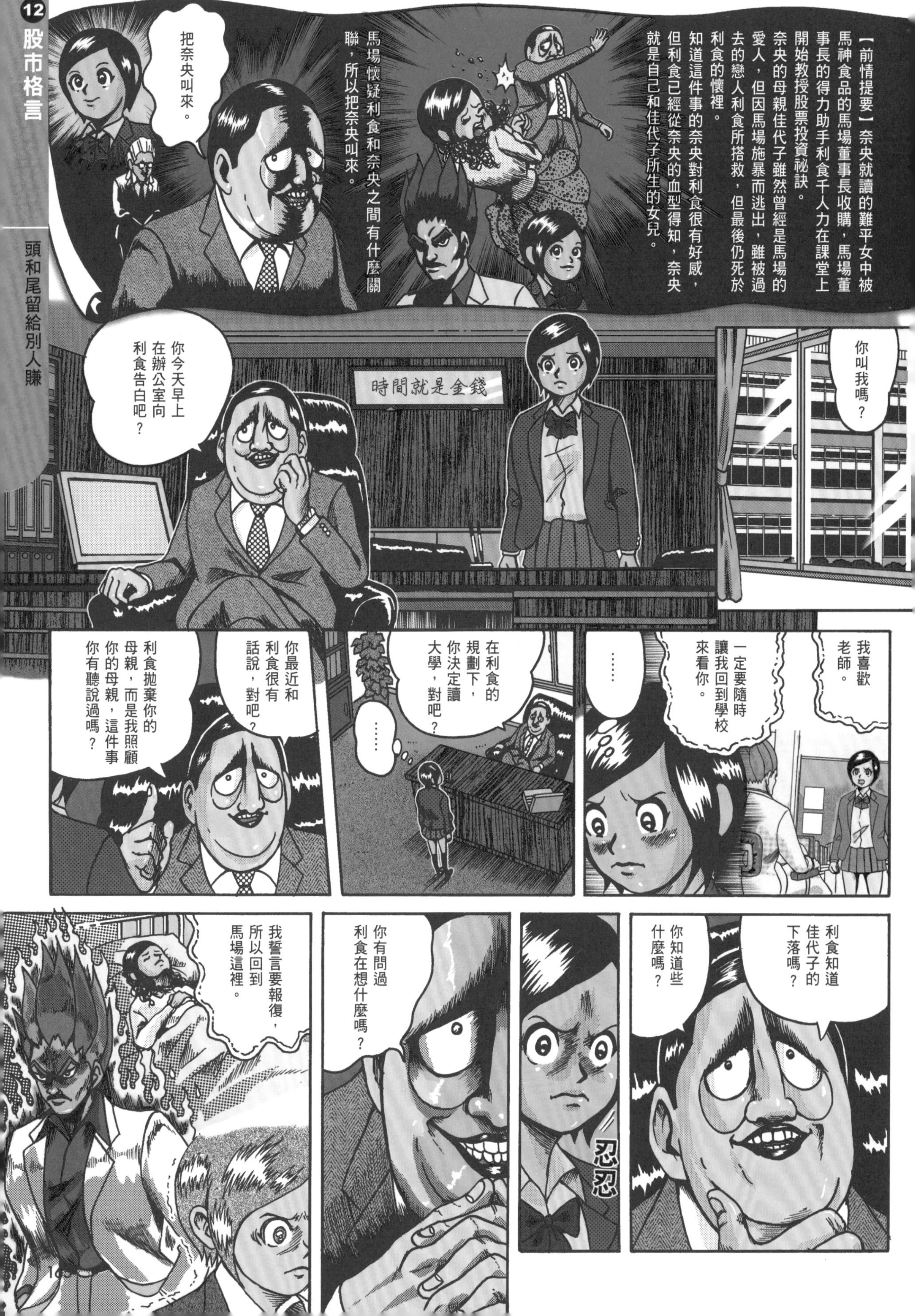
【前情提要】奈央就讀的難平女中被馬神食品的馬場董事長收購，馬場董事長的得力助手利食千人力在課堂上開始教授股票投資祕訣。奈央的母親佳代子雖然曾經是馬場的愛人，但因馬場施暴而逃出，雖被過去的戀人利食所搭救，但最後仍死於利食的懷裡。知道這件事的奈央對利食很有好感，但利食已經從奈央的血型得知，奈央就是自己和佳代子所生的女兒。
馬場懷疑利食和奈央之間有什麼關聯，所以把奈央叫來。
把奈央叫來。
你叫我嗎？
時間就是金錢
你今天早上在辦公室向利食告白吧？
我喜歡老師。
一定要隨時讓我回到學校來看你。
……
在利食的規劃下，你決定讀大學，對吧？
……
你最近和利食很有話說，對吧？
利食拋棄你的母親，而是我照顧你的母親，這件事你有聽說過嗎？
利食知道佳代子的下落嗎？
你知道些什麼嗎？
忍忍
你有問過利食在想什麼嗎？
我誓言要報復，所以回到馬場這裡。

12 股市格言

頭和尾留給別人賺

奈央，怎麼了？發生什麼事？
哇哇哇哇哇
董事長問了我一些關於我媽和老師的事情，
而且還說，要我畢業之後，做他的愛人。
我不要啊！
你不能被馬場那可惡的傢伙給玷污了，我覺得你未來前途似錦。
明天是高中最後一天上課，今天回去好好睡覺。
摸
嗯。
但在這之前……
咚
我給老師做飯。
我什麼都會做哦！你想吃什麼？
HOTEL
友希，高三留級嗎？還要再去學校一年，是很難受的。
才不呢，因為如果可以上利食的課的話，就能不斷獲利。
和進大學比起來，還是高中留級比較好。
YUKI

我要在高中留級期間，開始拚命賺錢，成為大富翁。
這樣一來，就可以養你這個死纏不放的傢伙哦！
撲
啊啊～
友希！
今天是這一年來最後的一堂課。
3-B
全體同學都達成最初一百萬的目標，我也感到心滿意足。
在這一年課業的最後，
我就教你們股票交易上的格言吧！
不要抓正在落下的劍，
劍插到地面後再拔起
認賠殺出千兩金
這些是之前在課堂上有教過的格言。
股票交易是有歷史傳統的，自古流傳下來的金科玉律除了這幾句之外，還有很多。
刷
刷
喀
喀
底
見底不是底
不見底卻是底
例如這句也是股市中有名的格言。
見底不是底，這是什麼？

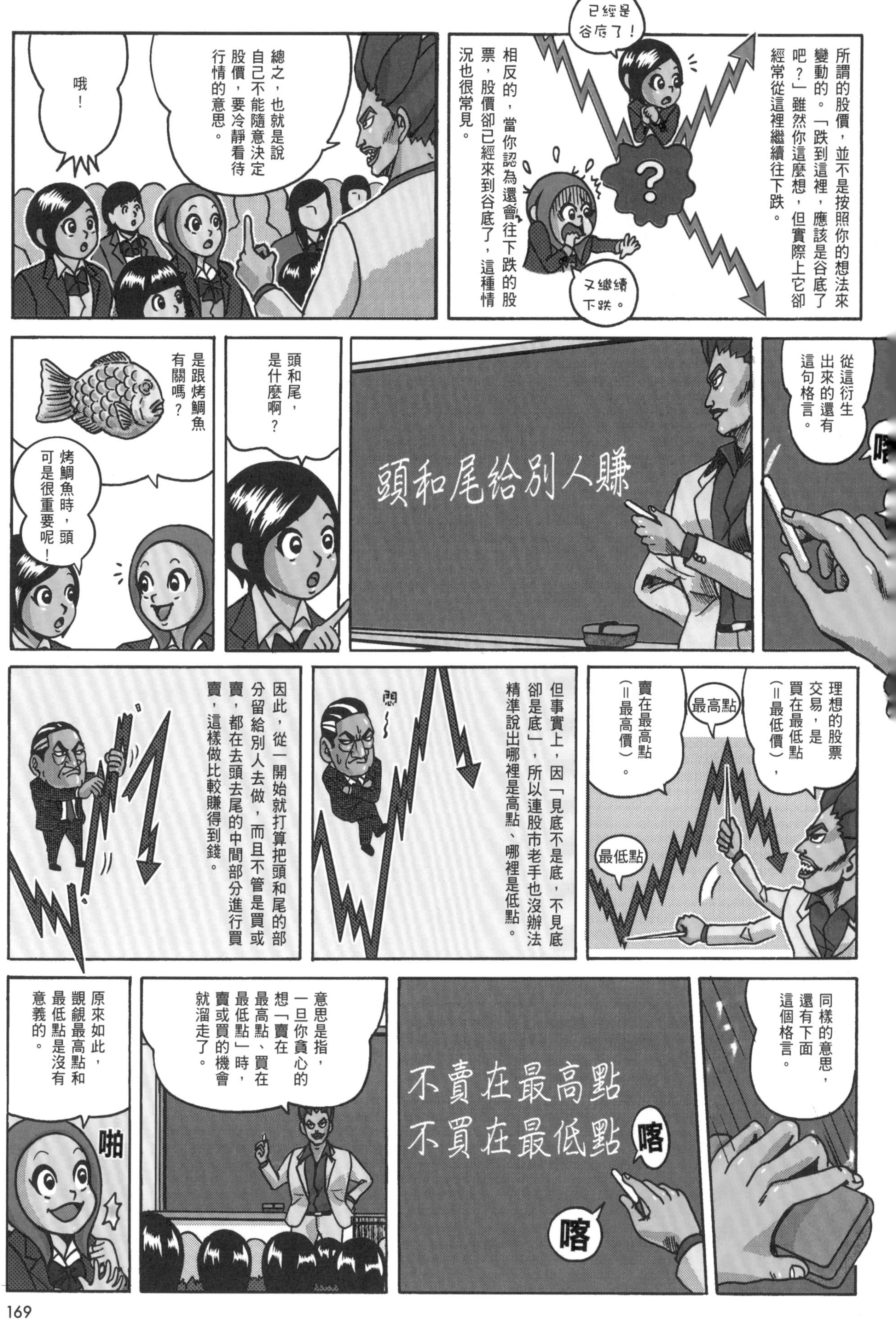

所謂的股價，並不是按照你的想法來變動的。「跌到這裡，應該是谷底了吧？」雖然你這麼想，但實際上它卻經常從這裡繼續往下跌。
已經是谷底了！
又繼續下跌。
相反的，當你認為還會往下跌的股票，股價卻已經來到谷底了，這種情況也很常見。
總之，也就是說自己不能隨意決定股價，要冷靜看待行情的意思。
哦！
從這衍生出來的還有這句格言。
頭和尾給別人賺
頭和尾，是什麼啊？
是跟烤鯛魚有關嗎？
烤鯛魚時，頭可是很重要呢！
理想的股票交易，是買在最低點（＝最低價），
賣在最高點（＝最高價）。
最高點
最低點
但事實上，因「見底不是底，不見底卻是底」，所以連股市老手也沒辦法精準說出哪裡是高點、哪裡是低點。
因此，從一開始就打算把頭和尾的部分留給別人去做，而且不管是買或賣，都在去頭去尾的中間部分進行買賣，這樣做比較賺得到錢。
同樣的意思，還有下面這個格言。
不賣在最高點
不買在最低點
喀
喀
意思是指，一旦你貪心的想「賣在最高點、買在最低點」時，賣或買的機會就溜走了。
原來如此，覬覦最高點和最低點是沒有意義的。
啪

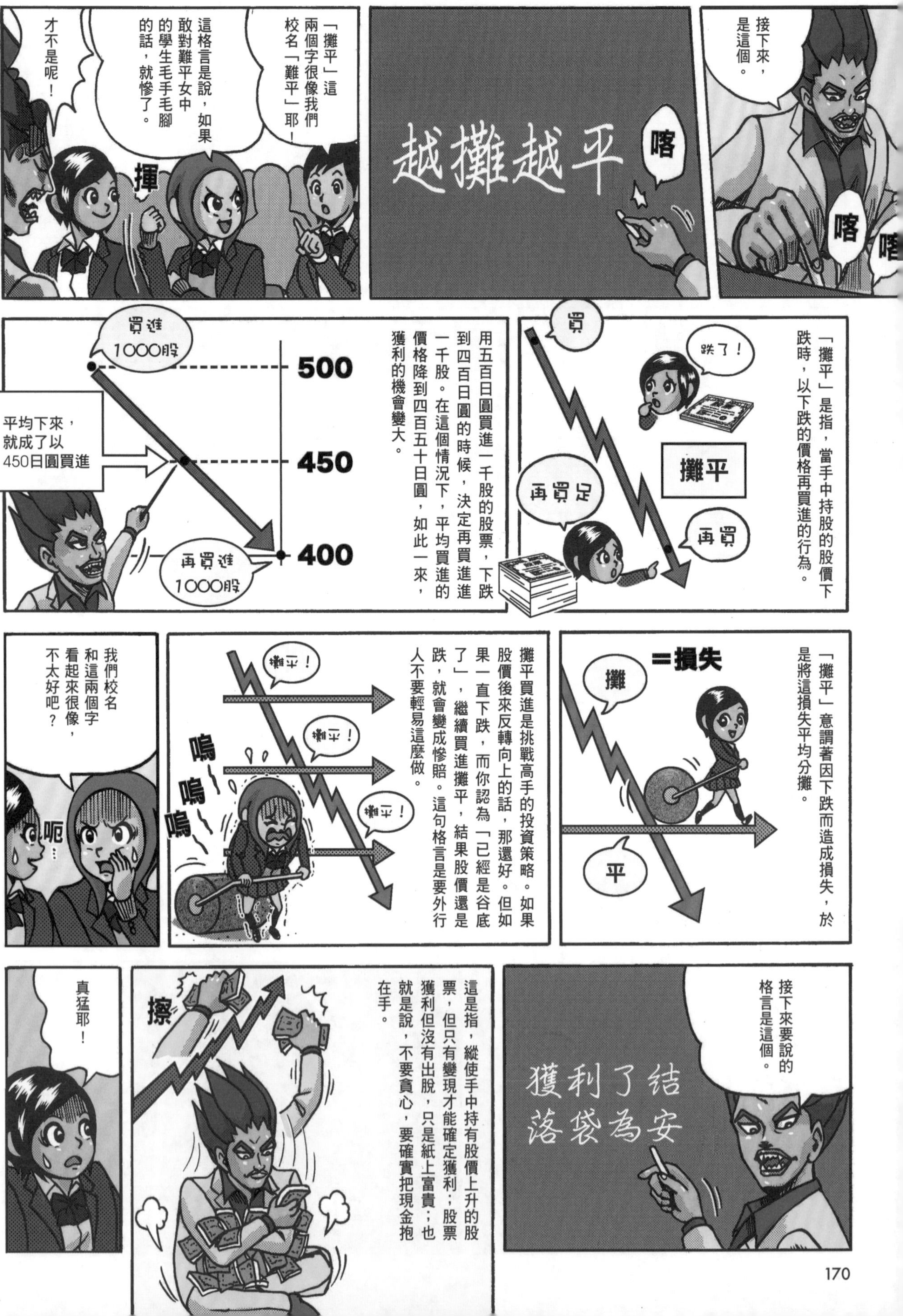

接下來，是這個。
喀
喀
喀
越攤越平
喀
「攤平」這兩個字很像我們校名「難平」耶！
這格言是說，如果敢對難平女中的學生毛手毛腳的話，就慘了。
揮
才不是呢！
「攤平」是指，當手中持股的股價下跌時，以下跌的價格再買進的行為。
買
跌了！
攤平
再買足
再買
用五百日圓買進一千股的股票，下跌到四百日圓的時候，決定再買進進一千股。在這個情況下，平均買進的價格降到四百五十日圓，如此一來，獲利的機會變大。
買進 1000股
500
平均下來，就成了以450日圓買進
450
再買進 1000股
400
「攤平」意謂著因下跌而造成損失，於是將這損失平均分攤。
攤
=損失
平
攤平買進是挑戰高手的投資策略。如果股價後來反轉向上的話，那還好。但如果一直下跌，而你認為「已經是谷底了」，繼續買進攤平，結果股價還是跌，就會變成慘賠。這句格言是要外行人不要輕易這麼做。
攤平！
攤平！
攤平！
嗚～嗚～嗚～
我們校名和這兩個字看起來很像，不太好吧？
呃…
接下來要說的格言是這個。
獲利了結 落袋為安
這是指，縱使手中持有股價上升的股票，但只有變現才能確定獲利；股票獲利但沒有出脫，只是紙上富貴；也就是說，不要貪心，要確實把現金抱在手。
擦
真猛耶！

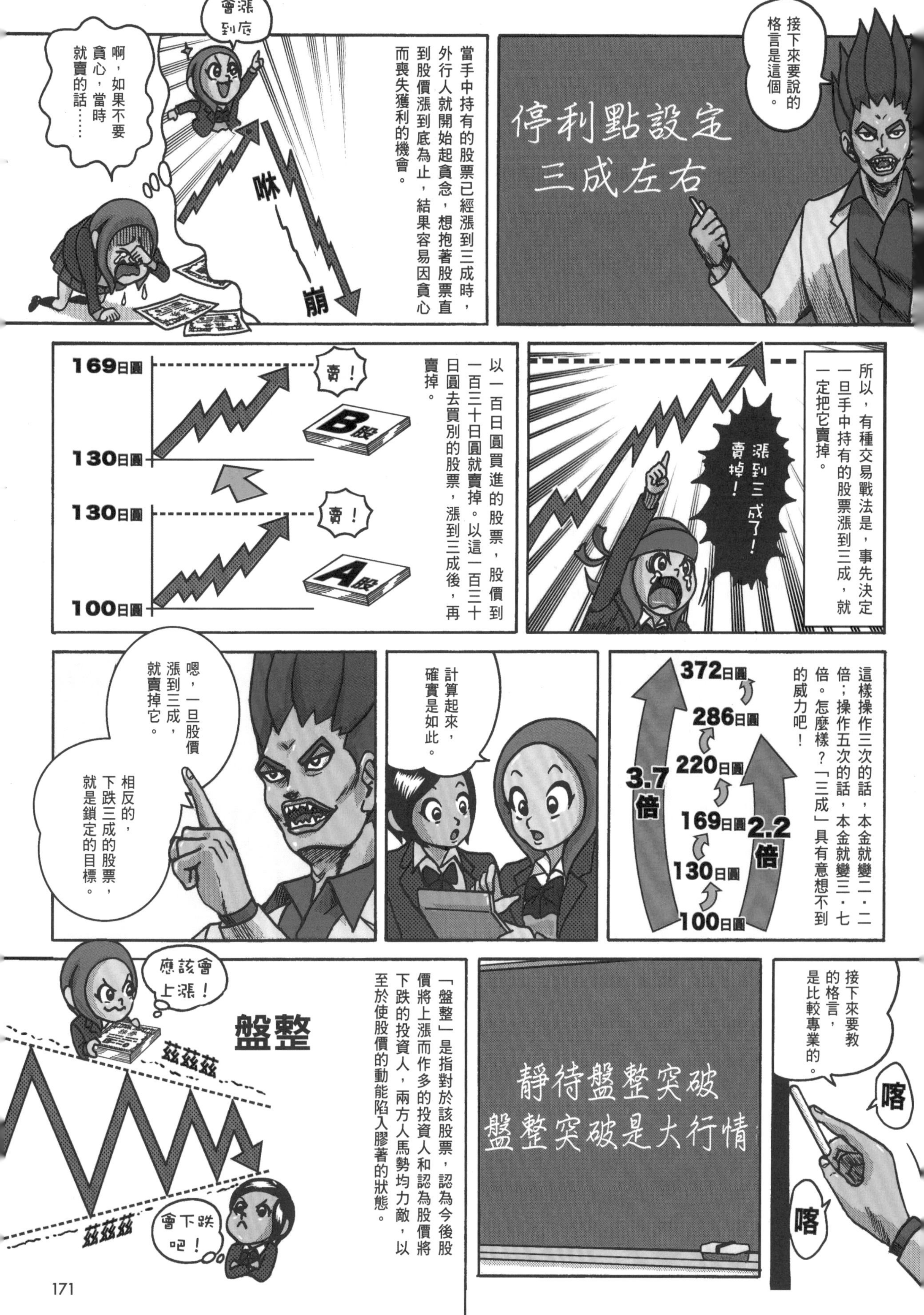
接下來要說的格言是這個。
停利點設定三成左右
當手中持有的股票已經漲到三成時，外行人就開始起貪念，想抱著股票直到股價漲到底為止，結果容易因貪心而喪失獲利的機會。
會漲到底
啊，如果不要貪心，當時就賣的話……
咻
崩
所以，有種交易戰法是，事先決定一旦手中持有的股票漲到三成，就一定把它賣掉。
漲到三成了！賣掉！
以一百日圓買進的股票，股價到一百三十日圓就賣掉。以這一百三十日圓去買別的股票，漲到三成後，再賣掉。
169日圓
賣！
B股
130日圓
130日圓
賣！
A股
100日圓
這樣操作三次的話，本金就變二．二倍；操作五次的話，本金就變三．七倍。怎麼樣？「三成」具有意想不到的威力吧！
372日圓
286日圓
220日圓
169日圓
130日圓
100日圓
3.7倍
2.2倍
計算起來，確實是如此。
嗯，一旦股價漲到三成，就賣掉它。
相反的，下跌三成的股票，就是鎖定的目標。
接下來要教的格言，是比較專業的。
喀
喀
靜待盤整突破
盤整突破是大行情
「盤整」是指對於該股票，認為今後股價將上漲而作多的投資人和認為股價將下跌的投資人，兩方人馬勢均力敵，以至於使股價的動能陷入膠著的狀態。
盤整
應該會上漲！
茲茲茲
茲茲茲
會下跌吧！

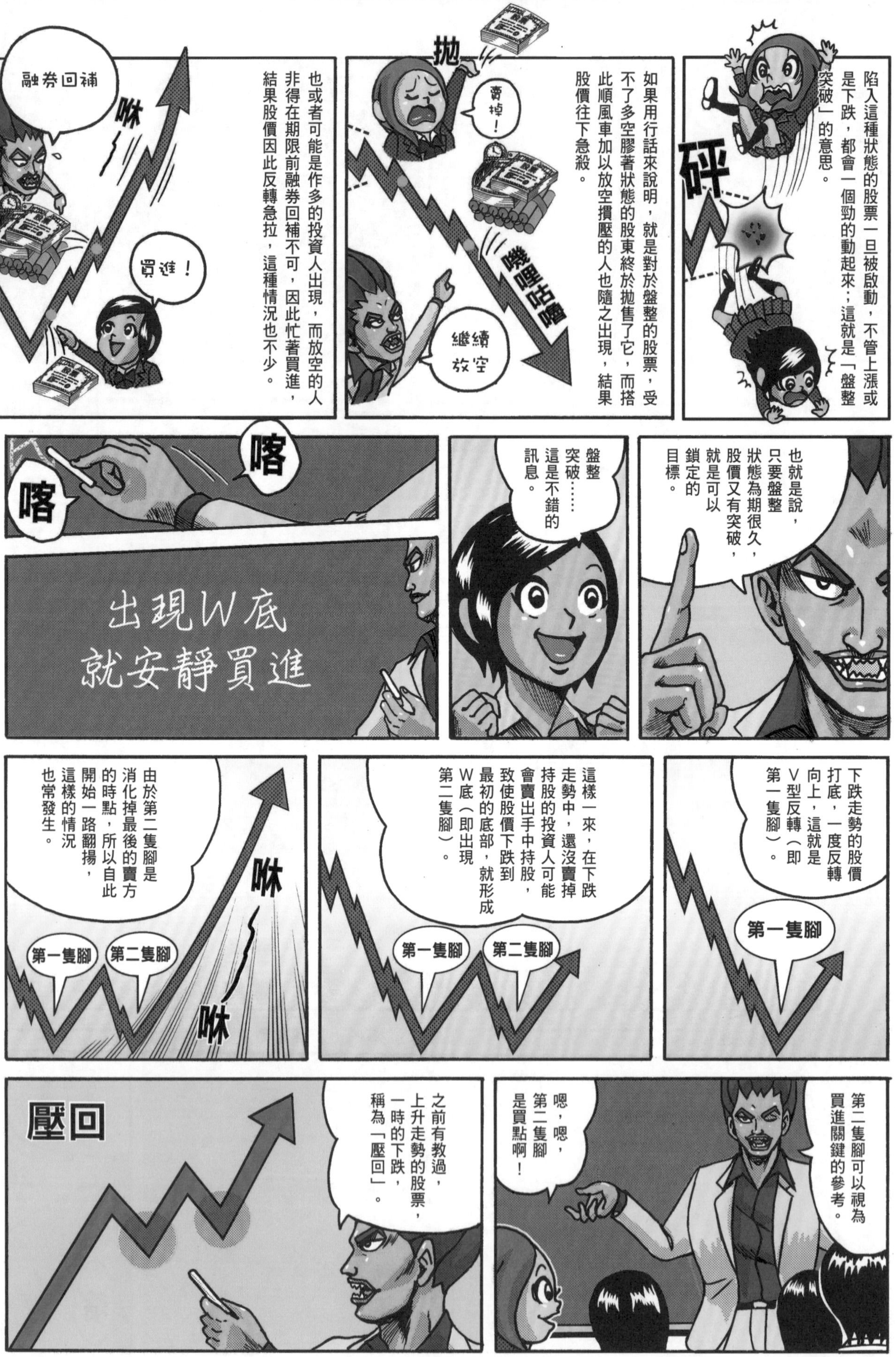

陷入這種狀態的股票一旦被啟動，不管上漲或是下跌，都會一個勁的動起來；這就是「盤整突破」的意思。
砰
如果用行話來說明，就是對於盤整的股票，受不了多空膠著狀態的股東終於拋售了它，而搭此順風車加以放空摜壓的人也隨之出現，結果股價往下急殺。
拋
賣掉！
嘰哩咕嚕
繼續放空
也或者可能是作多的投資人出現，而放空的人非得在期限前融券回補不可，因此忙著買進，結果股價因此反轉急拉，這種情況也不少。
融券回補
咻～
買進！
也就是說，只要盤整狀態為期很久，股價又有突破，就是可以鎖定的目標。
盤整突破……這是不錯的訊息。
喀
喀
出現W底
就安靜買進
下跌走勢的股價打底，一度反轉向上，這就是V型反轉（即第一隻腳）。
第一隻腳
這樣一來，在下跌走勢中，還沒賣掉持股的投資人可能會賣出手中持股，致使股價下跌到最初的底部，就形成W底（即出現第二隻腳）。
第一隻腳
第二隻腳
由於第二隻腳是消化掉最後的賣方的時點，所以自此開始一路翻揚，這樣的情況也常發生。
咻
咻
第一隻腳
第二隻腳
第二隻腳可以視為買進關鍵的參考。
嗯，嗯，第二隻腳是買點啊！
之前有教過，上升走勢的股票，一時的下跌，稱為「壓回」。
壓回

許多投資人想：
這股票似乎會再漲，但現在股價太高了。
稍跌下來，再來買吧！
於是決定等待壓回。
然而，大家都這麼想的股票，上升力道卻很強勁，不見它壓回。
咻
……
所以，
喀
喀
等待壓回
卻不壓回
有這麼一個格言。
嗯。
在技術分析的股價變動上，
喀
喀
有這麼一個格言。
上漲百日
下跌十日
這是說，所謂的股市行情，在上漲時，大致上就像畫出的山形一般緩步上升，而下跌卻是在一瞬間。
下跌十日！
上漲百日！
所以，「買進」的動作即使像這樣不慌不忙也沒關係，但停損要迅速。這就是指，
買進慢慢來
賣出要趁早
丟掉虧損部位
（＝開始下跌的股票）
也可以這麼說。
此外，股價在高點的期間短，打底的期間長。這就是指，
高點三日
築底百日
進一步來說，股價越是暴漲，下跌的幅度就越劇烈。這就是指，
谷底越深
山頂越高
這些都是股市格言。

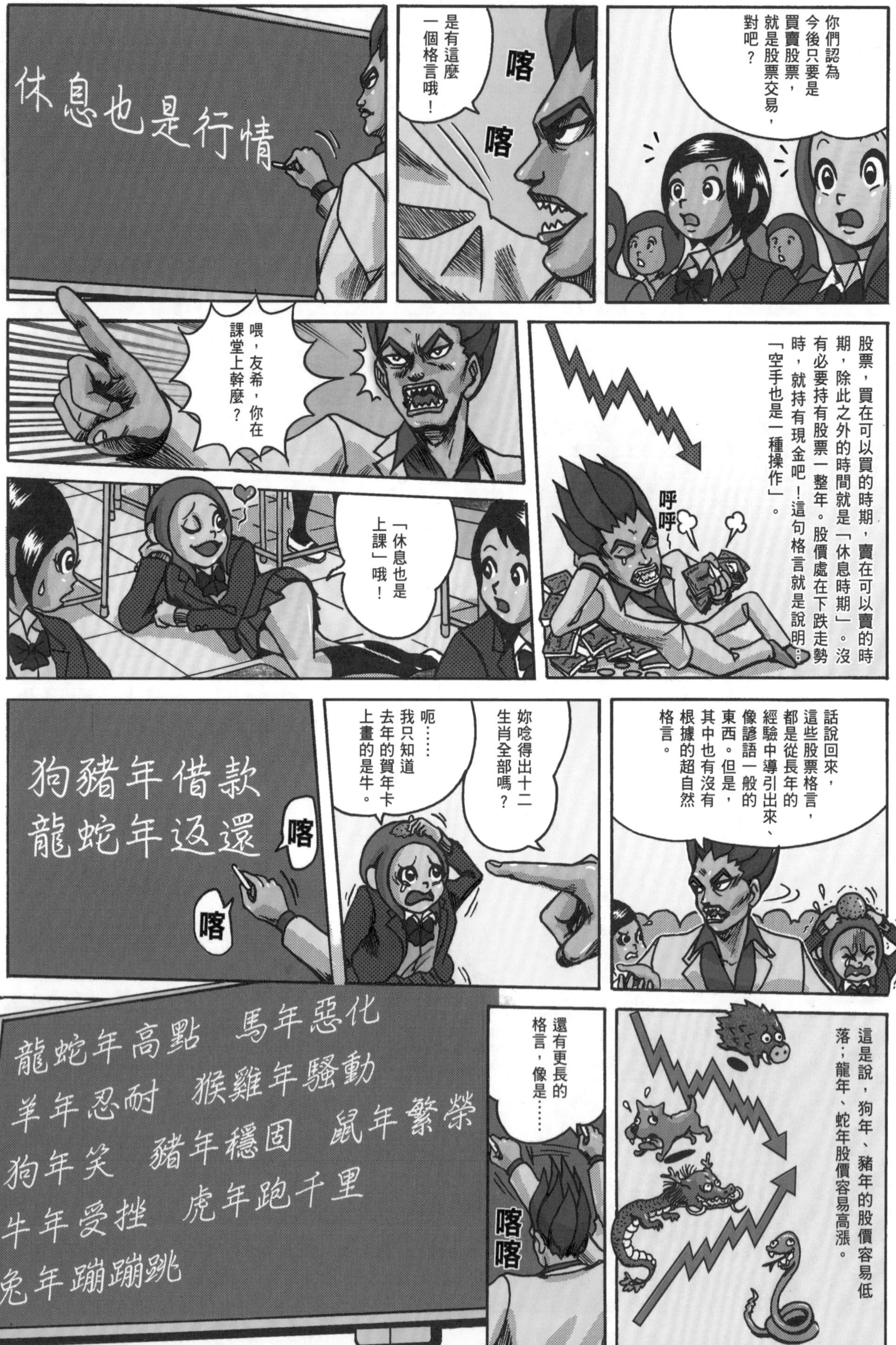
你們認為今後只要是買賣股票，就是股票交易，對吧？
喀
喀
是有這麼一個格言哦！
休息也是行情
股票，買在可以買的時期，賣在可以賣的時期，除此之外的時間就是「休息時期」。沒有必要持有股票一整年。股價處在下跌走勢時，就持有現金吧！這句格言就是說明「空手也是一種操作」。
呼呼～
喂，友希，你在課堂上幹麼？
「休息也是上課」哦！
話說回來，這些股票格言，都是從長年的經驗中導引出來、像諺語一般的東西。但是，其中也有沒有根據的超自然格言。
妳唸得出十二生肖全部嗎？
呃……我只知道去年的賀年卡上畫的是牛。
狗豬年借款
龍蛇年返還
喀
喀
這是說，狗年、豬年的股價容易低落；龍年、蛇年股價容易高漲。
還有更長的格言，像是……
喀喀
龍蛇年高點　馬年惡化
羊年忍耐　猴雞年騷動
狗年笑　豬年穩固　鼠年繁榮
牛年受挫　虎年跑千里
兔年蹦蹦跳

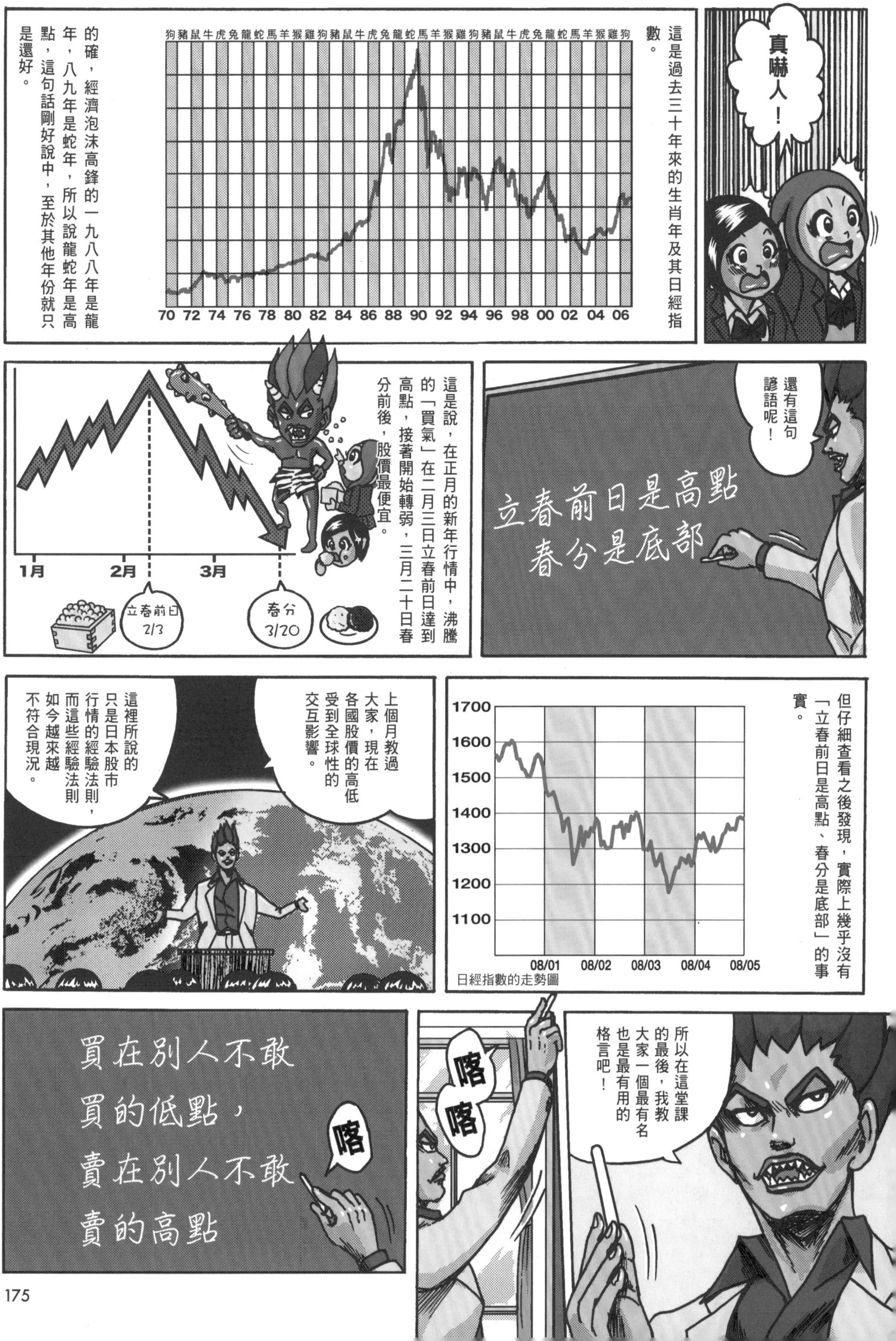
真嚇人！
這是過去三十年來的生肖年及其日經指數。
狗豬鼠牛虎兔龍蛇馬羊猴雞狗豬鼠牛虎兔龍蛇馬羊猴雞狗豬鼠牛虎兔龍蛇馬羊猴雞狗
70 72 74 76 78 80 82 84 86 88 90 92 94 96 98 00 02 04 06
的確，經濟泡沫高峰的一九八八年是龍年，八九年是蛇年，所以說龍蛇年是高點，這句話剛好說中，至於其他年份就只是還好。
還有這句諺語呢！
立春前日是高點
春分是底部
這是說，在正月的新年行情中，沸騰的「買氣」在二月三日立春前日達到高點，接著開始轉弱，三月二十日春分前後，股價最便宜。
1月
2月
3月
立春前日 2/3
春分 3/20
但仔細查看之後發現，實際上幾乎沒有「立春前日是高點、春分是底部」的事實。
1700
1600
1500
1400
1300
1200
1100
08/01 08/02 08/03 08/04 08/05
日經指數的走勢圖
上個月教過大家，現在各國股價的高低受到全球性的交互影響。
這裡所說的只是日本股市行情的經驗法則，而這些經驗法則，如今越來越不符合現況。
所以在這堂課的最後，我教大家一個最有名也是最有用的格言吧！
喀喀
喀
買在別人不敢買的低點，
賣在別人不敢賣的高點

大多數的情況是，大家都想買的受歡迎股票，已經來到高點區；相反的，大家都想賣的不受歡迎股票，卻正好來到底部區。因此，買進大家都想要的股票，賣出大家都想賣掉的股票，這樣絕對是賺不到錢的。
株券
想要的
不要的
這就是說，在股票市場中要賺到錢，要和別人有不一樣的看法。
嗯，和別人有不一樣的看法啊！
一整年來，我的股票課程，就到此結束。
噹～噹～噹～
噹～噹～噹～
龍猢猻木
1、2、3
耶
耶
畢業了！
奈央，恭喜妳畢業了。
利食對奈央……
我知道你一定有什麼企圖，我一定要抓到你的把柄。
然後把你特別關愛的那個松下奈央，
納入我的財產。

補習課程 11

更多的股市格言解說

股票格言真有趣耶！
其他還有幾個在實戰中有用的格言，我也教教你們吧！

月初不買股

過去證券公司的營業員在月初時都會有突破銷售的業績壓力，所以股價在月初時通常是高點，所以才會有這種格言。

啊
這個月也要加把勁兒的賣。
股票

事實上，在過去十五年間的統計顯示，每月一日和二日的股價的確明顯較高。所以買在這幾天最容易虧損。

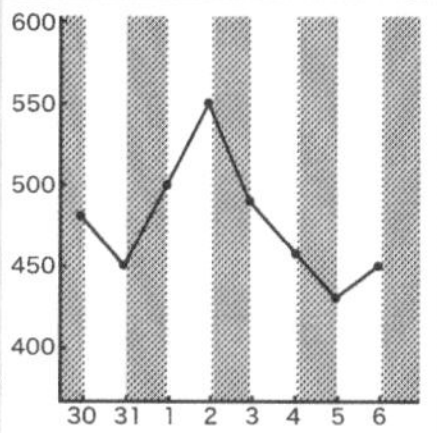

600
550
500
450
400
30 31 1 2 3 4 5 6

附帶一提，市場上有此一說，由於週末不知道會發生什麼事，所以星期五賣股票的人不少，股價容易下跌。而在統計上顯示，這項說法完全吻合。

分成兩次買 分成兩次賣

這裡要教大家的是，股票的買賣應該慎重的分兩次來操作。

另外，我在課堂上教過「等待壓回，卻不壓回」這句格言，而這裡還有這麼一句格言……

初壓回買 初反彈賣

也是說，持續上升的股票，在股價第一次壓回時（即初壓回），是絕佳的買點。

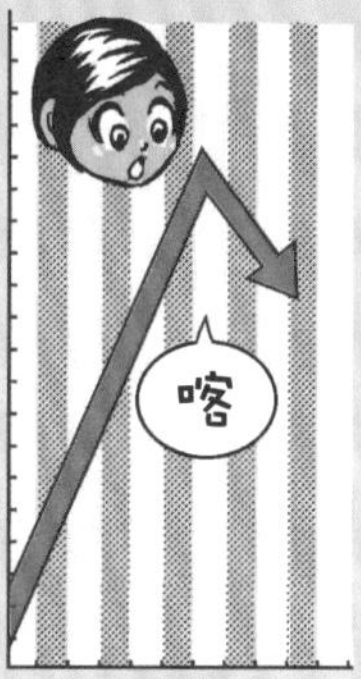

喀

初壓回

相反的，持續下降的股票，在股價第一次回升時（即初反彈），是賣點。

咚

初反彈

因打算在第一次反彈時賣出而抱股等待，但結果一次反彈都沒有，股價就一股腦兒的下跌，這種情況也不少。有句格言就是這個意思。

等待反彈 卻不反彈

接下來要說的格言是這個。
空？

三空是賣點

這裡所謂的「空」，是指股價開始一天比一天高，完全沒有下跌到前一日價位的狀態，稱為「跳空缺口」。
差不多該賣了吧！
1日
2日
3日
這樣的狀態連續三天後，投資人開始認為「差不多該賣了」，就突然拋售，獲利了結。
也有格言是針對像你們這樣的初學者。
不要碰不熟悉的股票
這是說，初學者要買自己熟悉的公司的股票，不要買和生活沒有直接關係、不知道在做什麼的公司的股票。
啊，我知道！
不買低價股不賣高價股
股價高的股票，有它漲到這麼高的理由，低價股票也有它變低價的理由。所以，不能說它低價就該買，也不能說它高價就該馬上賣。簡單來說，也意味著不要逆勢，而要順勢買進的意思。
消息靈通者也有失靈之時
股市的謠言真假難辨，也無法確認，一頭栽進消息面肯定倒楣！也就是說，提早知道消息，也未必一定可以賺到錢。
關於消息，也有這樣的格言。
看報紙做股票為時已晚
這是說，不管什麼題材公諸於世時，股價的反應就已經結束了，對股價不會有什麼影響。
接下來以一句格言做總結。
冬天買草帽
這是說，股票最好在沒有人注意的時候買進，受大家注目的時候賣出。這和我在課堂上教的「買在別人不敢買的低點，賣在別人不敢賣的高點」有異曲同工之妙；和別人做同樣的事，在股市裡是賺不到錢的。
原來如此啊！

【前情提要】奈央就讀的難平女中被馬神食品的馬場董事長收購，董事長馬場的得力助手利食千人力在課堂上教授股票投資祕訣。奈央的母親佳代子曾離家出走，成為馬場的愛人，但因馬場施暴而逃出，雖受過去的戀人利食所搭救，但最後仍死於利食的懷裡。
奈央知道真相之後，對利食產生了好感，而利食則發現奈央就是自己的女兒。春天來臨後，奈央高中畢業，靠著獎學金進入大學。另一方面，奈央的好朋友友希因貪玩而留級。
悶
押目大学
要不要和超辣的高中女生約會啊？
我很可愛哦！

13 合併與收購

提防對手收購的攻防戰

友希，在別人的學校裡不要這樣啦！
尷尬
但是有好多不錯的男人耶！
我也把這所學校當作目標吧！
不要用這種理由來選擇學校啦！
嘰哩呱啦
嘰哩呱啦
奈央，你從剛才就一直在看什麼？是花邊新聞嗎？
鏘
鏘
日本經濟新聞
ドリルメンチ証券、アサリビール買収か
TOB方針変えず
是日經報紙喔！
真厲害！
我在大學讀經濟，將來想成為一流的基金經理人。
不過，還是利食老師的課比較精彩。
嗯！
你呢？新的班級如何？
我們高中在去年不是改變經營，整個課程煥然一新嗎？
因此，馬場在春假的時候，把學校給改建了。不過……
咦？
新學期就要開始了，工程卻還沒結束。
……

喂，奈央，你有在聽我說話嗎？
在那裡和外國人說話的，不就是利食嗎？
啊，真的是耶！
老師。
哦，是奈央和友希啊！
為什麼來我學校呢？
笑
我來向普智理教授，請教關於美國最新的M&A稅務系統。
Nice to meet you.
我叫做普智理，請多多指教。
哇，你國語說得真好！
我在貴國待了十五年了。
M&A是什麼？
美國的巧克力名稱吧？
那是M&M。
丟—
M&A是「合併和收購」的簡稱。
Mergers And Acquisitions

所謂的買股，也就是部分買下某公司。
M&A是指，全盤買下這家公司。
全盤買下公司？真厲害！
普智理教授是M&A專家嗎？
如果說專家，也算是吧！
經濟泡沫化時，我擔任美國的證券公司的員工，為了掠奪日本企業而來到日本。
那不就是禿鷹嗎？
在稍早的報紙上引發議論的爽快啤酒收購案，也是M&A嗎？
是的！
ドリルメンチ証券、アサリビール買収か
TOB方針変え
報上寫到的TOB是什麼啊？
這由我來說明吧！
股東根據自己持有的股份，而獲得對該公司行使的各種權利。當然，持有的股份越多，權利也就越大。
股票
1%
舉例來說，持有某個公司的股份一%以上，就可以在這家公司的股東大會上提案。
股東大會
關於○○XX
3%
持有三%以上，就可以閱覽和謄寫這家公司的帳簿。
3%
持有三%以上的股份達六個月以上，就可以召開股東大會，請求解任董事。
把這傢伙炒魷魚！
34%
持有三四%以上，就可以在股東大會上對提出的議案行使否決權。
否決！
關於○○XX
關於○○XX

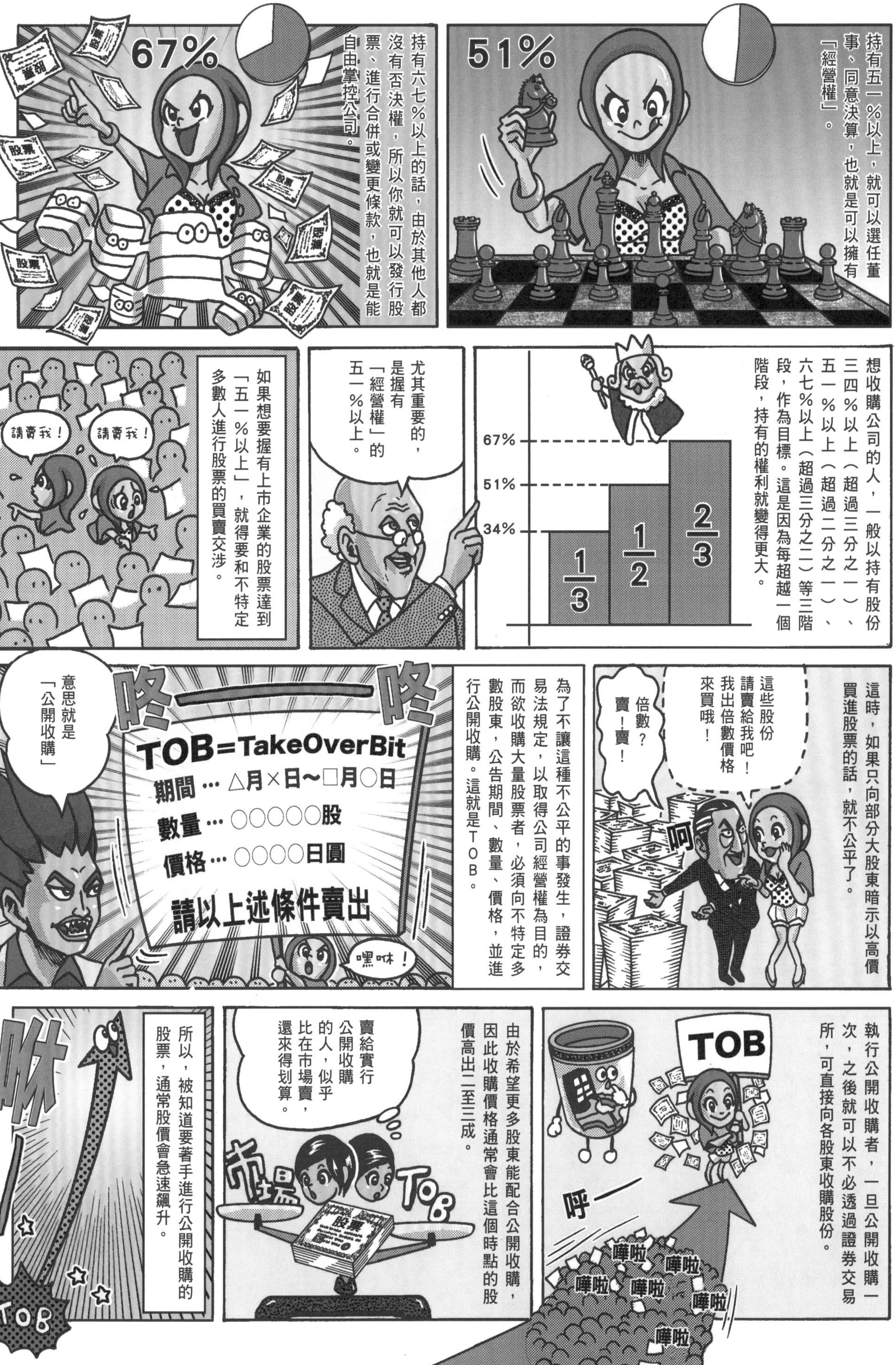
51%
持有五一%以上，就可以選任董事、同意決算，也就是可以擁有「經營權」。
67%
持有六七%以上的話，由於其他人都沒有否決權，所以你就可以發行股票、進行合併或變更條款，也就是能自由掌控公司。
股票
想收購公司的人，一般以持有股份三四%以上（超過三分之一）、五一%以上（超過二分之一）、六七%以上（超過三分之二）等三階段，作為目標。這是因為每超越一個階段，持有的權利就變得更大。
67%
51%
34%
1/3
1/2
2/3
尤其重要的，是握有「經營權」的五一%以上。
如果想要握有上市企業的股票達到「五一%以上」，就得要和不特定多數人進行股票的買賣交涉。
請賣我！
請賣我！
這時，如果只向部分大股東暗示以高價買進股票的話，就不公平了。
這些股份請賣給我吧！我出倍數價格來買哦！
倍數？賣！賣！
呵
為了不讓這種不公平的事發生，證券交易法規定，以取得公司經營權為目的，而欲收購大量股票者，必須向不特定多數股東，公告期間、數量、價格，並進行公開收購。這就是TOB。
咚——咚
TOB=TakeOverBit
期間…△月×日～□月○日
數量…○○○○○股
價格…○○○○日圓
請以上述條件賣出
意思就是「公開收購」
嘿咻！
執行公開收購者，一旦公開收購一次，之後就可以不必透過證券交易所，可直接向各股東收購股份。
TOB
呼—
嘩啦
嘩啦
嘩啦
嘩啦
嘩啦
嘩啦
由於希望更多股東能配合公開收購，因此收購價格通常會比這個時點的股價高出二至三成。
賣給實行公開收購的人，似乎比在市場賣，還來得划算。
市場
TOB
股票
所以，被知道要著手進行公開收購的股票，通常股價會急速飆升。
咻—
TOB

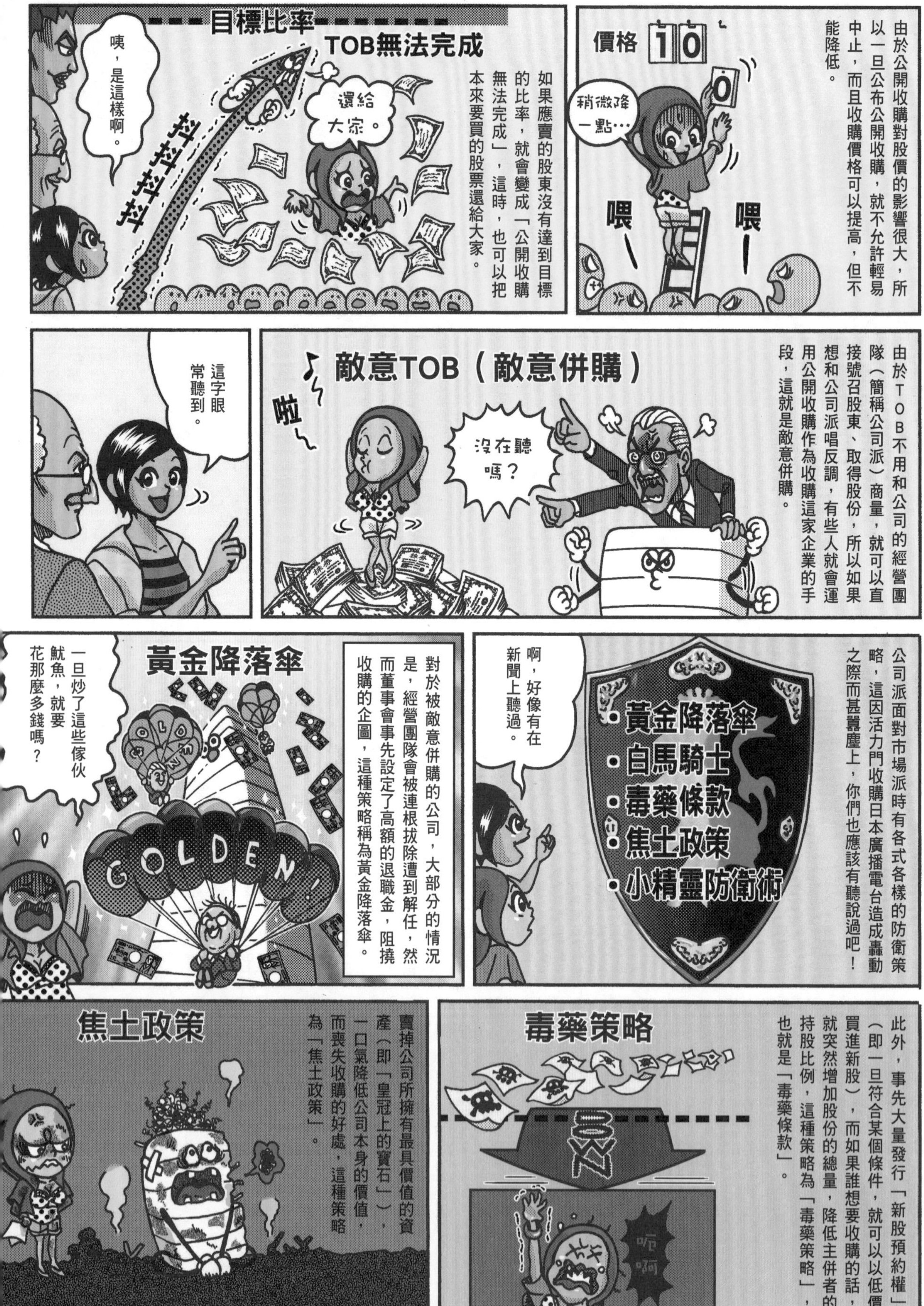
由於公開收購對股價的影響很大，所以一旦公布公開收購，就不允許輕易中止，而且收購價格可以提高，但不能降低。
價格 10
0
稍微降一點…
喂—
喂—
目標比率
TOB無法完成
如果應賣的股東沒有達到目標的比率，就會變成「公開收購無法完成」，這時，也可以把本來要買的股票還給大家。
還給大家。
抖抖抖抖
咦，是這樣啊。
由於TOB不用和公司的經營團隊（簡稱公司派）商量，就可以直接號召股東、取得股份，所以如果想和公司派唱反調，有些人就會運用公開收購作為收購這家企業的手段，這就是敵意併購。
敵意TOB（敵意併購）
啦~
沒在聽嗎？
這字眼常聽到。
公司派面對市場派時有各式各樣的防衛策略，這因活力門收購日本廣播電台造成轟動之際而甚囂塵上，你們也應該有聽說過吧！
．黃金降落傘
．白馬騎士
．毒藥條款
．焦土政策
．小精靈防衛術
啊，好像有在新聞上聽過。
黃金降落傘
對於被敵意併購的公司，大部分的情況是，經營團隊會被連根拔除遭到解任，然而董事會事先設定了高額的退職金，阻撓收購的企圖，這種策略稱為黃金降落傘。
GOLDEN
一旦炒了這些傢伙魷魚，就要花那麼多錢嗎？
毒藥策略
此外，事先大量發行「新股預約權」（即一旦符合某個條件，就可以以低價買進新股），而如果誰想要收購的話，就突然增加股份的總量，降低主併者的持股比例，這種策略為「毒藥策略」，也就是「毒藥條款」。
呃啊
焦土政策
賣掉公司所擁有最具價值的資產（即「皇冠上的寶石」），一口氣降低公司本身的價值，而喪失收購的好處，這種策略為「焦土政策」。

被併者對抗主併者，反過來收購公司，這種策略為「小精靈防衛術」。
接下來，對身為被併者的公司派來說，得到與公司友好的企業，以更高額的公開收購，反過來併購公司，這種策略就叫「白馬騎士」。
名稱一個比一個有趣耶！
白馬騎士該不會也來到我身邊吧？
之前，日興證券被美國的花旗集團以公開收購方式併購，
這案子也算是敵意併購嗎？
不。這是日興證券向花旗銀行尋求救濟，
花旗集團對日興證券而言，並非敵人。
這案子也算是敵意併購嗎？
這算是典型的案例。
鑽頭絞肉證券併購爽快啤酒
TOB方針変えず
這家公司想收購爽快啤酒，它打算要做什麼？
鑽頭絞肉這家公司就是所謂「鮪魚的掮客」。由於不是廚師，所以壓根就無意自己烹調鮪魚。從一開始就以轉賣的目的，打算從中央批發市場採購鮪魚。
DM
鮪魚
公司是鮪魚！
鮪魚一旦採購放著，就會完全腐壞，所以只能賣給別人。
公司也會腐壞呀？
就像鑽頭絞肉一樣，有些收購者從一開始就以轉賣為目的，並沒有經營公司的意願，
DM
這種人稱為「公司的掮客」，也就是「greenmailer（收購股票的投機客）」。
而「greenmailer」一詞是在威脅、敲詐的黑函「mailer」再加上美元紙幣的顏色，所創造出來的詞彙。

收購股票的投機客把買來的公司賣掉，其流向基本上有三個。
其他同業
一是同業的別家公司。如果例如把爽快啤酒賣給其他啤酒公司，這樣買下爽快啤酒的公司，可望提高生產線效率，並增加競爭力的相乘效果。以賣方來看，這樣是最有利的。
瀰
瀰
ASARI
生
轉賣
SP
美國私募基金SPJSF曾經在二〇〇六年十一月，併購碗麵大廠「明星食品」後，再轉賣給其他同業：日清食品，就是個典型的例子。
CUP NOODLE
夜店の焼
其他業種
第二個賣掉的去處是其他業種的公司，例如把爽快啤酒賣給不具有飲料部門的食品公司，或是同樣賣飲料、但賣的是不具酒精成分的罐裝咖啡公司等。
CURRY
COFFEE
第三種選擇是，威脅被併購公司說：「我要把你轉賣給你料想不到的公司喔」，然後讓爽快啤酒自己再次把自己買回去。
把你賣給怪怪的投資基金！
嗚哇——
請不要！
DM
這樣的買賣會賺到錢嗎？
爽快啤酒的股價比實質價值高，所以與其買賣股票，還不如買賣公司來得更賺錢。
原來如此。
嗯～
其實這樣的交易，並不是要擴展企業的業績並提升股價，所以若有人賺到錢，
就一定有人虧損賠錢。
誰賠錢了呢？
指
就是你。
耶，我？

就是像你們這樣的散戶。
在市場上賺錢的必勝法則就是，創造「絕對資訊落差」；也就是說，掌握散戶無法得知的重要訊息。
哇，買這支股票。
呵呵呵，我們正好握有訊息呢！
賣，賣！
呵呵呵
嘻嘻嘻
收購公司這件事，只不過是被創造出來的絕對資訊落差。因為已經著手收購的一方就握有絕對的訊息。
資訊落差
咚
舉例來說，業績不好的B公司打算不要用公開收購方式募集股票，再把股票賣給A公司。
A
B
喘喘
B公司拚命發布不良債券、不良存貨的負面題材，把股價壓低，A公司便能以低價加以併購。
這個啊、那個啊！
但原屬於B公司的小股東則因為不清楚此資訊，所以手上的股票價值自然下跌。
好，收購。
搞定了。♥
哈哈
在我的印象中，富豪（VOLVO）要收購日產柴油時，就是這種感覺。
真差勁
雷克斯控股
不久前，擁有「牛角」餐廳的雷克斯控股……
茲茲
以事業的多角化為目標，逐步的併購ampm、成城石井、紅龍蝦餐廳，投資客對此看好，一時之間股價大飆漲。
ampm
成城石井
Red Lobster

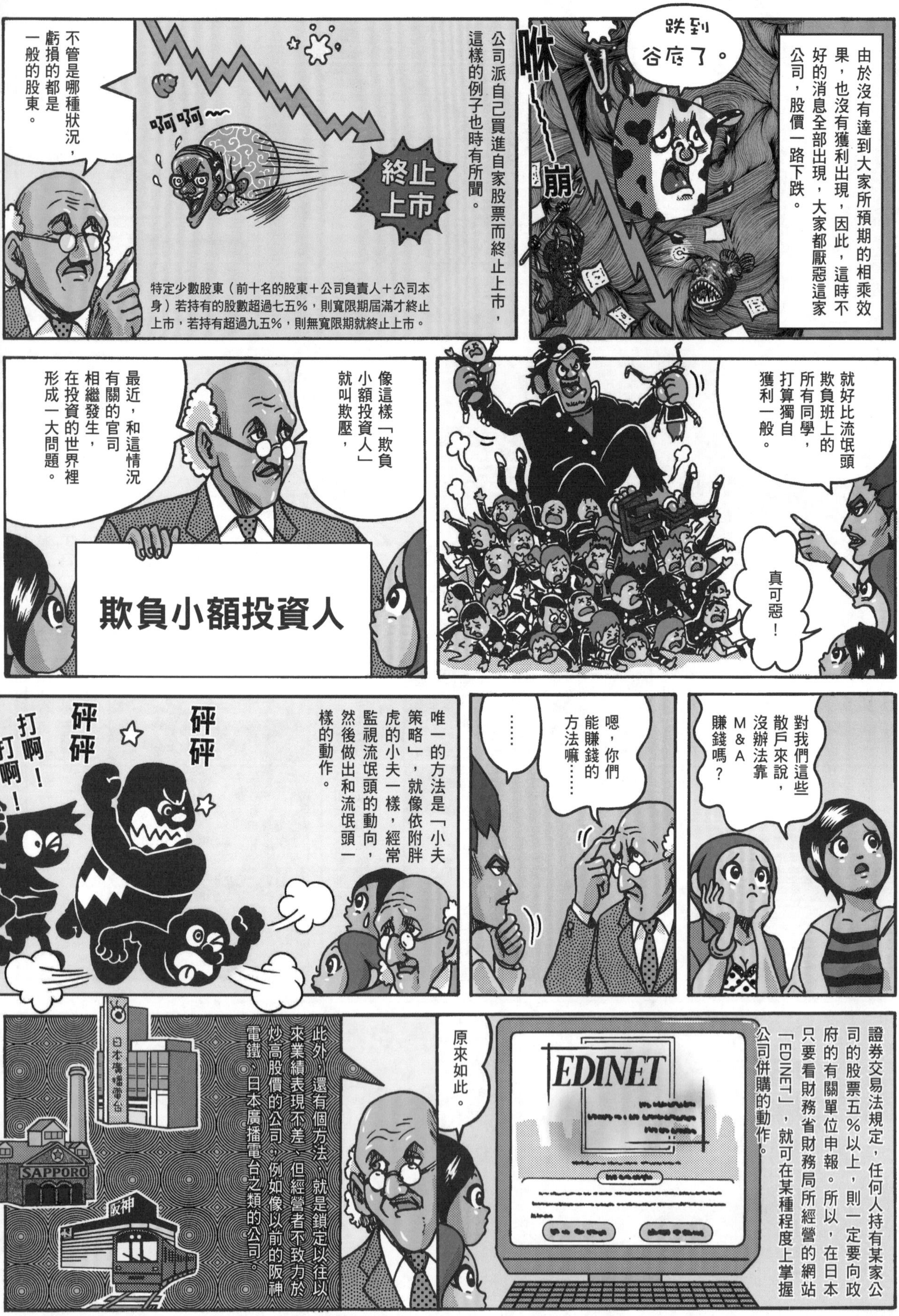
由於沒有達到大家所預期的相乘效果，也沒有獲利出現，因此，這時不好的消息全部出現，大家都厭惡這家公司，股價一路下跌。
跌到谷底了。
咻～～
崩
公司派自己買進自家股票而終止上市，這樣的例子也時有所聞。
啊啊～
終止上市
不管是哪種狀況，虧損的都是一般的股東。
特定少數股東（前十名的股東＋公司負責人＋公司本身）若持有的股數超過七五%，則寬限期屆滿才終止上市，若持有超過九五%，則無寬限期就終止上市。
就好比流氓頭欺負班上的所有同學，打算獨自獲利一般。
真可惡！
像這樣「欺負小額投資人」就叫欺壓，
最近，和這情況有關的官司相繼發生，在投資的世界裡形成一大問題。
欺負小額投資人
對我們這些散戶來說，沒辦法靠M&A賺錢嗎？
嗯，你們能賺錢的方法嘛……
……
唯一的方法是「小夫策略」，就像依附胖虎的小夫一樣，經常監視流氓頭的動向，然後做出和流氓頭一樣的動作。
砰砰
砰砰
打啊！
打啊！
證券交易法規定，任何人持有某家公司的股票五%以上，則一定要向政府的有關單位申報。所以，在日本只要看財務省財務局所經營的網站「EDINET」，就可在某種程度上掌握公司併購的動作。
EDINET
原來如此。
此外，還有個方法，就是鎖定以往以來業績表現不差、但經營者不致力於炒高股價的公司，例如像以前的阪神電鐵、日本廣播電台之類的公司。
日本廣播電台
SAPPORO
阪神

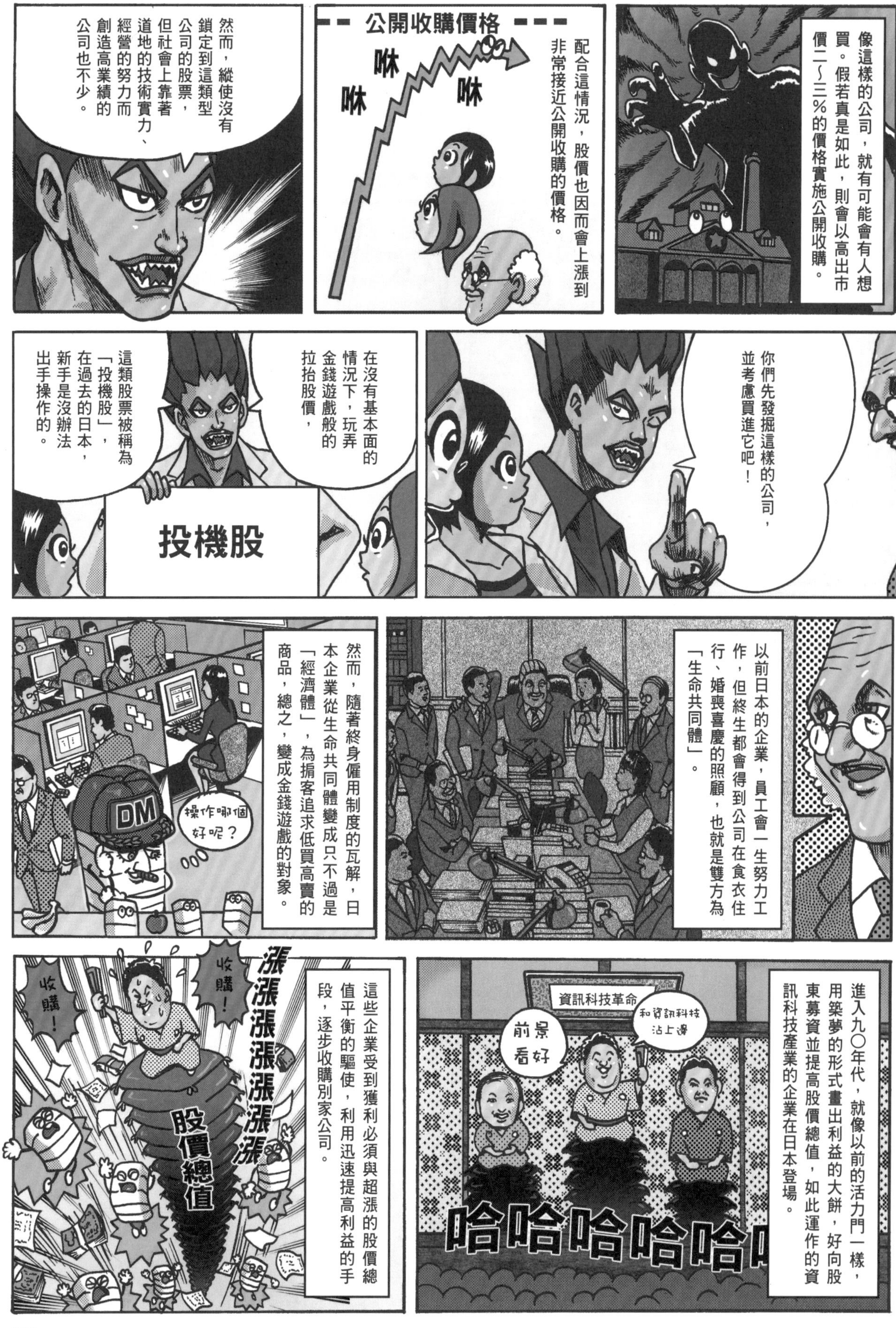
像這樣的公司，就有可能會有人想買。假若真是如此，則會以高出市價二～三%的價格實施公開收購。
公開收購價格
咻
咻
咻
配合這情況，股價也因而會上漲到非常接近公開收購的價格。
然而，縱使沒有鎖定到這類型公司的股票，但社會上靠著道地的技術實力、經營的努力而創造高業績的公司也不少。
你們先發掘這樣的公司，並考慮買進它吧！
在沒有基本面的情況下，玩弄金錢遊戲般的拉抬股價，
這類股票被稱為「投機股」，在過去的日本，新手是沒辦法出手操作的。
投機股
以前日本的企業，員工會一生努力工作，但終生都會得到公司在食衣住行、婚喪喜慶的照顧，也就是雙方為「生命共同體」。
然而，隨著終身僱用制度的瓦解，日本企業從生命共同體變成只不過是「經濟體」，為掮客追求低買高賣的商品，總之，變成金錢遊戲的對象。
DM
操作哪個好呢？
進入九〇年代，就像以前的活力門一樣，用築夢的形式畫出利益的大餅，好向股東募資並提高股價總值，如此運作的資訊科技產業的企業在日本登場。
資訊科技革命
和資訊科技沾上邊
前景看好
哈哈哈哈哈
這些企業受到獲利必須與超漲的股價總值平衡的驅使，利用迅速提高利益的手段，逐步收購別家公司。
漲漲漲漲漲漲漲
收購！
收購！
股價總值

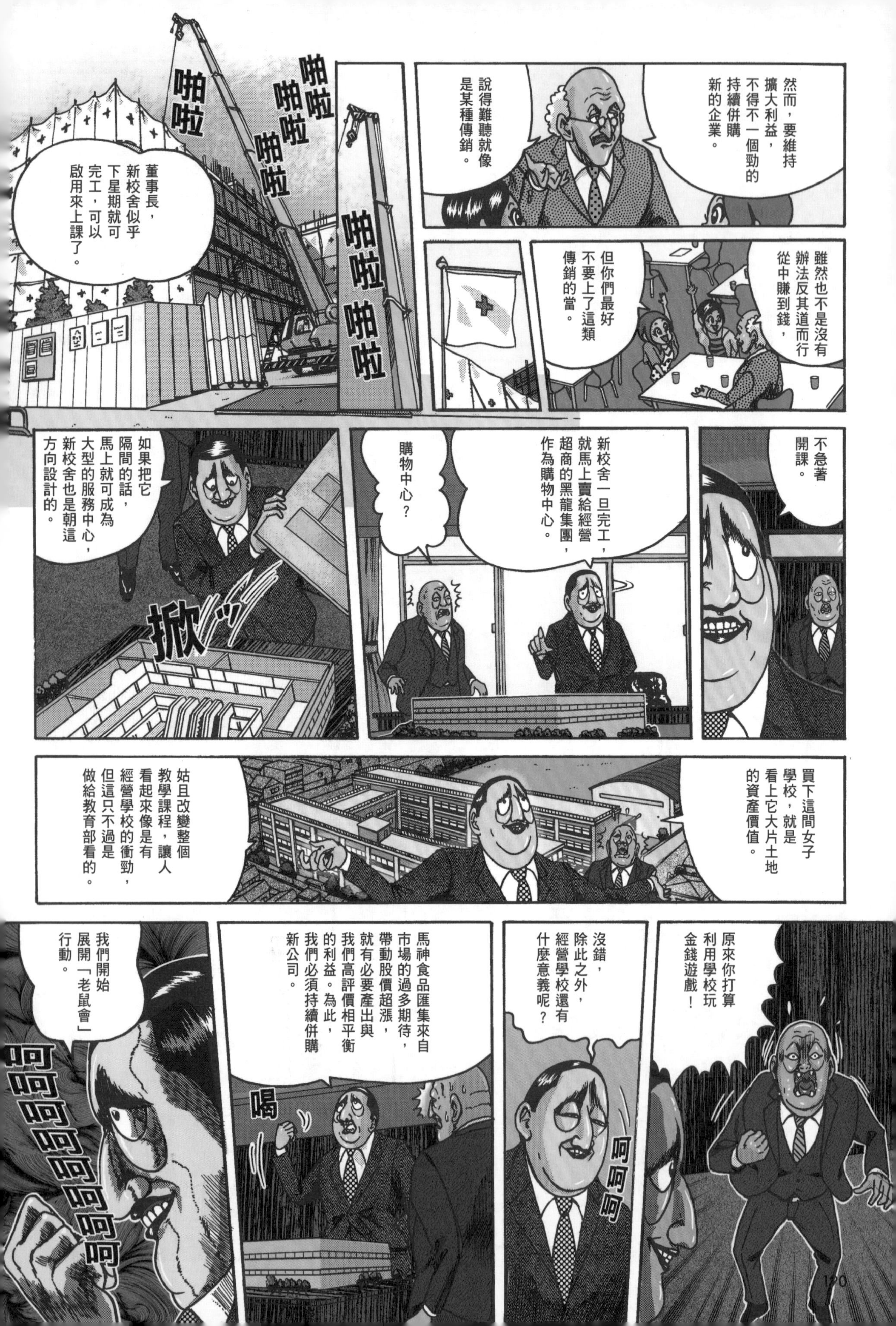
然而，要維持擴大利益，不得不一個勁的持續併購新的企業。
說得難聽就像是某種傳銷。
雖然也不是沒有辦法反其道而行從中賺到錢，
但你們最好不要上了這類傳銷的當。
啪啦啪啦
啪啦啪啦
啪啦啪啦
董事長，新校舍似乎下星期就可完工，可以啟用來上課了。
不急著開課。
新校舍一旦完工，就馬上賣給經營超商的黑龍集團，作為購物中心。
購物中心？
如果把它隔間的話，馬上就可成為大型的服務中心，新校舍也是朝這方向設計的。
掀ッ
買下這間女子學校，就是看上它大片土地的資產價值。
姑且改變整個教學課程，讓人看起來像是有經營學校的衝勁，但這只不過是做給教育部看的。
原來你打算利用學校玩金錢遊戲！
沒錯，除此之外，經營學校還有什麼意義呢？
呵呵呵
馬神食品匯集來自市場的過多期待，帶動股價超漲，就有必要產出與我們高評價相平衡的利益。為此，我們必須持續併購新公司。
喝
我們開始展開「老鼠會」行動。
呵呵呵呵呵呵呵呵

補習課程 12
全球化下的企業併購案

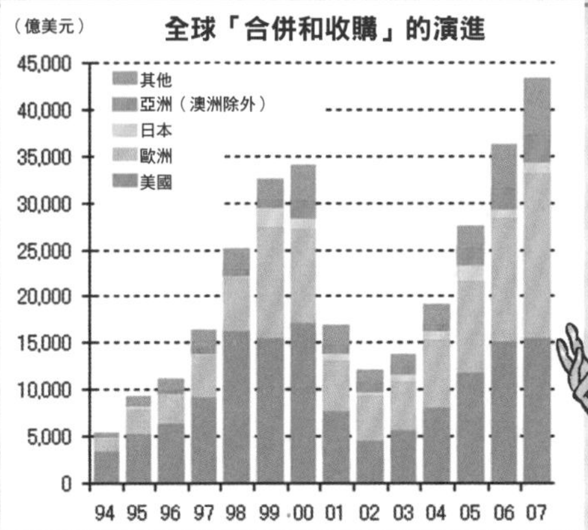
（億美元）
全球「合併和收購」的演進
45,000
40,000
35,000
30,000
25,000
20,000
15,000
10,000
5,000
0
其他
亞洲（澳洲除外）
日本
歐洲
美國
94 95 96 97 98 99 00 01 02 03 04 05 06 07

*根據Thomson Financial的調查

自活力門、札幌啤酒的併購造成轟動以來，「合併和收購」（簡稱併購）就一直是話題，但日本豈是「合併和收購」如此盛行的國家呢？
日本以前的「併購案」並不多，即使是現在和歐美比起來，也沒有那麼盛行。

只是，為了加速企業的重整，日本政府於在一九九九年修改商法，規範國內企業間的收購，也就是在A公司打算收購B公司時，從B公司股東手中買進股票之際，即使不用現金，也可以用換股方式買進A公司。

B公司
和我交換股票吧！
A公司
A股
B股
B公司股東

也就是說，假若甚至得到自家股東理解的話，A公司也可拚命印製股票，以此作為收購B公司的資金。

A公司
A股

受惠於此，國內企業間的「合併和收購」如左表所示的急速增加。

（件）
日本併購案件數的演進
3000
2500
2000
1500
1000
500
0
85 86 87 88 89 90 91 92 93 94 95 96 97 98 99 00 01 02 03 04 05 06 07 08

*根據瑞富的調查

二〇〇七年五月起，進一步放寬法規限制，不僅可交換自家的股票，就連交換公司債、新股預約權也沒問題。

A股
A公司
A公司的公司債
發
A公司新股預約證券

此外，若海外企業打算收購日本企業時，可在日本設定子公司進行買賣，之後子公司再和母公司的股票進行交換，母公司就可從收購方的公司股東取得股票。

收購B公司
x公司
X股
三角合併
B股
B公司

但這種情況必須在兩家公司的股東大會上獲得三分之二以上的股東同意。

如果使用這種方式的話，企業在打算買下別家企業的時候，就變成不需要準備現金，這對股價總值龐大的企業非常有利。

原來如此！
喝

在日本股價總值最大的公司是豐田（約二十七兆日圓），而以汽車以外的業種來看的話，日本的第一名和世界的第一名之間，其規模也大不相同。

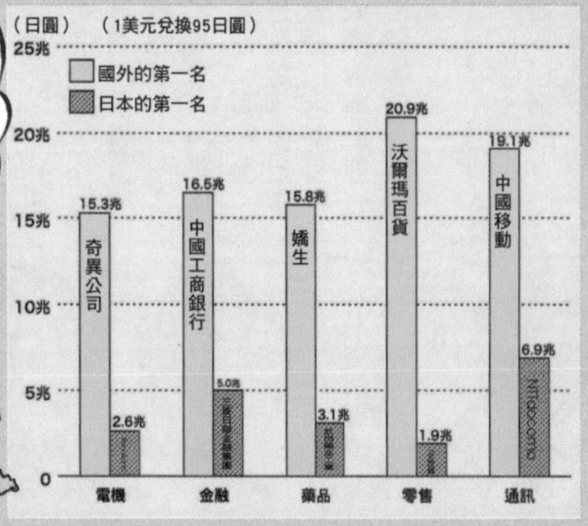
（日圓）（1美元兌換95日圓）
25兆
20兆
15兆
10兆
5兆
0
國外的第一名
日本的第一名
15.3兆
奇異公司
2.6兆
16.5兆
中國工商銀行
5.0兆
15.8兆
嬌生
3.1兆
20.9兆
沃爾瑪百貨
1.9兆
19.1兆
中國移動
6.9兆
NTTdocomo
電機
金融
藥品
零售
通訊

*2009年1月

真驚人！

此外，不以自家股票交換，而是直接用現金就能收購企業，這類具有巨額資金實力的基金，歐美也有許多。

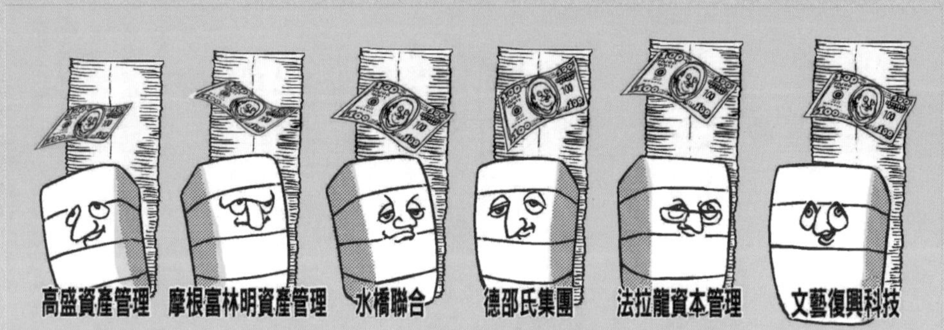
高盛資產管理
摩根富林明資產管理
水橋聯合
德邵氏集團
法拉龍資本管理
文藝復興科技

這是過去十年所進行的企業收購案前五大規模。

	收購企業	被收購的企業	業種	收購金額	收購年份
1	美國線上	時代華納	媒體	16兆4700億日圓	2000年
2	葛蘭素威康	史克美占	藥品	7兆5900億日圓	2000年
3	荷蘭皇家石油	殼牌運輸貿易	石油	7兆4500億日圓	2005年
4	美國電話電報（AT&T）	南方貝爾	電話	7兆2600億日圓	2006年
5	康卡斯特	AT&T寬頻	有線電視	7兆2000億日圓	2001年

看來，想併購札幌啤酒的美國投資基金「鋼鐵夥伴」是多麼的天真啊！
SP

金融危機以來，全球的基金、企業的資金實力瞬間削減，引人注目的併購案也就減少了。
但長遠來看，日本也會像歐美一樣，「併購案」將會逐漸增多。
不過，你們還處於股票市場的初學者，不要跟著金錢遊戲起舞，實實在在的考慮有企業「掛保證」的投資吧！
遵命。

【前情提要】奈央就讀的難平女中被馬神食品的馬場董事長收購，董事長馬場的得力助手利食千人力在課堂上教授股票投資祕訣。而利食的學生奈央，其實就是利食和以前的愛人所生的孩子。然而，奈央並不知道這件事，只是對利食抱持好感。
不久，奈央進大學就讀；另一方面，好友友希由於太貪玩，因而被留級。
刷 刷 刷
喔耶
啦啦
董事長把難平女中的校舍改建成購物中心，打算偷偷賣給經營超商的黑龍集團。
私立難平女子高級中學
咚
咚
哦
啪
驚
這不是奈央嗎？怎麼了？
啊！
普智理教授託我把這本書送來給利食老師。
其實是為了想看利食才來的吧！
戳 戳
又重新開課了呀？
嗯，今天開始。
吱喳喳
吱喳喳

新校舍變好大，總覺得好像購物中心耶！
耶，好像是如此！
我對股票沒什麼興趣耶！
揮揮
哈欠～、
但聽說，去年這堂課讓全部上課的學生，
在一年內賺進了一百萬日圓呢！
一百萬日圓！
喀卡
令人回想起一年前的我們。
下午的第一堂是利食的課耶，去看看，好嗎？
但我有普智理教授的課要上耶，如果是別人的課，我就翹課。
咚咚咚
我是擔任「股票」教學的利食。
咚咚咚咚咚

首先，我教大家關於「股票」的遊戲規則。
他看起來好恐怖喔！
嘰嘰喳喳
真的耶！
假如你自己要開始做生意，你想做什麼？
做網路設計的公司。
你呢？
嘿
舉手
汽車旅館！
我想開咖啡廳。
呵呵呵
原來如此，大家都充滿著夢想。
你叫什麼名字？

14 解讀財報

公司經營狀況一目了然

堀內惠子。

好吧，那麼，你的公司假設就叫做惠子咖啡股份有限公司吧！
KEIKO CAFE
由於惠子咖啡股份有限公司是從零開始著手經營咖啡店，為了租借店面，必須準備押金和佣金，也要裝潢費，還必須製作招牌，備齊桌椅、餐具，這些都需要相當的費用。
你要如何籌這筆錢？
跟父母要。
如果父母說，他們一毛都不出的話？
只好借錢吧……
啊
對，向銀行借錢，是一個方法。
不過，並不止於此，還有一個方法。
還有一個方法？
誰知道？
安——靜
友希，你說說看。
發行股票，好得到別人出的資金。
呵呵
不愧是唸第二年的學生。
啊
友希雖然和男朋友太沉溺於汽車旅館，因而被留級，
但在去年的股票課程中，卻是全校賺錢第二名的學生。
嗚嗚……
老師，「出資」和「借錢」不一樣嗎？
完全不同！借錢在期限之前，必須加上利息一起返還。即使惠子咖啡店破產，也一樣要還。
抖～抖
還我錢！
到期了！

然而，出資所獲得的錢，在生意失敗、破產時，卻不需要還。
不用還。
相反的，假如經營成功、有獲利的話，就必須配合出資額來分配利潤給出資者。
原來如此。
公司的經營者把別人出資而來的錢，當作本錢，認真經營事業，一旦有獲利，就得分配給出資者。為了要展現這樣的雄心壯志，於是發行一種所謂「股票」的契約給出資者。
發～
二○○四年日本公司法施行以後，實體紙張的「股票」就被廢止了。
「股票」是表示出資者出資多少的一種單位。舉例來說，假設我出資三百萬日圓，友希出資二百萬日圓。
300萬日圓
200萬日圓
而惠子咖啡店發行一股一百萬日圓的「股票」，作為獲得別人出資的證據。
1股
100萬日圓
股票
因此她須給我三股的股票，給友希二股的股票。我和友希也就是惠子咖啡店的股東。
2股
3股
這就是股份有限公司的原理。
假設惠子除了得到我和友希出資的五百萬日圓之外，還向銀行借了五百萬日圓，加起來總共募集了一千萬日圓。
BANK
500萬
合計
1000萬
500萬
接著，把這一千萬日圓全部用在租店面、備齊家具和餐具、僱用員工等項目上。
COFFEE
她決定在東區開個小咖啡店，並把一千萬日圓全部投入，所以這家咖啡店開張時的總資產是一千萬日圓。
KEIKO CAFE
歡迎光臨。
從總資產一千萬日圓中扣除借來的五百萬日圓，剩下的五百萬日圓是惠子咖啡店的自有資本。
總資產
1000萬
負債
500萬
自有資本
500萬
總資產－負債＝自有資本
1000萬日圓－500萬日圓＝500萬日圓
顯示負債和自有資本占總資產的比率的報表，稱為「資產負債表（B／S）」。

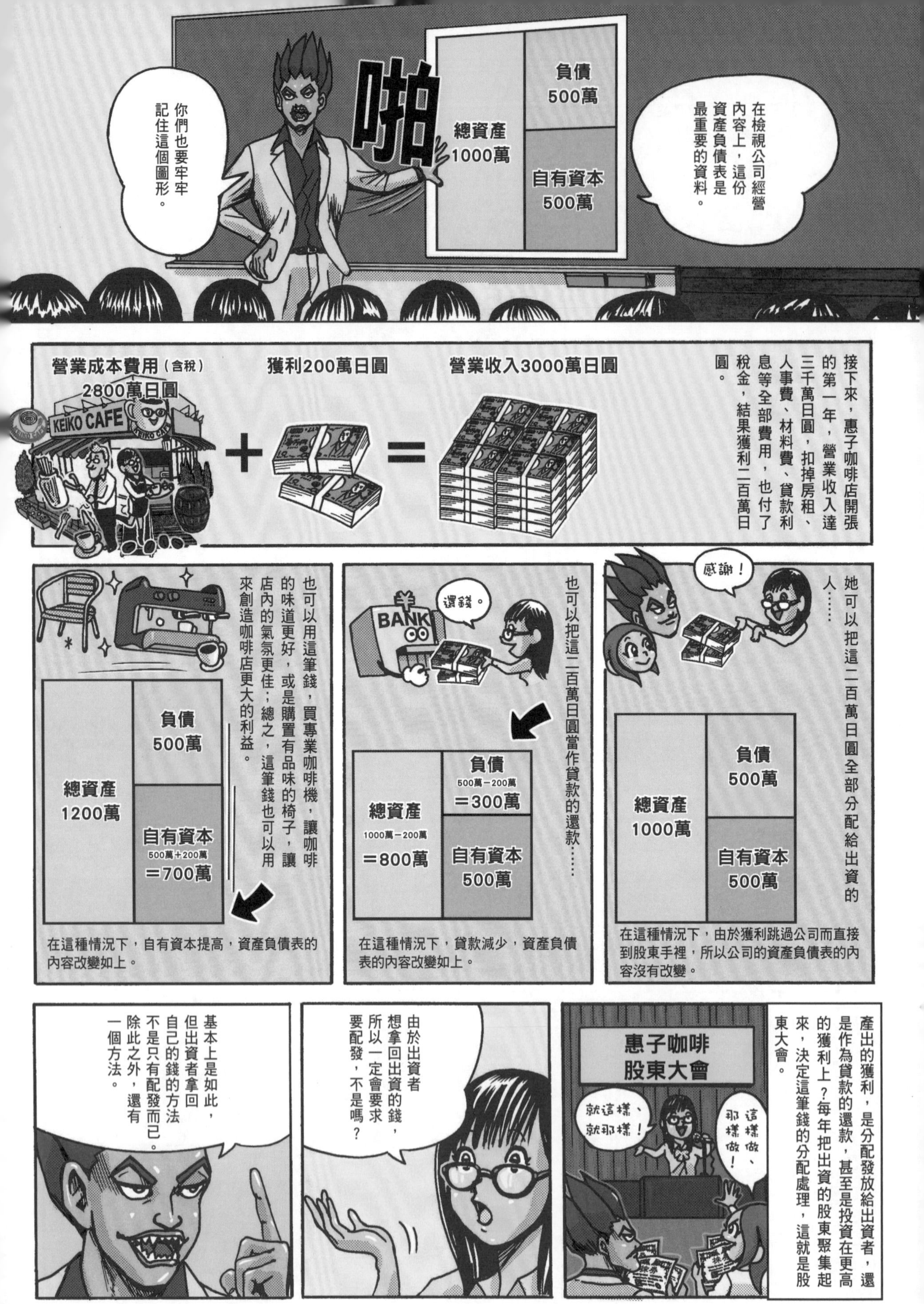

在檢視公司經營內容上，這份資產負債表是最重要的資料。
啪
負債 500萬
總資產 1000萬
自有資本 500萬
你們也要牢牢記住這個圖形。
接下來，惠子咖啡店開張的第一年，營業收入達三千萬日圓，扣掉房租、人事費、材料費、貸款利息等全部費用，也付了稅金，結果獲利二百萬日圓。
營業成本費用（含稅）
2800萬日圓
KEIKO CAFE
獲利200萬日圓
營業收入3000萬日圓
她可以把這二百萬日圓全部分配給出資的人……
感謝！
負債 500萬
總資產 1000萬
自有資本 500萬
在這種情況下，由於獲利跳過公司而直接到股東手裡，所以公司的資產負債表的內容沒有改變。
也可以把這二百萬日圓當作貸款的還款……
還錢。
BANK
負債 500萬－200萬 ＝300萬
總資產 1000萬－200萬 ＝800萬
自有資本 500萬
在這種情況下，貸款減少，資產負債表的內容改變如上。
也可以用這筆錢，買專業咖啡機，讓咖啡的味道更好，或是購置有品味的椅子，讓店內的氣氛更佳；總之，這筆錢也可以用來創造咖啡店更大的利益。
負債 500萬
總資產 1200萬
自有資本 500萬＋200萬 ＝700萬
在這種情況下，自有資本提高，資產負債表的內容改變如上。
產出的獲利，是分配發放給出資者，還是作為貸款的還款，甚至是投資在更高的獲利上？每年把出資的股東聚集起來，決定這筆錢的分配處理，這就是股東大會。
惠子咖啡股東大會
就這樣、就那樣！
這樣做、那樣做！
由於出資者想拿回出資的錢，所以一定會要求要配發，不是嗎？
基本上是如此，但出資者拿回自己的錢的方法不是只有配發而已。除此之外，還有一個方法。

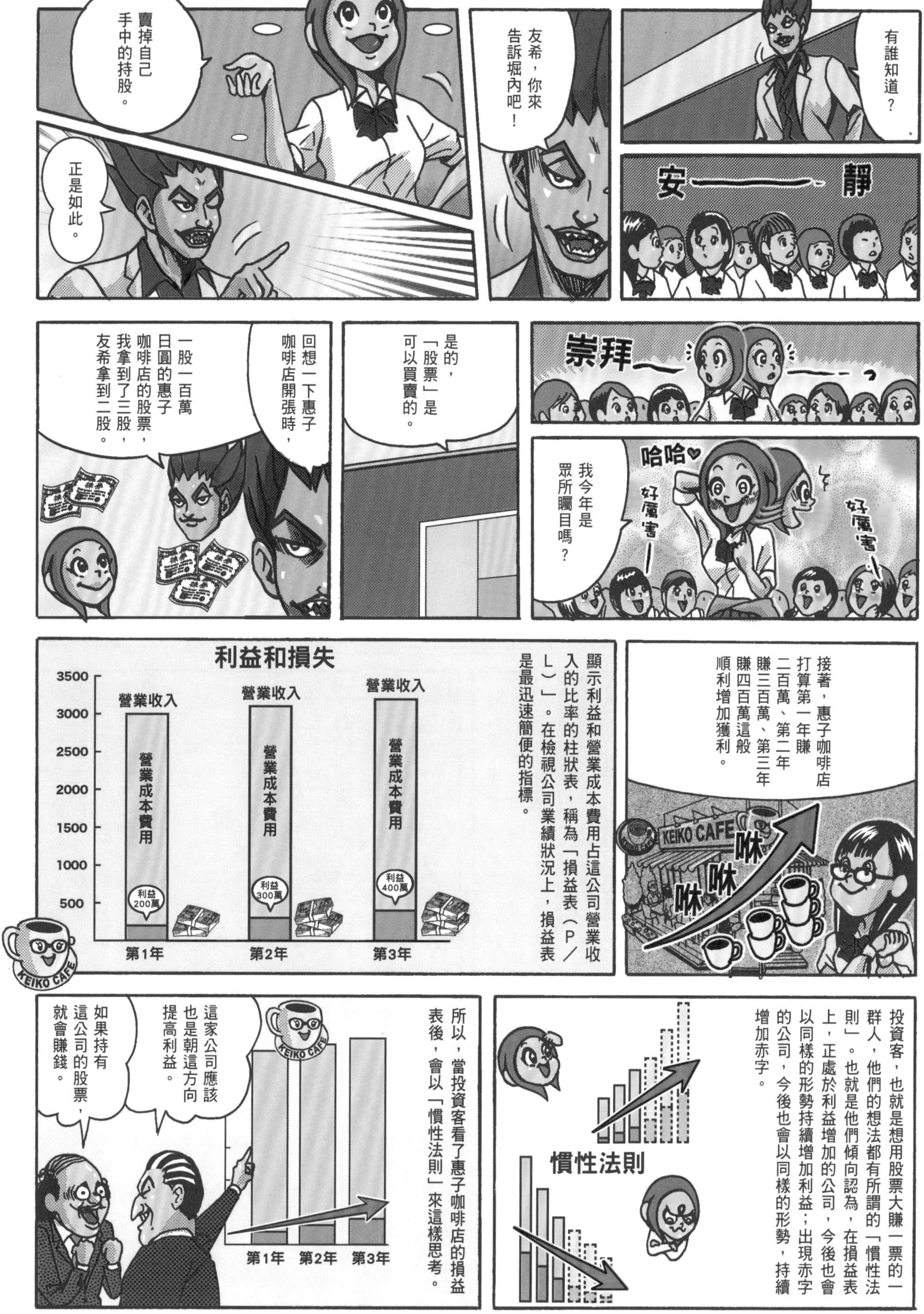

有誰知道？
安——靜
友希，你來告訴堀內吧！
賣掉自己手中的持股。
正是如此。
崇拜——
哈哈♥
好厲害—
好厲害—
我今年是眾所矚目嗎？
是的，「股票」是可以買賣的。
回想一下惠子咖啡店開張時，
一股一百萬日圓的惠子咖啡店的股票，我拿到了三股，友希拿到二股。
接著，惠子咖啡店打算第一年賺二百萬、第二年賺三百萬、第三年賺四百萬這般順利增加獲利。
KEIKO CAFE
咻
咻
咻
顯示利益和營業成本費用占這公司營業收入的比率的柱狀表，稱為「損益表（P／L）」。在檢視公司業績狀況上，損益表是最迅速簡便的指標。
利益和損失
3500
3000
2500
2000
1500
1000
500
營業收入
營業收入
營業收入
營業成本費用
營業成本費用
營業成本費用
利益200萬
利益300萬
利益400萬
第1年
第2年
第3年
KEIKO CAFE
投資客，也就是想用股票大賺一票的一群人，他們的想法都有所謂的「慣性法則」。也就是他們傾向認為，在損益表上，正處於利益增加的公司，今後也會以同樣的形勢持續增加利益；出現赤字的公司，今後也會以同樣的形勢，持續增加赤字。
慣性法則
所以，當投資客看了惠子咖啡店的損益表後，會以「慣性法則」來這樣思考。
這家公司應該也是朝這方向提高利益。
如果持有這公司的股票，就會賺錢。
KEIKO CAFE
第1年
第2年
第3年

於是，想以較高的價格，買進起初一百萬日圓的惠子咖啡店的股票的投資客開始出現。
請以一股二百萬日圓賣給我。
咦，這樣好嗎？原本可是一百萬日圓哦！
株券
株券
假如在這個時候賣掉惠子咖啡店的股票，我和友希的持股一股就可以賺一百萬日圓。相對的，如果賣掉股票的話，我們也會喪失對經營的發言權和可能獲得的股息了。
反正就算獲利不配發，但如果有利潤產出、提高股價，則對股東而言，因為有賺錢，所以也不會有抱怨。
誠如一開始所言，惠子咖啡店的股票總共是五股，再加上一股是二百萬日圓的價格，如此一來，惠子咖啡店現在有一千萬日圓（＝二百萬日圓×五）的身價。這就稱為股價總值。
股價總值＝股價×發行股數
1000萬＝200萬日圓×5股
KEIKO CAFE
KEIKO CAFE
株券
株券
株券
股價總值並非公司實際的價值，就如同剛才所說的，股價是包含「持續增加利益的大夢」，也就是對公司的期待值。
然而，假設惠子咖啡店第四年所增加的利益和第三年一樣，是四百萬日圓。這四百萬日圓是達到利益的最高點；也就是說，上升曲線停在這裡。
3500
3000
2500
2000
1500
1000
500
200萬
300萬
400萬
400萬
第1年
第2年
第3年
第4年
因此，惠子為了擴大利益，考慮在西區開分店，進而再發行五股股票，好向新出資者募資。發行完成後的股票數量，從最初的五股，增加了一倍，達到一〇股之多。
KEIKO CAFE
追加5股
發
發
發
這就叫「增資」。
光是不斷印股票，就可以募到現金嗎？
嗯，也可以這麼說，不過，如果站在股東的立場來想的話，會怎樣？
股數如果增加的話，光是這樣，則領取配發的人增加，
相當一股的權利變小，
股利減少，對吧？
咽～咽
如此一來，股價當然也下跌！

如果那樣做的話，原來持有股票的股東不就會有怨言嗎？
沒錯。
不過，如果西區店也和東區店一樣，可以增加利益的話，股價當然就會回到原來價位。不對，如果因咖啡店增加為二間，而經營效率變更好，而且營業利益率提高的話，則股價可能比之前更高。
轉轉轉轉轉
如果是這樣的話，股東反而要感謝經營者。
感謝～
一旦增資的話，不僅要增加和其相對的利益，也必須提高股價。
站在買進新發行的惠子咖啡店股票的投資客的立場來看，他們也可以把這筆投資金額存到銀行裡，或者也可以買國債，也可以買外匯，而在這麼多的投資選擇中，他們特別選擇投資在惠子咖啡店。
KEIKO CAFE
BANK
所以，如果沒有讓他們賺到比銀行存款、國債的利息更好的利潤的話，那就失去投資的意義了。
1.3%
＊2009年3月
日本股票市場的平均股價，在過去的一百年間，據說每年平均上升六%。也就是說，股東期待每年有六%以上的利率。
6%以上！6%以上！
這意味著，股東所要收取的是比高利貸還要嚴苛的利潤。與其增資，還不如向銀行貸款，才是良藥。
喝啊——給我錢～！
原來如此。
回到剛剛的話題，假設惠子咖啡店因增資五股，而造成股價一時下跌到一百五十萬日圓。那麼，惠子咖啡店的股價總值，由於增加五股而變成一〇股，所以從一千萬日圓，增加到一千五百萬日圓。
200
150
股價總值
150萬×10股
＝1500萬
惠子咖啡店靠著這次增資，從新出資者手中募來的金額是一百五十萬×五股＝七百五十萬日圓，再加上從銀行借來的二百五十萬日圓，總共一千萬日圓。而且打算用這筆錢開西區分店。
BANK
250萬
150萬
×5
開分店！
KEIKO CAFE 白金店
假設西區店也和東區店成立的時候一樣，三年間獲利九百萬日圓。這期間，東區店也每年賺四百萬，三年間的獲利就是一千二百萬日圓。
KEIKO CAFE 白金店
KEIKO CAFE 原宿店

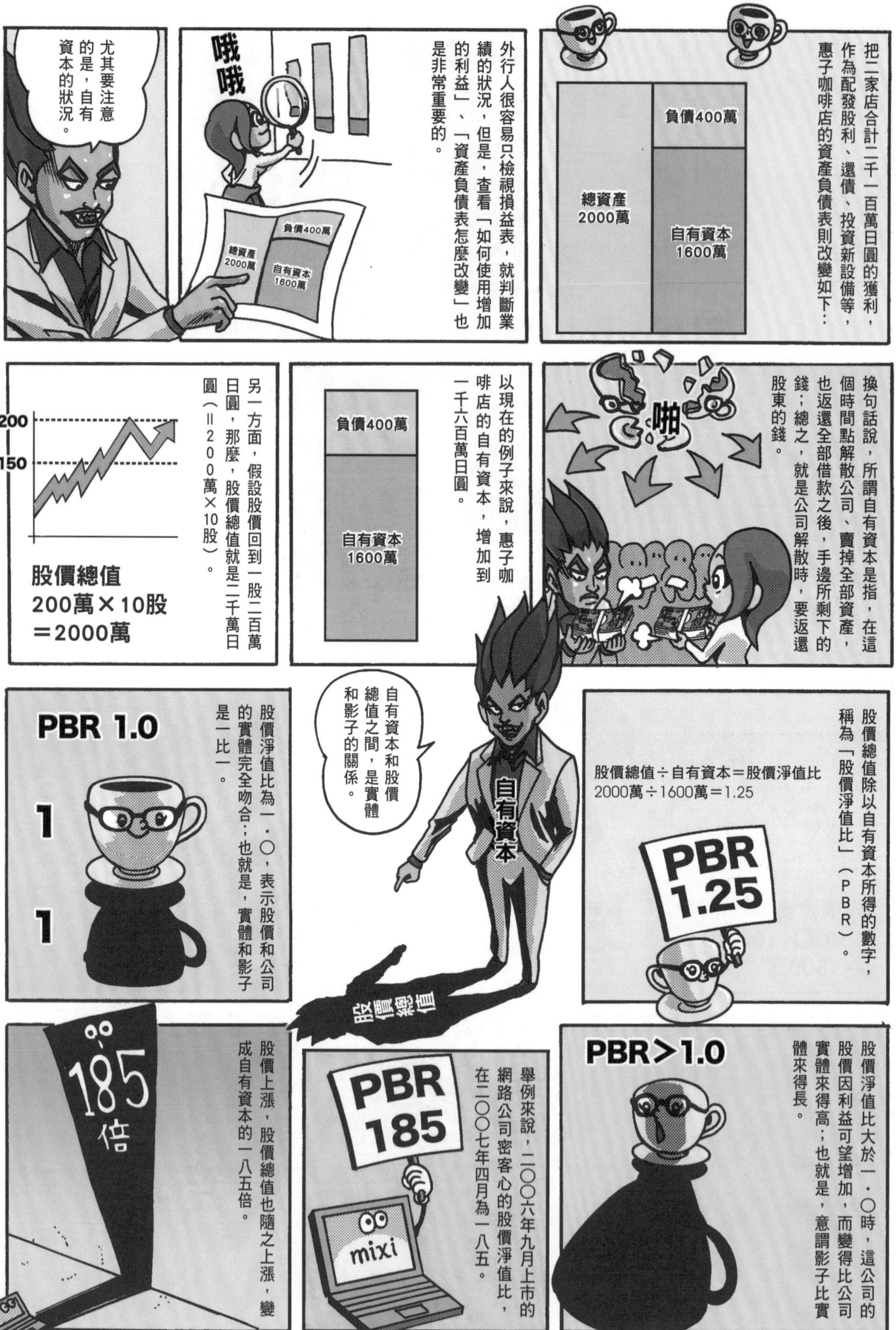
把二家店合計二千一百萬日圓的獲利，作為配發股利、還債、投資新設備等，惠子咖啡店的資產負債表則改變如下：
總資產2000萬
負債400萬
自有資本1600萬
外行人很容易只檢視損益表，就判斷業績的狀況，但是，查看「如何使用增加的利益」、「資產負債表怎麼改變」也是非常重要的。
哦哦
總資產2000萬
負債400萬
自有資本1600萬
尤其要注意的是，自有資本的狀況。
換句話說，所謂自有資本是指，在這個時間點解散公司、賣掉全部資產，也返還全部借款之後，手邊所剩下的錢；總之，就是公司解散時，要返還股東的錢。
啪
以現在的例子來說，惠子咖啡店的自有資本，增加到一千六百萬日圓。
負債400萬
自有資本1600萬
另一方面，假設股價回到一股二百萬日圓，那麼，股價總值就是二千萬日圓（＝200萬×10股）。
200
150
股價總值
200萬×10股
＝2000萬
股價總值除以自有資本所得的數字，稱為「股價淨值比」（PBR）。
股價總值÷自有資本＝股價淨值比
2000萬÷1600萬＝1.25
PBR 1.25
自有資本和股價總值之間，是實體和影子的關係。
自有資本
股價總值
股價淨值比為一．〇，表示股價和公司的實體完全吻合；也就是，實體和影子是一比一。
PBR 1.0
1
1
股價淨值比大於一．〇時，這公司的股價因利益可望增加，而變得比公司實體來得高；也就是，意謂影子比實體來得長。
PBR＞1.0
舉例來說，二〇〇六年九月上市的網路公司密客心的股價淨值比，在二〇〇七年四月為一八五。
PBR 185
mixi
股價上漲，股價總值也隨之上漲，變成自有資本的一八五倍。
185倍

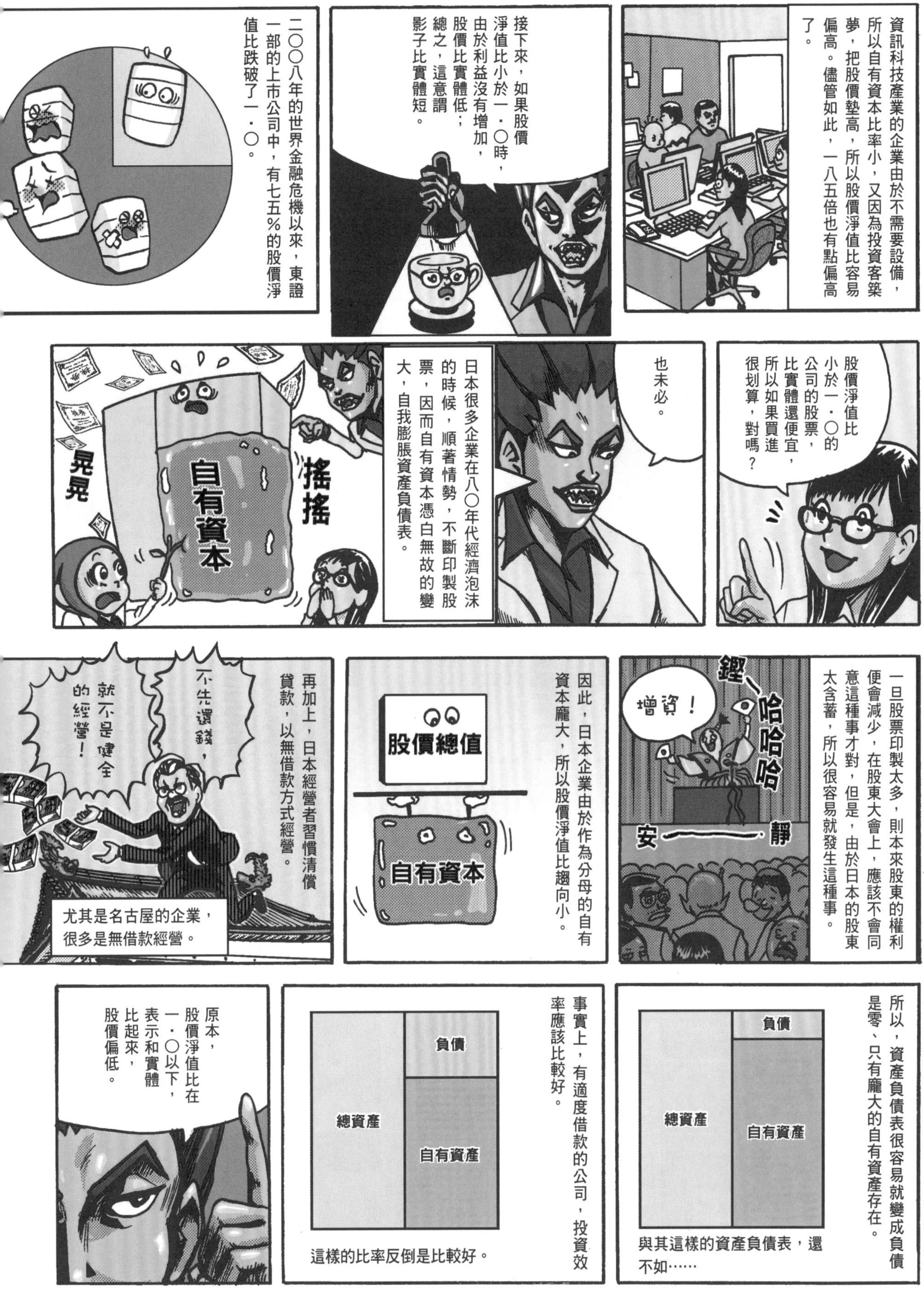
資訊科技產業的企業由於不需要設備，所以自有資本比率小，又因為投資客築夢，把股價墊高，所以股價淨值比容易偏高。儘管如此，一八五倍也有點偏高了。
接下來，如果股價淨值比小於一．〇時，由於利益沒有增加，股價比實體低；總之，這意謂影子比實體短。
二〇〇八年的世界金融危機以來，東證一部的上市公司中，有七五％的股價淨值比跌破了一．〇。
股價淨值比小於一．〇的公司的股票，比實體還便宜，所以如果買進很划算，對嗎？
也未必。
日本很多企業在八〇年代經濟泡沫的時候，順著情勢，不斷印製股票，因而自有資本憑白無故的變大，自我膨脹資產負債表。
搖搖
自有資本
晃晃
一旦股票印製太多，則本來股東的權利便會減少，在股東大會上，應該不會同意這種事才對，但是，由於日本的股東太含蓄，所以很容易就發生這種事。
鏗、哈哈哈哈
增資！
安——靜
因此，日本企業由於作為分母的自有資本龐大，所以股價淨值比趨向小。
股價總值
自有資本
再加上，日本經營者習慣清償貸款，以無借款方式經營。
不先還錢，
就不是健全的經營！
尤其是名古屋的企業，很多是無借款經營。
所以，資產負債表很容易就變成負債是零、只有龐大的自有資產存在。
負債
總資產
自有資產
與其這樣的資產負債表，還不如……
事實上，有適度借款的公司，投資效率應該比較好。
負債
總資產
自有資產
這樣的比率反倒是比較好。
原本，股價淨值比在一．〇以下，表示和實體比起來，股價偏低。

＊以2010年1月的台股為例，股價最高的聯發科，其股價一年間最高來到590，股價淨值比約在6倍多。防禦股代表～中鋼，一年間的股價最高至35.8，股價淨值比也約在2倍。

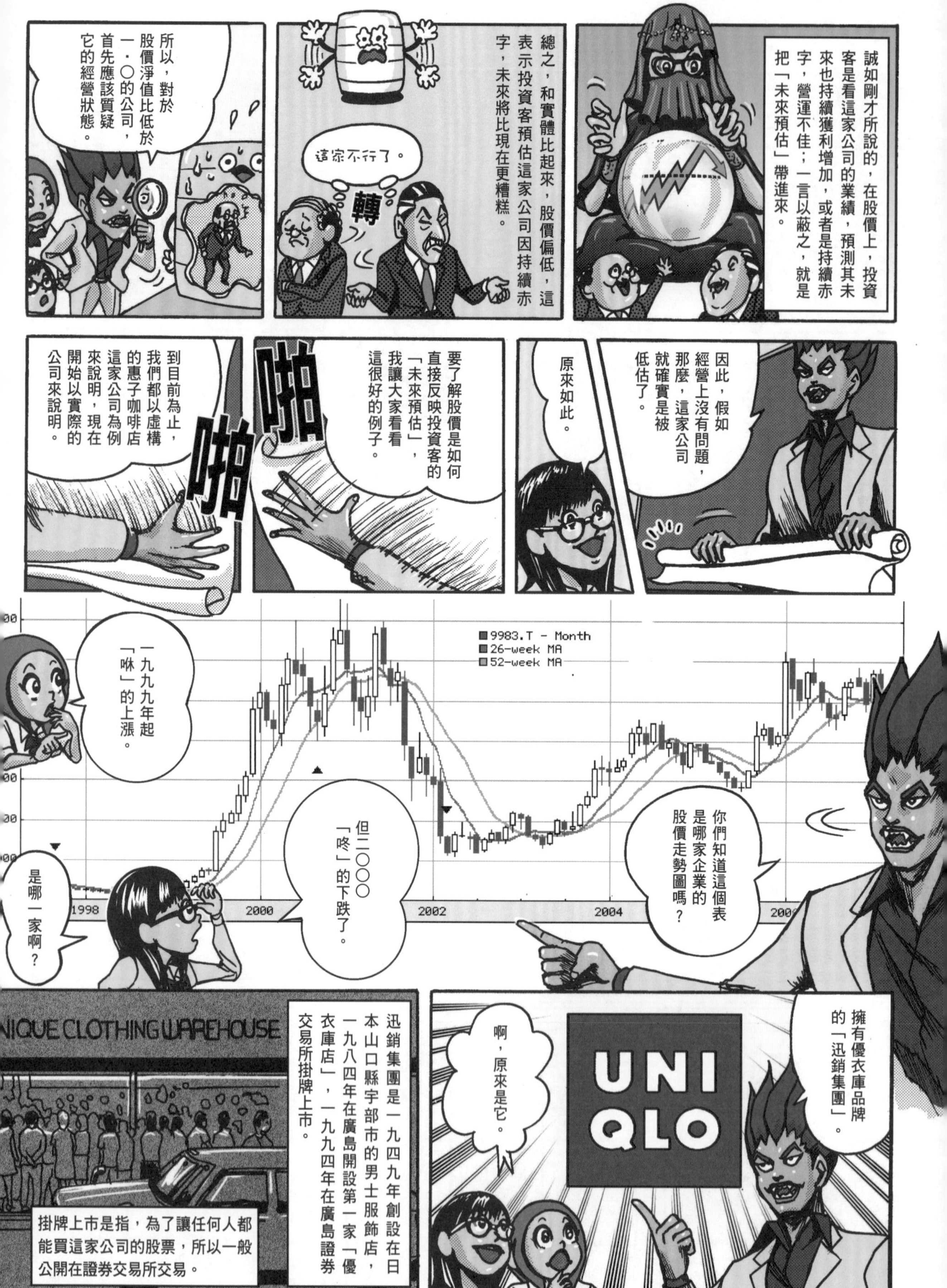

誠如剛才所說的，在股價上，投資客是看這家公司的業績，預測其未來也持續獲利增加，或者是持續赤字，營運不佳；一言以蔽之，就是把「未來預估」帶進來。
總之，和實體比起來，股價偏低，這表示投資客預估這家公司因持續赤字，未來將比現在更糟糕。
這家不行了。
轉
所以，對於股價淨值比低於一‧〇的公司，首先應該質疑它的經營狀態。
因此，假如經營上沒有問題，那麼，這家公司就確實是被低估了。
原來如此。
要了解股價是如何直接反映投資客的「未來預估」，我讓大家看看這很好的例子。
啪
啪
到目前為止，我們都以虛構的惠子咖啡店這家公司為例來說明，現在開始以實際的公司來說明。
9983.T - Month
26-week MA
52-week MA
1998
2000
2002
2004
你們知道這個表是哪家企業的股價走勢圖嗎？
但二〇〇〇「咚」的下跌了。
一九九九年起「咻」的上漲。
是哪一家啊？
擁有優衣庫品牌的「迅銷集團」。
啊，原來是它。
UNI
QLO
迅銷集團是一九四九年創設在日本山口縣宇部市的男士服飾店，一九八四年在廣島開設第一家「優衣庫店」，一九九四年在廣島證券交易所掛牌上市。
NIQUE CLOTHING WAREHOUSE
掛牌上市是指，為了讓任何人都能買這家公司的股票，所以一般公開在證券交易所交易。

這個時候還在廣島證券交易所，沒有人注意到這家公司的股票。
14000
12000
10000
8000
6000
4000
2000
0
然而，在一九九八年十一月在原宿開設第一家東京店，自此以後，在首都圈內一間接著一間的開設大型店面，然後開始瘋狂銷售。
於是，股價開始畫出像這樣的急速上升曲線，這就是剛才所說的「慣性法則」。
咻咻
然而，在這個地方業績創新高後，海外進出、蔬菜事業卻接連失敗，之後，股價「咚」的下跌。
咻咚
52-week MA
16000
14000
12000
10000
8000
6000
4000
2000
0
然而，本質的商品並未達到飽和，二〇〇八年在低價銷售熱潮、追逐日幣升值的潮流下，業績大好，股價又回到一萬日圓的價位。
搖搖
晃晃
哦～
即使只看股價的走勢，也可以了解公司的業績喔！
真有趣！
這是你們的學姐所種的猢猻木。
你們知道是什麼東西讓這小樹苗變成大樹的嗎？

是水和肥料吧？
不是。
是時間。
耶？
一旦擁有時間，你們在今後的長遠人生中就有可能賺大錢，就好比這個樹苗有可能長成大樹一般。
咻
咻
將來能賺錢的可能性＝人力資本
年輕的時候，好好體會時間吧！
如果有時間，那麼縱使失敗，也能夠賺回來。
夢想不要背離時間。
時間不要背離夢想。
閃
亮
這好像是在哪裡聽過的台詞。
是松本零士。
不是槙原敬之嗎？
哼
松本零士！
槙原敬之！
喂、喂。
總之，年輕的時候是可以承受風險的。
閃
亮
亮
你們也不要恐懼失敗，在股票投資上甘冒風險吧！
好，加油！

15 公布財報

每季都逃不掉的大公開

【前情提要】營運陷入困境的雞平女中被新興企業馬神食品收購，馬場董事長的得力助手利食千人力在課堂上開始教授股票投資祕訣。成為利食的學生的奈央，其實是利食和以前的愛人所生的孩子。然而，奈央並不知道這件事，仍對利食抱持好感。
不久，奈央進大學就讀；另一方面，好友友希由於太貪玩，因而被留級。
馬場董事長把雞平女中的校舍改建成購物中心，打算偷偷賣給經營超商的黑龍集團。
嘩啦啦——啦
噗噗噗
松下
停

這位是董事長。
喀
呵呵呵
松下同學就學大學，有什麼需要吧？
我有獎學金，而且每個月能靠股票賺約十萬日圓。
啪
這是我的一點好意，請收下。
我不接受莫名其妙的金錢。
嗯、嗯，不要這麼說嘛，接受董事長的好意，如何？
對我們家來說，生活上不是會比較好過嗎？
咚
爸，你什麼都不懂啦！
奪走母親的人，不是利食，而是這個傢伙！
啊，不要說傻話，董事長怎麼會做這種事。
怒
啪
我愚蠢的女兒真是對你太失禮了，真抱歉。
此外，松下先生，
您夫人最近可有消息？
咦？
奈央是我特別照顧的學生。
為了她的將來，這筆錢是必要的，請您收下。
感謝～

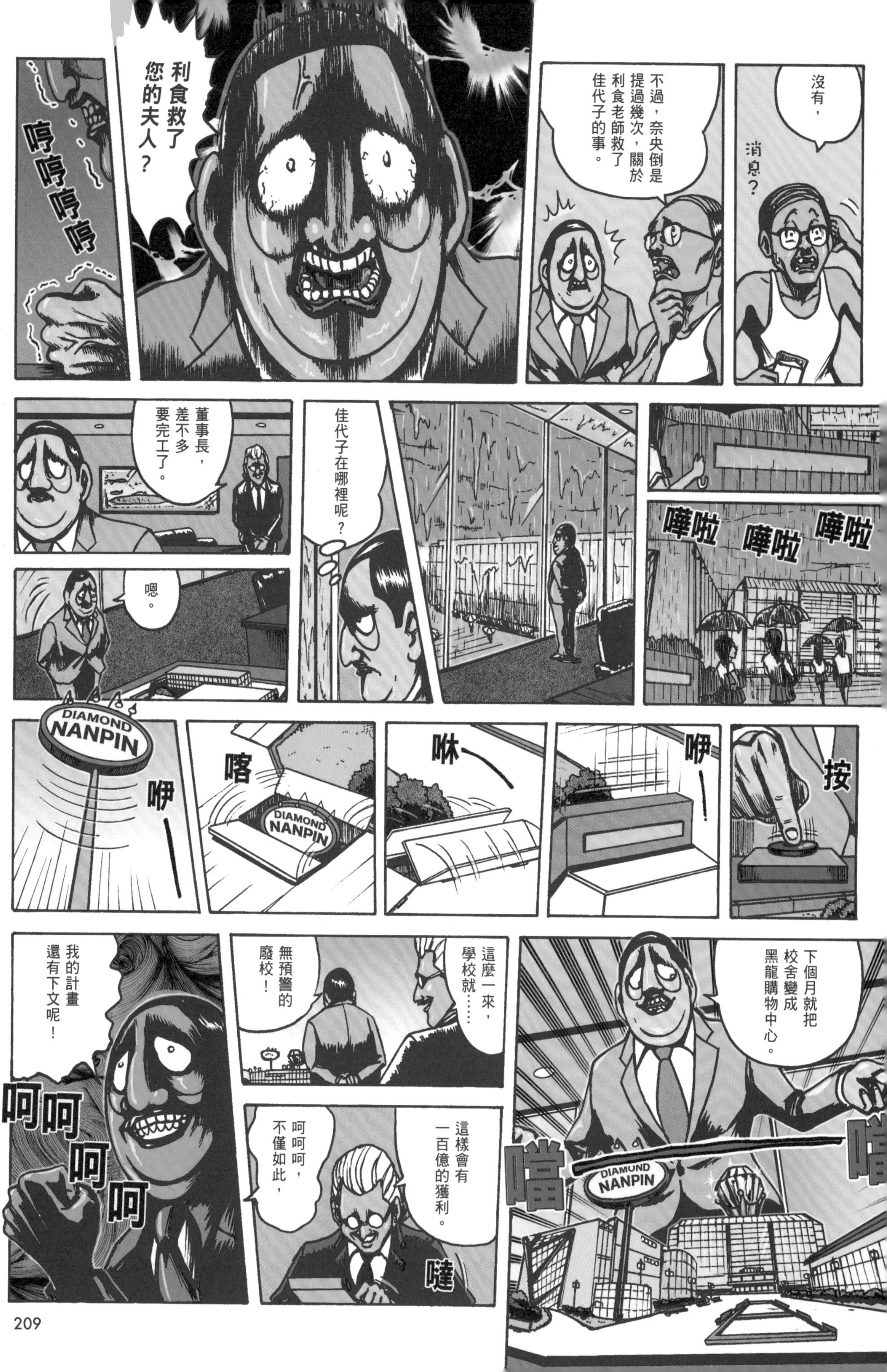
沒有，
消息？
不過，奈央倒是提過幾次，關於利食老師救了佳代子的事。
利食救了您的夫人？
哼哼哼哼
嘩啦
嘩啦
嘩啦
佳代子在哪裡呢？
董事長，差不多要完工了。
嗯。
按
咿—
咻—
喀
DIAMOND NANPIN
咿—
DIAMOND NANPIN
下個月就把校舍變成黑龍購物中心。
噹
噹
DIAMOND NANPIN
這麼一來，學校就……
無預警的廢校！
這樣會有一百億的獲利。
呵呵呵，不僅如此，
嗤
我的計畫還有下文呢！
呵呵呵呵

職員室
奈央，怎麼了？
我想跟你商量一下……
她是你下一屆的學妹堀內惠子。
請多多指教。
松下學姊是去年班上賺最多的，如今是靠獎學金念大學，主修經濟。
請多指教。
劈啪
劈啪
堀內來問我關於股票的選擇方法。
瞪
瞪
之前，在課堂上，關於股價淨值比的理論，我詳細教過大家了……
PBR
PER
還有一個重要的指標本益比（PER）理論，我還沒教。
剛好，就由奈央教她本益比理論吧！對你來說，也是很好的複習喔！
劈啪
劈啪
惠子，你知道股價淨值比嗎？
呵呵呵
就是股價總值除以自有資本所得的數字。
所謂的自有資本是什麼？
從總資產中減掉借款，屬於這公司的全部財產。
負債
總資產
自有資本
股價總值是什麼？
股價乘上發行完成的股票數量，所得的數字。股價總值表示，對這公司的將來性，加入社會評價的期待價值。
股價
發行完成股票數量

那麼，股價總值除以自有資本，具有什麼意義？
相除而得的數字（PBR）大於一‧〇的話，表示這公司將來的利益可望增大，所以其股價變得比實際的價值高。
自有資本
股價總值
如果小於一‧〇的話，表示這公司的利益沒有增加，因而其股價比實際的價值低。
自有資本
股價總值
不愧是會來老師這裡問問題的學生，很優秀嘛！
呼

＊此處的PER是公司整體的本益比。

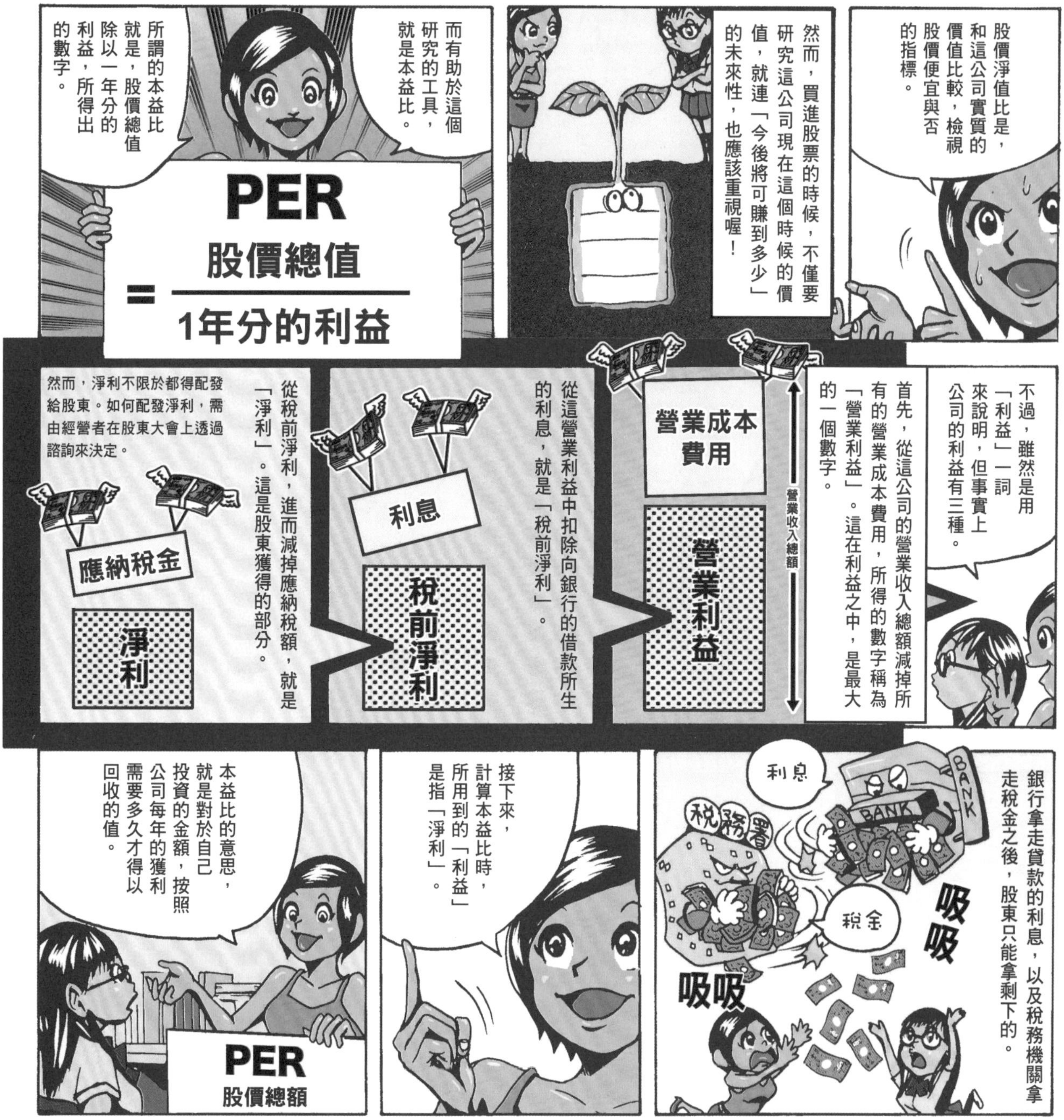
股價淨值比是，和這公司實質的價值比較，檢視股價便宜與否的指標。
然而，買進股票的時候，不僅要研究這公司現在這個時候的價值，就連「今後將可賺到多少」的未來性，也應該重視喔！
而有助於這個研究的工具，就是本益比。
所謂的本益比就是，股價總值除以一年分的利益，所得出的數字。
PER
= 股價總值 / 1年分的利益
不過，雖然是用「利益」一詞來說明，但事實上公司的利益有三種。
首先，從這公司的營業收入總額減掉所有的營業成本費用，所得的數字稱為「營業利益」。這在利益之中，是最大的一個數字。
營業成本費用
營業收入總額
營業利益
從這營業利益中扣除向銀行的借款所生的利息，就是「稅前淨利」。
利息
稅前淨利
從稅前淨利，進而減掉應納稅額，就是「淨利」。這是股東獲得的部分。
應納稅金
淨利
然而，淨利不限於都得配發給股東。如何配發淨利，需由經營者在股東大會上透過諮詢來決定。
銀行拿走貸款的利息，以及稅務機關拿走稅金之後，股東只能拿剩下的。
利息
BANK
稅務署
稅金
吸吸
吸吸
接下來，計算本益比時，所用到的「利益」是指「淨利」。
本益比的意思，就是對於自己投資的金額，按照公司每年的獲利需要多久才得以回收的值。
PER
股價總額

＊台灣證券交易所的網站上可查詢台股之個股日本益比、殖利率及股價淨值比。

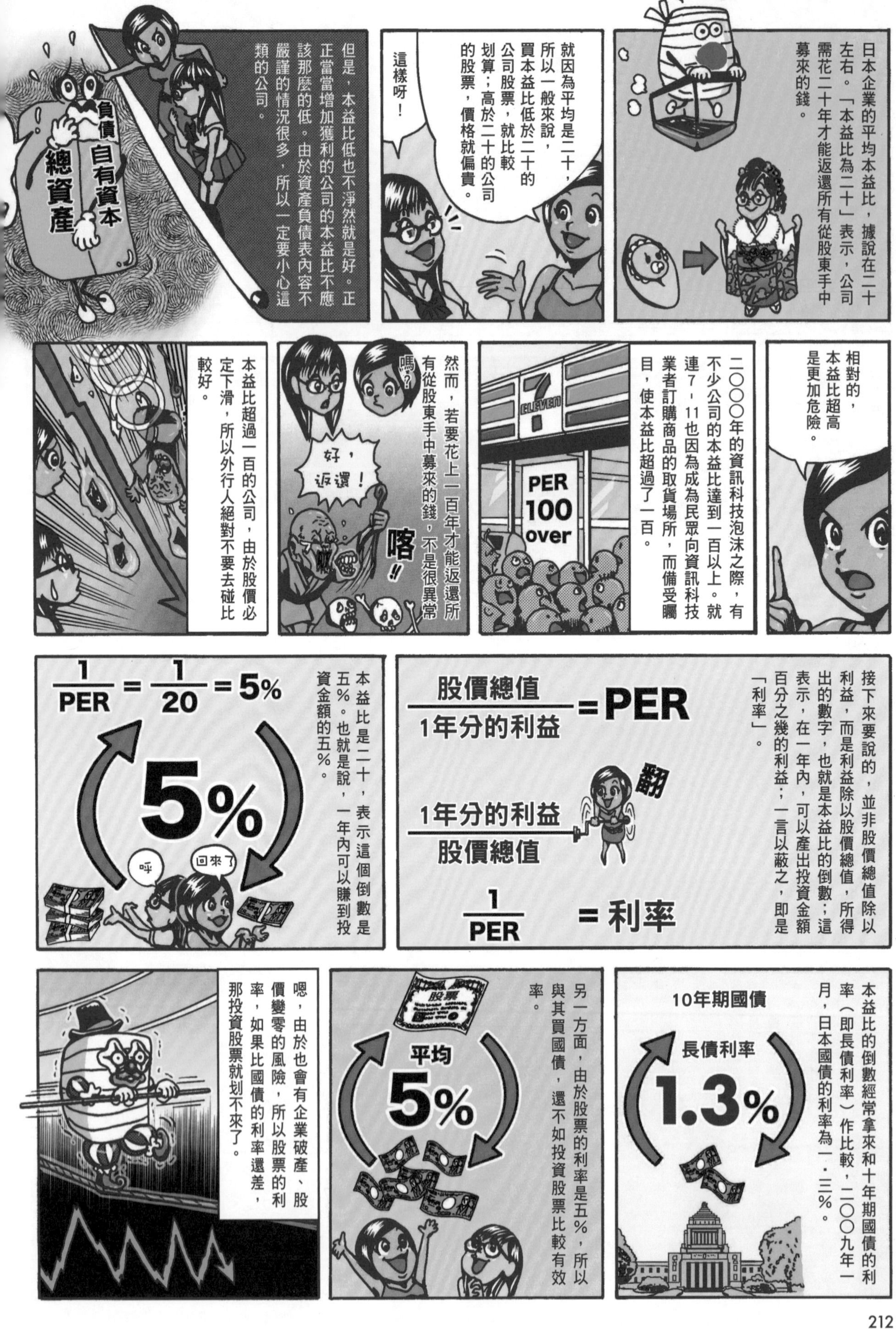
日本企業的平均本益比，據說在二十左右。「本益比為二十」表示，公司需花二十年才能返還所有從股東手中募來的錢。
就因為平均是二十，所以一般來說，買本益比低於二十的公司股票，就比較划算；高於二十的公司的股票，價格就偏貴。
這樣呀！
但是，本益比低也不淨然就是好。正正當當增加獲利的公司的本益比不應該那麼的低。由於資產負債表內容不嚴謹的情況很多，所以一定要小心這類的公司。
負債
自有資本
總資產
相對的，本益比超高是更加危險。
二〇〇〇年的資訊科技泡沫之際，有不少公司的本益比達到一百以上。就連7-11也因為成為民眾向資訊科技業者訂購商品的取貨場所，而備受矚目，使本益比超過了一百。
ELEVEn
PER 100 over
然而，若要花上一百年才能返還所有從股東手中募來的錢，不是很異常嗎？
好，返還！
喀!!
本益比超過一百的公司，由於股價必定下滑，所以外行人絕對不要去碰比較好。
接下來要說的，並非股價總值除以利益，而是利益除以股價總值，所得出的數字，也就是本益比的倒數；這表示，在一年內，可以產出投資金額百分之幾的利益；一言以蔽之，即是「利率」。
股價總值 / 1年分的利益 = PER
1年分的利益 / 股價總值
翻
1 / PER = 利率
本益比是二十，表示這個倒數是五%。也就是說，一年內可以賺到投資金額的五%。
1 / PER = 1 / 20 = 5%
5%
呼
回來了
本益比的倒數經常拿來和十年期國債的利率（即長債利率）作比較，二〇〇九年一月，日本國債的利率為一・三%。
10年期國債
長債利率
1.3%
另一方面，由於股票的利率是五%，所以與其買國債，還不如投資股票比較有效率。
股票
平均
5%
嗯，由於也會有企業破產、股價變零的風險，所以股票的利率，如果比國債的利率還差，那投資股票就划不來了。

說到這裡，您覺得如何？
表現不錯，繼續吧！
本益比中重要的是，計算上所用的「淨利」並非表示前一年的實際績效，而是下期的「預估獲利」。
以「預估」來計算？
是啊，不是說過，本益比是檢視將來可能獲利如何的指標嗎？
舉例來說，假設你經營一家名為「惠子咖啡」的咖啡店，這家咖啡店經營順利，所以決定在全國開立連鎖店，使店鋪突然增加到二十家。
一股作氣在全國展店吧！
KEIKO CAFE
這時如果用前一年為止的唯一一家店的利益來計算本益比，就沒有什麼意義。公司是活的、會動的，所以沒有配合這情形來計算利益，就不具有意義。
啊？
嘻嘻嘻！
？
哈哈哈哈
你笑什麼啊？
我想到這和利食老師舉的例子很像耶！
潑
而且，就連講法，我也覺得很相似。
這是當然的啦，因為我也跟利食老師學了一年了。
？
？
咳咳
咳咳咳咳
不管是哪個企業，都會提出預估獲利這數字嗎？
由於在法律上沒有特別的義務規定，所以像證券公司，或是像利益不確定因素太大的公司、專業的進出口公司行號等，或利益容易受匯差損益所左右的這類公司，通常就不會提出。
●▲証券
▲■貿易

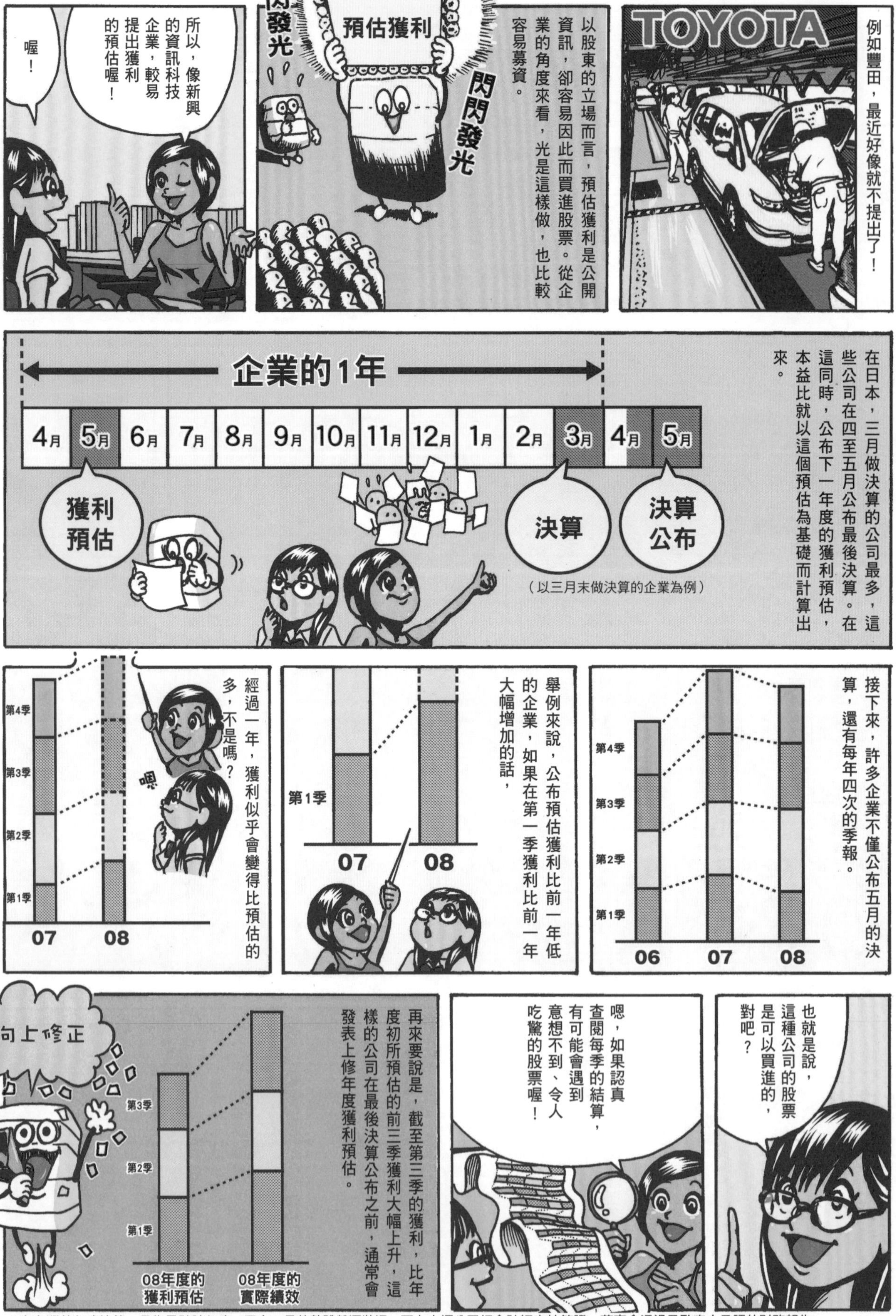
TOYOTA
例如豐田，最近好像就不提出了！
以股東的立場而言，預估獲利是公開資訊，卻容易因此而買進股票。從企業的角度來看，光是這樣做，也比較容易募資。
預估獲利
閃閃發光
閃閃發光
所以，像新興的資訊科技企業，較易提出獲利的預估喔！
喔！
在日本，三月做決算的公司最多，這些公司在四至五月公布最後決算。在這同時，公布下一年度的獲利預估，本益比就以這個預估為基礎而計算出來。
企業的1年
4月 5月 6月 7月 8月 9月 10月 11月 12月 1月 2月 3月 4月 5月
獲利預估
決算
決算公布
（以三月末做決算的企業為例）
接下來，許多企業不僅公布五月的決算，還有每年四次的季報。
第4季
第3季
第2季
第1季
06 07 08
舉例來說，公布預估獲利比前一年低的企業，如果在第一季獲利比前一年大幅增加的話，
第1季
07 08
經過一年，獲利似乎會變得比預估的多，不是嗎？
嗯
第4季
第3季
第2季
第1季
07 08
也就是說，這種公司的股票是可以買進的，對吧？
嗯，如果認真查閱每季的結算，有可能會遇到意想不到、令人吃驚的股票喔！
再來要說是，截至第三季的獲利，比年度初所預估的前三季獲利大幅上升，這樣的公司在最後決算公布之前，通常會發表上修年度獲利預估。
向上修正
第3季
第2季
第1季
08年度的獲利預估
08年度的實際績效

＊在台灣的年度決算，是指累計該年度一至十二月的整體營運狀況。而上市櫃公司經會計師查核簽證、董事會通過及監察人承認的財務報告，包括季報、半年報及年報，分別應於財報截止日後的一個月、二個月及四個月內公告，也就是將財務報表上傳至公開資訊觀測站，才算完成申報程序。所以財務報表的資訊只要上公開資訊觀測站查詢就可以了。

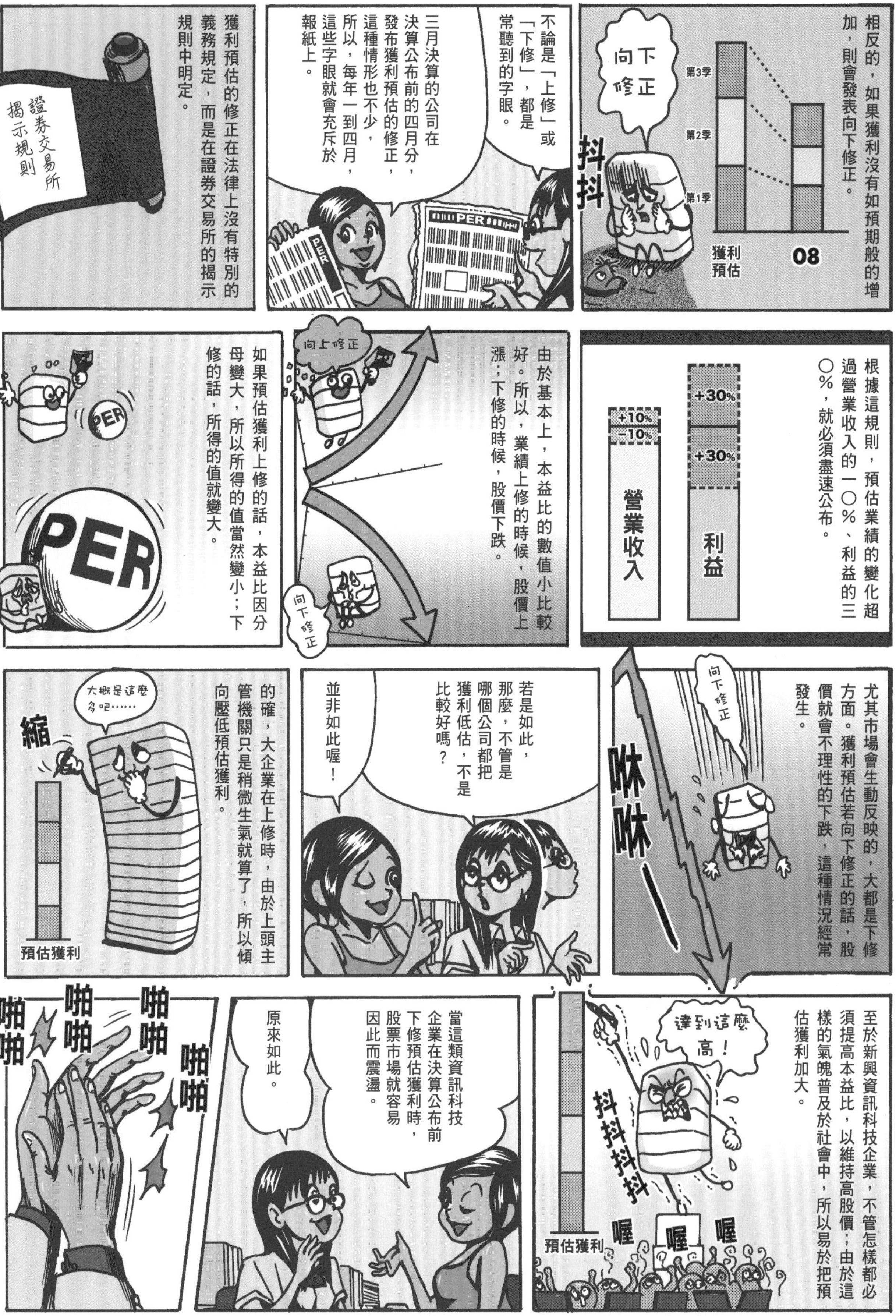
相反的，如果獲利沒有如預期般的增加，則會發表向下修正。
向下修正
抖抖
第3季
第2季
第1季
獲利預估
08
不論是「上修」或「下修」，都是常聽到的字眼。
三月決算的公司在決算公布前的四月分，發布獲利預估的修正，這種情形也不少，所以，每年一到四月，這些字眼就會充斥於報紙上。
PER
獲利預估的修正在法律上沒有特別的義務規定，而是在證券交易所的揭示規則中明定。
證券交易所揭示規則
根據這規則，預估業績的變化超過營業收入的一〇%、利益的三〇%，就必須盡速公布。
+30%
+30%
利益
+10%
−10%
營業收入
由於基本上，本益比的數值小比較好。所以，業績上修的時候，股價上漲；下修的時候，股價下跌。
向上修正
向下修正
如果預估獲利上修的話，本益比因分母變大，所以所得的值當然變小；下修的話，所得的值就變大。
PER
PER
尤其市場會生動反映的，大都是下修方面。獲利預估若向下修正的話，股價就會不理性的下跌，這種情況經常發生。
向下修正
咻咻—
若是如此，那麼，不管是哪個公司都把獲利低估，不是比較好嗎？
並非如此喔！
的確，大企業在上修時，由於上頭主管機關只是稍微生氣就算了，所以傾向壓低預估獲利。
大概是這麼多吧……
縮
預估獲利
至於新興資訊科技企業，不管怎樣都必須提高本益比，以維持高股價；由於這樣的氣魄普及於社會中，所以易於把預估獲利加大。
達到這麼高！
抖抖抖抖
預估獲利
喔
喔
喔
當這類資訊科技企業在決算公布前下修預估獲利時，股票市場就容易因此而震盪。
原來如此。
啪啪
啪啪
啪啪
啪啪

＊台灣自二〇〇五年起，取消強制上市櫃公司公布財測，改採自願制。對於自願公布財測的上市櫃公司，有二種公布的情況：（一）在證交所的公開資訊觀測站中自動揭露；（二）公司如果對外發言公布財測後，證交所將要求該公司到公開資訊觀測站中的重大訊息項目中公布財測。

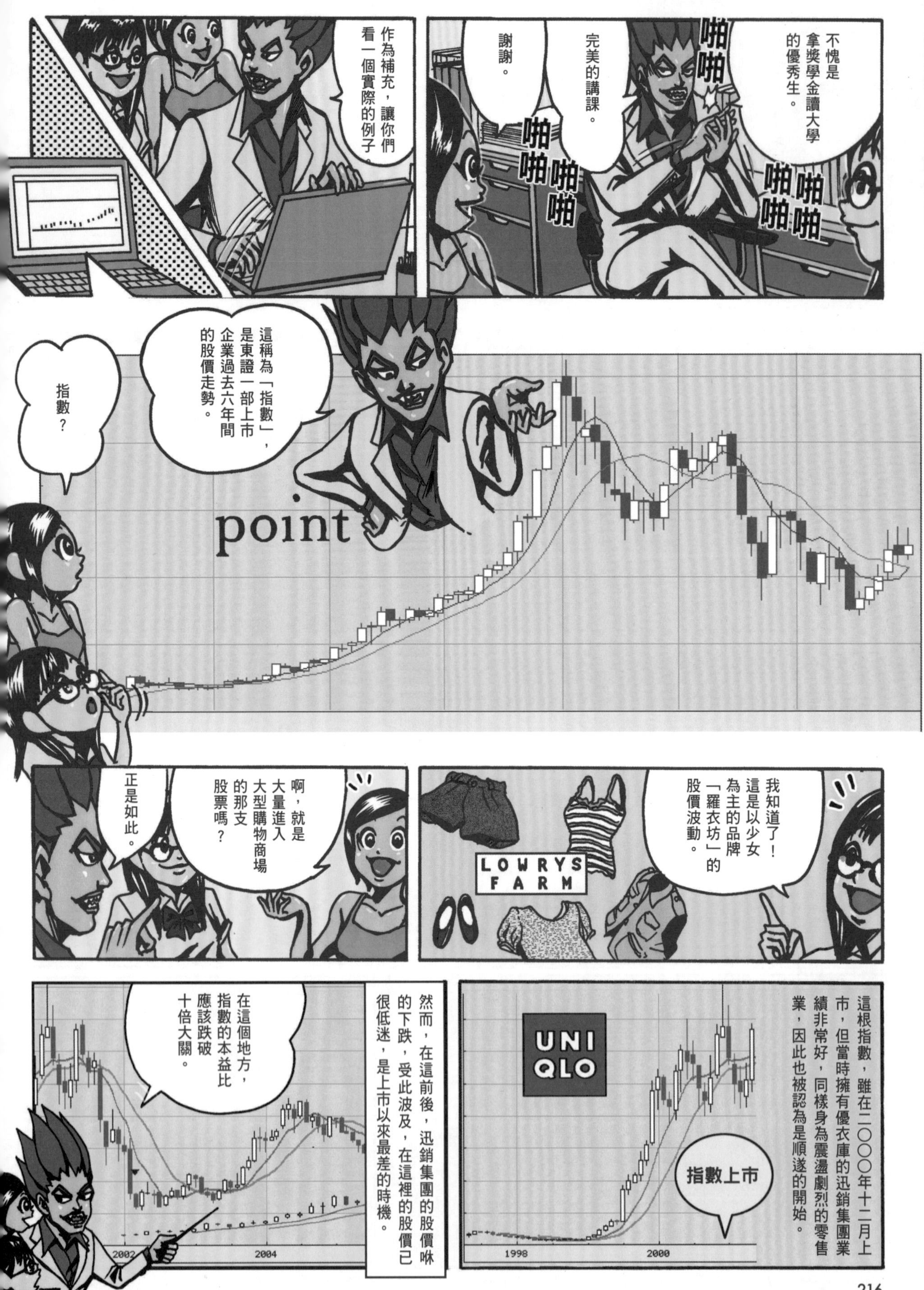
不愧是拿獎學金讀大學的優秀生。
啪啪
啪啪
啪啪
完美的講課。
啪啪
啪啪
謝謝。
作為補充，讓你們看一個實際的例子。
這稱為「指數」，是東證一部上市企業過去六年間的股價走勢。
指數？
point
我知道了！這是以少女為主的品牌「羅衣坊」的股價波動。
LOWRYS FARM
啊，就是大量進入大型購物商場的那支股票嗎？
正是如此。
這根指數，雖在二〇〇〇年十二月上市，但當時擁有優衣庫的迅銷集團業績非常好，同樣身為震盪劇烈的零售業，因此也被認為是順遂的開始。
UNI QLO
指數上市
1998
2000
然而，在這前後，迅銷集團的股價咻的下跌，受此波及，在這裡的股價已很低迷，是上市以來最差的時機。
在這個地方，指數的本益比應該跌破十倍大關。
2002
2004

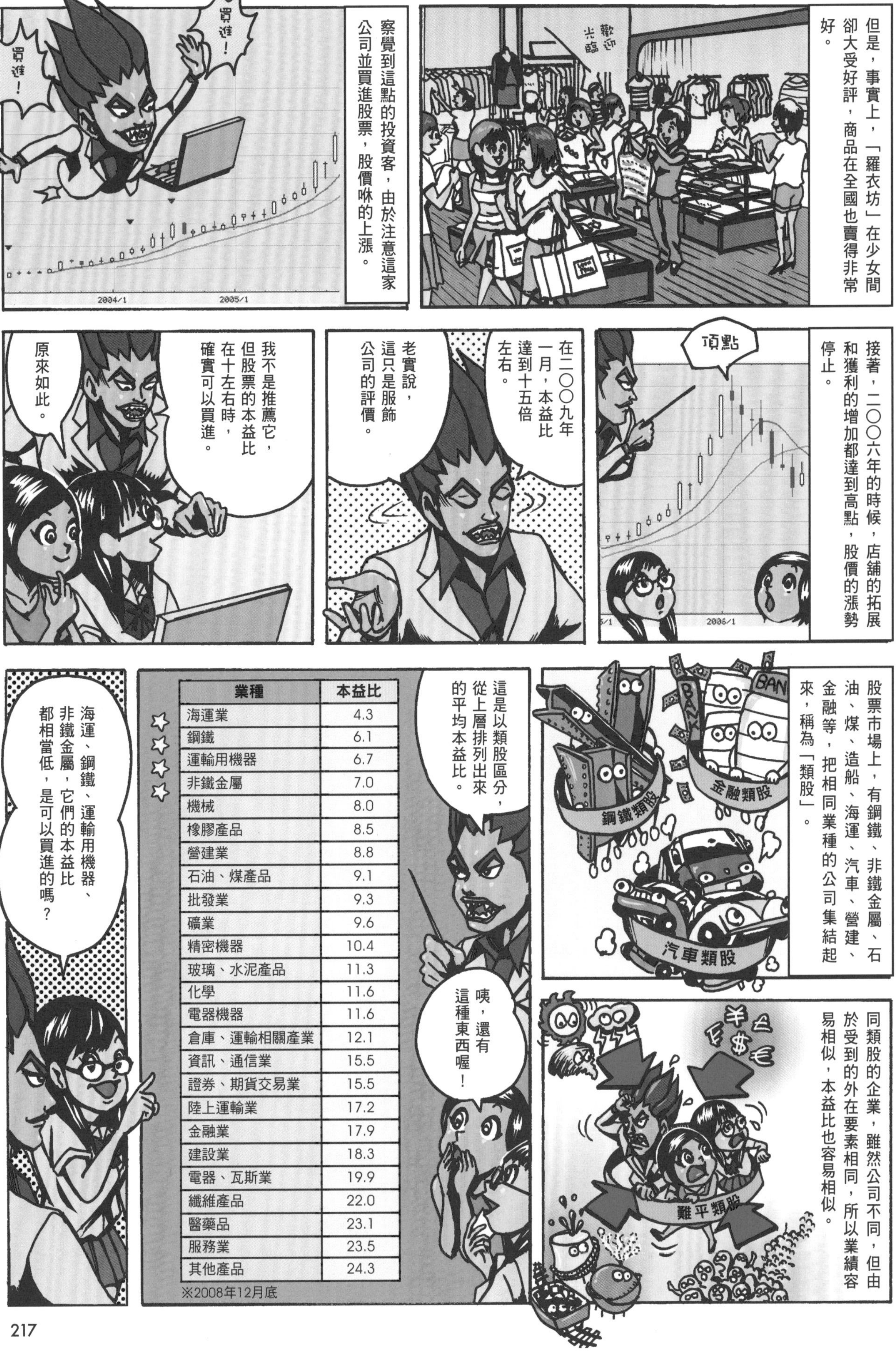
但是，事實上，「羅衣坊」在少女間卻大受好評，商品在全國也賣得非常好。
歡迎光臨
察覺到這點的投資客，由於注意這家公司並買進股票，股價咻的上漲。
買進！
買進！
2004/1
2005/1
接著，二〇〇六年的時候，店舖的拓展和獲利的增加都達到高點，股價的漲勢停止。
頂點
2006/1
在二〇〇九年一月，本益比達到十五倍左右。
老實說，這只是服飾公司的評價。
我不是推薦它，但股票的本益比在十左右時，確實可以買進。
原來如此。
股票市場上，有鋼鐵、非鐵金屬、石油、煤、造船、海運、汽車、營建、金融等，把相同業種的公司集結起來，稱為「類股」。
鋼鐵類股
金融類股
BANK
汽車類股
這是以類股區分，從上層排列出來的平均本益比。
咦，還有這種東西喔！
同類股的企業，雖然公司不同，但由於受到的外在要素相同，所以業績容易相似，本益比也容易相似。
難平類股
海運、鋼鐵、運輸用機器、非鐵金屬，它們的本益比都相當低，是可以買進的嗎？

業種	本益比
海運業	4.3
鋼鐵	6.1
運輸用機器	6.7
非鐵金屬	7.0
機械	8.0
橡膠產品	8.5
營建業	8.8
石油、煤產品	9.1
批發業	9.3
礦業	9.6
精密機器	10.4
玻璃、水泥產品	11.3
化學	11.6
電器機器	11.6
倉庫、運輸相關產業	12.1
資訊、通信業	15.5
證券、期貨交易業	15.5
陸上運輸業	17.2
金融業	17.9
建設業	18.3
電器、瓦斯業	19.9
纖維產品	22.0
醫藥品	23.1
服務業	23.5
其他產品	24.3

※2008年12月底

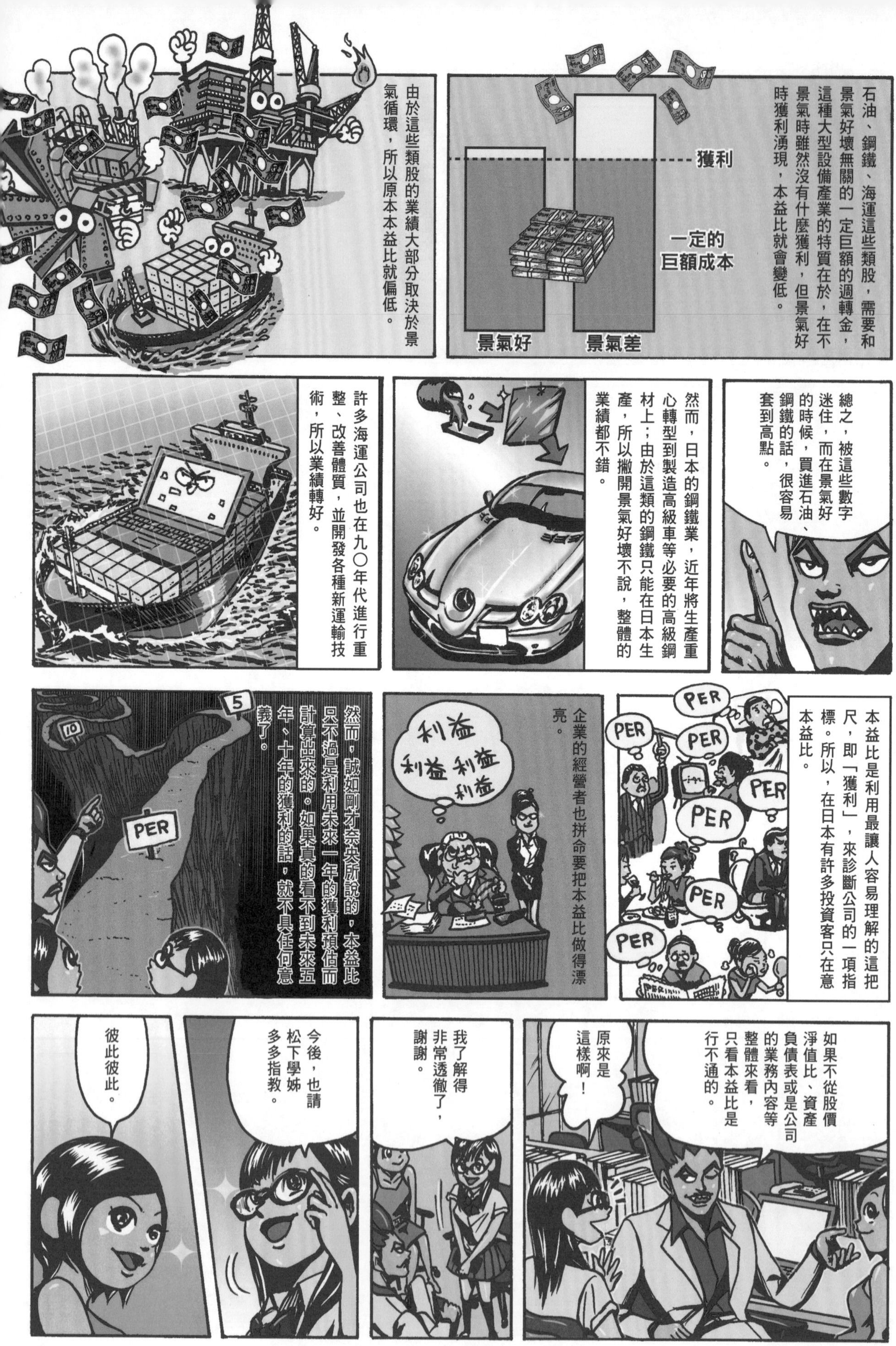
石油、鋼鐵、海運這些類股，需要和景氣好壞無關的一定巨額的週轉金，這種大型設備產業的特質在於，在不景氣時雖然沒有什麼獲利，但景氣好時獲利湧現，本益比就會變低。
獲利
一定的巨額成本
景氣好
景氣差
由於這些類股的業績大部分取決於景氣循環，所以原本本益比就偏低。
總之，被這些數字迷住，而在景氣好的時候，買進石油、鋼鐵的話，很容易套到高點。
然而，日本的鋼鐵業，近年將生產重心轉型到製造高級車等必要的高級鋼材上；由於這類的鋼鐵只能在日本生產，所以撇開景氣好壞不說，整體的業績都不錯。
許多海運公司也在九〇年代進行重整、改善體質，並開發各種新運輸技術，所以業績轉好。
本益比是利用最讓人容易理解的這把尺，即「獲利」，來診斷公司的一項指標。所以，在日本有許多投資客只在意本益比。
PER
PER
PER
PER
PER
PER
PER
企業的經營者也拼命要把本益比做得漂亮。
利益
利益
利益
利益
然而，誠如剛才奈央所說的，本益比只不過是利用未來一年的獲利預估而計算出來的。如果真的看不到未來五年、十年的獲利的話，就不具任何意義了。
5
10
PER
如果不從股價淨值比、資產負債表或是公司的業務內容等整體來看，只看本益比是行不通的。
原來是這樣啊！
我了解得非常透徹了，謝謝。
今後，也請松下學姊多多指教。
彼此彼此。

那麼，我先走了！
咻
喀
噠
真不愧是高材生。
職員室
確實只是來向老師問問題的吧？
你不是有事要跟我談嗎？
劈啪
今天早上，馬場董事長來到我家，
打聽我媽的行蹤。
他對待我，像對待我媽一樣，好像我是他的愛人一般，就丟下一筆錢來。
……
嘩啦啦啦
你不要在意，就把它想作是有錢人的慈善活動。
碰
馬場難道沒有什麼企圖嗎？這校舍變成什麼樣子呀！
我知道，他最近打算把它賣給超商。
刷刷——

這一帶的土地最近不斷上漲。
那學校怎麼辦？
沙沙
瓦解掉吧！
沙沙沙
果然被他發現了，
如果不採取什麼行動的話……
喀嚓
噠
竊聽器安裝上去了。
嗯，我從剛才就聽得很清楚了。
沒讓利食他們察覺到你是我的女兒吧？
砰
劈哩
不要擔心，姓氏完全不同，他們不會知道的。
爸爸。

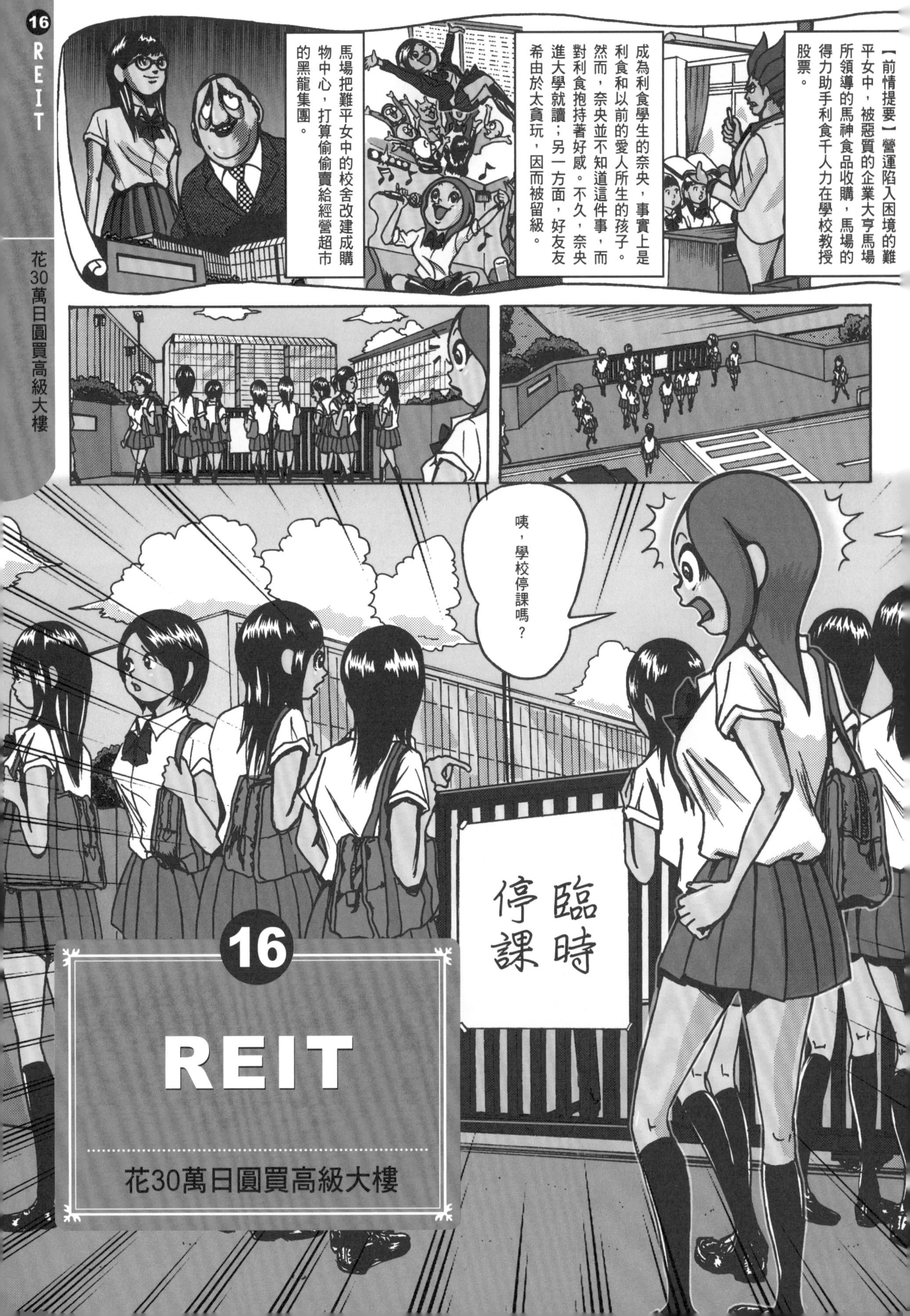
【前情提要】營運陷入困境的難平女中，被惡質的企業大亨馬場所領導的馬神食品收購，馬場的得力助手利食千人力在學校教授股票。
成為利食學生的奈央，事實上是利食和以前的愛人所生的孩子。然而，奈央並不知道這件事，而對利食抱持著好感。不久，奈央進大學就讀；另一方面，好友友希由於太貪玩，因而被留級。
馬場把難平女中的校舍改建成購物中心，打算偷偷賣給經營超市的黑龍集團。
咦，學校停課嗎？
臨時停課
16
REIT
花30萬日圓買高級大樓

那麼，回家去吧！
啪
你到我們常去的那家汽車旅館等我，我馬上到。
知道了。
友希，你要去哪裡？
和我男朋友去汽車旅館。
要翹課嗎？
學校臨時停課呀！
臨時停課？
怪了，總覺得有蹊蹺。
啊
應該是已經完工的校舍，卻有大批工程機具進入。
啊啊啊……
我們的猢猻木……
馬場這傢伙，比想像中還要早行動。
嗚

嗶—嗶—
啵—啵—
九點開始在校園召開學生朝會。
想聽馬場董事長談話的人請來集合。
不想聽的人也可以不用來。
這什麼呀？
反正到校園去看看吧！
唧唧喳喳
唧唧喳喳
發生什麼事啊？
唧唧喳喳
唧唧喳喳
現在開始，請董事長發言。
唧唧喳喳
唧唧喳喳
安靜！
唧唧喳喳
當難平女中在去年破產時，我們馬神食品將它收購，並促使學校的課程煥然一新，
採取各種策略，為招募學生而四處奔走。
但因少子化的影響，學校的經營陷入困難，怎麼也經營不起來。

難平女中終究……
決定廢校。
啊——!!
什麼時候開始？
從今天開始。
怎麼回事啊？
奇怪，不是從一開始就花錢蓋了好像超市的校舍嗎？
難道是一開始就打算轉賣，才會來收購這所學校的嗎？
太好了，這樣，不用來學校就畢業了。
呀吼
我們今後要去哪裡就學呢？
因為是私立的高中，所以沒有所謂的義務。
想轉到其他學校或是重考，都隨便你們。
朝會到此結束，
散會！
轉
欸欸欸——!?
不可思議！
搞什麼鬼！
該如何是好啊？
喳喳
唧唧
馬場從以前就開始做「不動產投資信託」的組合，現在終於要決勝負了嗎……
喳喳
呀——吼
唧唧
哇ー

老師，什麼是不動產投資信託？
嗯，好機會。
我班的學生到猢猻木前集合！臨時上課。
我教大家關於馬場企圖操作的不動產投資信託。
上課？
我不能去汽車旅館了。
咦？
也順便和這棵猢猻木道別吧！
嗚～
好，開始上課。
喀啦
喀啦
唧
唧
「不動產投資信託」是將不動產證券化的方法之一。
信託
距今二十年前左右，在泡沫景氣中，日本全國的地價急速上漲的時候，日本企業不論是製造商、公司行號、服務業，全都積極於追逐金錢遊戲，借錢來大買土地、建物。
許多企業藉此蓋自家公司的辦公大樓或是工廠，以作為資產，因而持有許多不動產……
之後，經濟泡沫破滅，地價下跌，這些不動產找不到買家，企業也只剩下龐大的借款。
請買～
請買～
請買～

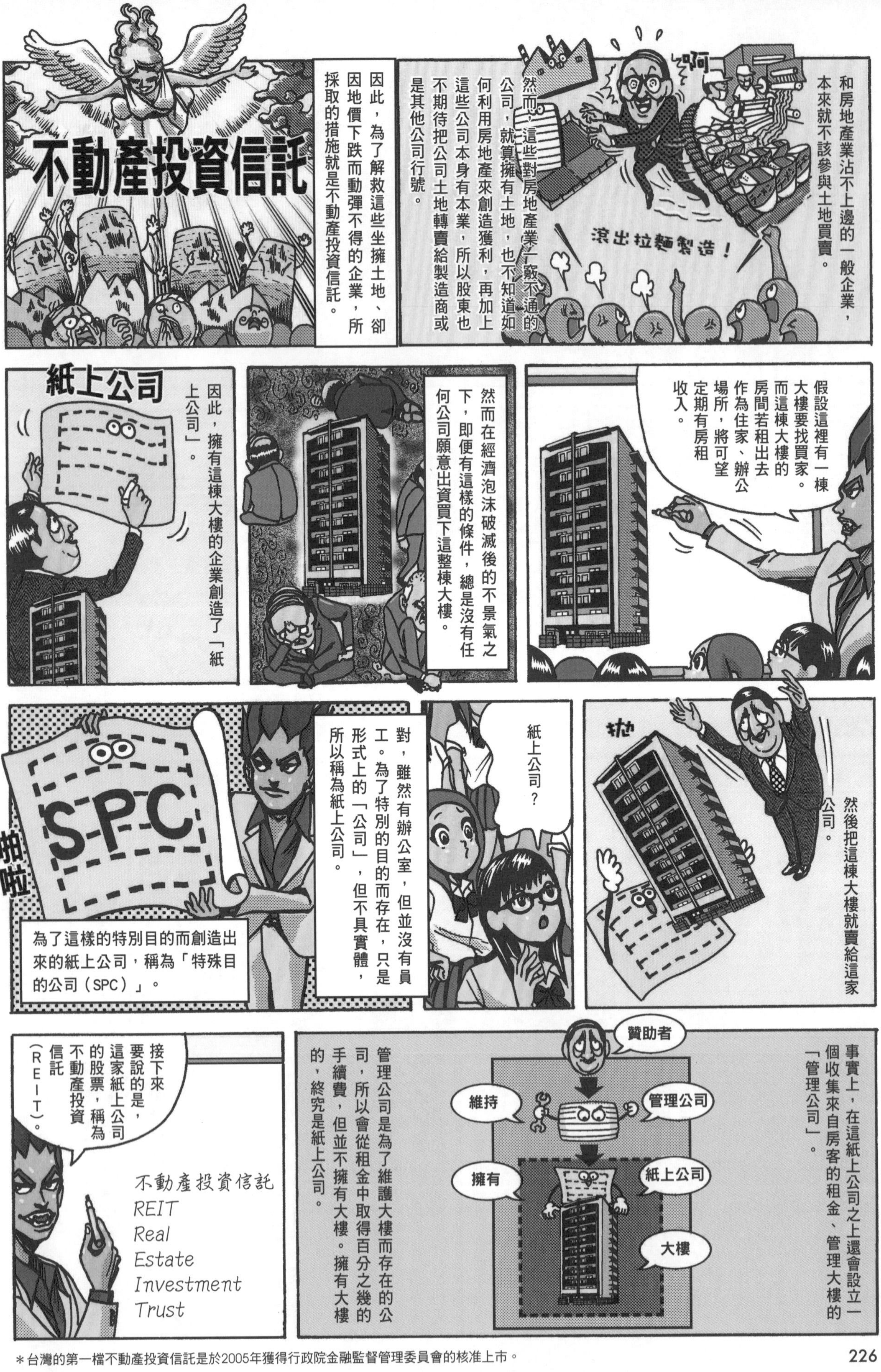

和房地產業沾不上邊的一般企業，本來就不該參與土地買賣。
啊
滾出拉麵製造！
然而，這些對房地產業一竅不通的公司，就算擁有土地，也不知道如何利用房地產來創造獲利，再加上這些公司本身有本業，所以股東也不期待把公司土地轉賣給製造商或是其他公司行號。
因此，為了解救這些坐擁土地、卻因地價下跌而動彈不得的企業，所採取的措施就是不動產投資信託。
不動產投資信託
假設這裡有一棟大樓要找買家。而這棟大樓的房間若租出去作為住家、辦公場所，將可望定期有房租收入。
然而在經濟泡沫破滅後的不景氣之下，即便有這樣的條件，總是沒有任何公司願意出資買下這整棟大樓。
紙上公司
因此，擁有這棟大樓的企業創造了「紙上公司」。
然後把這棟大樓就賣給這家公司。
紙上公司？
對，雖然有辦公室，但並沒有員工。為了特別的目的而存在，只是形式上的「公司」，但不具實體，所以稱為紙上公司。
SPC
啪啦
為了這樣的特別目的而創造出來的紙上公司，稱為「特殊目的公司（SPC）」。
事實上，在這紙上公司之上還會設立一個收集來自房客的租金、管理大樓的「管理公司」。
贊助者
維持
管理公司
擁有
紙上公司
大樓
管理公司是為了維護大樓而存在的公司，所以會從租金中取得百分之幾的手續費，但並不擁有大樓。擁有大樓的，終究是紙上公司。
接下來要說的是，這家紙上公司的股票，稱為不動產投資信託（REIT）。
不動產投資信託
REIT
Real
Estate
Investment
Trust

＊台灣的第一檔不動產投資信託是於2005年獲得行政院金融監督管理委員會的核准上市。

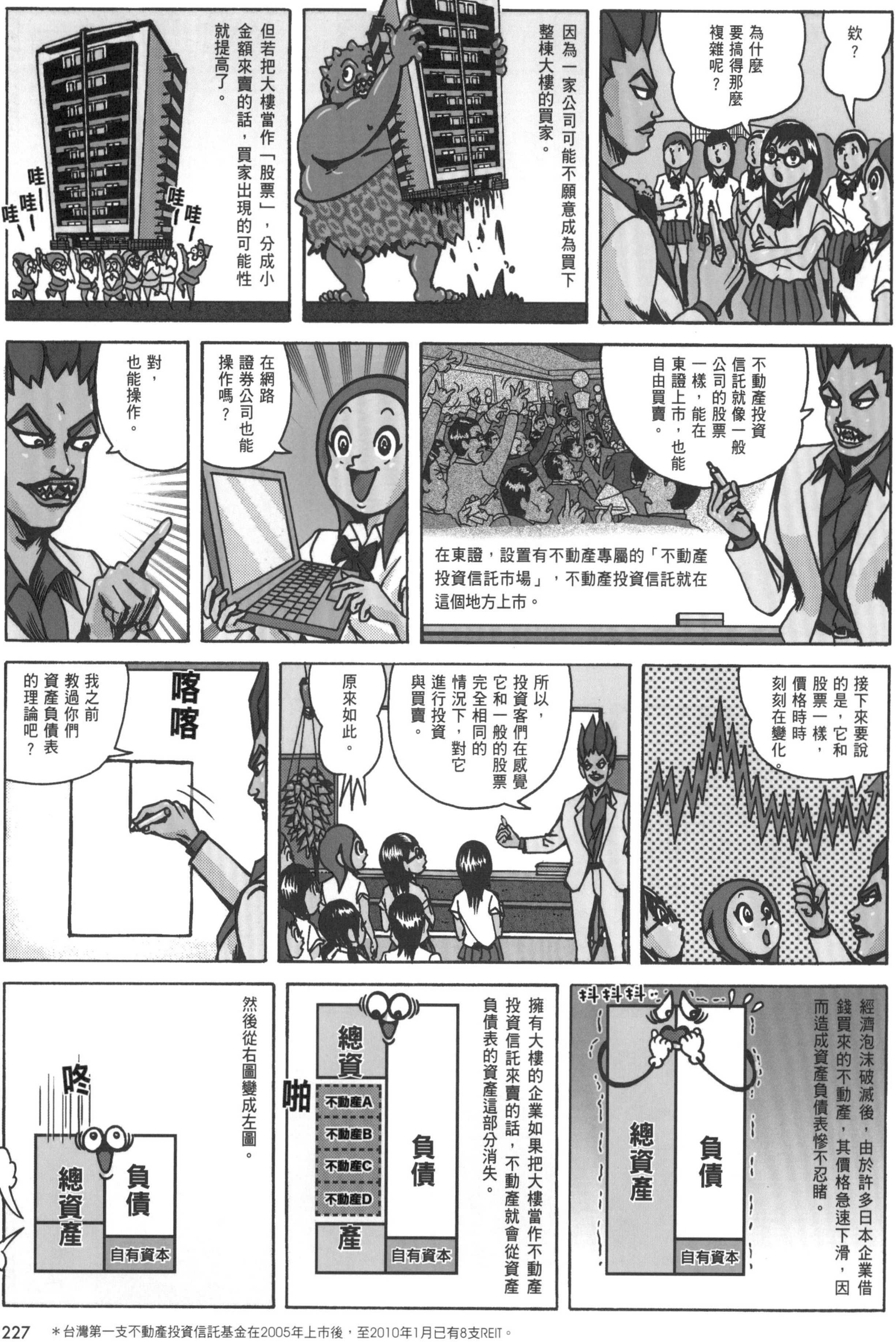

欸？
為什麼要搞得那麼複雜呢？
因為一家公司可能不願意成為買下整棟大樓的買家。
但若把大樓當作「股票」，分成小金額來賣的話，買家出現的可能性就提高了。
哇—
哇—
哇—
哇—
哇—
不動產投資信託就像一般公司的股票一樣，能在東證上市，也能自由買賣。
在東證，設置有不動產專屬的「不動產投資信託市場」，不動產投資信託就在這個地方上市。
在網路證券公司也能操作嗎？
對，也能操作。
接下來要說的是，它和股票一樣，價格時時刻刻在變化。
所以，投資客們在感覺它和一般的股票完全相同的情況下，對它進行投資與買賣。
原來如此。
喀喀
我之前教過你們資產負債表的理論吧？
經濟泡沫破滅後，由於許多日本企業借錢買來的不動產，其價格急速下滑，因而造成資產負債表慘不忍睹。
抖抖抖
總資產
負債
自有資本
擁有大樓的企業如果把大樓當作不動產投資信託來賣的話，不動產就會從資產負債表的資產這部分消失。
啪
總資
不動產A
不動產B
不動產C
不動產D
產
負債
自有資本
然後從右圖變成左圖。
咚
總資產
負債
自有資本

＊台灣第一支不動產投資信託基金在2005年上市後，至2010年1月已有8支REIT。

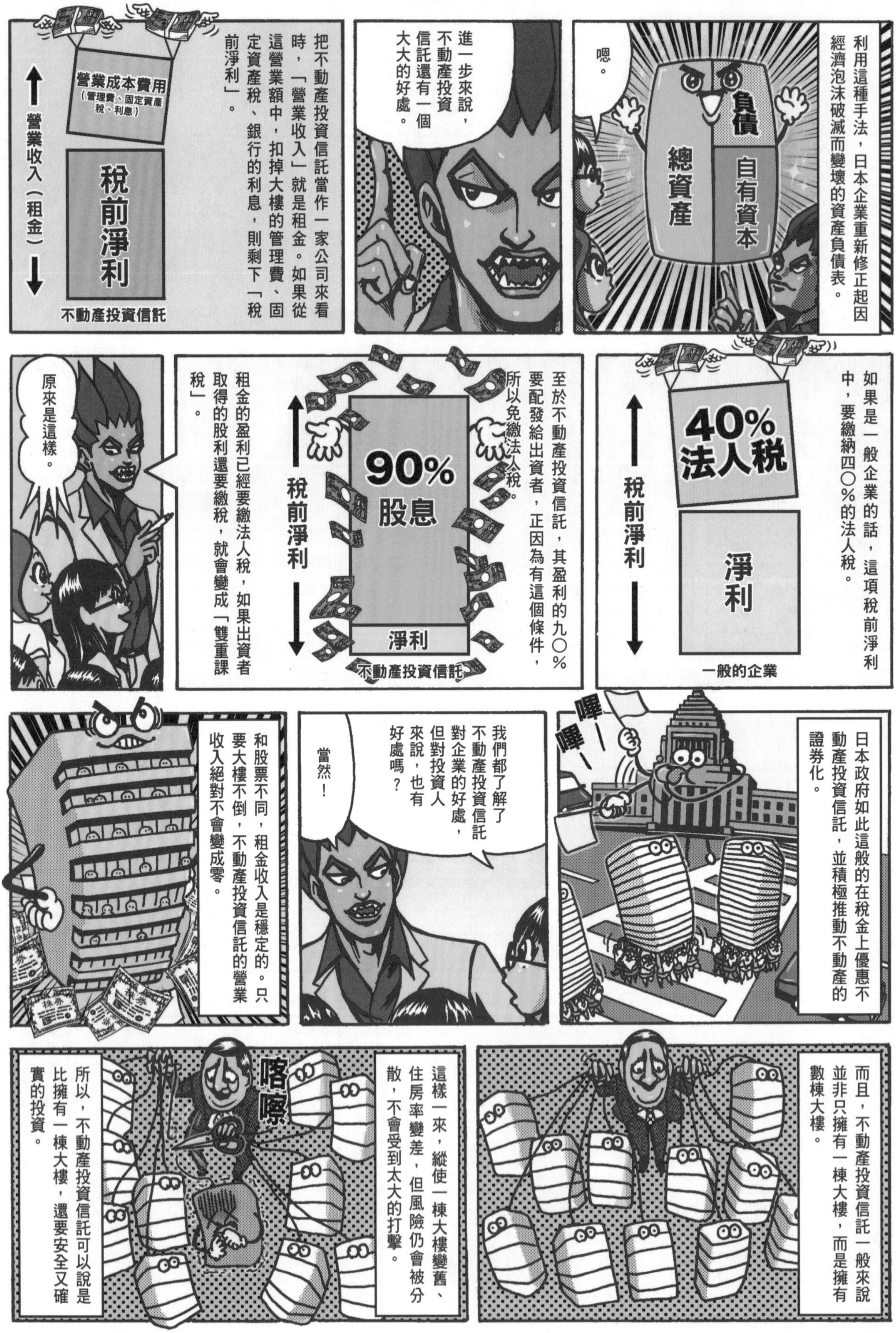
利用這種手法，日本企業重新修正起因經濟泡沫破滅而變壞的資產負債表。
負債
自有資本
總資產
嗯。
進一步來說，不動產投資信託還有一個大大的好處。
把不動產投資信託當作一家公司來看時，「營業收入」就是租金。如果從這營業額中，扣掉大樓的管理費、固定資產稅、銀行的利息，則剩下「稅前淨利」。
營業成本費用
（管理費、固定資產稅、利息）
稅前淨利
營業收入（租金）
不動產投資信託
如果是一般企業的話，這項稅前淨利中，要繳納四〇％的法人稅。
40%法人稅
淨利
稅前淨利
一般的企業
至於不動產投資信託，其盈利的九〇％要配發給出資者，正因為有這個條件，所以免繳法人稅。
租金的盈利已經要繳法人稅，如果出資者取得的股利還要繳稅，就會變成「雙重課稅」。
90%股息
淨利
稅前淨利
不動產投資信託
原來是這樣。
日本政府如此這般的在稅金上優惠不動產投資信託，並積極推動不動產的證券化。
嗶—
嗶—
我們都了解了不動產投資信託對企業的好處，但對投資人來說，也有好處嗎？
當然！
和股票不同，租金收入是穩定的。只要大樓不倒，不動產投資信託的營業收入絕對不會變成零。
而且，不動產投資信託一般來說並非只擁有一棟大樓，而是擁有數棟大樓。
這樣一來，縱使一棟大樓變舊、住房率變差，但風險仍會被分散，不會受到太大的打擊。
喀嚓
所以，不動產投資信託可以說是比擁有一棟大樓，還要安全又確實的投資。

「森避暑勝地不動產投資信託」・投資組合

用途	物件名稱	地址	完工年月	總租賃可能面積	交易價格（百萬日圓）	投資比率（%）
辦公大樓	方舟森大樓（固定型）	港區赤坂	昭和61年3月（平成17年大規模翻修）	約2,728 m²	6,600	3.3
辦公大樓	方舟森大樓（轉嫁型）	港區赤坂	昭和61年3月（平成17年大規模翻修）	約5,223 m²	22,000	10.9
辦公大樓	六本木避暑勝地共構大樓	港區六本木	平成13年10月	約16,657 m²	36,500	18.1
辦公大樓	六本木第一大樓	港區六本木	平成5年10月	約11,525 m²	21,000	10.4
辦公大樓	後樂森大樓	文京區後樂	平成12年3月	約16,199 m²	27,200	13.5
辦公大樓	虎門35森大樓（歐姆龍東京總公司大樓）	港區虎門	昭和56年8月（平成13年大規模翻修）	約6,720 m²	12,720	6.3
辦公大樓	赤坂溜池塔	港區赤坂	平成12年8月	約10,523 m²	37,200	18.4
辦公大樓 住宅	元麻布避暑勝地	港區麻布	平成14年5月（高層樓、低層樓〈東〉） 平成14年9月（低層樓〈西〉）	約19,042 m²	27,034	13.4
住宅	方舟森林庭園	港區六本木	平成13年1月	約5,246m²	5,300	2.6

不動產投資信託上包含什麼大樓，像這樣構成一覽表，稱為「投資組合」。　＊2008年10月底。

舉例來說，具有代表性之一的「森避暑勝地不動產投資信託」，如左表所示，是由九棟大樓所組成。

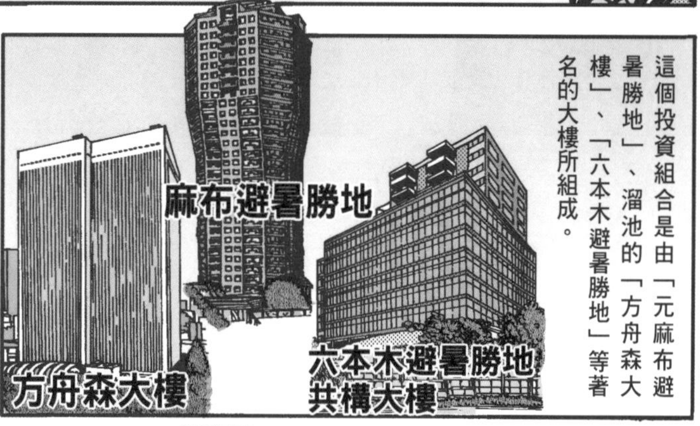
這個投資組合是由「元麻布避暑勝地」、溜池的「方舟森大樓」、「六本木避暑勝地」等著名的大樓所組成。
麻布避暑勝地
六本木避暑勝地共構大樓
方舟森大樓

九棟大樓的股價總值現在是四百七十三億日圓，一股的價格大約是三十萬日圓。
喀
股價總值
473億日圓
1股是30萬日圓

你們雖然是女高中生，但如果出三十萬日圓，就可以成為六棟大樓的所有人。
太棒了！

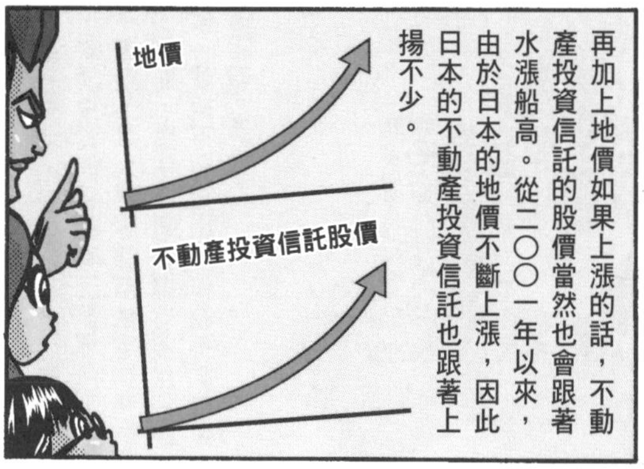
再加上地價如果上漲的話，不動產投資信託的股價當然也會跟著水漲船高。從二〇〇一年以來，由於日本的地價不斷上漲，因此日本的不動產投資信託也跟著上揚不少。
地價
不動產投資信託股價

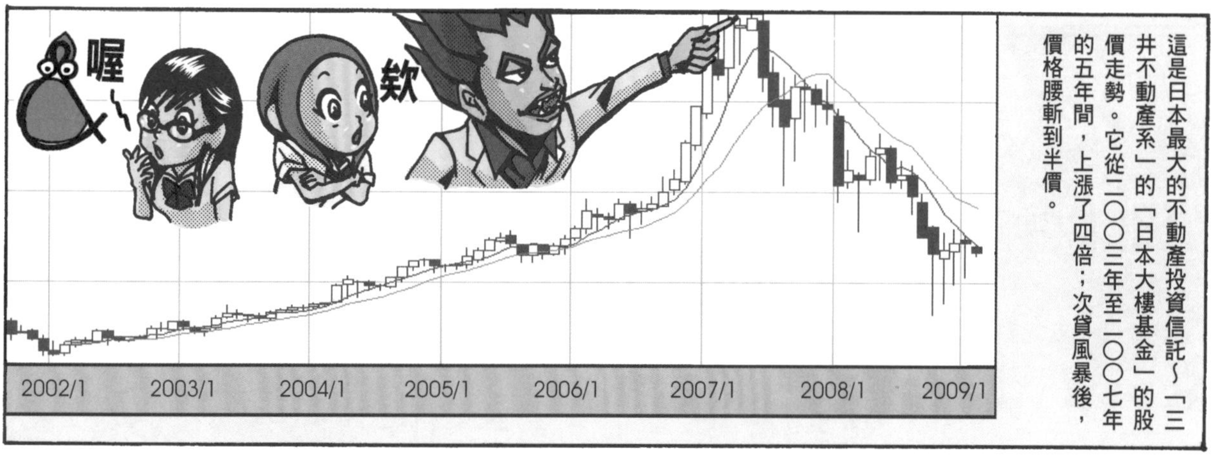
這是日本最大的不動產投資信託～「三井不動產系」的「日本大樓基金」的股價走勢。它從二〇〇三年至二〇〇七年的五年間，上漲了四倍；次貸風暴後，價格腰斬到半價。
欸
喔
2002/1
2003/1
2004/1
2005/1
2006/1
2007/1
2008/1
2009/1

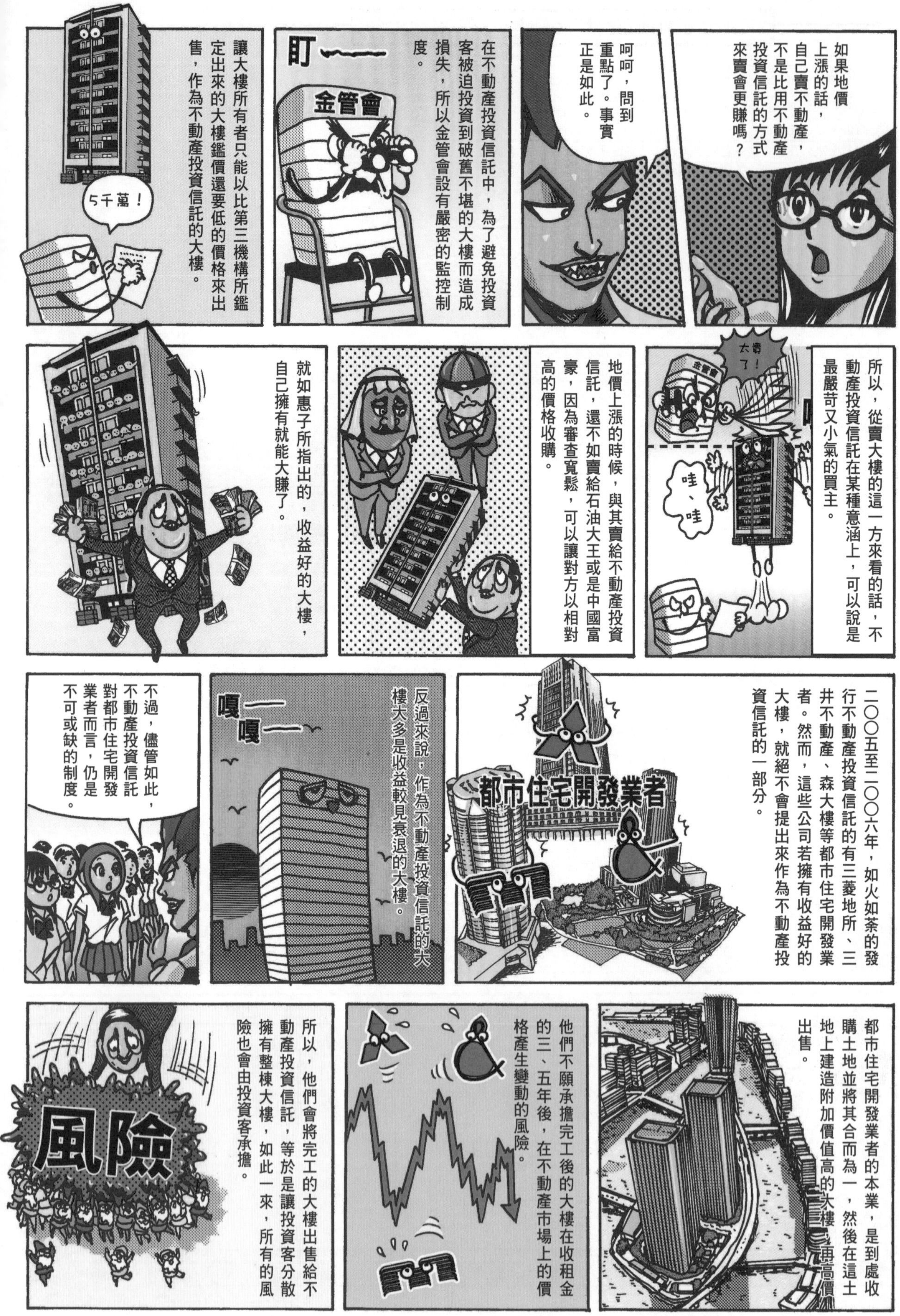
如果地價上漲的話，自己賣不動產，不是比用不動產投資信託的方式來賣會更賺嗎？
呵呵，問到重點了。事實正是如此。
在不動產投資信託中，為了避免投資客被迫投資到破舊不堪的大樓而造成損失，所以金管會設有嚴密的監控制度。
盯——
金管會
讓大樓所有者只能以比第三機構所鑑定出來的大樓鑑價還要低的價格來出售，作為不動產投資信託的大樓。
5千萬！
所以，從賣大樓的這一方來看的話，不動產投資信託在某種意涵上，可以說是最嚴苛又小氣的買主。
太貴了！
哇、哇
地價上漲的時候，與其賣給不動產投資信託，還不如賣給石油大王或是中國富豪，因為審查寬鬆，可以讓對方以相對高的價格收購。
就如惠子所指出的，收益好的大樓，自己擁有就能大賺了。
二○○五至二○○六年，如火如荼的發行不動產投資信託的有三菱地所、三井不動產、森大樓等都市住宅開發業者。然而，這些公司若擁有收益好的大樓，就絕不會提出來作為不動產投資信託的一部分。
都市住宅開發業者
反過來說，作為不動產投資信託的大樓大多是收益較見衰退的大樓。
嘎——
嘎——
不過，儘管如此，不動產投資信託對都市住宅開發業者而言，仍是不可或缺的制度。
都市住宅開發業者的本業，是到處收購土地並將其合而為一，然後在這土地上建造附加價值高的大樓，再高價出售。
他們不願承擔完工後的大樓在收租金的三、五年後，在不動產市場上的價格產生變動的風險。
所以，他們會將完工的大樓出售給不動產投資信託，等於是讓投資客分散擁有整棟大樓，如此一來，所有的風險也會由投資客承擔。
風險

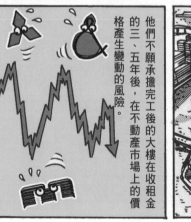

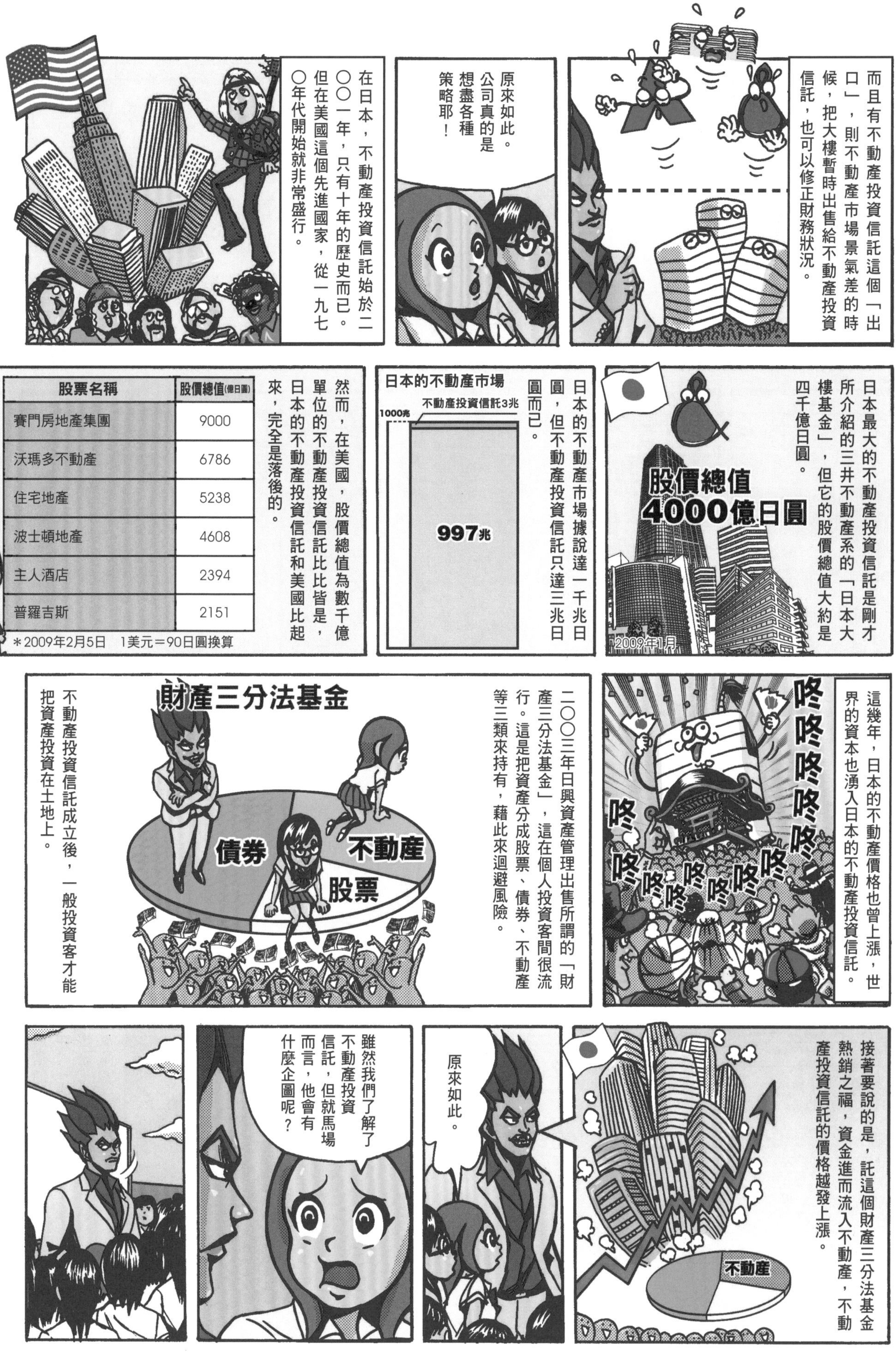
而且有不動產投資信託這個「出口」，則不動產市場景氣差的時候，把大樓暫時出售給不動產投資信託，也可以修正財務狀況。
原來如此。公司真的是想盡各種策略耶！
在日本，不動產投資信託始於二○○一年，只有十年的歷史而已。但在美國這個先進國家，從一九七○年代開始就非常盛行。
日本最大的不動產投資信託是剛才所介紹的三井不動產系的「日本大樓基金」，但它的股價總值大約是四千億日圓。
股價總值
4000億日圓
2009年1月
日本的不動產市場據說達一千兆日圓，但不動產投資信託只達三兆日圓而已。
日本的不動產市場
不動產投資信託3兆
1000兆
997兆
然而，在美國，股價總值為數千億單位的不動產投資信託比比皆是，日本的不動產投資信託和美國比起來，完全是落後的。

股票名稱	股價總值(億日圓)
賽門房地產集團	9000
沃瑪多不動產	6786
住宅地產	5238
波士頓地產	4608
主人酒店	2394
普羅吉斯	2151

＊2009年2月5日　1美元＝90日圓換算
這幾年，日本的不動產價格也曾上漲，世界的資本也湧入日本的不動產投資信託。
咚咚咚咚咚咚
咚咚咚咚咚咚咚
二○○三年日興資產管理出售所謂的「財產三分法基金」，這在個人投資客間很流行。這是把資產分成股票、債券、不動產等三類來持有，藉此來迴避風險。
財產三分法基金
債券
不動產
股票
不動產投資信託成立後，一般投資客才能把資產投資在土地上。
接著要說的是，託這個財產三分法基金熱銷之福，資金進而流入不動產，不動產投資信託的價格越發上漲。
不動產
原來如此。
雖然我們了解了不動產投資信託，但就馬場而言，他會有什麼企圖呢？

大家再靠過來一點。
緊張
馬神食品這家公司就像過去的活力門一樣，讓股東做出「獲利先得」的大夢，只為集資而集資，然後抬高股價總值。
夢
股價總值
為了維持高漲的股價，就必須要有名符其實的獲利，馬場反覆收購企業，作為迅速增加獲利的手段；這就像老鼠會。
收購！
收購！
收購！
股價總值
最近，這個老鼠會又開始「繁衍」了，因此這傢伙看上的是不動產。
嘻嘻
股價總值
馬場逐步收購因少子化而經營不善的私立學校，然後做「重建」這種沒道理的事，最後再出售給超市新興業者黑龍。
呵呵呵呵
黑龍
黑龍的資金來源就是不動產投資信託。
誠如剛才所教的，不動產投資信託由於審查嚴格，所以很少讓外行人參與。黑龍集團從以前開始，就擁有為了開發土地而成立的都市住宅開發部門，所以很容易規劃不動產投資信託。
金管會
馬場唆使黑龍，讓他規劃郊外型的不動產投資信託，並把在學校校址上建好的超市、公寓不斷出售給這個不動產投資信託。
黑龍
所謂的不動產投資信託，是在投資組合中，一旦有建築老舊、收益衰退的狀況出現，就會被新建物替換掉的一種金融商品。
對規劃不動產投資信託的黑龍而言，收益好的新建物是不可或缺的。
喔耶
然而，如果黑龍直接收購學校，又立刻把不動產改成超市、住宅的話，就會被教育部盯上。
教育部
噓
所以，利用以往具有熱心經營補校形象的馬神食品做掩護，來把土地弄到手。
嘿嘿嘿嘿
黑龍

如此一來，我們的學校不就要消失了？
難道沒有可以拯救學校的辦法嗎？
嗯嗯
原來是這樣的詭計啊！
轉
接下來要說的話，在這裡講不安全，
我們還是到別的地方去講吧！
躲
緊張
爸爸，
利食這傢伙完全察覺到了喔！
……
你再打探一下情況，
一有阻礙，事情就棘手了。
押目大学

嘰嘰 喳喳 嘰嘰 喳喳 嘰嘰 喳喳
噹—噹—噹—噹
噹—噹—噹—噹
驚
奈央！奈央！
咚咚咚咚咚咚
學校快要變成黑龍集團的了！
怎麼啦？友希。
啪啪啪啪
請你也伸出援手，
今晚，到利食的公寓集合。
順便也請普智理教授一起來。
我是順便的嗎？
咻
嘿

【前情提要】難平女中被惡質的企業大亨馬場收購，並改建成購物中心，打算賣給超市大廠。
倒閉！
在難平女中教股票投資術的老師利食千人力發現，自己所教的學生奈央是和以前的愛人所生的孩子。然而，奈央並不知道利食是自己的親生父親，只是對利食非常有好感。
利食的目標就是打倒馬場，但馬場的女兒惠子，卻隱姓埋名潛入班級裡成為臥底。
叮咚——咚
啪
啪
老師，好久不見，真高興見到你。
喔
抱抱
奈央，別這樣，大家都在場。
被我們看到了喔！
嘻嘻
嘻嘻

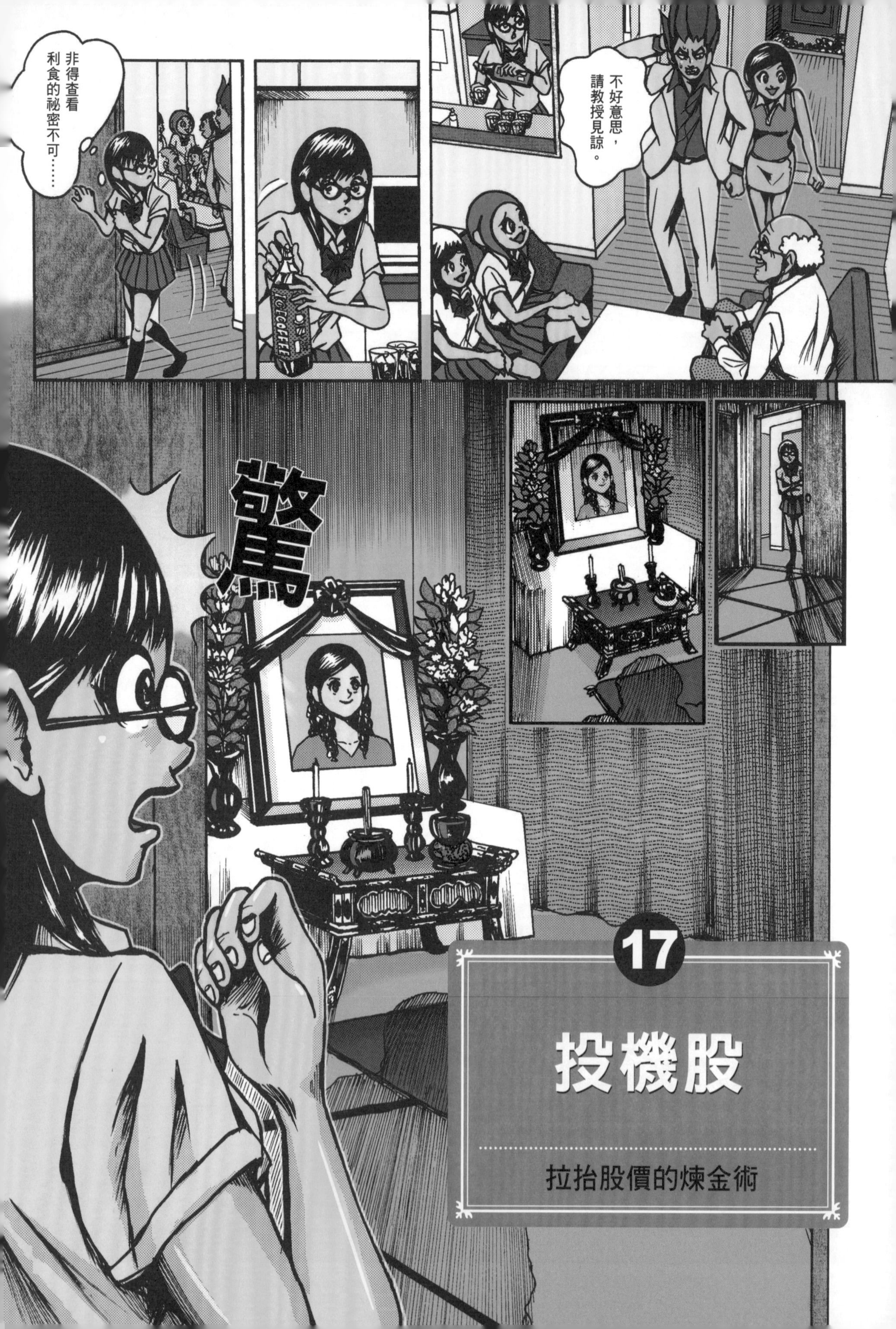

17 投機股

拉抬股價的煉金術

鈴鈴鈴
嗶嗶嗶
パパ携帯
爸爸，這是真的喔！
我潛入利食的公寓，發現利食的房間裡，竟然有佳代子的遺照。
驚
佳代子的遺照？
啪噠
原來是這樣……
佳代子真的死了……
劈啪
今晚，把大家集合起來……
是為了想想有什麼辦法可以阻止馬場的企圖。
誠如白天我所說的，馬場一手收購因少子化而陷入經營困難的學校，並改做公寓或超市，將之提供給黑龍的不動產投資信託。
黑龍
不過，這傢伙的企圖還不止於此。
這傢伙還著手違法的炒作戰。
炒作，這是什麼？
老師，說嘛、說嘛！

夠了！
所謂的炒作，是靠著大量買、賣一家公司的股票，以操作股價來賺錢。
炒作
有人把這說成「資金實力」。如果一家公司的股票被大筆敲進或賣出，則股票的供需便會失衡，公司的股價便會戲劇化的震盪，脫離業績好壞的關係，而「炒手」便能趁機大賺一筆，這就是「炒作」。
啊！
資金
彈
供需平衡
舉例來說，某個富豪策劃「炒作」，打算大量買進M公司的股票。如果全力持續買進一檔股票，則這股票必定上漲。
買！
咻
咻咻
周圍的散戶見到後，以為M公司股票有利可圖，紛紛配合搶進，因此，M公司股票的股價便急速飆漲。
咻咻咻
M公司好像賺錢囉！
買進M公司！
我要M公司的股票！
M股
終端的散戶開始向M公司股票追漲時，炒作M股的富豪卻開始偷偷賣股票。如此一來，就能賺取莫大的「差額利潤」。
賣！
M股
當然，也有反向操作的戰術。大量放空M公司，讓股價一路下跌。如此一來，M公司的股東便會因害怕「股價可能再下跌」而配合拋售，結果使股價越跌越多。
M股
放空！
崩
賣
股價持續下跌時，富豪只要買回之前放空的股票，就能大賺一筆「差額利潤」。
M股
買回！
不管是哪種情況，對著手「炒作」的人來說，最重要的一點是，「最後把虧損推給誰？」
嗶
嗶
被迫承接虧損的人，往往就是一般的大眾、散戶。所謂的「炒作」，就是挑動貪婪的大眾、奪取利益的一種行為。
這樣做，是違法的嗎？
如果默默的買進股票，默默的賣出股票，就不構成犯罪。

但是，以某種形態，推薦大家「買進」，因而使股價拚命上漲，
而自己卻偷偷賣掉並大賺錢，這樣的話，就是堂而皇之的犯罪。
原來如此。
股價操作
＝
違反證券交易法
炒作在一九七〇年代以前，是男人一決高下的戰場。
如果有誰「做多」，必定就會有反向操作「做空」的傢伙，在哪一方的資金用完的時候，就是勝負揭曉時；是正式賽的「單挑」勝負。
買！
賣！
啊
喔
啊
喔
炒作股票的人興高采烈的接受業界報章雜誌的採訪。
還有尚未出手的資金，所以會持續買。
厲害
散戶一邊觀看專家對決，有時自己也會站上火線。
我也趁勢買進。
哇哇
哇哇
通常，「空方」和「多方」在正式賽對決時，比較痛苦的是「空方」。
抖抖抖
站在「做空」的一方是支付每天的利息，把借來的股票放空，且賣掉的股票一定要在半年內回補，再加上借來的股票有數量限制。
股票
所以，要維持「賣出」，當然要花費相當的成本，而且風險也大。
儘管如此，在炒作戰的正式決戰中，勝利的一方卻有八成是「空方」。過去的「不二家」、「福助」和最近的「原東秀」的炒作戰中，獲勝的都是「空方」。
オリジン
通常被說成少數派且不利的一方，氣勢比較強，就像一五六〇年發生的「桶狹間之役」和西元前四八〇年發生的「溫泉關戰役」也是如此。
總之，過去的「炒作」因為是光明正大的操作，所以違法性不高。
然而，進入一九八〇年代後，「炒作」從單挑變成複雜又不光明正大的行為。
嘿嘿
馬

舉例來說，大家想像一下金字塔型的組織。
在金字塔的頂端，有個炒作的人，他會決定要以哪家公司的股票為標的。
買進M公司股票！
TOP
A
M公司好像很賺錢耶！
買進M公司。
請賣給我M公司股票。
「買進M公司股票」的指示傳遞到高層之下的A族群。因為是傳遞具體的「買進」指示，所以算是明顯的違法。然而，A族群的成員因為知道，若遵循指示就能賺到錢，所以安靜的買進M公司的股票。
A族群買完股票之後，訊息才傳到在其之下的B族群。
A
全部都買了嗎？
還沒。
再給我！
B族群一買完後，就傳到C族群。C族群一買完後，就傳到D族群。就像這樣，訊息按照順序傳遞下來。
A
好，OK！
全員買進！
B
喂，新訊息！
好，買進。
等終端的D族群知道訊息，並買進M公司股票的時候……
嘿嘿
好，差不多該賣了。
除了高層之外，A族群的成員也馬上賣掉而大賺錢。
M股
族群D
買M公司
M公司
賣M公司
賣M公司
賣M公司
咚咚咚咚咚
就像剛才所說的，如果沒有最後承接虧損的人，「炒作」就不會成立。
這個金字塔就是，上面的人為了把虧損推給下面的人而大賺的奪取制度。下面的人只為了讓上面的人賺錢而存在。
M股
M股
啪

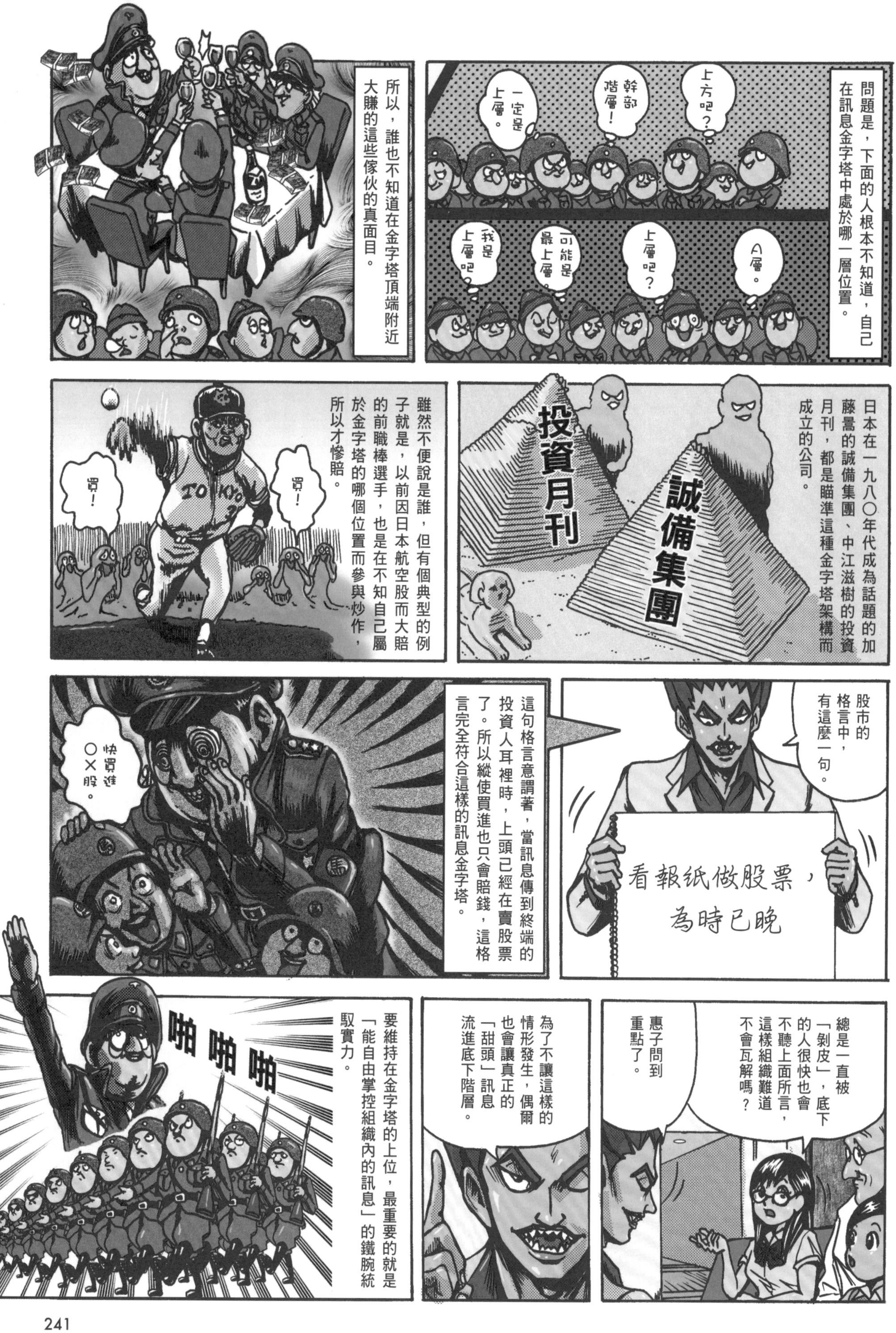

問題是，下面的人根本不知道，自己在訊息金字塔中處於哪一層位置。
上方吧？
幹部階層！
一定是上層。
A層。
上層吧？
可能是最上層。
我是上層吧。
所以，誰也不知道在金字塔頂端附近大賺的這些傢伙的真面目。
日本在一九八〇年代成為話題的加藤暠的誠備集團、中江滋樹的投資月刊，都是瞄準這種金字塔架構而成立的公司。
誠備集團
投資月刊
雖然不便說是誰，但有個典型的例子就是，以前因日本航空股而大賠的前職棒選手，也是在不知自己屬於金字塔的哪個位置而參與炒作，所以才慘賠。
買！
買！
股市的格言中，有這麼一句。
看報紙做股票，為時已晚
這句格言意謂著，當訊息傳到終端的投資人耳裡時，上頭已經在賣股票了。所以縱使買進也只會賠錢，這格言完全符合這樣的訊息金字塔。
快買進〇×股。
總是一直被「剝皮」，底下的人很快也會不聽上面所言，這樣組織難道不會瓦解嗎？
惠子問到重點了。
為了不讓這樣的情形發生，偶爾也會讓真正的「甜頭」訊息流進底下階層。
要維持在金字塔的上位，最重要的就是「能自由掌控組織內的訊息」的鐵腕統馭實力。
啪啪啪

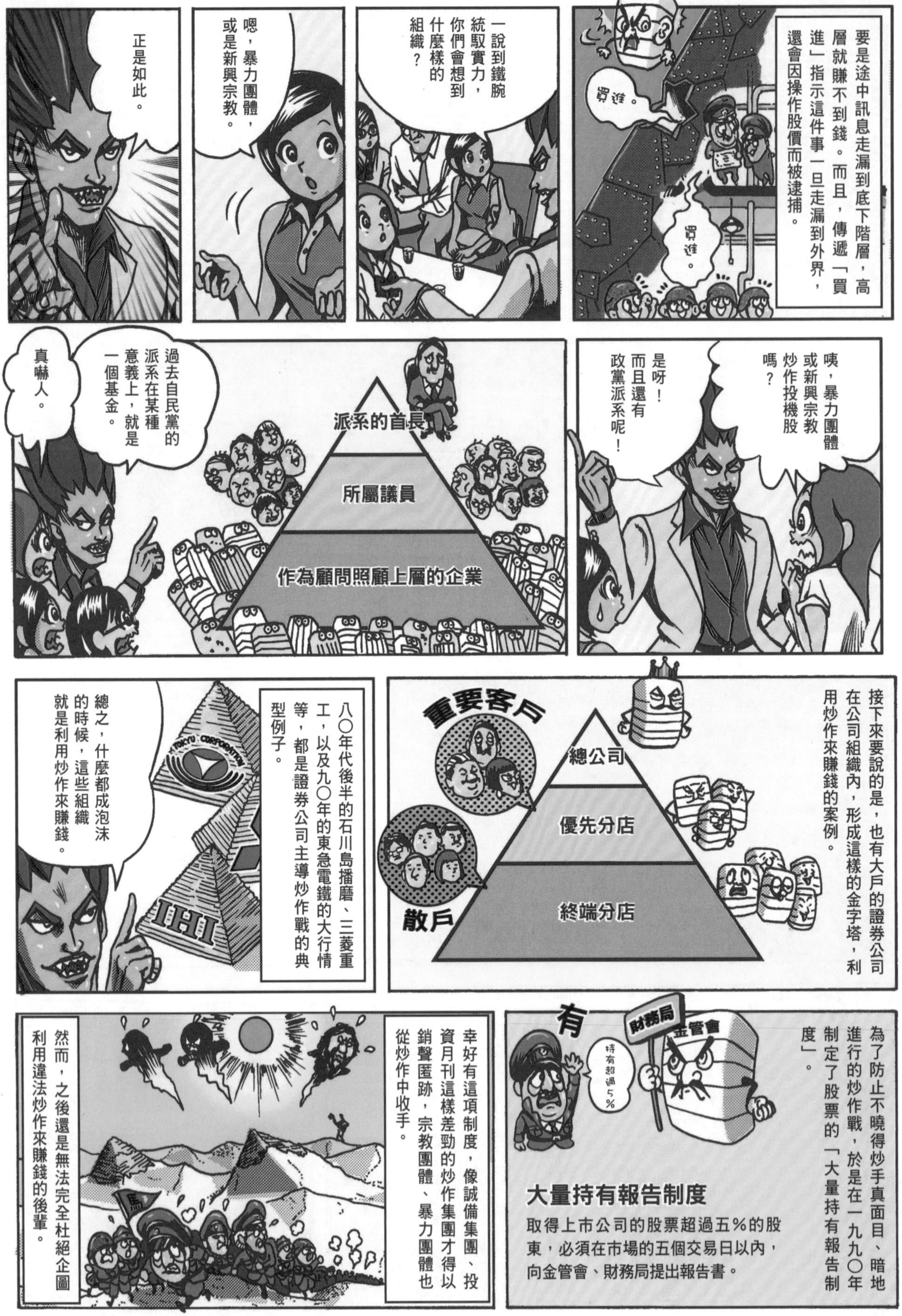
要是途中訊息走漏到底下階層，高層就賺不到錢。而且，傳遞「買進」指示這件事一旦走漏到外界，還會因操作股價而被逮捕。
買進。
買進。
一說到鐵腕統馭實力，你們會想到什麼樣的組織？
嗯，暴力團體，或是新興宗教。
正是如此。
咦，暴力團體或新興宗教炒作投機股嗎？
是呀！而且還有政黨派系呢！
派系的首長
所屬議員
作為顧問照顧上層的企業
過去自民黨的派系在某種意義上，就是一個基金。
真嚇人。
接下來要說的是，也有大戶的證券公司在公司組織內，形成這樣的金字塔，利用炒作來賺錢的案例。
重要客戶
總公司
優先分店
終端分店
散戶
八〇年代後半的石川島播磨、三菱重工，以及九〇年的東急電鐵的大行情等，都是證券公司主導炒作戰的典型例子。
TOKYU CORPORATION
IHI
總之，什麼都成泡沫的時候，這些組織就是利用炒作來賺錢。
為了防止不曉得炒手真面目、暗地進行的炒作戰，於是在一九九〇年制定了股票的「大量持有報告制度」。
有
財務局
金管會
持有超過5％
大量持有報告制度
取得上市公司的股票超過五％的股東，必須在市場的五個交易日以內，向金管會、財務局提出報告書。
幸好有這項制度，像誠備集團、投資月刊這樣差勁的炒作集團才得以銷聲匿跡，宗教團體、暴力團體也從炒作中收手。
然而，之後還是無法完全杜絕企圖利用違法炒作來賺錢的後輩。

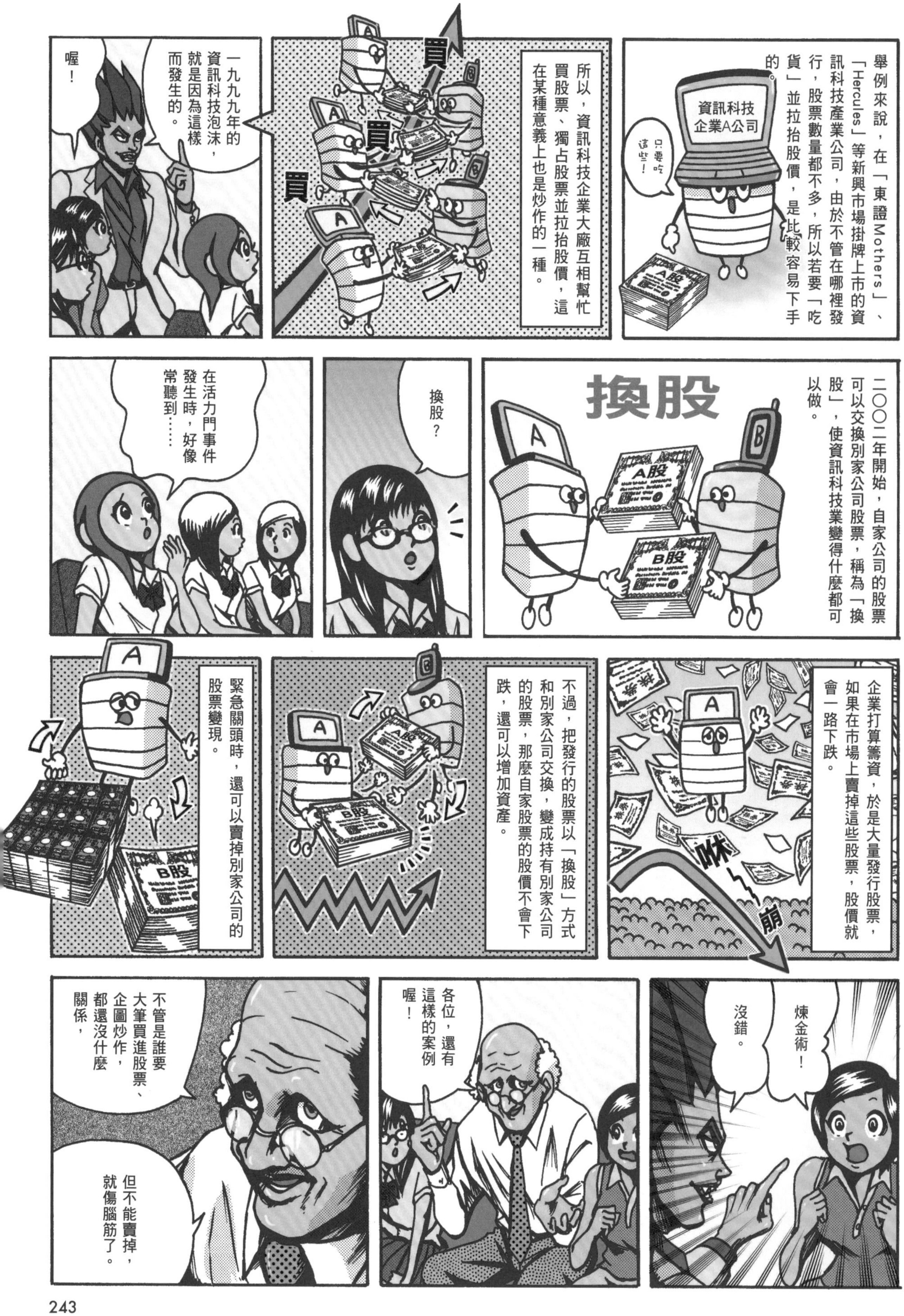
舉例來說，在「東證Mothers」、「Hercules」等新興市場掛牌上市的資訊科技產業公司，由於不管在哪裡發行，股票數量都不多，所以若要「吃貨」並拉抬股價，是比較容易下手的。
資訊科技企業A公司
只要吃這些！
A股
所以，資訊科技企業大廠互相幫忙買股票、獨占股票並拉抬股價，這在某種意義上也是炒作的一種。
買
買
買
一九九九年的資訊科技泡沫，就是因為這樣而發生的。
喔！
二〇〇二年開始，自家公司的股票可以交換別家公司股票，稱為「換股」，使資訊科技業變得什麼都可以做。
換股
A股
B股
換股？
在活力門事件發生時，好像常聽到……
企業打算籌資，於是大量發行股票，如果在市場上賣掉這些股票，股價就會一路下跌。
咻
崩
不過，把發行的股票以「換股」方式和別家公司交換，變成持有別家公司的股票，那麼自家股票的股價不會下跌，還可以增加資產。
A股
B股
緊急關頭時，還可以賣掉別家公司的股票變現。
B股
煉金術！
沒錯。
各位，還有這樣的案例喔！
不管是誰要大筆買進股票、企圖炒作，都還沒什麼關係，
但不能賣掉，就傷腦筋了。

於是，就有人把這些股票匯集起來，帶到這家公司，然後說：
貴公司這麼多的股票落到別人手裡，身為公司經營者的您也難以發揮營運，不是嗎？
請您用這價格買回這些股票，好嗎？
好吧，也沒辦法了！
股票
居中當遊說的，就是借錢給這家公司的政客的秘書，或是握有企業醜聞的股東會上的流氓。
就這麼說定了，麻煩你了。
嗚嗚
這不就是一種敲詐嗎？
炒作，本來就是一種敲詐。
這樣一來，讓這公司以高價買進，自己賺取差額利潤。在這情況下，最後被迫承受虧損的並不是大眾，而是成為標的的這家公司。
哇哇哇哇哇哇
雖然沒有股東會上的流氓居中，但村上基金、美國投資基金等「鋼鐵夥伴」所做的事也和這大同小異，非常類似。
SP
原來如此。
我們了解了炒作的手法，但馬場利用炒作打什麼主意呢？
這傢伙的企圖是，要建立我剛才所說的金字塔型的組織。
這傢伙一個接一個的收購搖搖欲墜的私立高中，在各校的課程內容上，納入股票課程，教學生買賣股票。
在課堂上，學習股票的高中生縱使進入大學就讀，也會不斷操作股票，這些學生就是金字塔的底層。這傢伙已經把近一萬名的女生組織起來。
了解得非常詳細嘛！

我是因為這樣才受僱於這傢伙。
靜
但高中女生和所謂的鐵腕統馭沒有關係吧？
這傢伙利用老師，全盤掌握學生的日常生活，並控制住每個人。
一遇到緊要關頭，就向學生喊話。
太可惡了。
咖啡灑出來了，我去換掉。
把畢業的學生組織起來，形成炒作之用的金字塔，一旦這些人數達到某個程度，就毀掉學校，
並賣給黑龍的不動產投資信託。
爸爸，
不好了，利食這傢伙相當了解你的目的喔！
連黑龍的炒作也知道嗎？
不過那沒有關係……
驚

堀內，你在幹麼？
誰是你爸爸？
嗟嗟
怎麼回事？大吼大叫的。
她剛在電話裡頭跟別人說：「不好了，利食這傢伙相當了解你的目的。」
什麼啊？
啊
對了，我想起來了。
馬場曾與銀座夜店的愛人生下一個女兒。
堀內，難道你是……
是的，我是馬場的女兒。
佳代子這女人色誘我爸爸，從我和媽媽的身邊把我爸爸搶走。
我打算報復佳代子。
但這個佳代子已經不在人世了。
咦？

那麼，我能報復的對象只剩佳代子的女兒。
驚
佳代子的情夫就是你！
啊
啊啊啊啊啊啊啊啊啊啊啊
不對，你搞錯了。
普智理教授！
我以前是證券公司的營業員。
教馬場煉金術的人是我。
介紹利食給馬場的人也是我。
啊，教授是如此重要的人物啊？
佳代子小姐是因為受不了你父親的施暴，才逃出去的。

利食只不過是救了受傷的佳代子小姐。
你說謊！
怒
怒
我爸爸這麼慈祥，絕對不會施暴的！
唉
大人擁有很多面向的。
嘆
你不是也看到你的父親收購學校，然後一個一個的賣給超市業者嗎？
啊啊啊
軟
但是，這是為了我和媽媽。
不能利用女兒來當間諜了。
喂，馬場，是你對吧？
你聽到我們的談話了吧？
我向你宣戰！
我要讓你徹底崩潰，再也站不起來。
這是我的台詞吧！
嗚嗚嗚……

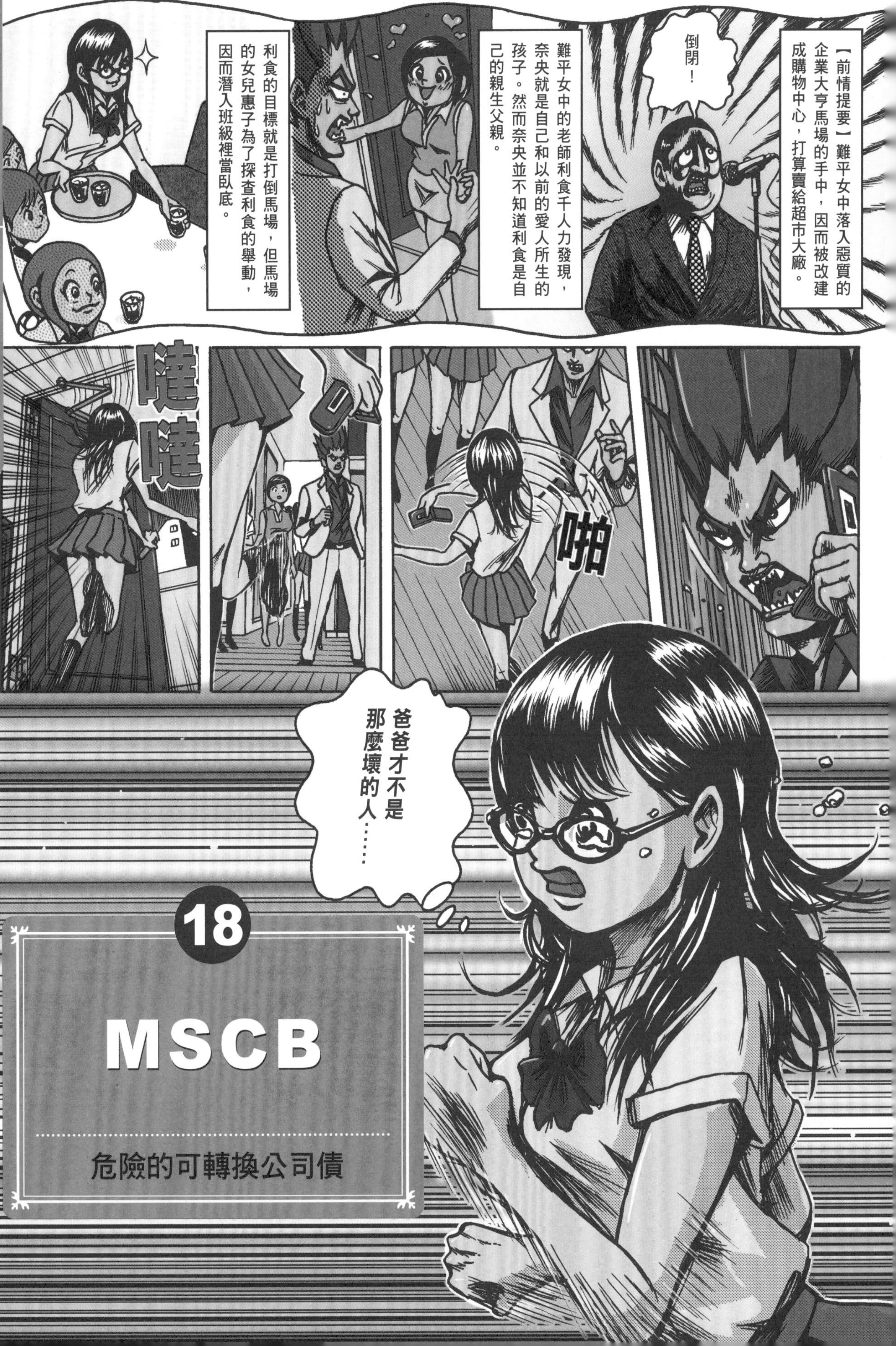
【前情提要】難平女中落入惡質的企業大亨馬場的手中，因而被改建成購物中心，打算賣給超市大廠。
倒閉！
難平女中的老師利食千人力發現，奈央就是自己和以前的愛人所生的孩子。然而奈央並不知道利食是自己的親生父親。
利食的目標就是打倒馬場，但馬場的女兒惠子為了探查利食的舉動，因而潛入班級裡當臥底。
啪
噠噠
爸爸才不是那麼壞的人……

18 MSCB

危險的可轉換公司債

意外傷害到惠子了。
她是馬場的女兒啊……
驚！
我們的行動都被馬場知道了啊！
還好，在講重點之前，就發現惠子是間諜。
咦？現在才開始講重點？
這是從馬場身邊的人聽來的確切情報……
馬場打算對黑龍集團，著手進行TOB。
TOB是什麼？
奈央，你來說說看TOB的意思。
打算拿下某家公司的經營權，並大量收購這家公司股票的人，必須對不特定多數的股東，公告期間、數量、價格，並進行公開收購。這就是TOB，也就是「公開收購」。
TOB
(take over bit)
公開收購
期間○/○～△/△
數量○○○股
價格○○日圓
黑龍

精采。
啪啪啪
馬場打算買下黑龍嗎？
馬場不斷的收購營運陷入困難的學校，不就是為了賣給黑龍嗎？
有可能收購的學校中，難平女中是最後一顆棋子。
這傢伙的煉金術也用盡燃料了。
然而，馬場為了維持資產，必須不斷提高馬神食品的股價。
因此，他才會急躁的想買下黑龍。
說到黑龍集團，它是日本首屈一指的流通集團，不僅有超市，還經營超商、大賣場等，對吧？
黑龍
遠比馬場的馬神食品還要大。
是小吃大的合併？
這傢伙打算用MSCB來籌措資金。
MSCB
哦，我的天啊！
No!
真厲害，不需要收購的費用嗎？這筆錢要怎麼籌……
抖抖抖抖
MSCB是很恐怖的。
MSCB是幽靈，還是妖怪？
殺人魔嗎？

對不起，我去臥底當間諜，卻被利食發現了。
算了，你回房去吧！
……
爸爸對佳代子施暴，是真的嗎？
光輝
沒那回事，不是嗎？
爸爸收購學校，改建為超市，然後賣給黑龍，這也都是正當的嗎？
當然。
沒錯，爸爸是慈祥的。
我相信爸爸。

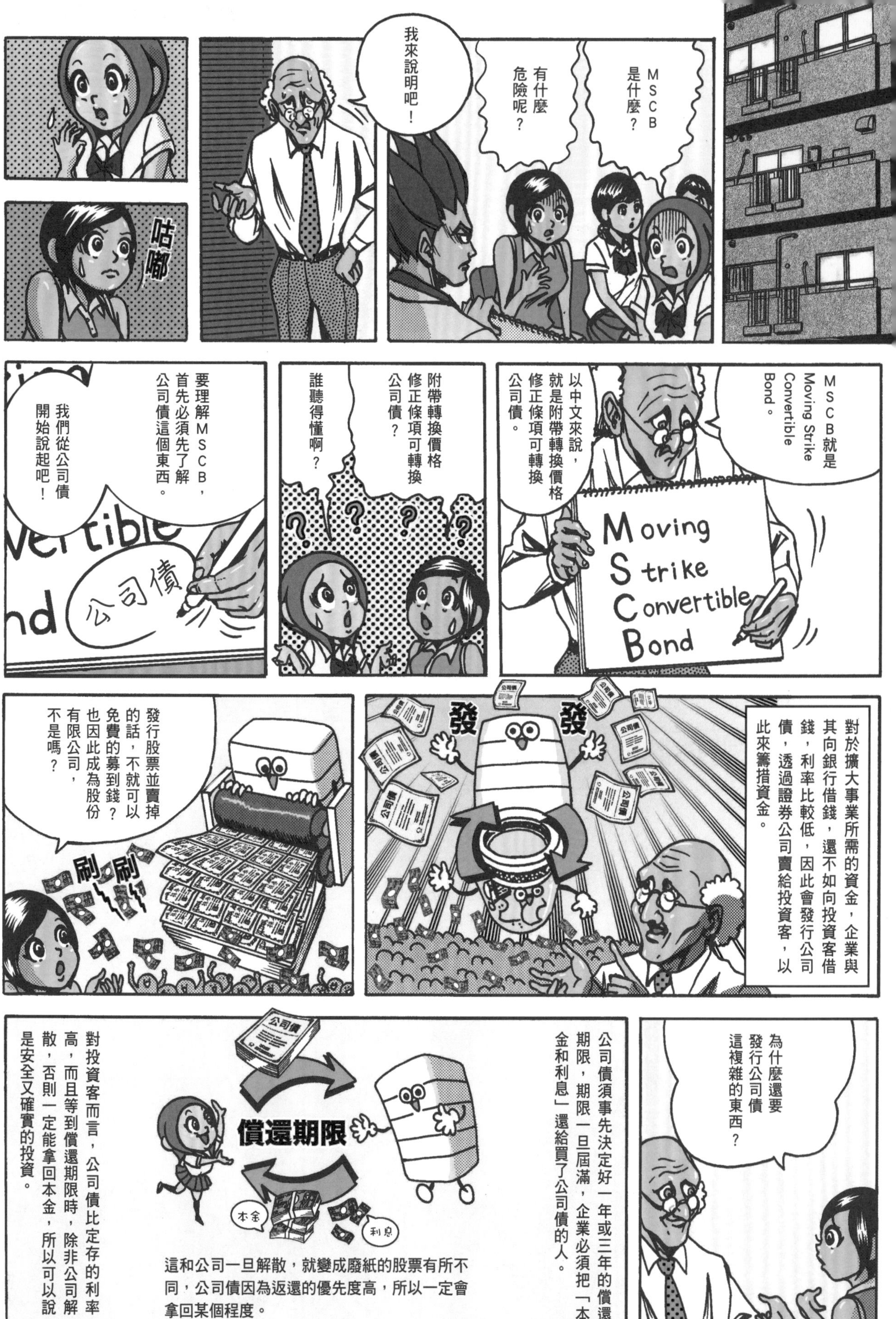
MSCB是什麼？
有什麼危險呢？
我來說明吧！
咕嘟
MSCB就是Moving Strike Convertible Bond。
以中文來說，就是附帶轉換價格修正條項可轉換公司債。
Moving Strike Convertible Bond
附帶轉換價格修正條項可轉換公司債？
誰聽得懂啊？
要理解MSCB，首先必須先了解公司債這個東西。
我們從公司債開始說起吧！
公司債
對於擴大事業所需的資金，企業與其向銀行借錢，還不如向投資客借錢，利率比較低，因此會發行公司債，透過證券公司賣給投資客，以此來籌措資金。
發
發
發行股票並賣掉的話，不就可以免費的募到錢？也因此成為股份有限公司，不是嗎？
刷
刷
為什麼還要發行公司債這複雜的東西？
公司債須事先決定好一年或三年的償還期限，期限一旦屆滿，企業必須把「本金和利息」還給買了公司債的人。
公司債
償還期限
本金
利息
對投資客而言，公司債比定存的利率高，而且等到償還期限時，除非公司解散，否則一定能拿回本金，所以可以說是安全又確實的投資。
這和公司一旦解散，就變成廢紙的股票有所不同，公司債因為返還的優先度高，所以一定會拿回某個程度。

經營年金、保險金的公司中，有許多公司決定：「股票因價格變動太激烈，所以不作為投資標的。」
算了。
公司債
公司債
股票
所以公司債比股票還來得容易募資。
是喔！
TOYO
像豐田這類經營穩健的公司，其公司債面臨破產的危險性低，所以縱使利息低，也很好賣。
像「軟體銀行」這種好像有危險的公司，其公司債若不附高利息，就不好賣。
反過來說，和豐田比起來，軟體銀行的公司債，其利率比較好，所以對投資客來說，較具吸引力。
嗯嗯
判斷公司債的利息是否恰當，有一個標準，
就是把這公司的破產風險訂定等級的「穆迪」。
穆迪
日本著名的AV片商沐迪？
女優棒—
女優棒
我有聽過。
咚咚咚咚咚咚咚咚咚咚咚
AA+
BBB
為什麼奈央是AA+，而我卻是BBB？
吼

所謂可轉換公司債（Convertible Bond），
變變變
鏘鏘
意思是事先就決定好可以用「轉換價格」換成股票。
舉例來說，假設A公司賣出五百日圓的可轉換公司債，然後你買進它。
500日圓
A公司的股價上漲，變成六百日圓。
600
500
這公司債以五百日圓轉換成股票，所以換成股票後，以六百日圓賣出，則你一股可以賺一百日圓，如果等到漲得更多之後再換的話，或許可以賺得更多。
以5百日圓…
轉換成股票
1股賺100日圓
600
500
賣掉！
相反的，股價一旦低於五百日圓，則不要換成股票，而持有到償還期限屆滿，那麼就一樣可以連本帶利拿回來。不管怎麼做，風險都很低。
……
500
本金
利息
另一方面，對企業而言，假若股票上漲，請買進者把公司債換成股票，就沒有必要返還本金，這就和發行股票來募資一樣，實在太棒了。
♪
總之，可轉換債對哪一方而言，都是很方便的商品。
嗯嗯
接下來，是MSCB這個問題，
啪
如果讓我來說的話，這是一點道德觀都沒有、和詐欺沒兩樣的手法。
Moving Strike Convertible Bond
一點道德觀都沒有？
和詐欺沒兩樣？
太誇張了。

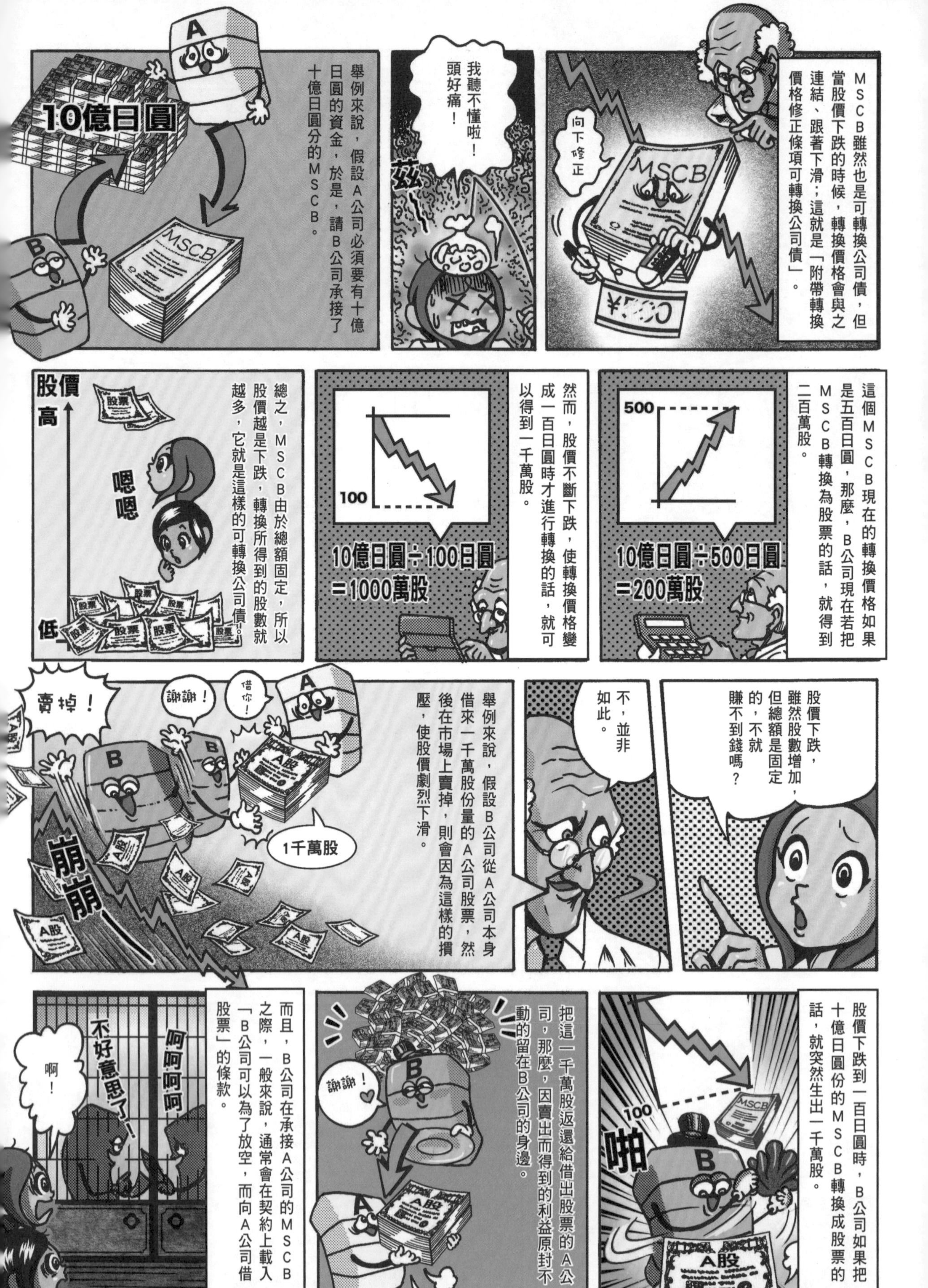
MSCB雖然也是可轉換公司債，但當股價下跌的時候，轉換價格會與之連結、跟著下滑；這就是「附帶轉換價格修正條項可轉換公司債」。
向下修正
MSCB
¥500
我聽不懂啦！頭好痛！
茲～
舉例來說，假設A公司必須要有十億日圓的資金，於是，請B公司承接了十億日圓分的MSCB。
10億日圓
MSCB
這個MSCB現在的轉換價格如果是五百日圓，那麼，B公司現在若把MSCB轉換為股票的話，就得到二百萬股。
500
10億日圓÷500日圓
＝200萬股
然而，股價不斷下跌，使轉換價格變成一百日圓時才進行轉換的話，就可以得到一千萬股。
100
10億日圓÷100日圓
＝1000萬股
總之，MSCB由於總額固定，所以股價越是下跌，轉換所得到的股數就越多，它就是這樣的可轉換公司債。
股價
高
低
嗯嗯
股票
股價下跌，雖然股數增加，但總額是固定的，不就賺不到錢嗎？
不，並非如此。
舉例來說，假設B公司從A公司本身借來一千萬股份量的A公司股票，然後在市場上賣掉，則會因為這樣的攪壓，使股價劇烈下滑。
賣掉！
謝謝！
借你！
1千萬股
崩崩
A股
股價下跌到一百日圓時，B公司如果把十億日圓份的MSCB轉換成股票的話，就突然生出一千萬股。
100
啪
MSCB
A股
1千萬股
把這一千萬股返還給借出股票的A公司，那麼，因賣出而得到的利益原封不動的留在B公司的身邊。
謝謝！
A股
而且，B公司在承接A公司的MSCB之際，一般來說，通常會在契約上載入「B公司可以為了放空，而向A公司借股票」的條款。
呵呵呵呵
不好意思了！
啊！

＊再加上，MSCB的轉換價格一定設定比股價的市價便宜10%左右，所以承接MSCB的公司，其意圖絕對是要賺錢。

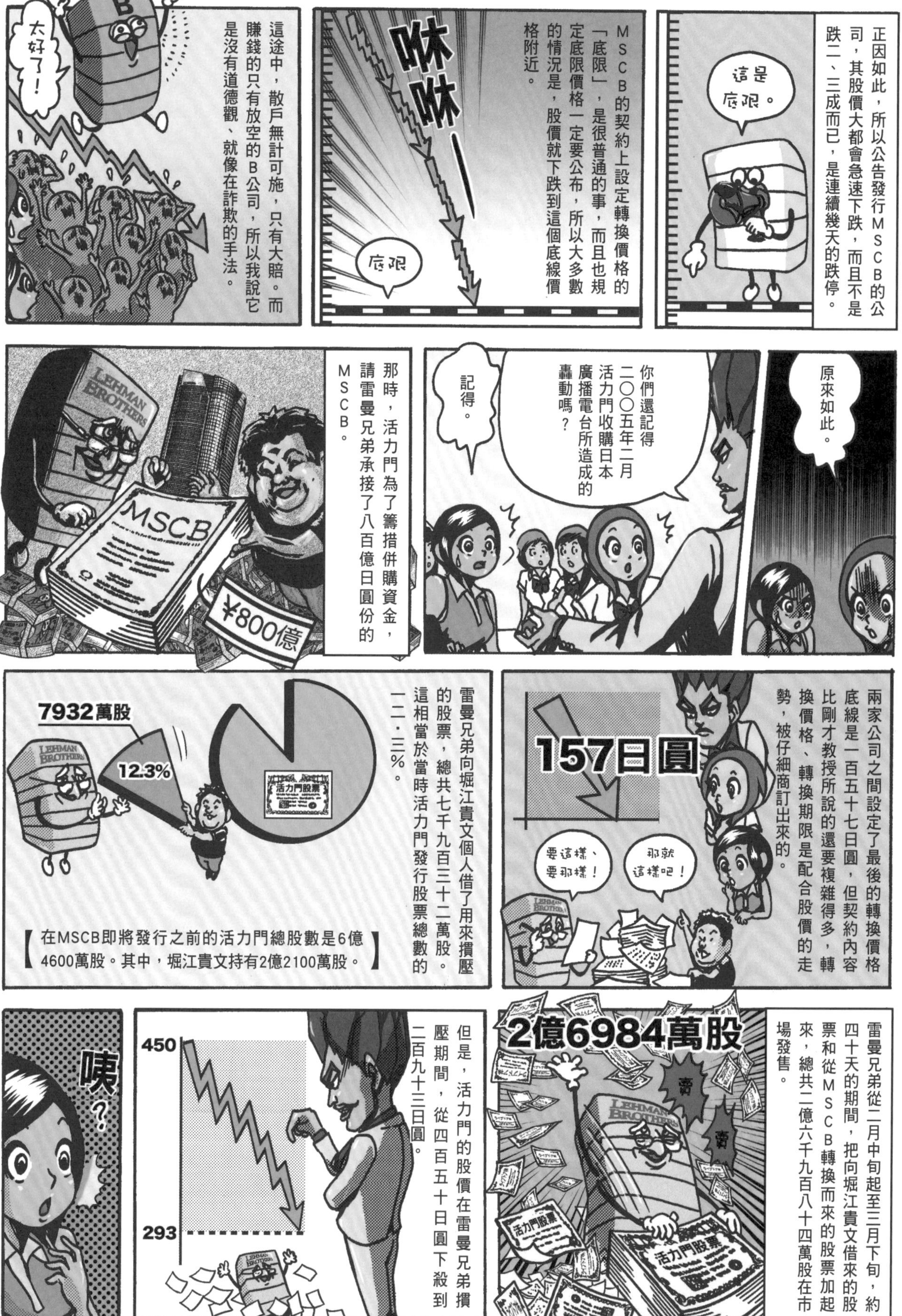
正因如此，所以公告發行ＭＳＣＢ的公司，其股價大都會急速下跌，而且不是跌二、三成而已，是連續幾天的跌停。
這是底限。
ＭＳＣＢ的契約上設定轉換價格的「底限」，是很普通的事，而且也規定底限價格一定要公布，所以大多數的情況是，股價就下跌到這個底線價格附近。
咻咻——
底限
這途中，散戶無計可施，只有大賠。而賺錢的只有放空的B公司，所以我說它是沒有道德觀、就像在詐欺的手法。
太好了！
B
原來如此。
你們還記得二〇〇五年二月活力門收購日本廣播電台所造成的轟動嗎？
記得。
那時，活力門為了籌措併購資金，請雷曼兄弟承接了八百億日圓份的ＭＳＣＢ。
LEHMAN BROTHERS
MSCB
¥800億
兩家公司之間設定了最後的轉換價格底線是一百五十七日圓，但契約內容比剛才教授所說的還要複雜得多，轉換價格、轉換期限是配合股價的走勢，被仔細商訂出來的。
157日圓
那就這樣吧！
要這樣、要那樣！
雷曼兄弟向堀江貴文個人借了用來擯壓的股票，總共七千九百三十二萬股。這相當於當時活力門發行股票總數的一二・三%。
7932萬股
12.3%
活力門股票
【在MSCB即將發行之前的活力門總股數是6億4600萬股。其中，堀江貴文持有2億2100萬股。】
雷曼兄弟從二月中旬起至三月下旬，約四十天的期間，把向堀江貴文借來的股票和從ＭＳＣＢ轉換而來的股票加起來，總共二億六千九百八十四萬股在市場發售。
2億6984萬股
賣
賣
活力門股票
但是，活力門的股價在雷曼兄弟擯壓期間，從四百五十日圓下殺到二百九十三日圓。
450
293
咦？

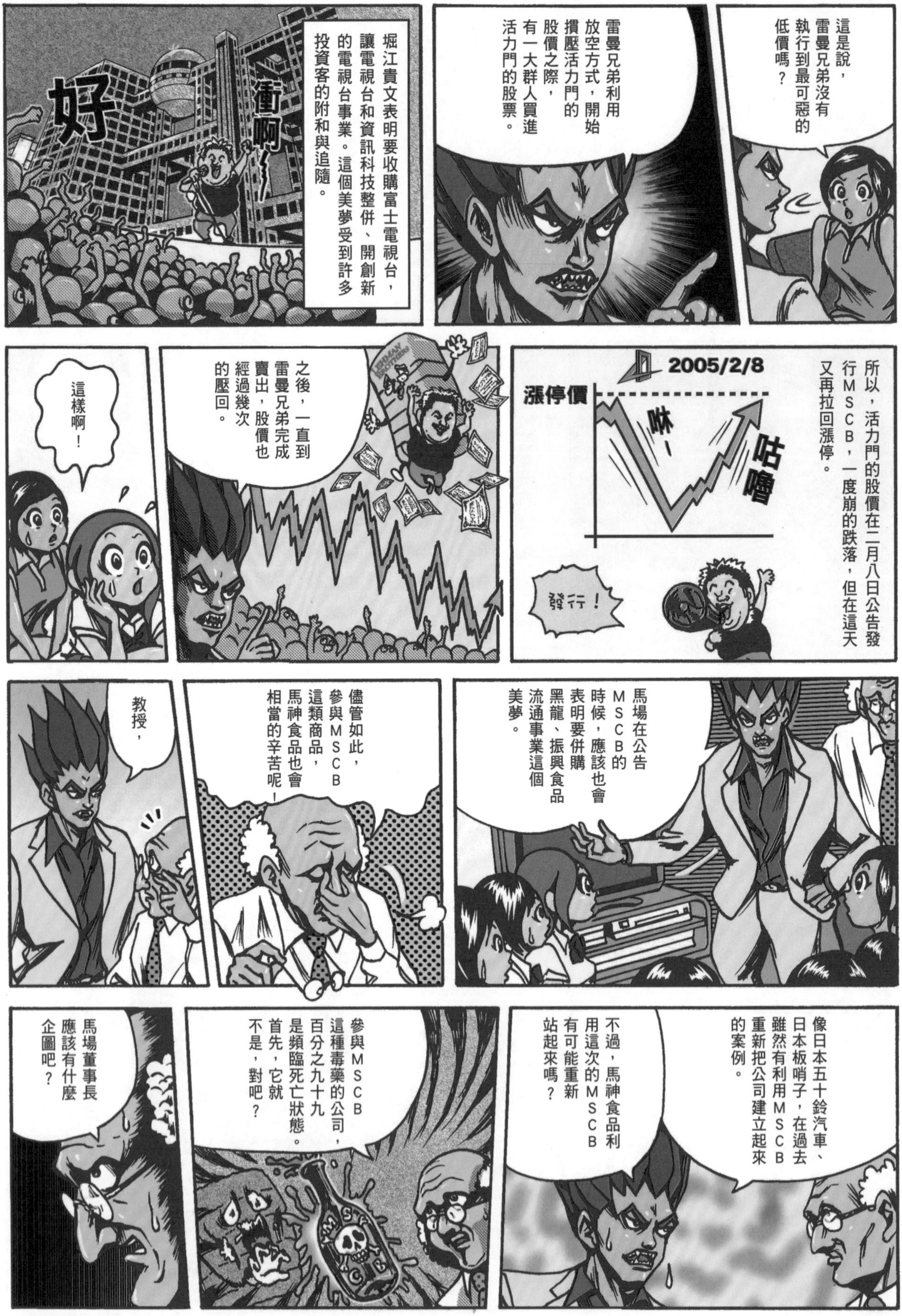
這是說，雷曼兄弟沒有執行到最可惡的低價嗎？
雷曼兄弟利用放空方式，開始摜壓活力門的股價之際，有一大群人買進活力門的股票。
堀江貴文表明要收購富士電視台，讓電視台和資訊科技整併、開創新的電視台事業。這個美夢受到許多投資客的附和與追隨。
衝啊～！
好
所以，活力門的股價在二月八日公告發行MSCB，一度崩的跌落，但在這天又再拉回漲停。
2005/2/8
漲停價
咻～
咕嚕
發行！
之後，一直到雷曼兄弟完成賣出，股價也經過幾次的壓回。
這樣啊！
馬場在公告MSCB的時候，應該也會表明要併購黑龍、振興食品流通事業這個美夢。
儘管如此，參與MSCB這類商品，馬神食品也會相當的辛苦呢！
教授，
像日本五十鈴汽車、日本板哨子，在過去雖然有利用MSCB重新把公司建立起來的案例。
不過，馬神食品利用這次的MSCB有可能重新站起來嗎？
參與MSCB這種毒藥的公司，百分之九十九是頻臨死亡狀態。首先，不是，對吧？
馬場董事長應該有什麼企圖吧？

會有誰承接馬神食品的MSCB呢？
外資「鑽頭絞肉證券」。
不就是我以前待過的證券公司嗎？
鑽頭絞肉證券有許多意想不到的壞人。
痛痛⋯
他們要在這個MSCB上，做出可疑的恐怖犯罪喔！
可疑的恐怖犯罪？
那麼，但願彼此都能成功⋯⋯
啪啪

爸爸，你要利用這個，把黑龍集團據為己有，對吧？
我沒打算真的買下黑龍。
咦？
惠子，
我打算指名你為馬神食品的繼承人。
所以，我必須先告訴你馬神食品的狀況。
你了解資產負債表的理論嗎？
噠噠噠
在利食的課堂上有學過，所以還算了解。
啪啪
馬神食品
總資產
負債
這是現在的馬神食品的資產負債表。
耶，負債那麼大，自有資本不就是赤字嗎？
為了維持股價而反覆收購企業，在這期間，我們公司「合併收購部門」沒有好好的調查，因而誤買了龐大負債的公司。
嗚嗚
從馬神食品整體來看，必須返還的借款比持有的資產還要多。
也就是所謂的「超額負債」的狀態。

總資產
負債
超額負債，那不是慘了嗎？
這種狀態持續下去，我們公司就會被強制下市。
咻
咚
強制下市？
也就是無法在股市裡籌措資金。
這樣一來……
馬神食品就真的會破產。
為了規免這個狀況，我讓鑽頭絞肉證券承接MSCB，以便籌措資金。
這筆錢是用來返還債務，也是為了擺脫超額債務，讓資產負債表好看一點的資金。
總資產
負債
那對黑龍所做的公開收購，會怎麼樣呢？
以我的解讀，絕對公開收購不成。

公開收購一旦不成，就沒有必要向應賣人買進股票。
所以，利用MSCB所籌措到的一千億日圓就悄悄留在自己身邊。
怎麼那麼複雜啊？
為了不讓股價下跌，一定要讓股東有想像空間。
為此，才打出要併購黑龍的樣子。
我竟然不知道爸爸的公司處於這麼慘的狀況。
噠噠
抱
為了爸爸，我向利食宣戰，一定讓你看到勝利。
嘿嘿
呵呵呵呵呵……

【前情提要】在難平女中教授股票投資祕訣的利食發現，奈央就是和以前的愛人所生的孩子。然而，奈央並不知道利食是自己的親生父親。
惡質的企業大亨馬場所經營的馬神食品，收購了經營陷入困境的難平女中，並將其改建成購物中心，打算賣給超市大亨黑龍集團。
倒閉！
馬場讓外資「鑽頭絞肉證券」承接一千億日圓的MSCB，打算利用這筆資金，對黑龍進行公開收購。
黑龍
小吃大的合併？
松下鐵工廠
唧～～
唧～～
唧唧唧唧
劈劈啪啪

19 公開收購

成功就可以擴大事業

鈴鈴鈴鈴
鈴鈴鈴鈴
鈴鈴鈴鈴
仁史，接電話！
鈴鈴鈴
喂，這裡是松下家。
欸，爸爸？
姐，不好了！
撞
爸爸在工廠受傷了。
啊!?
慌張
我爸的狀況如何？
必須馬上輸血。
捲起
請用我的血。
那麼，快到捐血處。
噠

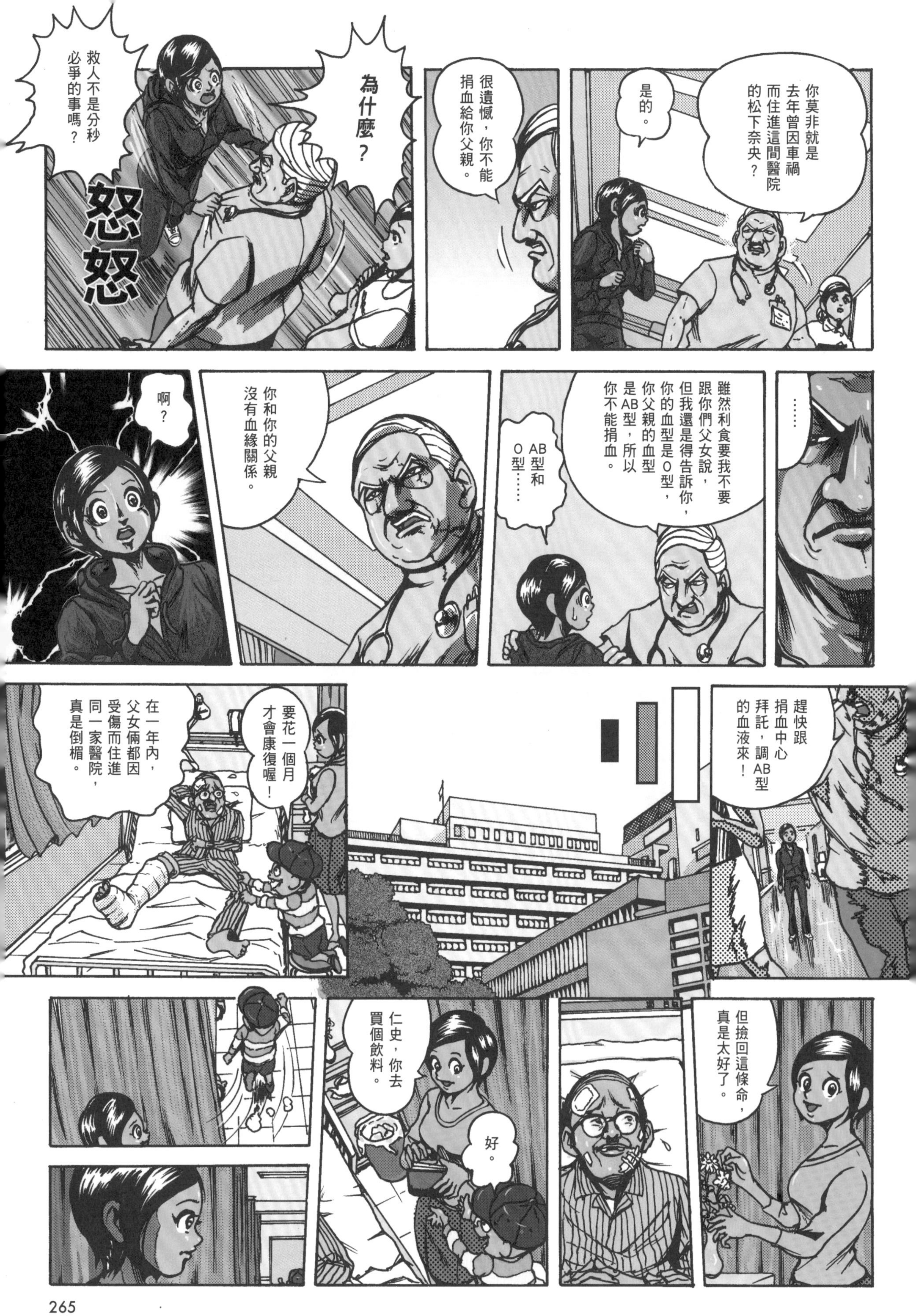

你莫非就是去年曾因車禍而住進這間醫院的松下奈央？
是的。
很遺憾，你不能捐血給你父親。
為什麼？
救人不是分秒必爭的事嗎？
怒怒
……
雖然利食要我不要跟你們父女說，但我還是得告訴你，你的血型是O型，你父親的血型是AB型，所以你不能捐血。
AB型和O型……
你和你的父親沒有血緣關係。
啊？
趕快跟捐血中心拜託，調AB型的血液來！
要花一個月才會康復喔！
在一年內，父女倆都因受傷而住進同一家醫院，真是倒楣。
但撿回這條命，真是太好了。
仁史，你去買個飲料。
好。

爸爸，
我有事情想問你。
爸爸不是我的親生父親。
輸血的時候，我才知道。
這樣啊……
咦？
你知道這件事？
不……
佳代子是個豪放女，
她和我剛交往，就馬上懷孕了。
因此，我雖然有點懷疑，但因為害怕，所以也不敢去確認。
那我真正的父親是誰？
……
媽媽和爸爸交往之前的男朋友是利食老師，對吧？
……
奈央，
抓
不管有沒有血緣關係，你都是我的女兒。
抱
抱
今後也一直都是。
爸爸！

之後馬神食品的股價變得如何？
叩
押目大学
因為鑽頭絞肉證券的擯壓，所以到上星期為止，已經從一千日圓跌到八百日圓。
但沒有如預期的那樣下跌。
呼呼
就像活力門轟動的時候，有很多過於天真的投資人相信馬神食品能成功收購黑龍、擴大事業版圖，因而買進馬神食品的股票吧！
馬神食品對黑龍所進行的公開收購呢？
聽說收來的股票連百分之十都不到，恐怕不會成立吧！
我們三個人齊聚一堂的景象要是被媒體看到，要裝傻到底喔！
這家店的保密沒問題吧？

別擔心，這裡是政客用來進行重要密談的餐廳。
馬神食品代表
馬場保合
馬場，我是個老人家，對這次的計謀不清楚，你再跟我詳細說明一下吧！
黑龍集團代表
外內功
外內董事長，就由我來說明吧！
鑽頭絞肉證券日本代表
瓦倫盧庫森布魯斯
由於馬場所經營的馬神食品為了籌措資金，發行了一千億日圓的MSCB（附帶轉換價格修正條項可轉換公司債），而我們公司鑽頭絞肉證券便把它全額買下。
MSCB
1千億日圓
馬神食品籌措一千億日圓的名目是，對黑龍集團進行「公開收購」（TOB）。
TOB (take over bit) 公開收購
期間○/○～△/△
數量○○○股
價格○○日圓
賣掉吧！
不過，誠如外內董事長所熟知，黑龍的股東是「磐石」，應該不會配合進行公開收購，公開收購案必定失敗收場。
崩
在公開收購案無法完成的情況下，根據證券交易法，也可以不買那些股票，將股票還給原持有人。所以，一千億的現金將留在馬場的身邊。
TOB無法成立
利用TOB募集的股票
1千億日圓
馬場聲稱這一千億日圓是為了資金運用，而匯到澳門的投資基金。
日本
1千億日圓
澳門
一千億日圓在澳門分成兩等分，五百億日圓進入馬場董事長個人的口袋裡，剩下的五百億日圓進入黑龍集團外內董事長的口袋裡。
500億日圓
500億日圓
原來如此。
呵呵
另外，我們鑽頭絞肉證券向馬場借一億股馬神食品股票，然後現在在股市中摜壓這檔股票。因此，從上星期到這個星期，馬神食品的股價從一千日圓下跌到八百日圓。
請用
賣出！
1億股

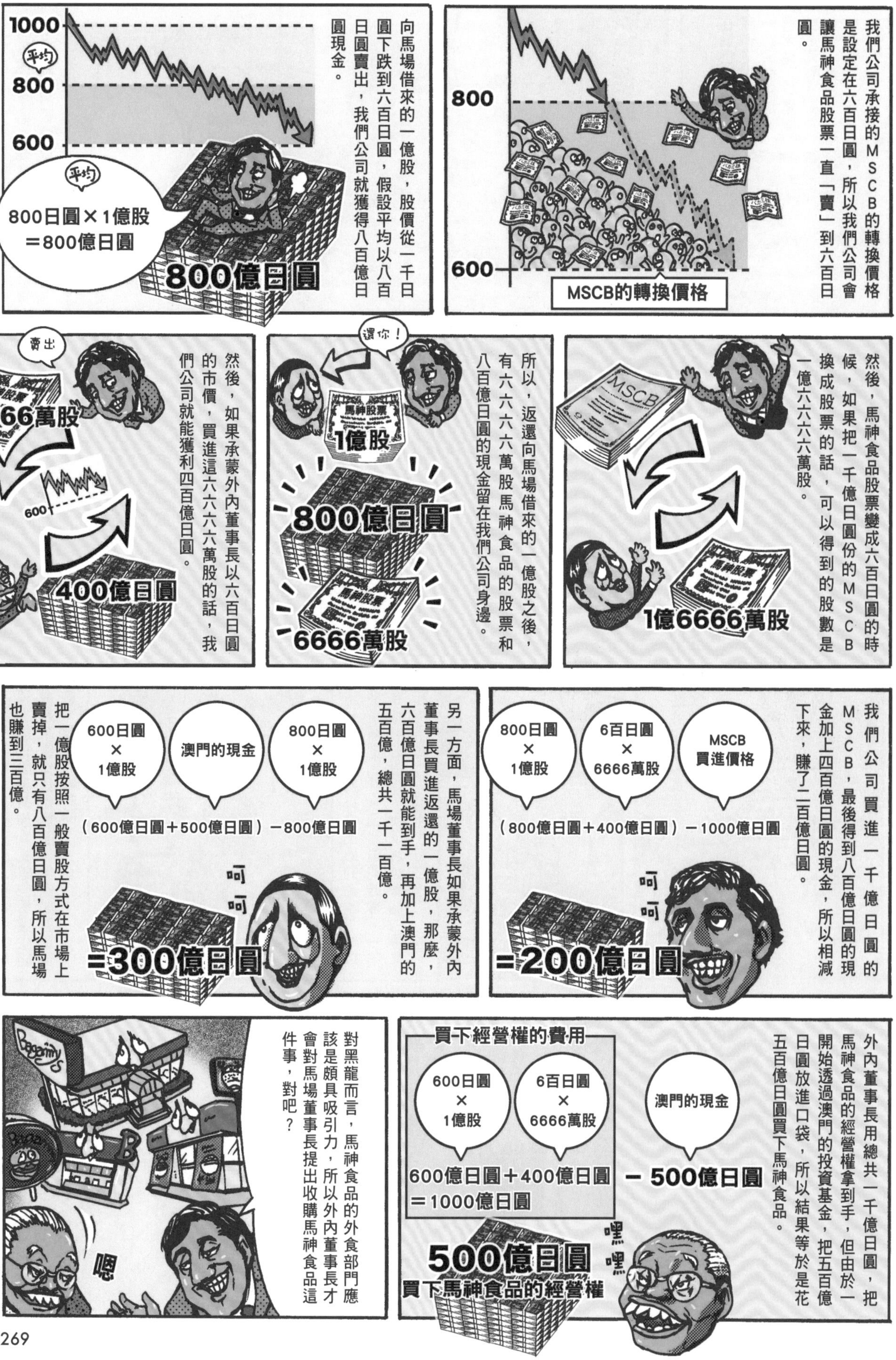
我們公司承接的ＭＳＣＢ的轉換價格是設定在六百日圓，所以我們公司會讓馬神食品股票一直「賣」到六百日圓。
800
600
MSCB的轉換價格
向馬場借來的一億股，股價從一千日圓下跌到六百日圓，假設平均以八百日圓賣出，我們公司就獲得八百億日圓現金。
1000
平均
800
600
平均
800日圓×1億股
＝800億日圓
800億日圓
然後，馬神食品股票變成六百日圓的時候，如果把一千億日圓份的ＭＳＣＢ換成股票的話，可以得到的股數是一億六六六六萬股。
MSCB
1億6666萬股
所以，返還向馬場借來的一億股之後，有六六六六萬股馬神食品的股票和八百億日圓的現金留在我們公司身邊。
還你！
馬神股票
1億股
800億日圓
6666萬股
然後，如果承蒙外內董事長以六百日圓的市價，買進這六六六六萬股的話，我們公司就能獲利四百億日圓。
賣出
6666萬股
600
買進
400億日圓
我們公司買進一千億日圓的ＭＳＣＢ，最後得到八百億日圓的現金加上四百億日圓的現金，所以相減下來，賺了二百億日圓。
MSCB 買進價格
6百日圓 × 6666萬股
800日圓 × 1億股
（800億日圓＋400億日圓）－1000億日圓
呵呵
＝200億日圓
另一方面，馬場董事長如果承蒙外內董事長買進返還的一億股，那麼，六百億日圓就能到手，再加上澳門的五百億，總共一千一百億。
800日圓 × 1億股
澳門的現金
600日圓 × 1億股
（600億日圓＋500億日圓）－800億日圓
把一億股按照一般賣股方式在市場上賣掉，就只有八百億日圓，所以馬場也賺到三百億。
呵呵
＝300億日圓
外內董事長用總共一千億日圓，把馬神食品的經營權拿到手，但由於一開始透過澳門的投資基金，把五百億日圓放進口袋，所以結果等於是花五百億日圓買下馬神食品。
買下經營權的費用
6百日圓 × 6666萬股
600日圓 × 1億股
600億日圓＋400億日圓
＝1000億日圓
澳門的現金
－500億日圓
嘿嘿
500億日圓
買下馬神食品的經營權
對黑龍而言，馬神食品的外食部門應該是頗具吸引力，所以外內董事長才會對馬場董事長提出收購馬神食品這件事，對吧？
嗯

此時此刻，股價總值二千四百億日圓的馬神食品卻只要花五百億日圓就到手，對外內董事長來說，挺划算的！
800
股價總值 800日圓 ×3億股
扣除總額
2400億日圓－500億日圓
=1900億日圓
哈哈哈
總之，一舉三得。
哈哈哈哈
在這世界上，我們三人都沒有一個人賠錢而且還大賺，有這麼好的事情？你說，賠錢的是誰？
是馬神食品的股東，尤其是我們公司在慣壓股價期間，買進馬神食品股票的散戶。
世界上哪裡會有呆瓜，知道股價要下跌而還去買進？
啪
有不少散戶相信，馬神食品會成功收購黑龍集團，進而擴大事業版圖，使股價上漲。
馬神食品
馬神食品
馬神食品
馬神食品
而且在我旗下經營的私立高中，在課程上進行股票教學。把這些畢業生組織起來當作炒作集團，偷偷的傳遞消息，讓他們買股票。
這些學生受到來自上層的勸誘：「現在是買進馬神食品股票的時機。」因為她們的抬轎，所以馬神食品的股票雖被攢壓，但股價不會跌深。
真是難做決定呀！
嘿嘿嘿
啊
請外內董事長重新考慮、考慮……
我們馬神食品公司在今年初，因合併收購部門的誤判而買進了有龐大負債的企業，所以借款比總資產還多，也就是說，公司陷入了所謂的超額債務的狀態。
總資產
負債
這樣下去，公司就有可能被強制下市。
雖是如此，但還是請您併購馬神食品吧！

晚力
我是一個把街坊的藥局，一手孕育成龐大連鎖超市的男人。
喝
我要詳細調查你公司的狀況。
喝
至於負債的部分，如果是我公司的話，利用不動產證券化，可以處理掉。
一定要讓我買到你們兩個人的馬神食品股票喔！
呵
呵
此外，馬場，你打算放手自己一手打造出來的公司嗎？
啪
呵呵
用一千一百億日圓，重新從街坊的便當店出發吧！
喀～喀
哈哈哈哈
你竟然會操作這個設備，真酷耶！
因為做過DJ，所以我對音響器材很熟。
嘻嘻
啪
在利食的命令下，跟蹤馬場一整天，就會發現他出沒的重要場所。
全都錄下來了吧？
惠子！

你們在幹什麼？
把這些傢伙抓起來！
是
抖抖
那麼，馬場，就麻煩你了。
啪
噗噗噗。
外內董事長，您真的打算從鑽頭絞肉和馬場手中，買下馬神食品的股票嗎？
沒有必要買臭掉的魚，只要放掉馬神，它就會瓦解，並且變成我的囊中物。
一旦確認有澳門來的五百億匯款之後，
我就翻臉不認人。
咚咚、咚咚
咚咚咚咚
啪噠

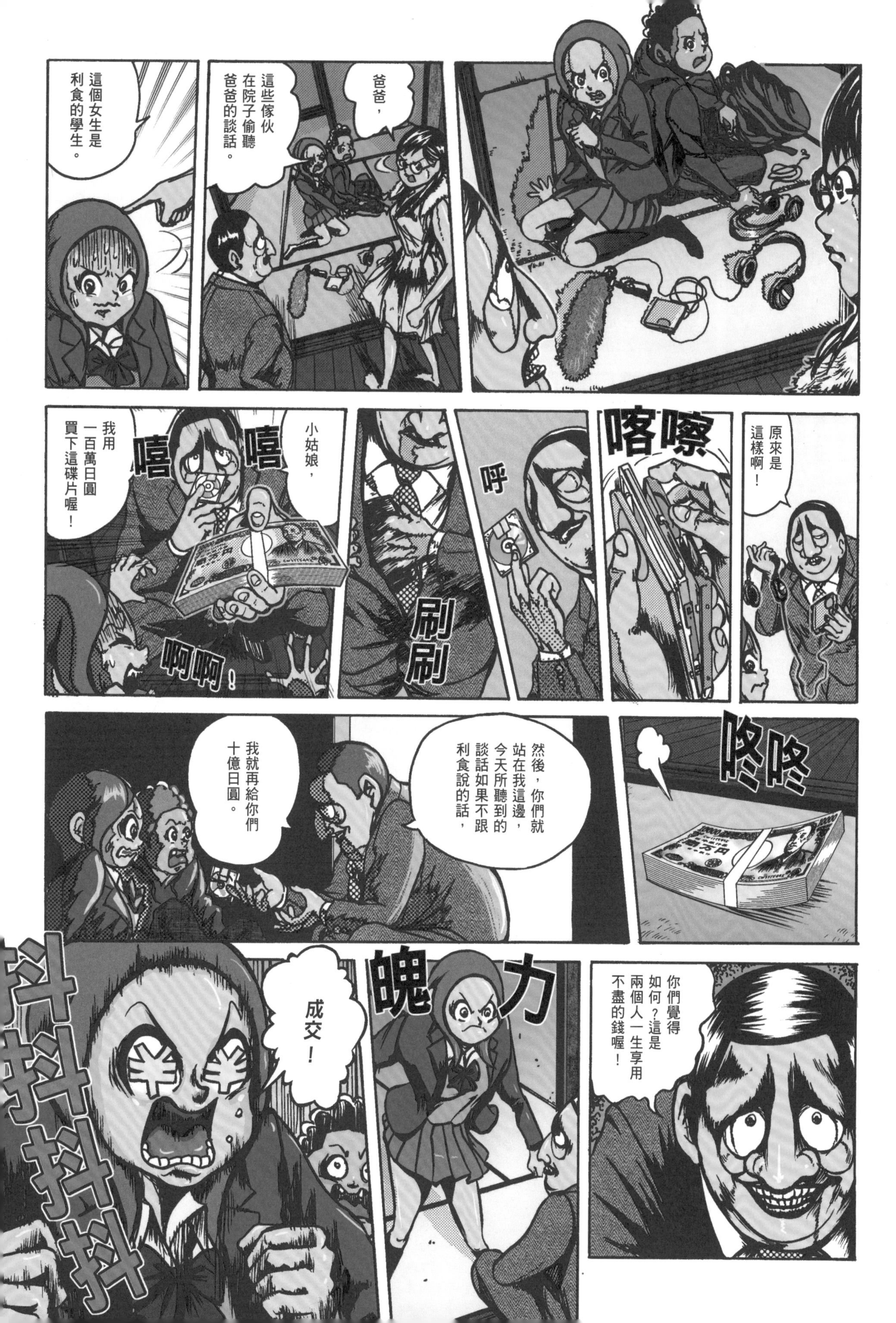
爸爸，
這些傢伙在院子偷聽爸爸的談話。
這個女生是利食的學生。
原來是這樣啊！
喀嚓
呼
刷刷
小姑娘，
我用一百萬日圓買下這碟片喔！
嘻嘻
啊啊！
咚咚
然後，你們就站在我這邊，今天所聽到的談話如果不跟利食說的話，
我就再給你們十億日圓。
你們覺得如何？這是兩個人一生享用不盡的錢喔！
魄力
成交！
抖抖抖抖

喀
友希他們有抓到馬場的小辮子吧？
搖晃
奈央，你怎麼了？
晃晃
老爸受傷住院了。
這真糟糕。
在醫院裡輸血的時候，我全都知道了。
噠
咦？
爸，什麼都不要說，抱住我。
喘
喘
呼
喂，現在沒有時間親熱啦！

全都聽到了！
馬場要和黑龍的外內及鑽頭絞肉的盧庫森布魯斯聯手，打算大賺黑心錢。
呼～
鏘
鏘
證據就在碟片裡。
喂，如果不說的話，馬場不是會給我們十億日圓嗎？
跳跳
驚慌
傻瓜，馬場那個人怎麼會給我們十億日圓呢！
那剛才給馬場的那片碟片是……
當然是假的！
噠噠
為了以防萬一，所以我把錄音用的碟片放進口袋裡了。
讓他花一百萬買了假的碟片，這真是不錯的一筆買賣。
好狡猾！
好，用它來採取行動吧！
爸爸，和那一夥人聯手，沒問題嗎？

我並沒打算真正和外內、盧庫森布魯斯聯手。
咦？
對黑龍的公開收購以無法完成來收場，應賣的黑龍股票會還給應賣人，而一千億就留在我身邊。
呵呵呵呵
到這一步，和這些傢伙的劇本一樣。
但在我的劇本裡，這個地方就不一樣了。
接下來，我要反過來用放空方式，拚命賣黑龍的股票。
哈哈哈
為什麼要這麼做？
我掌握黑龍的致命傷。
黑龍的股票一定會跌。
呵呵呵呵
如果股價下跌，放空的我就會大賺。
黑龍瓦解後，我就成為世界第一富豪。
轟隆
這個炒作戰是我這輩子的大賭注。
刷刷刷刷刷刷
如果失敗的話怎麼辦？
刷刷刷刷
沒問題的，
我絕對不會失敗的。
我一定要讓利食這個叛徒在我面前屈服。
嘻嘻

20 軋空

融券的風險無限大

【前情提要】雞平女中的利食老師發現，奈央就是自己和以前的愛人所生的孩子。而奈央在父親偶然的受傷契機下，知道了真相。
惡質的企業大亨馬場對經營超市的黑龍進行公開收購，但事實上暗地裡和黑龍聯手，計畫搶奪投資客的錢。
呵呵呵
嘻嘻嘻
然而，黑龍的老闆外內功也不是一個任人擺佈的人，兩人都各懷鬼胎。
爸爸，和那一夥人聯手，沒問題嗎？
轟轟轟轟
老師是我的父親這件事，該怎麼說好呢……
你是什麼時候發現我是你女兒的？

你發生車禍時，你的父親，不，是松下先生想要輸血給你，但卻因血型不合而無法輸血，我就是在那時發現的。
請用我的血。
嗚~~~嗚~
真糟糕！那麼早就知道，我真是丟臉……
做女兒的向你「愛的告白」，你很困擾吧？
……
你今後如何打算？
我必須照顧弟弟，而且爸爸對我也有養育之恩，所以我打算住在現在的家裡。
然後，大學畢業之後，成為一流的基金經理人，好讓爸爸高興。
嗯，這是最好的安排。
但松下先生住院了，有很多事要處理吧？傷腦筋的時候，隨時都可以來找我商量。
謝謝！
發生車禍的時候，你輸血給我，又給我獎學金，
真的很感謝老師。
「老師」呀？
是啊，是我的股票老師。

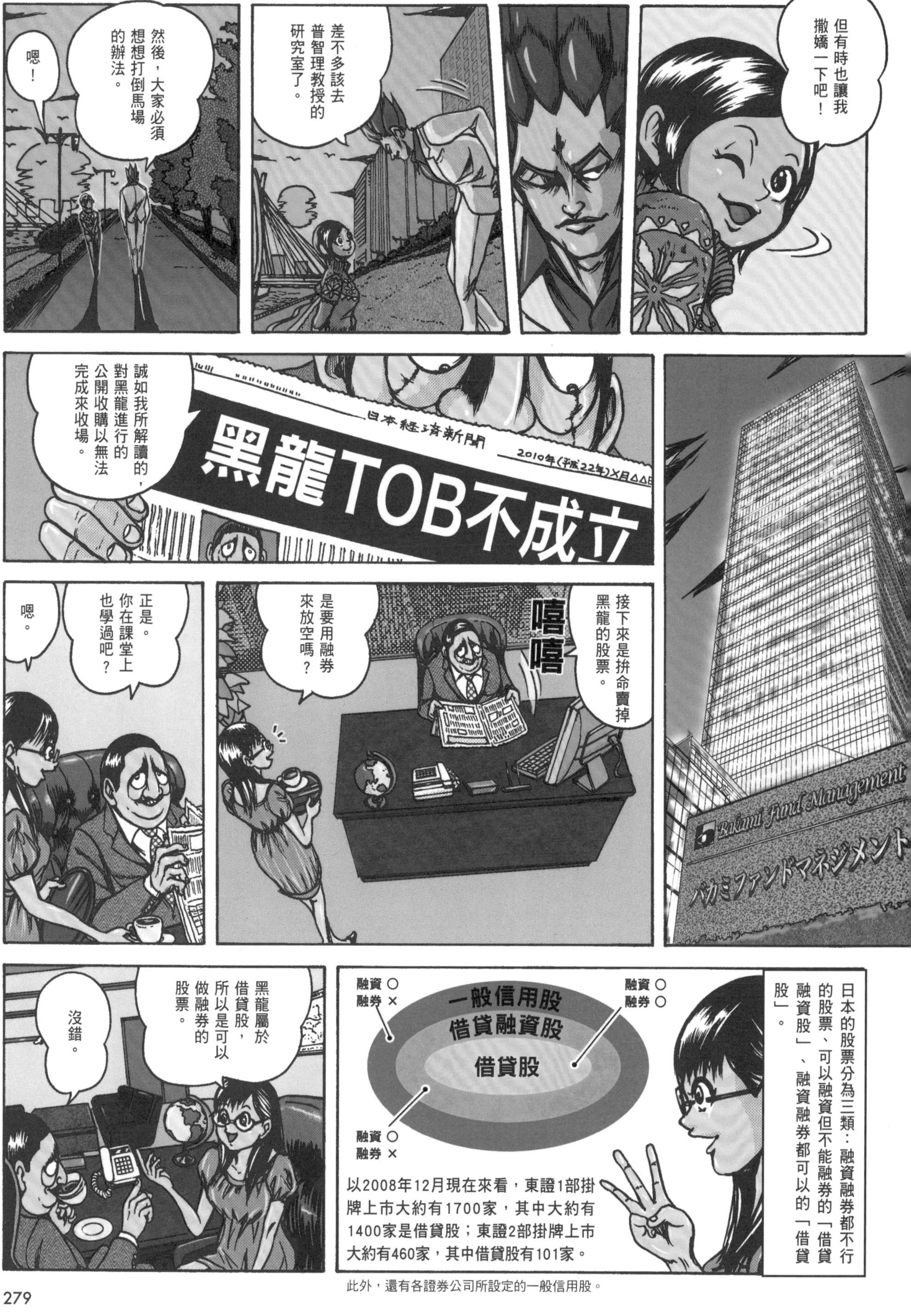
但有時也讓我撒嬌一下吧！
差不多該去普智理教授的研究室了。
然後，大家必須想想打倒馬場的辦法。
嗯！
Bakami Fund Management
バカミファンドマネジメント
日本経済新聞
2010年(平成22年)×月△△日
黑龍TOB不成立
誠如我所解讀的，對黑龍進行的公開收購以無法完成來收場。
接下來是拚命賣掉黑龍的股票。
嘻嘻
是要用融券來放空嗎？
正是。你在課堂上也學過吧？
嗯。
日本的股票分為三類：融資融券都不行的股票、可以融資但不能融券的「借貸融資股」、融資融券都可以的「借貸股」。
一般信用股
借貸融資股
借貸股
融資 ○ 融券 ×
融資 ○ 融券 ○
融資 ○ 融券 ×
以2008年12月現在來看，東證1部掛牌上市大約有1700家，其中大約有1400家是借貸股；東證2部掛牌上市大約有460家，其中借貸股有101家。
黑龍屬於借貸股，所以是可以做融券的股票。
沒錯。

此外，還有各證券公司所設定的一般信用股。

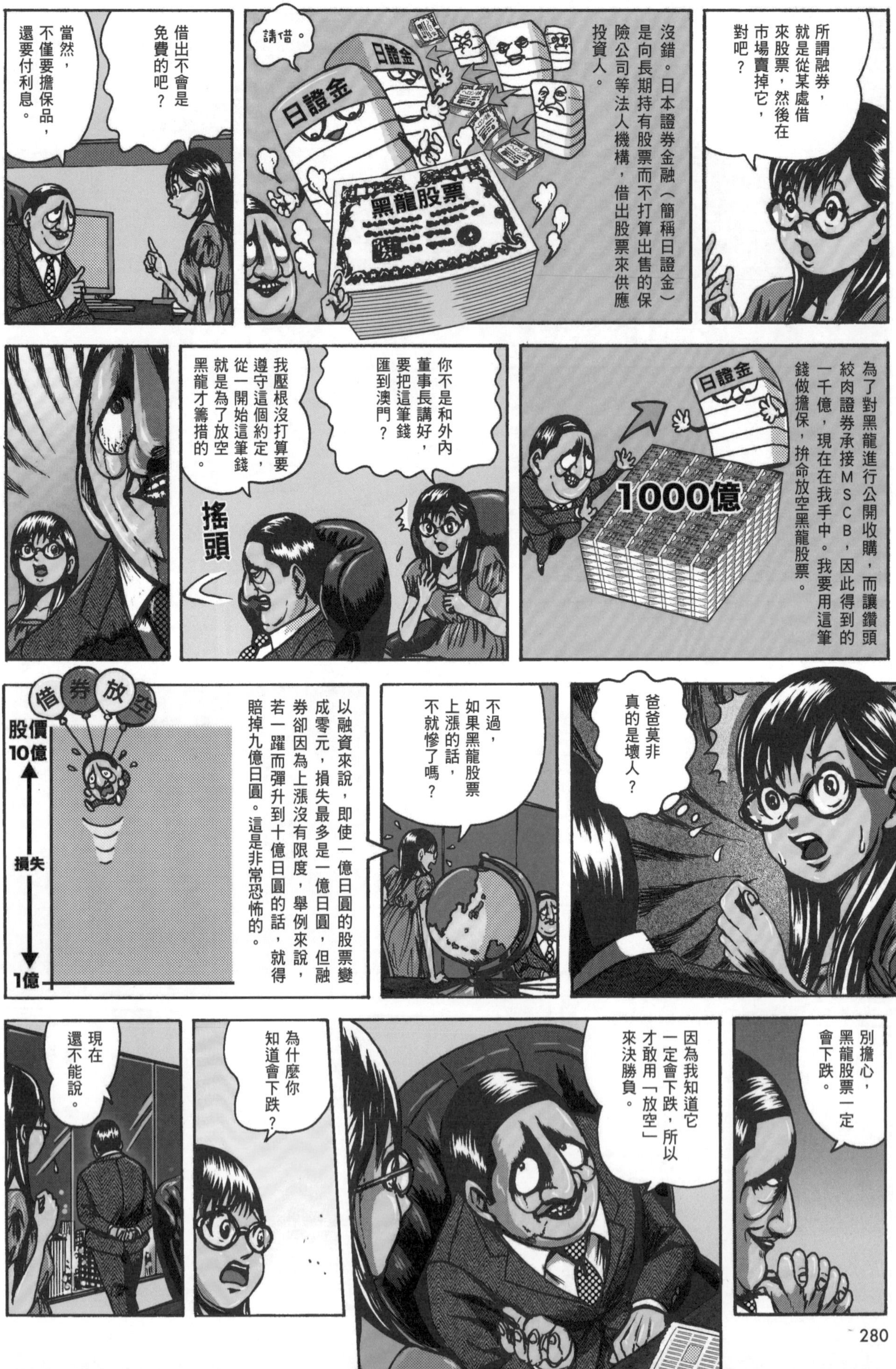

所謂融券，就是從某處借來股票，然後在市場賣掉它，對吧？
沒錯。日本證券金融（簡稱日證金）是向長期持有股票而不打算出售的保險公司等法人機構，借出股票來供應投資人。
請借。
日證金
日證金
黑龍股票
借出不會是免費的吧？
當然，不僅要擔保品，還要付利息。
為了對黑龍進行公開收購，而讓鑽頭紋肉證券承接MSCB，因此得到的一千億，現在在我手中。我要用這筆錢做擔保，拚命放空黑龍股票。
日證金
1000億
你不是和外內董事長講好，要把這筆錢匯到澳門？
我壓根沒打算要遵守這個約定，從一開始這筆錢就是為了放空黑龍才籌措的。
搖頭
爸爸莫非真的是壞人？
不過，如果黑龍股票上漲的話，不就慘了嗎？
以融資來說，即使一億日圓的股票變成零元，損失最多是一億日圓，但融券卻因為上漲沒有限度，舉例來說，若一躍而彈升到十億日圓的話，就得賠掉九億日圓。這是非常恐怖的。
借券放空
股價
10億
損失
1億
別擔心，黑龍股票一定會下跌。
因為我知道它一定會下跌，所以才敢用「放空」來決勝負。
為什麼你知道會下跌？
現在還不能說。

總之，在下跌的時候，我再一口氣買回來就行了。
……
我不想在這件事上頭出面。
惠子，我任命你當馬神基金管理的董事長。
你在這裡掌控這個行情！
啊啊
呼
我了解了，爸爸。
(株) ヘロン
黑龍股票開始狂跌，好像有人放出大量空單耶！
喀啪
是誰在賣？
把黑龍股票賣掉、賣掉、拚命賣掉。

是一家叫做馬神基金管理的公司。
馬神基金管理
馬神？
馬場這傢伙背叛黑龍的外內。
馬場一定是握有什麼證據。
我們也賣出，拚命賣出。
啪
要「捧場」嗎？
「捧場」＝附和炒作行為，從中賺取利益。
捧場也好，反正我們也拚命賣！
一個月後
押目大
馬場和惠子放空黑龍股票。
雖然黑龍業績不差，但這樣強硬地賣出，代表馬場可能握有什麼不好的證據。
說不定是工程偷工減料。
欸？

把學校改建成超市的時候，我曾聽到工人們這麼說：
鋼筋抽掉三條，沒問題嗎？
因為是上面的指示，應該沒問題吧！
沒錯！
馬場收購營運陷入困境的學校，將其改建成超市，全都賣給黑龍。但他掌握到「在改建的時候，建設公司偷工減料」的事實。
接著，盤算時機，打算把這件事放出給媒體。這樣一來，黑龍股票就會一路下跌，放空該股票的馬場也就可以大賺一筆。
學校改建．偷工減料
恐怖
HERON
這不就成了內線交易嗎？
完全是內線呢！
這是馬場的事，他可能是為了不讓自己背罪而採取行動。
把責任推卸給別人，然後捲款逃到海外……
嗯，難道沒有辦法扭轉局勢嗎？
工程偷工減料的消息被洩漏出去之前，把建築物重新改建，不就好了嗎？
在那麼短的期間內要改建全部的超市，不容易啊！
昏昏昏昏昏昏
啊

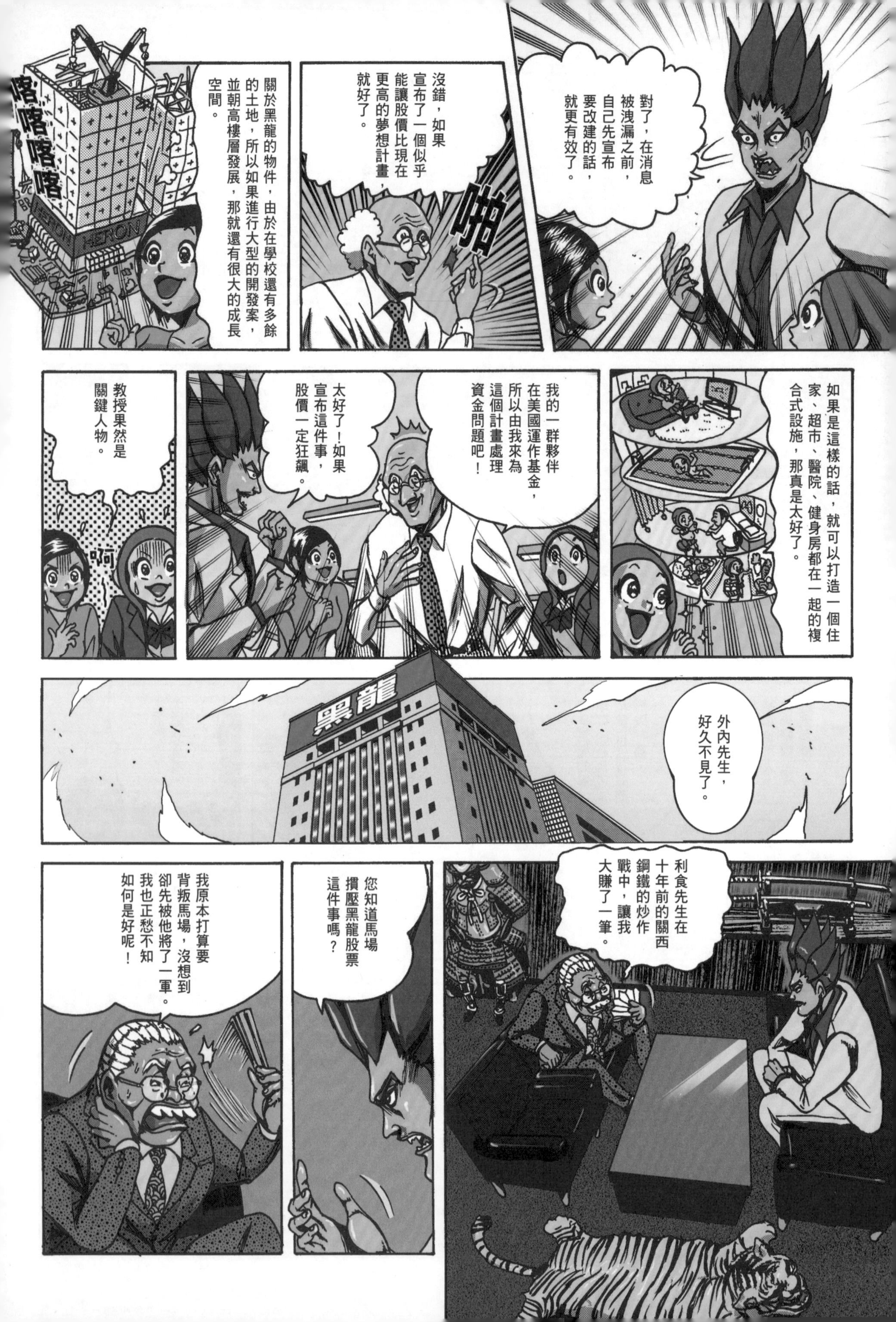
對了，在消息被洩漏之前，自己先宣布要改建的話，就更有效了。
沒錯，如果宣布了一個似乎能讓股價比現在更高的夢想計畫，就好了。
啪
關於黑龍的物件，由於在學校還有多餘的土地，所以如果進行大型的開發案，並朝高樓層發展，那就還有很大的成長空間。
喀喀喀喀
HERON
如果是這樣的話，就可以打造一個住家、超市、醫院、健身房都在一起的複合式設施，那真是太好了。
我的一群夥伴在美國運作基金，所以由我來為這個計畫處理資金問題吧！
太好了！如果宣布這件事，股價一定狂飆。
教授果然是關鍵人物。
呵
黑龍
外內先生，好久不見了。
利食先生在十年前的關西鋼鐵的炒作戰中，讓我大賺了一筆。
您知道馬場揹壓黑龍股票這件事嗎？
我原本打算要背叛馬場，沒想到卻先被他將了一軍。我也正愁不知如何是好呢！

我有辦法可以扭轉局勢。
啊
有什麼好辦法？
喀啪
請您看看這個計畫。
把黑龍股票賣掉、賣掉！
啪
董事長！
黑龍的董事長外內要開記者會。
啊

喀擦
喀擦
喀擦
LIVE
黑龍集團
建物偷工減料說明會
我們在黑龍所建造的超市赫然發現有偷工減料問題，
身為董事長，我由衷感到抱歉。
喀擦
喀擦
喀擦
喀擦
喀擦
喀擦
喀擦
為此我將提出解決之道，
決定把全部的超市改建為超高樓層的大型複合設施。
喀擦
喀擦
喀擦
我們普智理基金評估了這個計畫的未來性，決定投資十兆日圓給黑龍集團。
喀擦
喀擦

投資黑龍集團十兆日圓？
快點買進黑龍。
噠噠
之前還有傻瓜用融券放空呢！
買進它。
嗶嗶嗶
嗶嗶嗶
噠噠噠噠噠噠噠
噠噠噠噠
買進！買進！買進！
噠噠
買進！
噠噠
噠噠
買進！買進！
噠噠
噠噠
買進黑龍。
買進！買進！買進！
買進！買進！買進！
投資黑龍十兆日圓
耶耶耶耶耶耶耶耶耶耶
嗡嗡嗡嗡嗡嗡嗡嗡
買進！買進！買進！買進！
嗶嗶嗶
嗡嗡嗡嗡嗡嗡嗡嗡
買進！買進！
買進！買進！買進！
買進！買進！

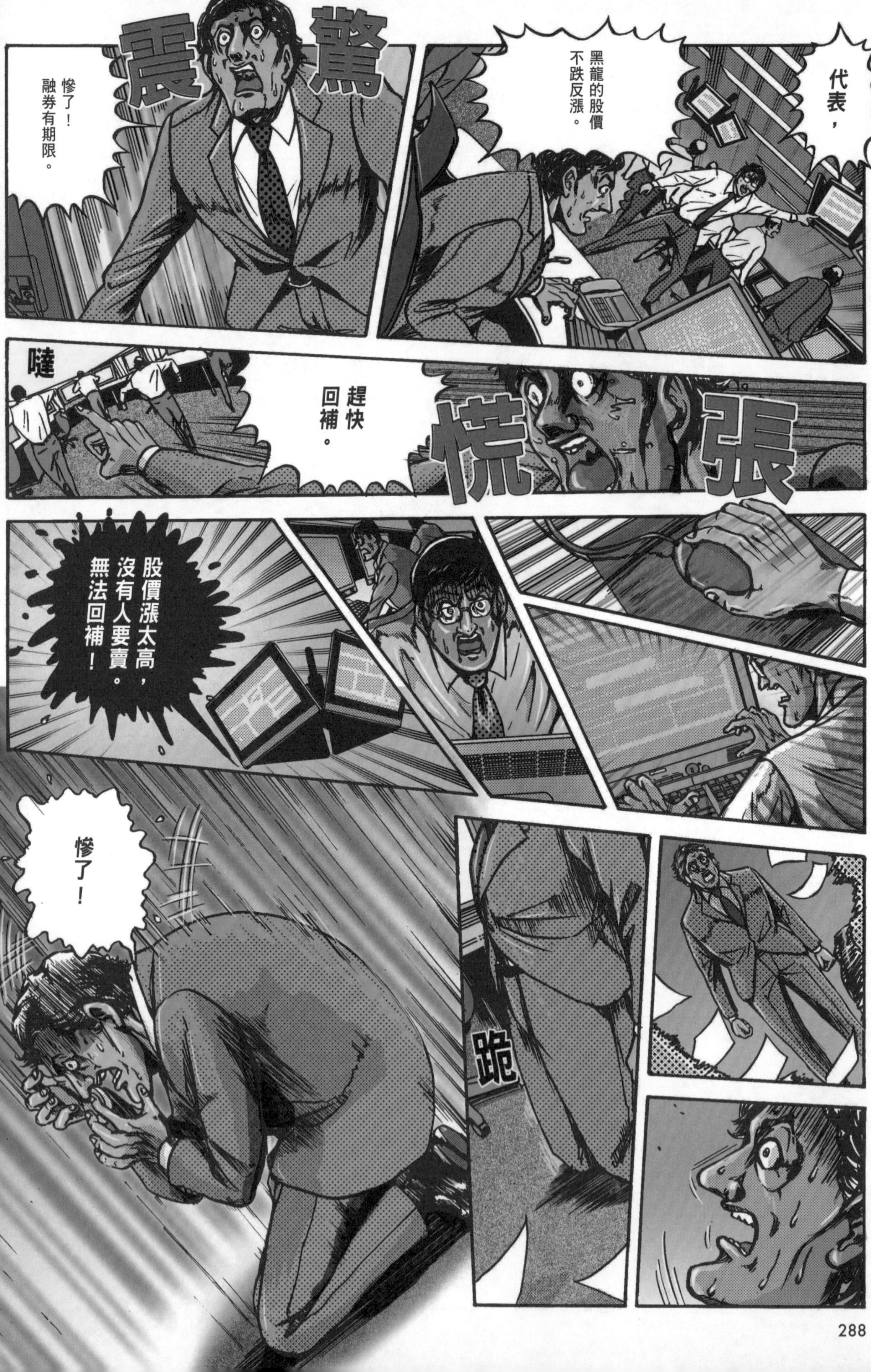
代表，
黑龍的股價不跌反漲。
震驚
慘了！融券有期限。
慌張
趕快回補。
噠
股價漲太高，沒有人要賣。無法回補！
跪
慘了！

劈哩啪啦
劈哩啪啦
外內這傢伙採取了令人意想不到的舉動。
啪啦劈哩啪啪
一定是利食暗中唆使。
怒怒怒怒
對佳代子也是如此……
嘶嘶嘶嘶嘶
利食這傢伙，到哪裡都是我的絆腳石……

一如我們所預期的，黑龍股票連續四天漲停。
股價是幾個星期前的三倍喔！
放空黑龍股票的馬場一定慌張的趕緊回補。
啊啊啊，買回！
十兆日圓的投資。
另一方面，在普智理基金投資十兆日圓的這個好題材下，散戶也搶著買進黑龍股票。
融券的回補加上散戶的買單，黑龍股票飆上天了。
咻咻
回補！
買！
買！
買！
買！
這就是所謂的「軋空」。
我好像聽到馬場的哀號。
嘿嘿
利食先生，這也是託你的福。
握
你一定要繼我之後，成為新任黑龍董事長，把這個事業帶領到高峰。
我知道了。
但在接任上，我有個條件。
條件？
在新的複合式商業設施中，請讓雛平女中復活，因為它是這些孩子的母校。
啪
悉聽尊便。
太好了！

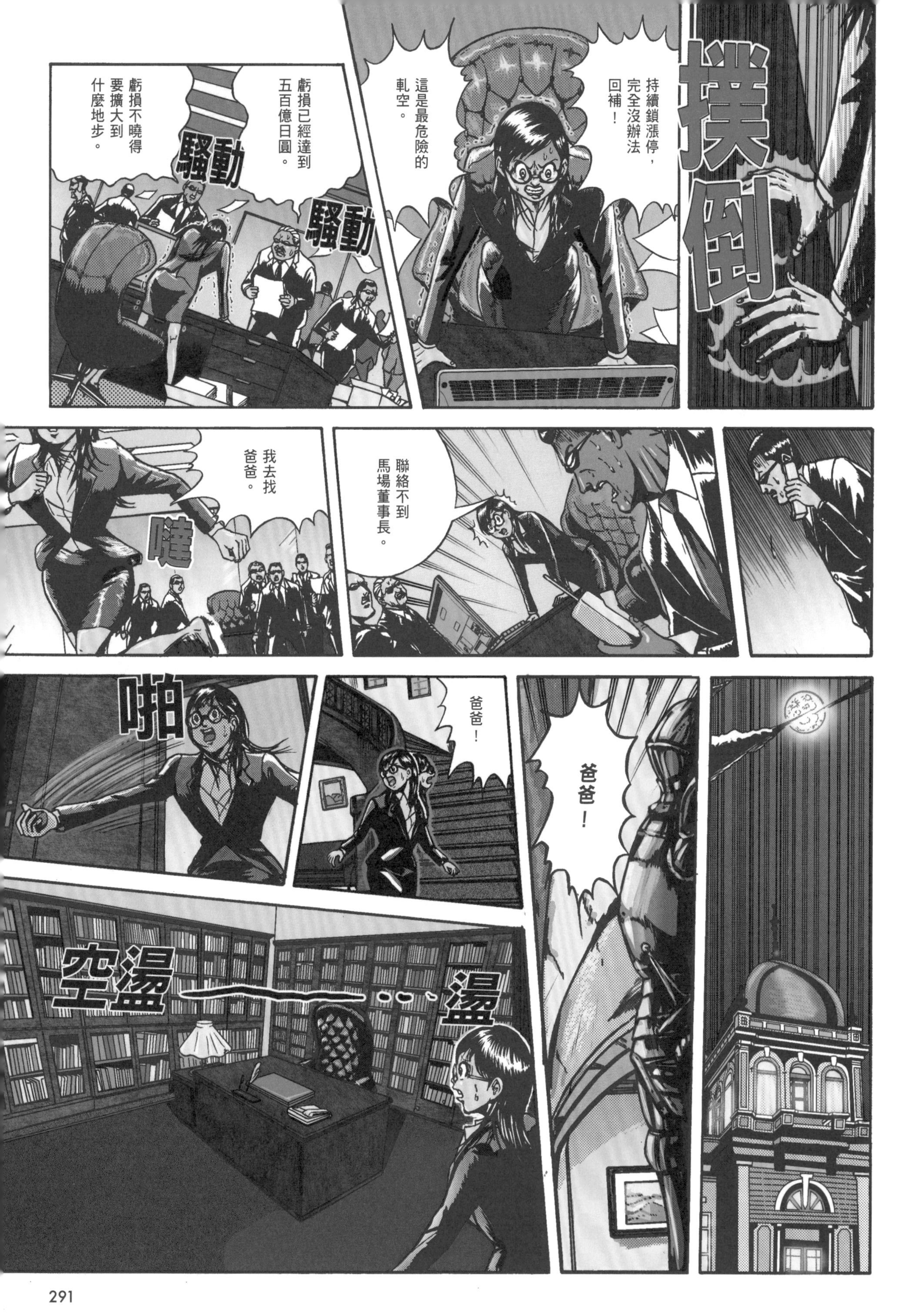
撲倒
持續鎖漲停，完全沒辦法回補！
這是最危險的軋空。
騷動
騷動
虧損已經達到五百億日圓。
虧損不曉得要擴大到什麼地步。
聯絡不到馬場董事長。
我去找爸爸。
噠
爸爸！
爸爸！
啪
空盪——……盪

惠子：
我消失之後，一切就拜託你了。
爸爸
什麼？
嗚嗚……
啪
馬場在哪裡？
逃走了……
嘆
這傢伙該不會是逃到澳門去了吧？
惠子，你要覺悟！
你被馬場利用了。
縱使這次炒作戰進行得很順利，但你也會因隱匿內線交易這個重大訊息而成為代罪羔羊，你知道嗎？

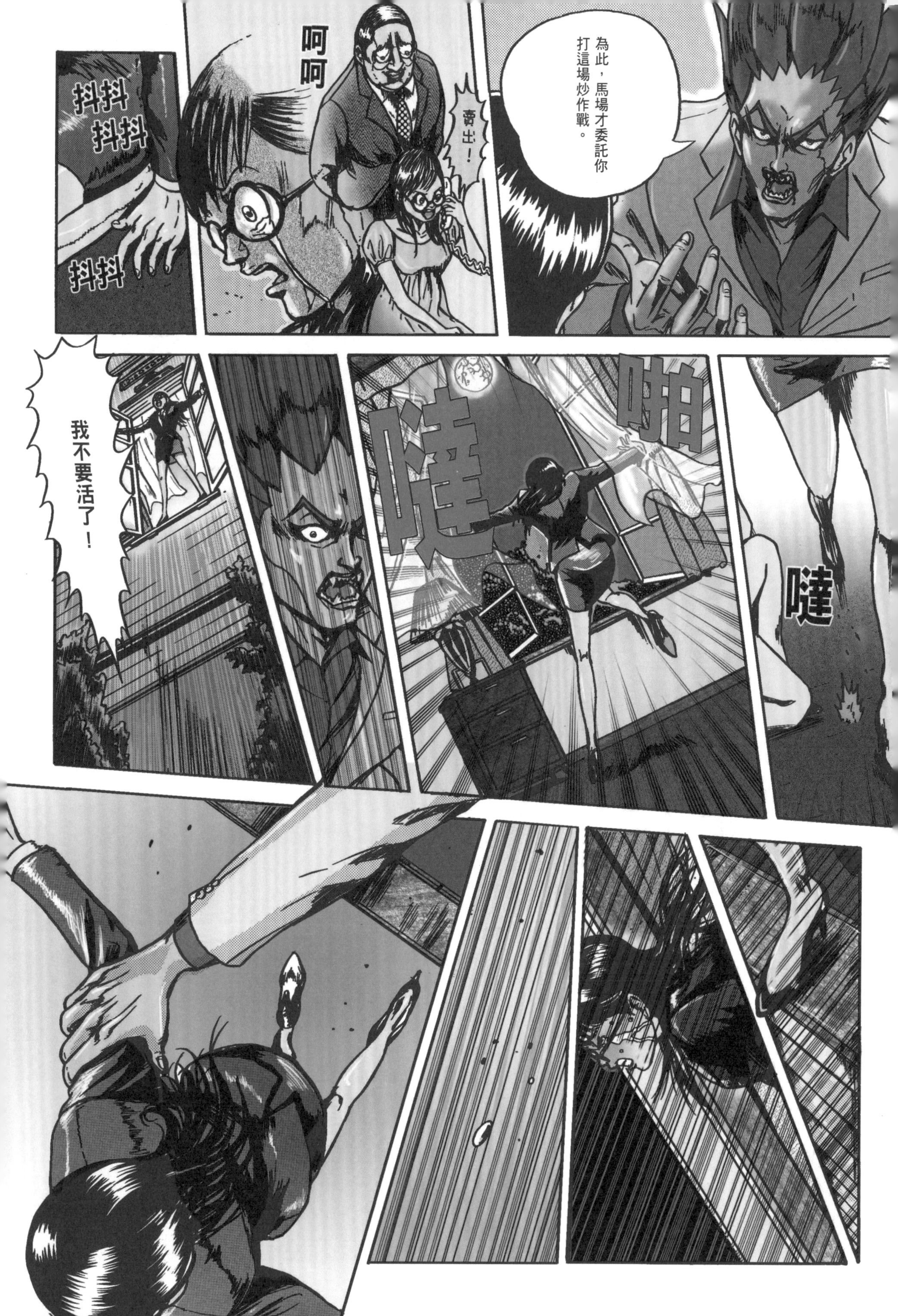
為此，馬場才委託你打這場炒作戰。
賣出！
呵呵
抖抖
抖抖
抖抖
噠
啪
噠
我不要活了！

笨蛋！
抓
啪
死了能解決問題嗎？
嗚嗚
我可是有五百億日圓的負債啊！
啪
這叫我怎麼活下去？

馬神食品的外食部門還很有價值。
黑龍
外內董事長因為這次股價上漲而獲利數億日圓，所以打算按照當初的計畫，收購馬神食品。
連同借款嗎？
所以，把公司賣給黑龍集團，從零開始吧！
啪
啪
啪
你身上留有天才操盤手的血液！
你好好用功的話，一定能成為真正的基金經理人。
哇
哇
哇
老師！

鏘——鏘
ILRON
學校復活了，太好了。
還要再重新學習股票。
這不是可喜可賀嗎？
我不認為馬場這傢伙會這樣收手不幹。

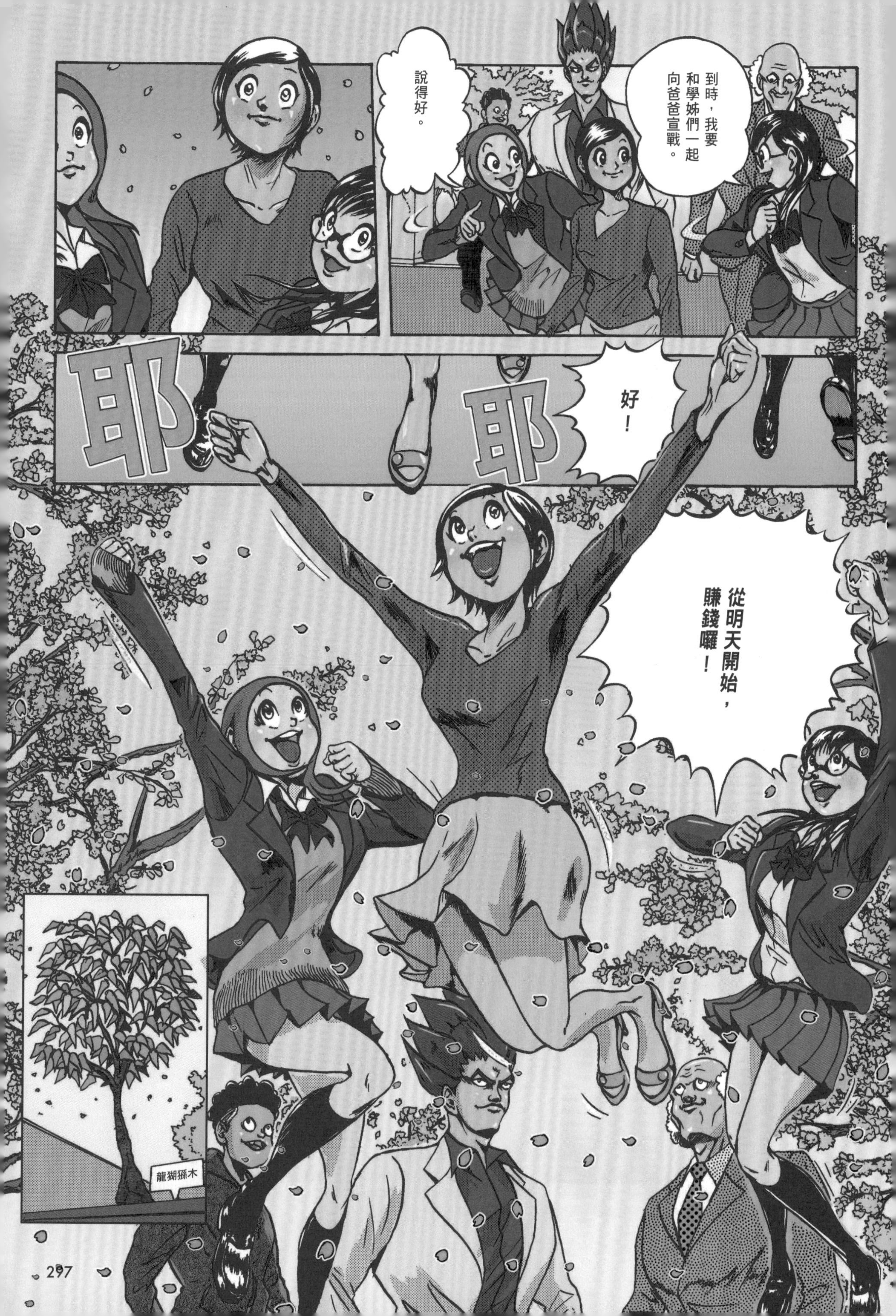
到時，我要和學姊們一起向爸爸宣戰。
說得好。
好！
耶
耶
從明天開始，賺錢囉！
龍猢猻木

答案：每個人都有成功致富的DNA，啟動它吧!

ISBN 978-986-229-138-2
書號 013304005
約翰．亞薩拉夫、墨瑞．史密斯 著 李璞良 譯
開本：14.8×21cm 單色416頁
定價／NT$320

《祕密》作者群之一 約翰．亞薩拉夫 最新力作！

當你真心渴望某個東西，你已經影響了大腦的運作，就像在Google設定了關鍵字，一個指令後，你的潛意識從此上山下海幫你追尋它。本書兩個作者都沒上過大學，他們都運用了「意識」的力量致富。約翰在45歲賺到足以提早退休的財富，墨瑞成功創了十多家公司。他們在書中分享祕訣，也在現實世界開班授徒，至今已經有數萬人按照《答案》裡的祕訣，成功地讓收入倍增，實現願望，過著自己內心想要的生活！

這樣買法拍屋一定賺

ISBN 978-986-229-079-8
書號 013301002
聶建中 教授 著
開本：14.8×21cm 單色224頁
定價／NT$280

法拍屋，年輕人30歲前的翻身之道！

十多年前，手中沒有太多現金的他，只是為了要幫家人買個舒服的窩，而一腳踏進法拍屋市場，如今已是7棟房屋的主人，其中一棟還讓他獲利翻3倍。教授級賺錢高手聶建中教授，完全公開超過十年的法拍屋實戰技巧，讓首購族與年輕人30歲前，輕鬆靠法拍屋賺進自己的千萬身價！

金融大未來

ISBN 978-986-229-092-7
書號 013304002
艾德傑．巴卡士 著 李璞良 譯
開本：14.8×21cm 單色416頁
定價／NT$380

全球財富重新分配，Google、Sony將變身金融新貴？

被譽為「歐洲最佳趨勢觀察家」的艾德傑．巴卡士，勾勒出未來金融世界的遠景！他大膽預言，全球經濟圈會出現七大經濟聯盟，六大超級強權。新興勢力中，浮現十二「小虎」——台灣就是其中一隻小虎。全球金融業的產業結構，也會產生意想不到的巨變，其中，Google會申請銀行執照，成為金融新貴；Sony也會搶下金融業龍頭飯碗，賣起保險！

買畫也能賺大錢

ISBN 978-986-6716-22-5
書號 013301001
黃河 著
開本：19×23.5cm 全彩176頁
定價／NT$300

投資新管道，買對藝術品翻賺數十倍！

中國經濟崛起，帶動亞洲藝術市場熱度，藝術拍賣屢創上億天價！在世界是平的與M型社會趨勢下，你不能不知這個投資報酬率比房地產、股票還高的藍海投資術。就讓藝術投資達人黃河教你，如何風雅穩健賺荷包！

三采文化推薦好書

.黑道商學院：我會提出讓你無法拒絕的條件

書號 013304009
麥克．法蘭西斯 著 吳書榆 譯
開本：14.8×21cm
定價／NT$260

黑道要混得好，可不只是用槍代替PowerPoint就好！

麥克．法蘭西斯曾經登上美國《財星》雜誌，當選「全美前50大黑道大哥」，當時才24歲，每週賺進數百萬元。所謂的黑道生意，是不是說：用槍代替PowerPoint簡報？麥克說，有時候是，但大多數時候不然，更多時候是：根本不需要用槍！黑道中的高階大哥，他們樹立自己的地位，是靠著能力，這些管理能力，是哈佛管理學院，或華頓商學院學不到的生存法則！

★2010年3月出版

李昭穎的順勢致富心法

ISBN 978-986-229-216-7
書號 013101015
李昭穎 著
開本：14.8×21cm
定價／NT$280

學習命理師的智慧，掌握運勢做最好的投資！

他在22歲時賺進人生第一個100萬！27歲時憑己力買下第一棟房子！想要賺大錢，讓命理師教你最強的順勢致富心法。

25歲前一定要學會的拒絕力：勝間和代 教你少奮鬥10年

ISBN 978-986-229-197-9
書號 013101014
勝間和代 著 賴惠鈴 譯
單色288頁 開本：14.8×21cm
定價／NT$320

對別人說NO，就是對自己說YES！

勝間和代：如果時光能倒流，請讓我回到25歲，我想給當時的自己一個建議：盡早培養「拒絕力」！坦白說，我一直到34歲離婚時才確信自己的確擁有「拒絕力」；也是從那時開始，我的人生有了戲劇化的轉變……

37歲賺進一生財富：房仲教父王應傑的房產投資勝經

ISBN 978-986-229-194-8
書號 013301003
東森房屋董事長 王應傑 著
開本：14.8×21cm 單色224頁
定價／NT$280

從公務員到房仲教父的億萬人生

一個台南長大的公務員之子，大四就用打工攢下的錢與同學合夥買土地，當周遭朋友都還在為錢奮鬥時，37歲的他就為自己賺進了一生夠用的財富，2008年底，他把握危機入市的時機入主東森房屋，成為國內最大房仲集團的董事長。他要教導年輕人，靠存房成就自己的黃金人生。

●國家圖書館出版品預行編目資料

簡單到連高中生都看得懂的買股攻略/HOICHOI PRODUCTIONS 作 ;
葉冰婷譯. -- 初版. -- 臺北市 : 三采文化, 2010.01
面 ; 公分. -- (iRich ; 4)

ISBN 978-986-229-224-2(平裝)

1. 股票投資 2. 漫畫

563.53 99000030
Copyright © 2010 SUN COLOR CULTURE PUBLISHING CO., LTD., TAIPEI

suncolor 三采出版集團

iRich 4

簡單到連高中生都看得懂的買股攻略

原作者 HOICHOI PRODUCTIONS
譯者 葉冰婷
責任編輯 杜雅婷
文字編輯 葉冰婷
美術編輯 曾瓊慧
封面設計 藍秀婷

發行人 張輝明
總編輯 曾雅青
發行所 三采文化出版事業有限公司
地址 台北市內湖區瑞光路 513 巷 33 號 8 樓
傳訊 TEL:8797-1234 FAX:8797-1688
網址 www.suncolor.com.tw
郵政劃撥 帳號：14319060
戶名：三采文化出版事業有限公司
本版發行 2010年3月30日
定價 NT$300

"JOSHIKOSEI KABU JUKU" by HOICHOI PRODUCTIONS
Copyright © 2009 HOICHOI PRODUCTIONS + DIAMOND, INC.
All rights reserved.
Original published in Japan by DIAMOND, INC., Tokyo.
Chinese (in complex character only) translation rights arranged with DIAMOND, INC., Japan
through THE SAKAI AGENCY and BARDON-CHINESE MEDIA AGENCY.

●著作權所有，本圖文非經同意不得轉載。如發現書頁有裝訂錯誤或污損事情，請寄至本公司調換。
All rights reserved.
●本書所刊載之商品文字或圖片僅為說明輔助之用，非做為商標之使用，原商品商標之智慧財產權為原權利人所有。